LARROUSSE **junior**

des Animaux

1 000 animaux du monde entier

Jinny Johnson

LAROUSSE

21 Rue du Montparnasse 75283 Paris cedex 06

Distributeur exclusif au Canada :
Messageries ADP, 1751 Richardson, Montréal (Québec)

ISBN 2-03-653013-3
Dépôt légal : juin 2002

Imprimé en Chine

Sommaire

Les reptiles 116

Les amphibiens 138

Les poissons 156

Les insectes et autres invertébrés 200

Introduction

La terre, l'eau et les airs abritent une multitude d'êtres vivants. À ce jour, plus de 1,5 million d'espèces animales ont été répertoriées.

Les animaux se divisent en deux grandes catégories : les **vertébrés** (poissons, amphibiens, reptiles, oiseaux et mammifères), qui sont tous dotés d'une colonne vertébrale ; et les **invertébrés** (insectes, arachnides, mollusques, crustacés...), qui en sont dépourvus.

Alors que la plupart des groupes de mammifères et d'oiseaux sont bien connus, les scientifiques pensent que des millions d'espèces d'insectes et de petits invertébrés n'ont pas encore été découvertes.

De la puce à la baleine, cet ouvrage présente les principales espèces animales.

L'habitat des animaux est étroitement lié aux caractéristiques du milieu naturel, c'est-à-dire au climat et à la végétation. La **carte** utilise les mêmes couleurs que celles des symboles des habitats (voir page 5)

Légende

- Herbages tempérés
- Zones d'altitude
- Reliefs coralliens
- Steppes tropicales ou savane
- Désert et zones semi-désertiques
- Forêts tropicales
- Forêts froides
- Zones boisées et forêts tempérées
- Côtes
- Toundra et régions polaires

Carte des principaux milieux naturels

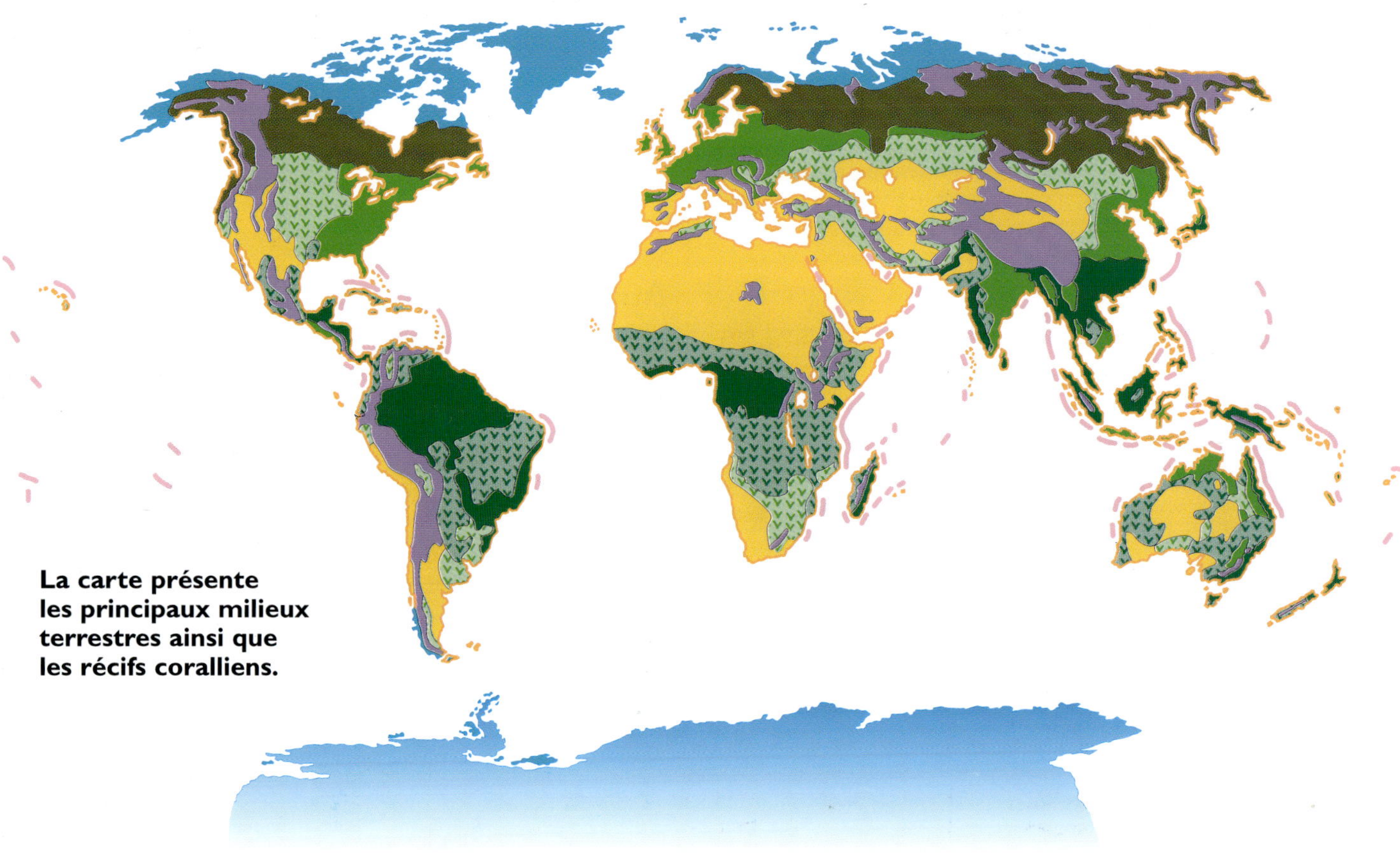

La carte présente les principaux milieux terrestres ainsi que les récifs coralliens.

Mode d'emploi

Cette encyclopédie se divise en six chapitres portant chacun sur une classe d'animaux : mammifères ; oiseaux ; reptiles ; amphibiens ; poissons ; insectes et autres invertébrés. Chaque chapitre se compose d'une introduction, d'un descriptif de la classe, de pages d'identification et de gros plans sur certaines espèces. De plus, cinq dossiers sont consacrés au comportement des animaux.

Habitat
Les symboles renvoient à l'habitat de l'espèce présentée (voir ci-dessous).

Taille
C'est la taille approximative de l'animal qui est indiquée. Les abréviations sont expliquées page 264.

Distribution
Figurent sous cette rubrique les principales régions du monde où l'on est susceptible de rencontrer l'espèce.

Nom scientifique
Le nom scientifique ou latin ne varie jamais (il reste le même dans toutes les langues). Il est toujours indiqué en *italique*. En ce qui concerne les insectes et les arachnides, le nom scientifique est remplacé par celui de la famille et la rubrique **nombre d'espèces** indique le nombre d'espèces que compte la famille.

Les symboles

Monde entier
pour certains insectes et arachnides.

Zones tempérées
pour certains insectes et arachnides.

Zone tropicale
pour certains insectes et arachnides.

Zones rurales et urbaines
jardins, vergers, terres cultivées, champs, plantations, pâturages, villes et villages, haies, bord des chemins et des routes.

Eaux douces
rivières et fleuves, lacs, étangs, ruisseaux, marais et marécages, plaines alluviales, sources, fossés, douves, réservoirs, berges, eaux souterraines coulant dans les grottes.

Forêts froides
taïga, forêt boréale, forêts de conifères.

Océans
eaux moyennes et superficielles des mers et des océans.

Récifs coralliens

Zones boisées et forêts tempérées

Herbages tempérés
steppes, prairies, pampas, brousses, landes, bruyères et plaines alluviales.

Steppes tropicales ou savanes

Grands fonds marins

Eaux côtières
estuaires et fonds marins.

Déserts
régions rocheuses ou sableuses, zones semi-désertiques, broussailles, terres arides et semi-arides.

Côtes
vasières, rivages, falaises, îles, zones soumises à la marée.

Zones d'altitude
collines, contreforts montagneux, plateaux, volcans et montagnes.

Forêts tropicales
forêts pluviales, forêts de bambous ou de palmiers, mangrove.

Toundra et régions polaires
Arctique et Antarctique, banquise et icebergs.

Mammifères

La classe des mammifères compte environ 4 600 espèces, dont l'homme. De tailles et de formes variées, les mammifères ont conquis presque toutes les régions du monde, depuis les étendues glaciales de l'Arctique jusqu'aux déserts torrides en passant par les forêts tropicales et les océans. La diversité de leurs habitats se traduit par des modes de vie très différents. Ainsi, le dauphin s'ébat dans la mer et les taupes creusent des galeries souterraines tandis que les chauves-souris volettent dans le ciel et que les singes se balancent dans les arbres.

D'après l'étude des fossiles, les mammifères sont apparus il y a plus de 200 millions d'années, à une époque où les dinosaures peuplaient encore la Terre, et ils descendent d'un groupe de reptiles. Les premiers mammifères étaient de petits animaux ressemblant à des musaraignes. Quand les dinosaures ont commencé à disparaître, voici environ 65 millions d'années, les mammifères ont pris leur place et sont devenus les espèces dominantes sur terre.

Cette femelle d'**ours polaire** et son petit somnolent au soleil sur la banquise de l'Arctique. La prédominance des mammifères sur les autres animaux tient au fait qu'ils s'occupent davantage de leur progéniture : les parents veillent sur leurs petits jusqu'à ce que ces derniers sachent se débrouiller seuls.

Souffleur

Qu'est-ce qu'un mammifère ?

Malgré leur grande diversité, les mammifères présentent des points communs. Ce sont des animaux à sang chaud, qui respirent de l'air avec des poumons ; ils sont dotés d'une charpente osseuse, le squelette, qui soutient leur corps et protège leurs organes internes.

Éléphant d'Asie

La température interne des mammifères est constante quelle que soit celle du milieu extérieur. Pour se rafraîchir, la plupart des mammifères transpirent. Mais les **éléphants**, qui transpirent peu, restent à l'ombre, se trempent dans l'eau ou évacuent la chaleur en remuant les oreilles.

Les organes des sens

Chez les mammifères, les sens (vue, ouïe, odorat, goût et toucher) sont généralement développés. Ils permettent notamment à l'animal de repérer sa nourriture, d'éviter les prédateurs et de trouver un partenaire sexuel.

Trois types de mammifères

La majorité des mammifères sont des euthériens : ils donnent naissance à des petits déjà formés, qui se sont développés dans le ventre de leur mère. Chez les marsupiaux, les petits naissent inachevés, puis rampent jusqu'à une poche située sur le ventre de leur mère où ils achèvent leur maturation. Les monotrèmes sont, quant à eux, des mammifères très originaux, car ils pondent des œufs.

MONOTRÈME

Échidné d'Australie

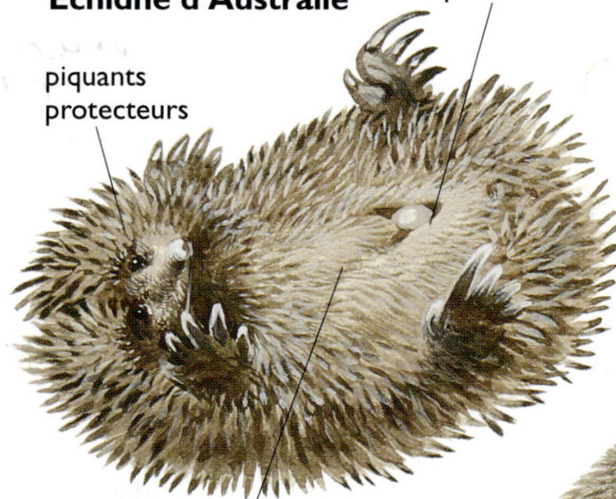

Bébé wallaby dans la poche maternelle

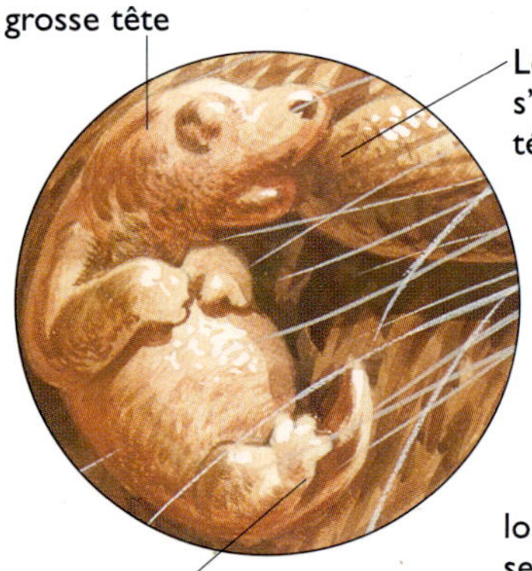

MARSUPIAL

Wallaby à queue annelée

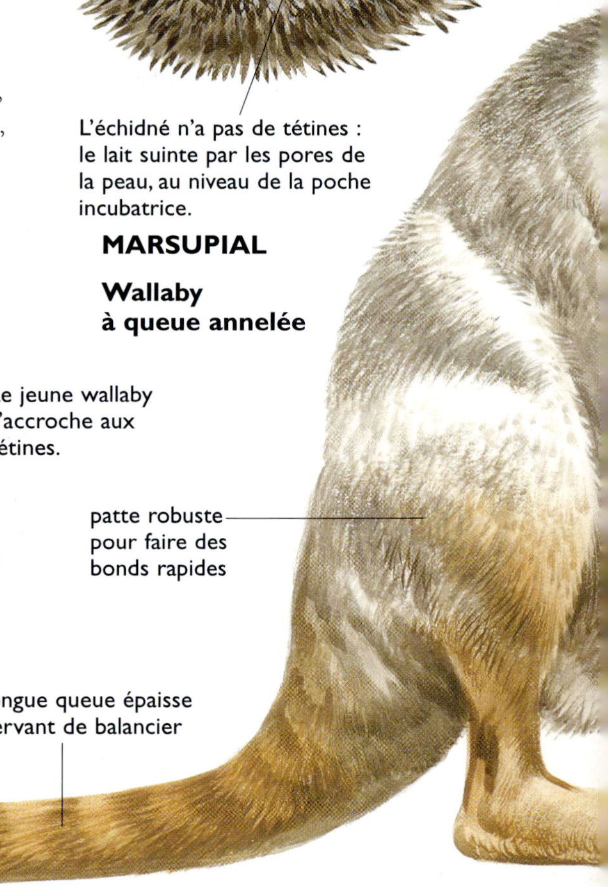

L'allaitement

Alors que les animaux des autres classes doivent trouver des aliments pour leurs jeunes, les femelles des mammifères fabriquent elles-mêmes le lait dont se nourrissent leurs petits, grâce à leurs glandes mammaires (les mamelles). Le lait contient le sucre, les graisses, les protéines et les vitamines dont les bébés ont besoin pour bien grandir.

Femelle sanglier allaitant ses petits

MAMMIFÈRE EUTHÉRIEN

Gibbon lar

SQUELETTE DE GORILLE

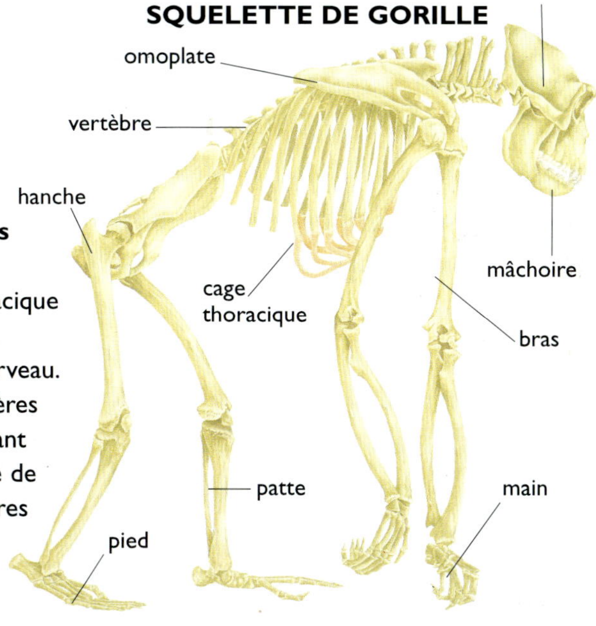

Le squelette des mammifères

Les mammifères possèdent une colonne vertébrale. La cage thoracique entoure le cœur et les poumons, tandis que le crâne protège le cerveau. Le squelette de certains mammifères a subi des modifications permettant à l'animal de s'adapter à un mode de vie particulier. Chez les mammifères marins, des nageoires ont ainsi remplacé les bras et les pattes.

SQUELETTE DE BALEINE BLEUE

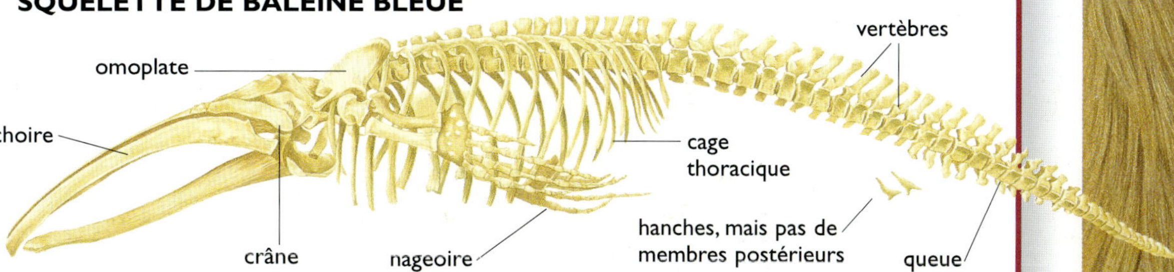

Monotrèmes et marsupiaux

Les mammifères monotrèmes pondent des œufs. Toutefois, après l'éclosion, les petits sont allaités par leur mère comme tous les jeunes mammifères. Le lait suinte par des pores dilatés de la peau, car les femelles sont dépourvues de mamelles. Chez les marsupiaux, les femelles donnent naissance à leurs petits à un stade précoce de leur développement : certains ne sont pas plus gros qu'un grain de riz, et tous sont nus et aveugles. Après sa naissance, le jeune marsupial se développe dans une poche recouverte de fourrure située au bas du ventre de sa mère.

Les monotrèmes

Les monotrèmes comptent deux familles, les échidnés et les ornithorynques. La femelle de l'échidné pond un œuf dont la coquille est molle, qu'elle dépose dans une poche d'incubation située au milieu de son ventre. L'éclosion a lieu 7 à 10 jours plus tard. L'ornithorynque est un des rares mammifères venimeux : le mâle possède à la base de chacune des pattes postérieures un éperon dont il se sert pour injecter du poison à ses ennemis. La femelle de l'ornithorynque pond deux œufs au fond d'un long terrier, et l'éclosion se produit deux semaines plus tard.

Taille : 35-50 cm
Distribution : Australie, Tasmanie, sud-est de la Nouvelle-Guinée
Nom scientifique : *Tachyglossus aculeatus*

Échidné d'Australie

Cet échidné est recouvert de piquants qui le protègent contre ses ennemis. Lorsqu'il se sent menacé, il se roule en boule ou s'enterre à moitié dans le sol en ne laissant dépasser que ses piquants. Il abrite ainsi sa partie ventrale, dépourvue de piquants.

Échidné d'Australie

Échidné de Bruijn

Taille : 45-75 cm
Distribution : Nouvelle-Guinée
Nom scientifique : *Zaglossus bruijni*

Échidné de Bruijn

Les échidnés se distinguent par leur museau allongé, en forme de bec. Édentés, ils capturent des fourmis, des termites et d'autres insectes avec leur longue langue collante, puis les écrasent contre leur palais.

Ornithorynque

À l'aube et au crépuscule, il quitte son terrier situé au bord d'un lac ou d'un cours d'eau pour aller se nourrir au fond de l'eau. Il fouille la vase de son large bec corné en quête d'insectes, de vers, de larves, d'écrevisses et de grenouilles.

Ornithorynque

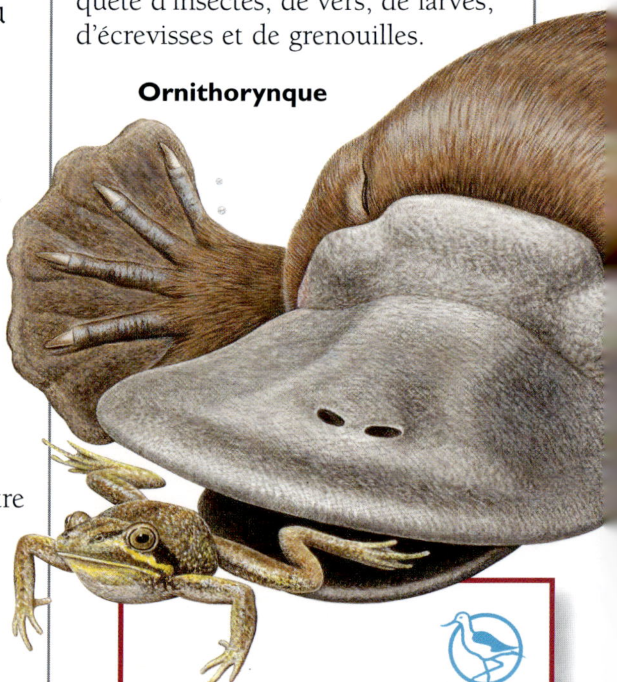

Taille : 40-60 cm
Distribution : Australie, Tasmanie
Nom scientifique : *Ornithorhynchus anatinus*

Les marsupiaux

Le mot marsupial signifie « mammifère à poche ». Minuscule à sa naissance, le bébé marsupial doit ramper dans la fourrure de sa mère pour se hisser jusqu'à sa poche. Une fois à l'abri, il happe une mamelle et s'accroche à sa réserve de lait. Le petit trouve dans la poche un refuge sûr, où il grandit et se développe jusqu'à ce qu'il soit prêt à affronter le monde extérieur. Il existe plus de 250 espèces de marsupiaux : la plupart vivent en Australie et dans les îles voisines, mais on en rencontre également quelques espèces sur le continent américain.

Kowari

Taille : 15-18 cm sans la queue
Distribution : centre de l'Australie
Nom scientifique : *Dasyuroides byrnei*

Yapock

Le yapock vit dans un terrier creusé au bord d'une rivière. Friand de petits poissons et de crustacés, il rapporte ses proies sur la berge pour les manger. Il se sert de ses pattes postérieures palmées pour nager, et de sa queue en guise de gouvernail. Sa fourrure est recouverte d'une substance huileuse qui la rend imperméable.

Yapock

Taille : 27-38 cm sans la queue
Distribution : Mexique, Amérique centrale et Amérique du Sud
Nom scientifique : *Chironectes minimus*

Kowari

Aussi à l'aise dans les prairies que dans les déserts, ce petit marsupial vit seul ou en petites colonies dans un terrier. La nuit, il part chasser les insectes, lézards et petits oiseaux dont il se nourrit. Il s'accouple en hiver, et la femelle met bas cinq ou six petits.

Opossum commun de Virginie

C'est le seul marsupial implanté en Amérique du Nord. Parfois, pour échapper à ses prédateurs, il fait le mort, couché sur le flanc, la langue pendante et les yeux fixes ou fermés. Croyant avoir affaire à un cadavre, le prédateur (un lynx, un aigle, un vison...) s'en désintéresse, ce qui permet à l'opossum de s'enfuir.

Opossum commun de Virginie

Taille : 32-50 cm sans la queue
Distribution : du sud-est du Canada à l'Amérique centrale
Nom scientifique : *Didelphis virginiana*

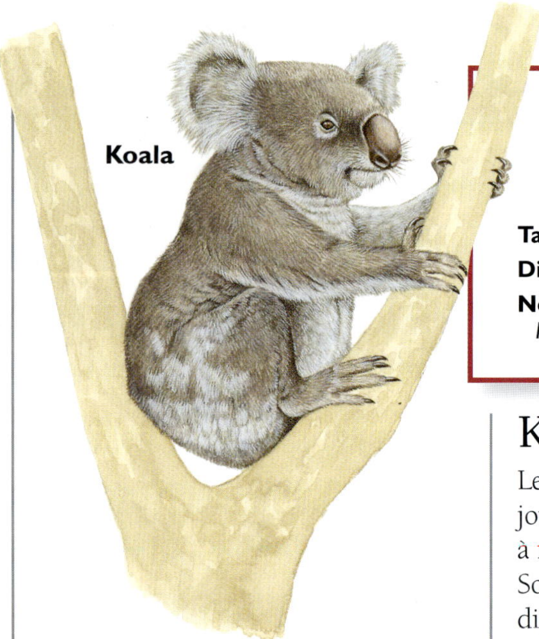

Koala

Taille : 60-85 cm
Distribution : est de l'Australie
Nom scientifique :
Phascolarctos cinereus

Koala

Le koala dort près de 18 heures par jour et passe le reste de son temps à manger des feuilles d'eucalyptus. Son long intestin lui permet de digérer ces feuilles coriaces, et il est insensible à leur toxicité. Le koala est doté d'abajoues dans lesquelles il stocke des feuilles pour les manger plus tard.

Phalanger-renard

Taille : 32-58 cm sans la queue
Distribution : Australie, Tasmanie ; introduit en Nouvelle-Zélande
Nom scientifique :
Trichosurus vulpecula

Phalanger-renard

Dans les forêts, il se nourrit de fleurs, de feuilles, de fruits, d'insectes et de jeunes oiseaux. Mais on le rencontre aussi dans les zones habitées : il trouve alors sa pitance dans les ordures. La femelle a un ou deux petits par an.

Taille : 70 cm-1,20 m
Distribution : sud-est de l'Australie, Tasmanie
Nom scientifique :
Vombatus ursinus

Wombat commun

Wombat commun

Cet herbivore trapu fréquente les forêts et la brousse. Il peut rester plusieurs mois sans boire. En été, il passe ses journées dans un long terrier, à l'abri de la chaleur. La femelle met bas un seul petit, qui reste 3 mois dans sa poche. Ensuite, elle s'occupe de lui pendant quelques mois.

Diable de Tasmanie

Cet animal qui se déplace avec lenteur chasse ses proies (petits mammifères, reptiles, oiseaux) dans l'obscurité. Il les repère grâce à son odorat puissant, les capture par surprise et leur broie les os. Il se nourrit aussi de carcasses d'animaux tués par d'autres prédateurs.

Diable de Tasmanie

Taille : 52-80 cm sans la queue
Distribution : Tasmanie
Nom scientifique :
Sarcophilus harrisii

Bandicoot à museau court

Il vit caché dans des endroits où la végétation est abondante, afin d'échapper aux grands prédateurs (aigles et renards surtout). Il se nourrit de vers, de larves d'insectes et de champignons, mais ne dédaigne pas les scorpions, dont il arrache le dard venimeux avec les dents avant de les manger.

Taille : 30-33 cm sans la queue
Distribution : sud et est de l'Australie, Tasmanie
Nom scientifique :
Isoodon obesulus

Bandicoot à museau court

Taille : 1-1,60 m sans la queue

Distribution : centre de l'Australie

Nom scientifique : *Macropus rufus*

Kangourou roux

Kangourou roux

C'est le plus grand des marsupiaux. Il est capable d'effectuer des bonds gigantesques sur ses pattes postérieures et d'atteindre une vitesse de 55 km/h. La femelle donne naissance à un seul petit, qui sort de la poche maternelle au bout de 6 mois. Lorsqu'il se sent menacé, le jeune kangourou replonge dans la poche de sa mère pour se mettre à l'abri.

Grand phalanger volant

Taille : 30-48 cm sans la queue

Distribution : est de l'Australie

Nom scientifique : *Petauroides volans*

Grand phalanger volant

Il vit dans les forêts d'eucalyptus et se déplace d'arbre en arbre en planant : il s'élance dans l'air en écartant ses quatre membres afin de déployer la membrane de peau qui les unit, et qui fait office de parachute.

Kangourou-rat musqué

Ce petit marsupial se déplace souvent sur ses quatre pattes, comme un lapin. Il émet une odeur musquée à laquelle il doit son nom. La femelle donne souvent naissance à des jumeaux.

Kangourou-rat musqué

Taille : 23-34 cm sans la queue

Distribution : nord-est de l'Australie

Nom scientifique : *Hypsiprymnodon moschatus*

Kangourou arboricole de Lumholtz

Il vit en haut des arbres, où il se nourrit de feuilles et de fruits. Il lui arrive même d'y dormir, accroupi sur une grosse branche. Cette espèce est menacée d'extinction en raison de la disparition de son habitat, liée au déboisement.

Kangourou arboricole de Lumholtz

Taille : 52-80 cm sans la queue

Distribution : nord-est de l'Australie

Nom scientifique : *Dendrolagus lumholtzi*

Onychogale bridé

Ce marsupial se distingue par l'ongle corné qu'il porte à la pointe de la queue. Il saute de façon curieuse, en faisant de grands moulinets avec les membres antérieurs. Victime du pâturage intensif du bétail dans les régions broussailleuses où il avait élu domicile, l'onychogale bridé est aujourd'hui une espèce menacée d'extinction.

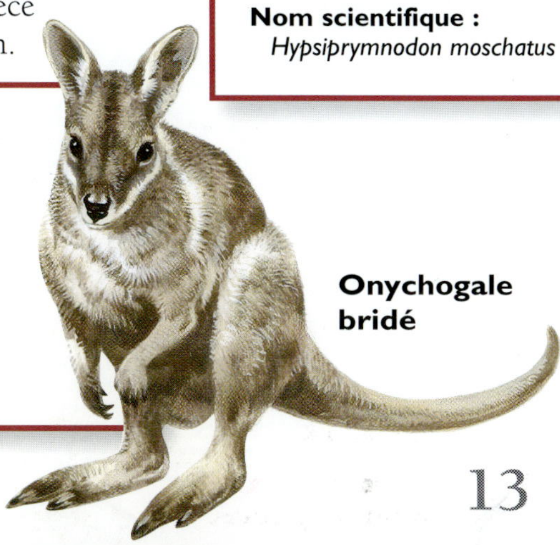

Onychogale bridé

Taille : 45-67 cm sans la queue

Distribution : est de l'Australie

Nom scientifique : *Onychogalea fraenata*

Édentés, insectivores et chauves-souris

Les édentés et les chauves-souris ont en commun d'être des animaux singuliers : ainsi, les tatous sont recouverts d'une impressionnante cuirasse et les chauves-souris sont les seuls véritables mammifères volants. Les insectivores sont de petits mammifères qui se nourrissent principalement d'insectes.

Fourmiliers, tatous, pangolins, paresseux et oryctéropes

Les fourmiliers, les tatous, les pangolins et les paresseux appartiennent à l'ordre des édentés, mais seuls les fourmiliers sont vraiment dépourvus de dents. Les trois premiers se nourrissent de fourmis et de termites, qu'ils attrapent avec leur longue langue gluante. Les paresseux préfèrent les feuilles, qu'ils mastiquent très lentement. Ils passent leur vie suspendus aux branches, le ventre en l'air. Les oryctéropes, qui sont les seuls représentants de l'ordre des tubulidentés, ont un mode de vie proche de celui des fourmiliers.

Paresseux à trois doigts

Taille : 50-60 cm
Distribution : nord de l'Amérique du Sud
Nom scientifique : *Bradypus tridactylus*

Paresseux à trois doigts

C'est le plus lent des mammifères : il dépasse rarement la vitesse de 2 m à la minute. Ses poils abritent des algues microscopiques donnant à sa fourrure des reflets verdâtres, qui le camouflent aux yeux des prédateurs (aigles, jaguars...).

Tamanoir

Quand ce fourmilier flaire un nid de fourmis ou une termitière, il l'éventre avec ses griffes, puis plonge sa langue allongée et gluante dans les galeries pour attraper les insectes. Il prend soin de ne pas détruire le nid et de ne pas manger toutes les fourmis afin de pouvoir revenir se servir.

Tamanoir

Taille : 1-1,20 m sans la queue
Distribution : Amérique centrale, Amérique du Sud jusqu'au nord de l'Argentine
Nom scientifique : *Myrmecophaga tridactyla*

Tatou géant

Tatou géant

Comme tous les tatous, il est recouvert d'une carapace osseuse. Robuste (il pèse jusqu'à 60 kg), il utilise les puissantes griffes de ses pattes avant pour éventrer les termitières ou les fourmilières. Lorsqu'il est menacé, il ne se met pas en boule comme le tatou à neuf bandes, il s'enfuit en courant.

Taille : 75 cm-1 m sans la queue
Distribution : Amérique du Sud, du Venezuela au nord de l'Argentine
Nom scientifique : *Priodontes maximus*

Tatou à neuf bandes

En cas de danger, il se roule en boule, présentant à l'ennemi sa carapace rigide tandis que son ventre est protégé. Le jour, il dort dans un terrier qu'il a creusé avec les griffes de ses pattes avant, en chassant la terre derrière lui avec ses pattes arrière.

Tatou à neuf bandes

Taille : 45-50 cm sans la queue
Distribution : sud des États-Unis, Amérique centrale et Amérique du Sud
Nom scientifique : *Dasypus novemcinctus*

Oryctérope

Avec sa queue de kangourou, son groin et ses oreilles de lapin, l'oryctérope ressemble à une curieuse mosaïque d'animaux. La nuit, il se nourrit de termites et de fourmis. Le jour, il dort dans un long terrier qu'il creuse de ses robustes pattes.

Oryctérope

Taille : 1-1,60 m sans la queue
Distribution : Afrique subsaharienne
Nom scientifique : *Orycteropus afer*

Tamandua du Mexique

Ce petit fourmilier se meut avec lenteur et maladresse sur le sol, mais c'est un grimpeur agile qui utilise sa queue comme un cinquième membre pour s'agripper aux branches. Lorsqu'il est attaqué, il se défend à grands coups de griffes, dressé sur les pattes de derrière. La femelle du tamandua met bas un seul petit, qui voyage sur son dos dans la forêt humide.

Tamandua du Mexique

Taille : 54-58 cm sans la queue
Distribution : du sud du Mexique au nord de l'Amérique du Sud
Nom scientifique : *Tamandua mexicana*

Pangolin géant

C'est le seul mammifère recouvert d'écailles. Lorsqu'il se nourrit de fourmis, ses narines se ferment automatiquement pour empêcher les insectes d'y pénétrer. S'il se sent en danger, le pangolin se roule en boule ou agite sa queue couverte d'écailles tranchantes.

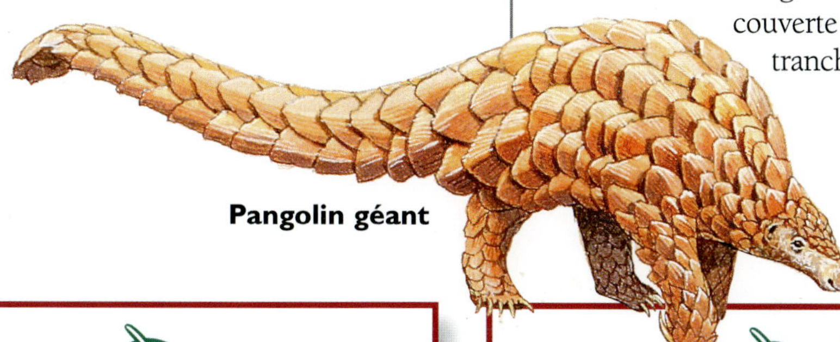

Pangolin géant

Taille : 75-80 cm sans la queue
Distribution : est et centre de l'Afrique
Nom scientifique : *Manis gigantea*

Tanrecs, taupes, musaraignes, hérissons et solénodontes

La plupart de ces mammifères se nourrissent presque exclusivement d'insectes et de petits invertébrés tels que vers, mille-pattes, escargots et araignées. Leur museau allongé leur permet de déloger les insectes des anfractuosités où ils se cachent. Ils possèdent en outre des dents et des griffes aiguisées. Leur vue est mauvaise, mais leur odorat excellent. Les insectivores doivent manger presque constamment pour se maintenir en vie.

Hérisson commun

Taille : 13-27 cm
Distribution : ouest et centre de l'Europe ; introduit en Nouvelle-Zélande
Nom scientifique : *Erinaceus europaeus*

Hérisson commun

Le hérisson fouille les haies et les sous-bois en quête de petits animaux à manger, tout en émettant des grognements qui ressemblent à ceux du cochon. Lorsqu'il est attaqué, il se roule en boule, offrant à ses prédateurs une redoutable carapace de piquants. Dans les régions au climat froid, il hiberne.

Grande taupe dorée

Taille : 20-24 cm
Distribution : Afrique du Sud
Nom scientifique : *Chrysospalax trevelyani*

Grande taupe dorée

Elle est friande de coléoptères, de petits lézards, de limaces et de vers, qu'elle chasse sur le sol. Si elle est dérangée, elle court se mettre à l'abri dans son terrier, dont elle retrouve facilement l'entrée malgré sa mauvaise vue. On ne sait pas très bien comment elle s'oriente.

Hémicentète

Le pelage de l'hémicentète est hérissé de piquants protecteurs. La femelle met bas une portée de deux à onze petits. Si elle se sent menacée, elle redresse une partie de ses piquants dorsaux et les fait vibrer : elle émet ainsi un cliquetis qui prévient sa progéniture du danger.

Hémicentète

Taille : 16-19 cm
Distribution : Madagascar
Nom scientifique : *Hemicentetes semispinosus*

Taupe commune

La taupe passe presque toute son existence enfouie dans le sous-sol, où elle creuse des galeries avec ses larges pattes fouisseuses. Elle détecte les vers et les insectes dont elle se nourrit grâce aux vibrations que produisent leurs déplacements.

Taille : 9-16 cm
Distribution : Europe, est de l'Asie
Nom scientifique : *Talpa europaea*

Taupe commune

Galéopithèque volant

Taille : 34-40 cm sans la queue
Distribution : Philippines
Nom scientifique : *Cynocephalus volans*

Galéopithèque volant

Une membrane de peau entoure son corps du cou jusqu'à la queue. Pour se déplacer d'un arbre à l'autre, il s'élance en écartant les pattes pour ouvrir ce parachute et effectuer un vol plané qui peut dépasser 100 m. C'est un grimpeur agile, maladroit au sol.

Toupaye

Bon grimpeur, cet animal vit seul ou en couple. Fourmis, araignées, graines et pousses constituent son ordinaire, mais il ne dédaigne pas les petits oiseaux et les souris. Il construit un nid dans un trou d'arbre ou entre des racines, et la femelle met bas de un à trois petits.

Toupaye

Taille : 14-23 cm sans la queue
Distribution : sud de l'Asie
Nom scientifique : *Tupaia glis*

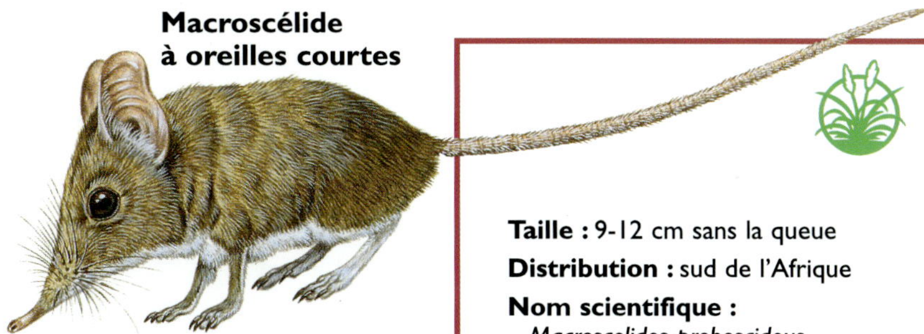

Macroscélide à oreilles courtes

Taille : 9-12 cm sans la queue
Distribution : sud de l'Afrique
Nom scientifique : *Macroscelides proboscideus*

Macroscélide à oreilles courtes

Cet animal au nez allongé marche sur ses quatre pattes, mais peut aussi sauter sur ses pattes arrière comme un kangourou pour aller vite. Il vit dans des régions arides, où il s'active pendant la journée. Son menu se compose de termites, de graines, de fruits et de baies.

Musaraigne cuirassée

Sa colonne vertébrale est très robuste : on dit qu'elle peut supporter sans dommage le poids d'un homme ! La musaraigne cuirassée vit dans les forêts, où elle se nourrit de petits animaux.

Taille : 28-32 cm sans la queue
Distribution : Cuba
Nom scientifique : *Solenodon cubanus*

Solénodonte de Cuba

La nuit, il fouille le sol de la forêt en quête d'insectes, de champignons et de racines, et grimpe dans les arbres pour cueillir des fruits, des baies et des pousses. Il s'attaque parfois aux lézards, aux grenouilles et aux petits oiseaux, qu'il tue de sa morsure venimeuse.

Solénodonte de Cuba

Taille : 12-15 cm sans la queue
Distribution : Ouganda, Rwanda
Nom scientifique : *Scutisorex somereni*

Musaraigne cuirassée

Les chauves-souris

Ce sont les seuls mammifères capables de voler. Grâce à leurs ailes constituées de membranes de peau, elles virevoltent dans l'air avec agilité. Elles sont répandues dans le monde entier, excepté aux pôles. La plupart des espèces dorment le jour, la tête en bas, à l'abri des prédateurs. La nuit, elles partent en chasse. Pour s'orienter dans l'obscurité, les chauves-souris ont recours à l'écholocation : elles émettent des ultrasons qui sont réfléchis par les objets et qui produisent un écho. C'est ainsi qu'elles évitent les obstacles et repèrent leurs proies.

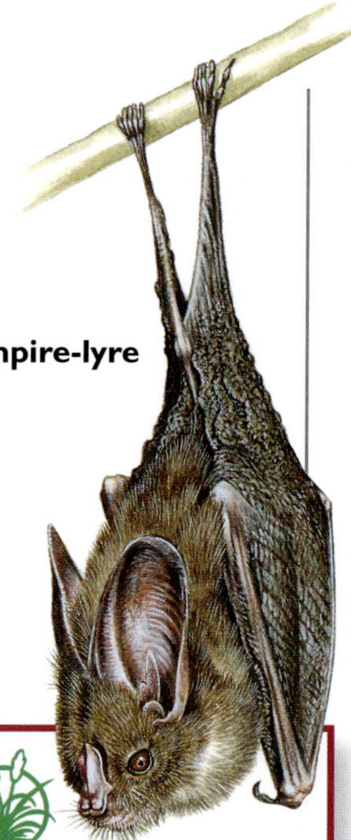
Faux vampire-lyre

Taille : 6-8 cm ; envergure 23-30 cm
Distribution : du Pakistan à la Birmanie, sud de la Chine, Malaisie
Nom scientifique : *Megaderma lyra*

Phyllostome fer-de-lance

Il ne dédaigne pas les insectes et les fruits, mais préfère les petits vertébrés (souris, oiseaux, chauves-souris). Il doit son nom à la « feuille » de peau en forme de fer de lance qui se trouve sur son nez. Rassemblées en grandes colonies dans des grottes, ces chauves-souris trapues attendent la tombée de la nuit pour partir en quête de nourriture. La femelle met bas un seul petit, une ou deux fois par an.

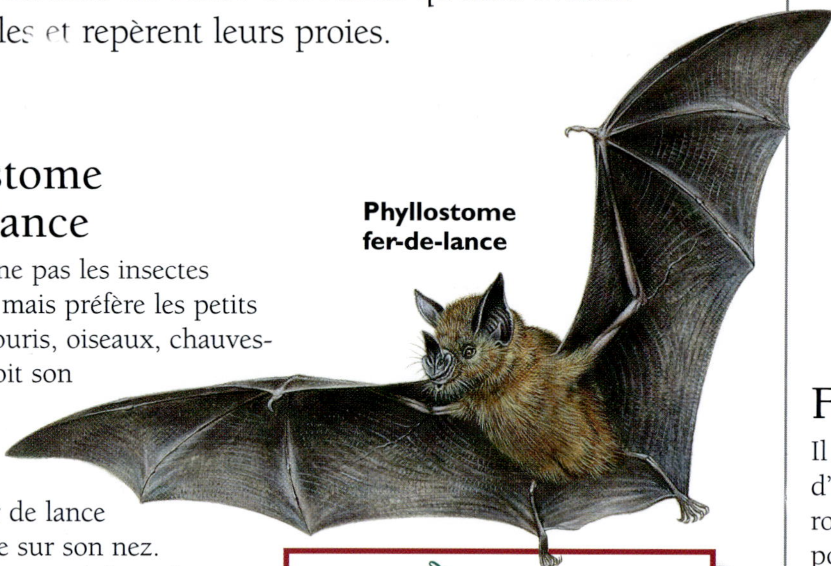
Phyllostome fer-de-lance

Taille : 10-13 cm ; envergure 44-47 cm
Distribution : nord et centre de l'Amérique du Sud
Nom scientifique : *Phyllostomus hastatus*

Faux vampire-lyre

Il se nourrit surtout d'insectes et d'araignées, mais apprécie les rongeurs, les grenouilles, les poissons et même les autres chauves-souris. Il vit dans des grottes, en groupes de trois à cinquante individus. Les autres chauves-souris ne s'approchent jamais de ces refuges, sans doute par crainte d'être dévorées ! Contrairement aux vrais vampires, les faux vampires ne sont pas des buveurs de sang.

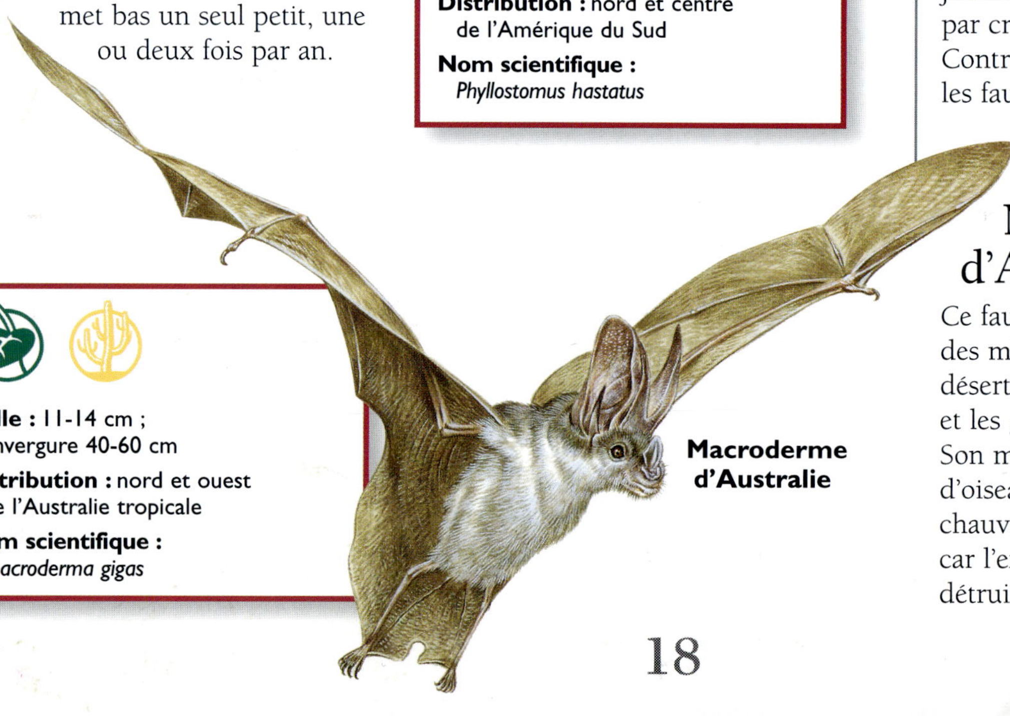
Macroderme d'Australie

Taille : 11-14 cm ; envergure 40-60 cm
Distribution : nord et ouest de l'Australie tropicale
Nom scientifique : *Macroderma gigas*

Macroderme d'Australie

Ce faux vampire est adapté à des milieux divers, de la forêt au désert, et se plaît dans les grottes et les galeries de mines désaffectées. Son menu se compose de souris, d'oiseaux, de geckos et d'autres chauves-souris. Il est devenu rare, car l'exploitation des carrières a détruit les sites où il nichait.

Roussette géante

Le jour, elle se repose dans les arbres en colonies comptant des milliers de membres. Le soir, elle part se nourrir de fruits ou de nectar. Par son alimentation, la roussette géante contribue à la reproduction des végétaux : elle transporte du pollen de fleur en fleur dans son pelage, recrache des graines de fruits ou les restitue dans ses excréments.

Taille : 35-40 cm ; envergure 1,50 m
Distribution : sud et sud-est de l'Asie
Nom scientifique : *Pteropus giganteus*

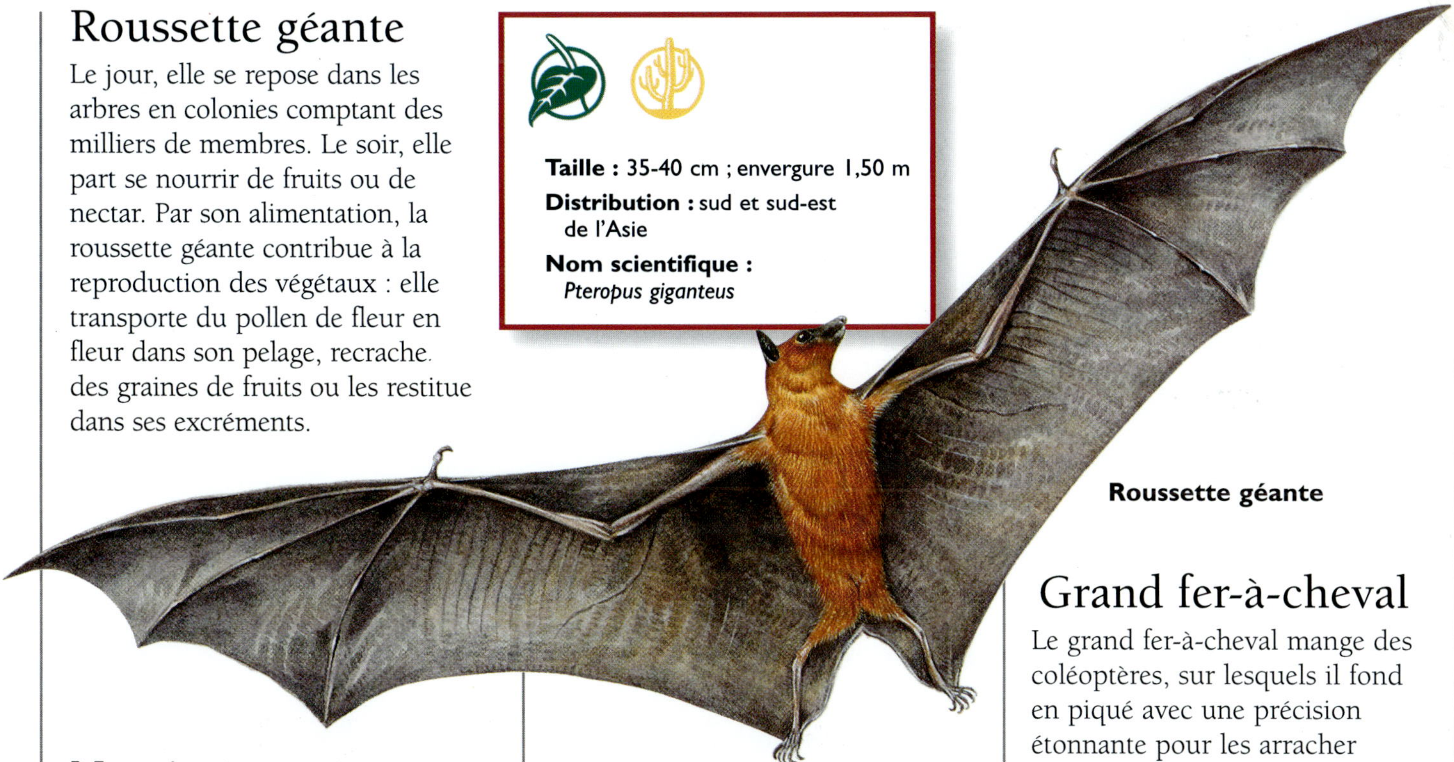

Roussette géante

Nyctimène géant

Il se reconnaît à ses narines en forme de tube. La conformation particulière de son nez l'aide sans doute à trouver les fruits mûrs (goyaves, figues, jeunes noix de coco) dont il est friand. Le nyctimène mâche les fruits avec ses dents pointues pour en extraire le jus, puis en recrache la chair.

Nyctimène géant

Taille : 7-12 cm ; envergure 20-28 cm
Distribution : îles d'Asie du Sud-Est, Nouvelle-Guinée, nord de l'Australie
Nom scientifique : *Nyctimene major*

Grand fer-à-cheval

Le grand fer-à-cheval mange des coléoptères, sur lesquels il fond en piqué avec une précision étonnante pour les arracher du sol. Il habite dans les grottes, les arbres et sous les toits des vieux bâtiments. Mais, comme les grottes sont explorées, les arbres, abattus, et les vieux immeubles, démolis, cette chauve-souris a de plus en plus de mal à se loger.

Taille : 6-18 cm ; envergure 33-38 cm
Distribution : Europe, Asie, Afrique du Nord
Nom scientifique : *Rhinolophus ferrumequinum*

Grand fer-à-cheval

Oreillard commun

Ses oreilles sont presque aussi longues que son corps et sa tête réunis. Grâce à son ouïe très fine, l'oreillard détecte les mouvements des insectes dont il se nourrit et les repère par écholocation. Il hiberne dans des grottes. L'été, il vit dans les arbres en colonies de cinquante à cent membres, attendant la nuit pour se nourrir de papillons nocturnes.

Taille : 4-5 cm ; envergure 23-28 cm
Distribution : du nord de l'Europe à la Chine et au Japon
Nom scientifique : *Plecotus auritus*

Oreillard commun

Au repos

Le vampire d'Azara vit suspendu aux plafonds des grottes, en colonies rassemblant de cent à deux mille chauves-souris. Très méfiant, il ne sort de son abri que lorsque l'obscurité est totale.

Le **vampire d'Azara** a une envergure de 18 cm. Il a moins de dents que la plupart des chauves-souris, car il n'a pas besoin de mastiquer ou de broyer sa nourriture.

Les vampires

Les authentiques vampires se nourrissent uniquement de sang. Ils vivent dans les régions tropicales de l'Amérique centrale et de l'Amérique du Sud. Le vampire d'Azara s'attaque aux animaux endormis – bétail et chevaux – et parfois même à l'homme. Les deux autres espèces sont le vampire à ailes blanches et le diphylle sans queue, dont les proies sont souvent des animaux de basse-cour. Le repas du vampire d'Azara dure une demi-heure environ, mais la quantité de sang qu'il absorbe n'est pas dangereuse pour sa victime. En revanche, la morsure de cette chauve-souris transmet souvent des maladies telles que la rage.

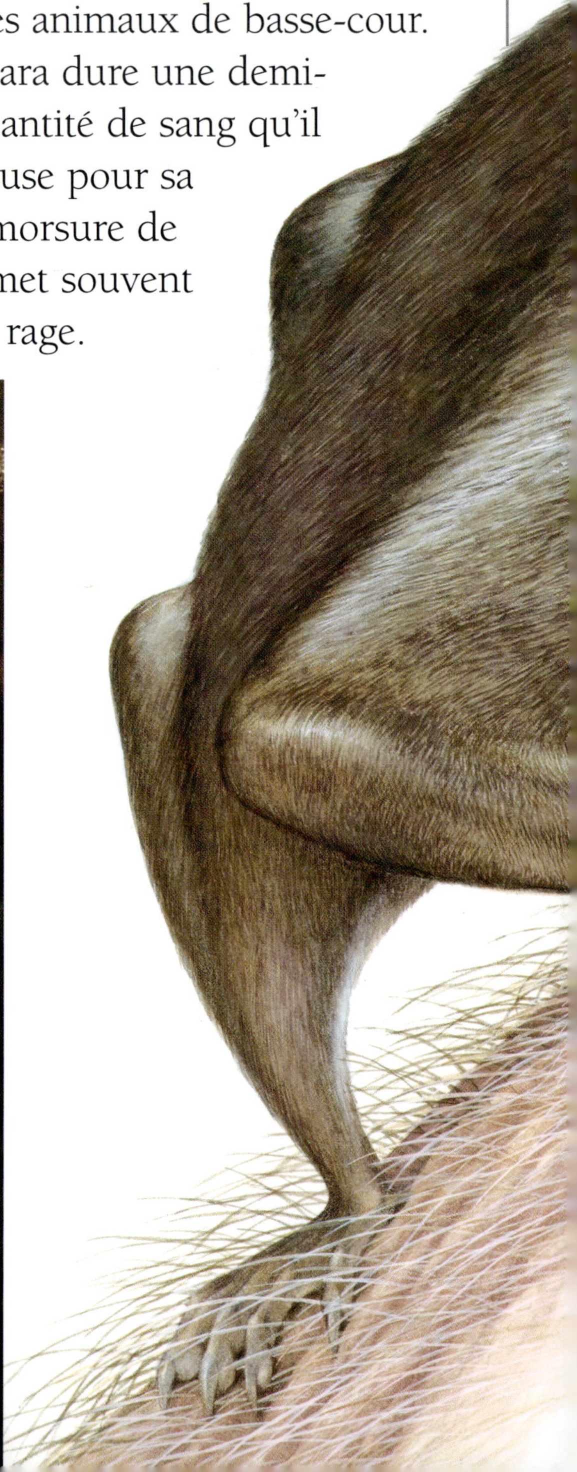

Les jeunes

Les bébés vampires ont des griffes robustes et des dents de lait qui leur permettent de s'accrocher à leur mère même en vol ! Ils se nourrissent de lait maternel, puis, quand ils ont 3 mois, leur mère commence à leur donner quelques gouttes de sang de temps en temps.

jeune vampire

L'alimentation

Le vampire se pose sur le sol à proximité de sa victime, puis s'en approche à quatre pattes. Un capteur de chaleur situé au bout de son nez lui permet de repérer une région bien irriguée de la peau, où le sang chaud circule près de la surface. Avec ses dents coupantes, le vampire mord sa victime puis lèche le sang qui s'écoule de la blessure. Sa salive empêche le sang de coaguler.

Faux vampire d'Australie

Les faux vampires

Carnivores, les faux vampires chassent souvent les petites chauves-souris. Ils s'abattent en silence sur leur victime, dont ils dévorent la chair. Autrefois, les observateurs croyaient que ces chauves-souris buvaient le sang de leurs proies. Les zoologistes savent aujourd'hui que ce n'est pas le cas, d'où leur nom de faux vampires.

Primates

L'ordre des primates regroupe environ 200 espèces, des minuscules ouistitis aux grands gorilles. Ces mammifères ont un cerveau assez développé, ce qui explique leur intelligence et leurs facultés d'apprentissage. De nombreux primates ont des pouces opposables : ils peuvent placer le pouce en face des autres doigts afin de bien saisir les objets. Certains ont également de gros orteils opposables. La plupart des primates vivent dans les arbres et ont une vision frontale, ce qui leur permet d'évaluer les distances avec précision.

Makis, ayes-ayes, loris, galagos, tarsiers, ouistitis et tamarins

Les makis, ayes-ayes, loris, galagos et tarsiers sont des prosimiens qui vivent en Afrique et au sud de l'Asie. Leur cerveau est plus petit que celui des grands singes (simiens) et leur squelette ressemble à celui de petits mammifères, les toupayes, avec lesquels les primates sont sans doute apparentés. Les ouistitis et les tamarins peuplent les forêts d'Amérique du Sud. Ils sont souvent dotés d'une fourrure colorée et de « coiffures » originales.

Ouistiti mignon

Taille : 14-16 cm sans la queue
Distribution : Amérique du Sud, en amont du fleuve Amazone
Nom scientifique : *Cebuella pygmaea*

Ouistiti mignon

C'est le plus petit de tous les primates. Il se déplace en grimpant avec une extrême lenteur ou, au contraire, par courses brèves et très rapides. Souvent attaqué par les gros oiseaux, il s'efforce de passer inaperçu. Il sait au besoin rester parfaitement immobile pour ne pas être repéré.

Loris grêle

Il grimpe avec lenteur dans les arbres. Grâce à ses pouces et à ses gros orteils opposables, il enserre les branches de ses longues pattes. Friand d'insectes, de lézards, d'oiseaux et d'œufs, il approche sa proie par-derrière avant de la saisir brutalement dans ses deux mains.

Taille : 18-26 cm
Distribution : sud de l'Inde, Sri Lanka
Nom scientifique : *Loris tardigradus*

Loris grêle

Taille : 40-45 cm sans la queue
Distribution : Madagascar
Nom scientifique : *Lemur catta*

Maki catta

Au petit matin, le maki catta grimpe au sommet des arbres pour se réchauffer au soleil après la fraîcheur de la nuit. Il marque son territoire avec des sécrétions odorantes produites par des glandes. À la saison des amours, les mâles rivaux enduisent leur queue de ces substances et se défient dans un « combat d'odeurs », empestant l'air avec leur queue !

Maki catta

Petit singe-lion

Ce superbe primate doit son nom à la crinière dorée qui enveloppe sa tête et ses épaules. Il vit en groupes familiaux et passe la nuit dans les vieux arbres creux. Très agile, il saute de branche en branche pour ramasser les insectes, lézards et oiseaux dont il raffole.

Petit singe-lion

Taille : 19-22 cm sans la queue
Distribution : sud-est du Brésil
Nom scientifique : *Leontopithecus rosalia*

Tamarin empereur

Le tamarin empereur se reconnaît aisément à ses énormes moustaches blanches pendantes. Il vit en petites troupes qui filent dans les arbres à toute allure en quête d'insectes, de fruits, de jeunes pousses et même de fleurs à se mettre sous la dent. Il apprécie également la sève qui s'écoule des arbres abîmés et ne dédaigne pas les œufs d'oiseaux.

Tamarin empereur

Taille : 18-21 cm sans la queue
Distribution : ouest du Brésil, Pérou, Bolivie
Nom scientifique : *Saguinus imperator*

Galago à queue touffue

Le galago se distingue par ses cris sonores qui rappellent ceux des jeunes enfants. Il se nourrit la nuit de matières végétales, de reptiles et d'oiseaux. Pour les capturer, il bondit sur ses proies et les tue d'une morsure.

Galago à queue touffue

Taille : 27-47 cm sans la queue
Distribution : est et sud de l'Afrique
Nom scientifique : *Otolemur crassicaudatus*

Tarsier de Horsfield

Ses yeux immenses font de lui un redoutable chasseur nocturne. Mais ses globes oculaires sont si gros qu'ils ne peuvent pas bouger dans leurs orbites : pour compenser ce handicap, le tarsier a la faculté de tourner la tête à 360 degrés.

Tarsier de Horsfield

Taille : 11-15 cm sans la queue
Distribution : Sumatra, Bornéo
Nom scientifique : *Tarsius bancanus*

Taille : 36-44 cm sans la queue
Distribution : Madagascar
Nom scientifique : *Daubentonia madagascariensis*

Aye-aye

L'aye-aye frappe l'écorce des arbres avec son majeur, très développé, pour repérer des galeries d'insectes, puis il creuse un trou dans l'écorce pour en extraire les larves, toujours avec le même doigt. Ce curieux animal est malheureusement en voie d'extinction.

Aye-aye

Les singes de l'Ancien Monde

L'Asie et l'Afrique abritent environ 80 espèces de singes connus sous le nom de singes de l'Ancien Monde, se distinguant par leurs narines rapprochées et ouvertes vers le bas. La plupart ont des callosités fessières qui leur permettent de s'asseoir sur les branches pour se reposer. Ils sont généralement plus grands que les singes du Nouveau Monde, implantés en Amérique. Contrairement à ces derniers, ils n'ont pas de queue préhensile (pour s'agripper). En général, les singes de l'Ancien Monde sont actifs le jour.

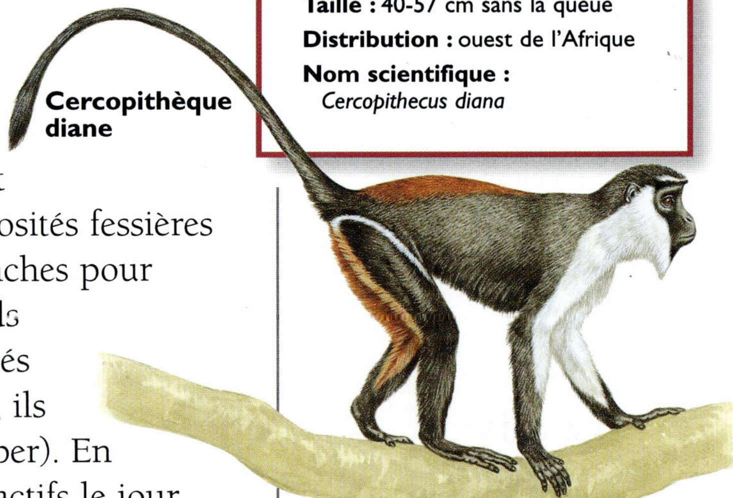

Cercopithèque diane

Taille : 40-57 cm sans la queue
Distribution : ouest de l'Afrique
Nom scientifique : *Cercopithecus diana*

Cercopithèque diane

Ce singe au pelage coloré habite les forêts humides. Bon grimpeur, il vit au sommet des arbres en troupes d'une trentaine d'individus dirigées par un mâle. Il mange surtout des fruits et des feuilles, mais ne dédaigne pas les insectes, les œufs et les oisillons.

Mandrill

Ce singe de forêt se reconnaît aisément à son nez rouge vif et à ses joues bleues. La femelle du mandrill donne naissance à un seul petit qu'elle transporte partout avec elle, sur son dos ou sous son ventre. Souvent hargneux et agressifs, les mandrills adultes s'attaquent parfois à l'homme.

Taille : 60-85 cm
Distribution : régions occidentales du centre de l'Afrique
Nom scientifique : *Mandrillus sphinx*

Mandrill

Macaque japonais

Il vit dans les forêts de montagne du Japon, au climat très rigoureux. En hiver, il se réchauffe près des sources volcaniques, où l'eau chaude remonte à la surface et forme des bassins d'eau fumante. Il se nourrit de fruits, de feuilles et de petits animaux.

Macaque japonais

Taille : 50-75 cm
Distribution : Japon
Nom scientifique : *Macaca fuscata*

Nasique

Le mâle se distingue par son énorme nez, qui devient rouge et enfle lorsque le singe est en colère ou excité, et qui se redresse lorsqu'il crie pour prévenir ses congénères d'un danger. La femelle a un nez plus discret et un cri moins sonore. Le nasique vit dans la mangrove, où il se déplace agilement dans les palétuviers, en s'accrochant aux branches grâce à ses longs doigts et à ses orteils.

Taille : 53-76 cm sans la queue
Distribution : Bornéo
Nom scientifique : *Nasalis larvatus*

Nasique

Babouin olive

Ce grand babouin vit dans la savane africaine en hardes pouvant rassembler jusqu'à cent cinquante individus. Son alimentation se compose surtout de feuilles, de graines, de racines, d'écorce, de fruits, d'insectes, d'œufs et de lézards, mais il chasse aussi des mammifères, notamment les jeunes antilopes. Il passe beaucoup de temps à épouiller ses congénères afin de débarrasser leur pelage des parasites qui s'y nichent. Il vit au sol pendant la journée et rejoint un arbre ou un rocher pour dormir.

Taille : jusqu'à 1 m sans la queue
Distribution : ouest, centre et est de l'Afrique
Nom scientifique : *Papio anubis*

Babouin olive

Colobe bai

Les colobes bais vivent en troupes de cinquante à cent sujets. Chaque troupe se compose de plusieurs petites familles, elles-mêmes constituées d'un mâle et de plusieurs femelles avec leurs petits. Fruits, feuilles et fleurs constituent l'ordinaire de ce singe, qui quête sa nourriture dans les arbres en effectuant des sauts spectaculaires entre les branches, et qui est parfois chassé par des bandes de chimpanzés.

Taille : 45-65 cm sans la queue
Distribution : ouest, centre et est de l'Afrique
Nom scientifique : *Procolobus badius*

Colobe bai

Cercopithèque noir et vert

Il vit dans les forêts marécageuses, à proximité des cours d'eau. S'il se nourrit surtout de feuilles et de fruits, il est également friand de crabes et même de poissons. Ce singe est chassé par les populations locales pour sa viande et parce qu'il pille parfois les récoltes. Il est menacé d'extinction.

Taille : 45-60 cm sans la queue
Distribution : Congo
Nom scientifique : *Allenopithecus nigroviridis*

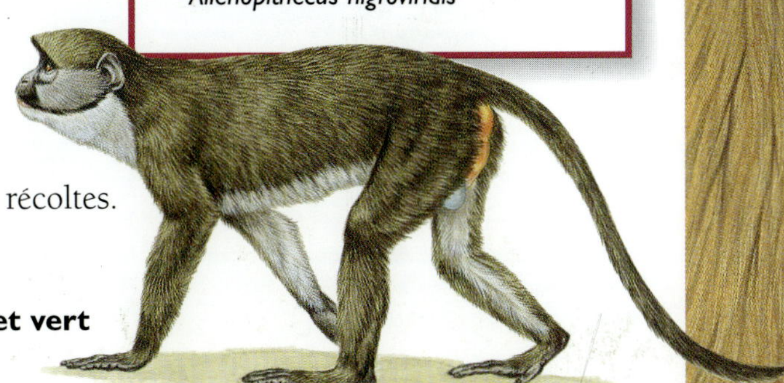

Cercopithèque noir et vert

Les singes du Nouveau Monde

Les singes des forêts de l'Amérique centrale et de l'Amérique du Sud sont appelés « singes du Nouveau Monde ». Chez de nombreuses espèces, la queue est préhensile : le singe peut s'en servir comme d'une cinquième main en l'enroulant autour des branches. Dotés de doigts allongés et de pattes robustes, ces singes excellent à la course et au saut. Leurs narines sont épatées (ouvertes vers le haut) et ils sont dépourvus de callosités fessières.

Éroïde

Éroïde

Il se déplace agilement dans les arbres de la forêt humide en s'aidant de ses longs bras et de sa queue préhensile pour sauter de branche en branche. L'éroïde devient rare, car la déforestation le prive de son habitat et ne lui laisse guère de refuge contre les chasseurs.

Taille : 46-63 cm sans la queue
Distribution : sud-est du Brésil
Nom scientifique :
Brachyteles arachnoides

Hurleur roux

Hurleur roux

Il vit dans les forêts humides, en troupes qui rassemblent jusqu'à trente sujets. Parfois, tous les mâles d'une troupe se réunissent à l'aube pour entonner un chœur de hurlements qui résonne jusqu'à 3 km. Ce concert leur permet de marquer leur territoire vis-à-vis des autres singes.

Taille : 50-80 cm sans la queue
Distribution : Amérique du Sud
Nom scientifique :
Alouatta seniculus

Sapajou à front blanc

Le sapajou à front blanc passe son temps à ramasser tout ce qu'il trouve dans l'espoir de pouvoir le manger. Il se nourrit de pousses tendres, de fruits, d'insectes, d'oisillons et d'œufs d'oiseaux. Afin de marquer son territoire lorsqu'il se déplace dans les arbres, il trempe ses mains et ses pieds dans son urine.

Sapajou à front blanc

Taille : 33-45 cm sans la queue
Distribution : Amérique du Sud, en amont du fleuve Amazone
Nom scientifique :
Cebus albifrons

Saki à perruque

Saki à perruque

Il doit son nom aux longues touffes de poils qui encadrent sa face à la manière d'une perruque. Il se distingue en outre par une longue queue touffue. Prudent, ce singe se tient en haut des arbres et ne s'aventure pas au sol. Il se déplace à quatre pattes, mais il lui arrive de marcher debout sur les grosses branches. C'est un bon sauteur. Il vit en couple ou en petits groupes familiaux.

Taille : 37-48 cm sans la queue
Distribution : Amérique du Sud, en amont du fleuve Amazone
Nom scientifique :
Pithecia monachus

Les grands singes et gibbons

Les gorilles, les chimpanzés et les orangs-outans forment la famille des grands singes, ou pongidés. Ce sont les animaux les plus proches des humains. Plus petits, les gibbons sont des singes arboricoles du sud de l'Asie. Tous ces singes vivent en groupes familiaux. Ils marchent à quatre pattes, en prenant appui sur leur première phalange et non sur la paume de leurs mains.

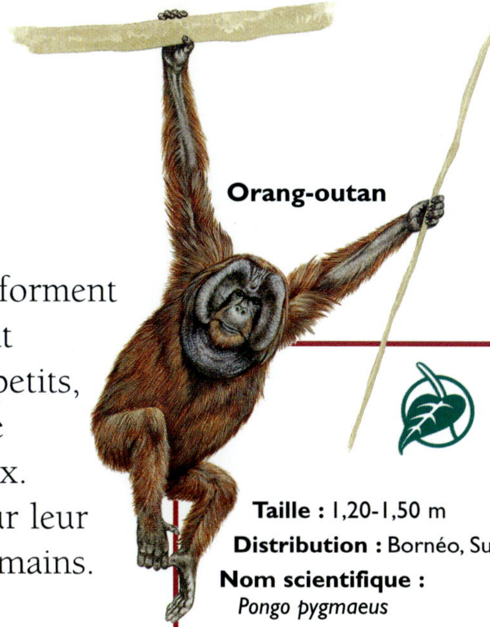

Orang-outan

Taille : 1,20-1,50 m
Distribution : Bornéo, Sumatra
Nom scientifique : *Pongo pygmaeus*

Chimpanzé

Taille : 1,20-1,70 m
Distribution : ouest, centre et est de l'Afrique
Nom scientifique : *Pan troglodytes*

Orang-outan

Ce grand primate construit un nid de branches dans les arbres pour y dormir, mais n'occupe pas forcément le même chaque soir. La femelle donne naissance à un seul petit, qu'elle transporte avec elle à la cime des arbres, agrippé à sa fourrure.

Gibbon lar

Il vit dans les arbres, où il s'élance de branche en branche et court parfois à grande hauteur sur deux pattes avec la plus grande agilité, tout en évitant les branches mortes car une chute lui serait alors sans doute fatale. Il vit au sein d'une troupe familiale.

Gibbon lar

Taille : 42-58 cm
Distribution : sud-est de l'Asie
Nom scientifique : *Hylobates lar*

Chimpanzé

Le chimpanzé se distingue par son vaste répertoire de cris, de gestes et de mimiques. Il est surtout végétarien, mais ne dédaigne pas les insectes. Il est capable d'utiliser des objets en guise d'outils : ainsi, les pierres lui servent de casse-noix, les feuilles, à récolter l'eau qu'il boit, et il peut utiliser une branchette pour fouiller dans les vieux troncs afin de déloger les fourmis et les termites de leurs nids.

Gorille

Les gorilles vivent la plupart du temps sur le sol. Ils se nourrissent de feuilles, de bourgeons, de tiges, de baies, d'écorce et de fougères. Leurs troupes rassemblent jusqu'à trente sujets et sont composées d'un mâle adulte, le chef, de quelques jeunes mâles et de plusieurs femelles avec leurs petits. Les jeunes gorilles se déplacent sur le dos de leur mère jusqu'à l'âge de 2 ou 3 ans.

Taille : 1,40-1,80 m
Distribution : régions occidentales du centre de l'Afrique
Nom scientifique : *Gorilla gorilla*

Gorille

Carnivores

Les carnivores forment un vaste groupe de mammifères qui se nourrissent de chair animale. Ils rassemblent notamment les canidés, les ours, les mustélidés, les félins et les hyènes. La plupart ont une vue, une ouïe et un odorat développés qui leur permettent de repérer leurs proies. Toutefois, ils se caractérisent principalement par leurs dents carnassières tranchantes, avec lesquelles ils entaillent et arrachent la chair. Certains carnivores se sont adaptés à une alimentation plus variée, comprenant également des graines, des fruits, des racines et des insectes.

Renards, loups, lycaons...

Ces canidés sont dotés de longues pattes pour poursuivre leurs proies et de dents tranchantes pour les tuer. Ils se distinguent par leur flair particulièrement développé, qu'ils utilisent pour repérer leurs victimes, trouver un partenaire ou identifier les autres animaux. Leurs proies sont de tailles variées, des minuscules souris aux élans. Certains, comme les renards, mènent une vie solitaire ; d'autres, comme les loups et les lycaons, vivent et se déplacent en groupes familiaux appelés « meutes ». Les membres de la meute partagent leur nourriture et se défendent mutuellement.

Loup à crinière

Taille : 1,20-1,35 m sans la queue
Distribution : Amérique du Sud
Nom scientifique :
Chrysocyon brachyurus

Loup à crinière

Il ressemble à un renard, mais il est plus haut sur pattes et son museau est plus allongé. Très farouche, il vit dans des régions isolées, où il chasse la nuit. Il se nourrit de rongeurs, d'oiseaux, de reptiles, de grenouilles et de végétaux.

Chien de brousse

Il a un corps trapu, de courtes pattes, une petite queue et un museau ramassé. Dans les savanes et les forêts clairsemées où il vit, il chasse les rongeurs à la nuit tombée, en meutes. Il passe ses journées dans un terrier qui n'est pas forcément le sien, et dont il déloge parfois un autre animal.

Taille : 57-75 cm sans la queue
Distribution : Amérique centrale, Amérique du Sud
Nom scientifique :
Speothos venaticus

Chien de brousse

Taille : 80 cm-1,10 m sans la queue
Distribution : du sud du Sahara à l'Afrique du Sud
Nom scientifique :
Lycaon pictus

Lycaon

Les lycaons chassent en meutes. Ils poursuivent des troupeaux d'animaux, comme les gnous, dont ils isolent un membre avant de l'attaquer. Autrefois répandus dans la savane africaine, ils ont été abattus en grand nombre par les fermiers, qui leur reprochaient de s'attaquer au bétail, et ne vivent aujourd'hui qu'en de rares endroits disséminés.

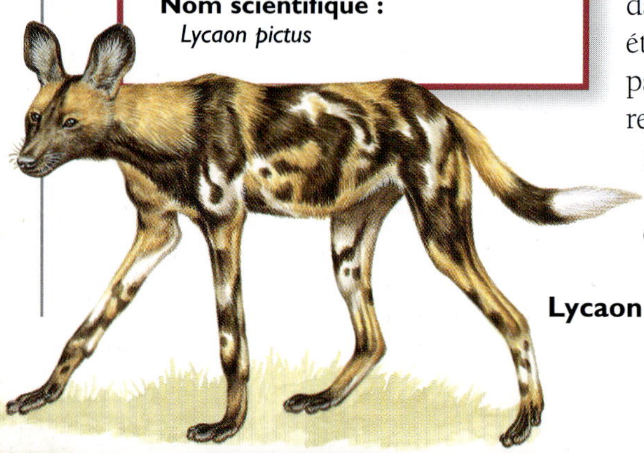

Lycaon

Renard polaire

Renard polaire

Ce renard qui résiste au froid intense (jusqu'à – 50 °C) de la toundra se nourrit d'oiseaux et de rongeurs, ainsi que des restes des repas des ours polaires. En hiver, sa fourrure blanche lui permet de passer inaperçu et donc de s'approcher facilement de ses proies. Lorsque la neige fond, sa fourrure vire au gris-brun : il se confond alors avec les rochers et les plantes.

Taille : 46-68 cm sans la queue
Distribution : régions arctiques
Nom scientifique : *Alopex lagopus*

Fennec

C'est le plus petit des canidés. Ses grandes oreilles (jusqu'à 15 cm) lui permettent d'évacuer la chaleur de son corps afin de ne pas souffrir des températures torrides des déserts où il vit. Il chasse, la nuit, des rongeurs, des oiseaux, des insectes et des lézards.

Fennec

Taille : 37-41 cm sans la queue
Distribution : Afrique du Nord, Moyen-Orient
Nom scientifique : *Vulpes zerda*

Renard commun

Taille : 46-86 cm sans la queue
Distribution : Amérique du Nord, Europe, nord de l'Afrique, nord de l'Asie
Nom scientifique : *Vulpes vulpes*

Renard commun

Il s'est adapté à des milieux très divers : forêts, prairies, déserts, montagnes, et parfois villes. Il vit et chasse en solitaire, ne rejoignant ses congénères que pour s'accoupler et élever ses petits. Il se nourrit surtout de rongeurs, de lapins et d'autres petits mammifères, mais apprécie aussi les végétaux, les vers de terre et les poissons.

Loup commun

Le plus grand des canidés vit en meutes de cinq à vingt loups conduites par un couple dominant, sur un territoire qui couvre jusqu'à 1 000 km². Par leurs hurlements, les loups indiquent leur présence aux autres meutes et les dissuadent d'empiéter sur leur territoire. Le loup chasse surtout des ongulés.

Loup commun

Taille : 1-1,60 m sans la queue
Distribution : Canada, États-Unis, Mexique, est de l'Europe, Asie
Nom scientifique : *Canis lupus*

Les tigres

Le tigre est le plus grand des félins. Au début du XXe siècle, plusieurs centaines de milliers de tigres peuplaient les forêts d'Asie. La chasse et la déforestation ont eu des conséquences désastreuses : on estime qu'il reste aujourd'hui de six mille à neuf mille tigres en liberté, en Inde, en Chine, en Indonésie et en Sibérie. Solitaire, le tigre émet un puissant rugissement pour éloigner les autres tigres de son territoire, qu'il marque en griffant l'écorce des arbres, ainsi que par des jets d'urine et des dépôts d'excréments. Il chasse les gros mammifères, plutôt la nuit, et parcourt parfois jusqu'à 20 km pour trouver sa nourriture. Lorsqu'il lance une attaque, il n'a qu'une chance sur dix de capturer sa proie ; c'est pourquoi, en cas de réussite, il ingurgite le plus de viande possible. Malgré sa réputation, le tigre s'attaque rarement aux êtres humains.

Tigre de Sibérie

Tigre de la Caspienne

Tigre d'Indochine

Tigre de Sumatra

Les différents tigres

Il y a un siècle, il existait huit sous-espèces de tigres. Le tigre de Bali a aujourd'hui disparu ; les tigres de la Caspienne et de Java sont devenus très rares ; les tigres du Bengale, de Sibérie, de Chine, d'Indochine et de Sumatra sont également menacés d'extinction. Le plus grand de tous est le tigre de Sibérie, qui approche les 400 kilos.

La chasse à l'affût

Au crépuscule, le tigre part à la chasse. Comme il ne peut courir vite que sur une courte distance, il fait appel à la ruse pour capturer des buffles, des cerfs, des sangliers... Grâce à sa fourrure rayée, il peut se camoufler dans les hautes herbes pour s'approcher de sa proie. Une fois qu'il est tout près, le tigre s'élance et bondit sur sa victime sans lui laisser le temps de réagir.

Vie de famille

Chaque portée compte entre deux et six petits, qui sont aveugles pendant les dix premiers jours de leur vie. Leur mère les allaite jusqu'à 8 semaines. Ils ne commencent à chasser seuls qu'à l'âge de 18 mois et restent auprès de leur mère pendant 2 à 3 ans. Le tigre mâle ne participe pas à leur éducation. Les jeunes tigres sont parfois tués par un autre tigre mâle qui vient de s'emparer du territoire de leur père. Dans ce cas, la tigresse s'accouple de nouveau.

Contrairement aux chats, les **tigres** aiment l'eau et apprécient les baignades par temps chaud. Bons nageurs, ils n'hésitent pas à poursuivre leurs proies dans les rivières ou entre deux îles. Ils grimpent plus rarement aux arbres.

Ratons laveurs, ours et pandas

Les ancêtres des ours et des ratons laveurs étaient des animaux semblables aux canidés, qui vivaient voici plusieurs millions d'années. Les ratons laveurs et leurs cousins les coatis et les olingos sont des carnivores pourvus d'une longue queue, qui passent le plus clair de leur temps dans les arbres. Les ours sont les plus grands carnivores terrestres. Mais ils ont, en fait, une alimentation très variée, comportant des plantes et des insectes. Il existe deux espèces de pandas : le panda géant, classé parmi les ursidés, et le petit panda, appartenant à la famille des ratons laveurs.

Olingo

Taille : 35-48 cm sans la queue
Distribution : Amérique centrale, nord-ouest de l'Amérique du Sud
Nom scientifique : *Bassaricyon gabbii*

Olingo

Il utilise sa longue queue comme balancier lorsqu'il court dans les arbres et saute de branche en branche. Il vit seul ou en couple, mais cherche parfois sa nourriture en compagnie d'autres olingos. Il se nourrit de fruits, d'insectes, de petits mammifères et d'oiseaux.

Petit panda

Taille : 51-63 cm sans la queue
Distribution : Himalaya, du Népal à la Birmanie, sud-ouest de la Chine
Nom scientifique : *Ailurus fulgens*

Petit panda

Il dort pendant la journée recroquevillé sur une branche, la queue posée sur les yeux ou la tête rentrée dans les épaules. Il mange durant la nuit, surtout des pousses de bambou, bien qu'il soit aussi friand d'herbes, de racines, de fruits, de glands, de souris, d'oiseaux et d'œufs.

Raton laveur

Il court assez vite, sait grimper aux arbres et peut nager en cas de besoin. Actif la nuit, il chasse des grenouilles, des poissons, des souris et des oiseaux, mais il se plaît aussi à fouiller les poubelles en quête de restes comestibles qu'il ramasse avec ses longs doigts agiles. Son épaisse fourrure lui tient chaud en hiver.

Raton laveur

Taille : 41-60 cm sans la queue
Distribution : sud du Canada, États-Unis, Amérique centrale
Nom scientifique : *Procyon lotor*

Coati sud-américain

Avec son long nez mobile, il explore les trous et les crevasses du sol en quête d'insectes ou d'araignées. Les femelles et les jeunes forment des groupes réunissant jusqu'à trente animaux, tandis que les mâles sont plutôt solitaires. La femelle met bas de deux à sept petits dans une grotte ou dans le creux d'un arbre.

Taille : 43-67 cm sans la queue
Distribution : sud-est des États-Unis, Amérique centrale, Amérique du Sud
Nom scientifique : *Nasua nasua*

Coati sud-américain

Ours polaire

Taille : 2,20-2,50 m

Distribution : banquise et eaux côtières de l'océan Arctique

Nom scientifique : *Ursus maritimus*

Ours polaire

Doté d'une épaisse couche de graisse qui l'isole du froid, il supporte bien les températures de l'Arctique. La femelle creuse une tanière dans la neige avant de mettre bas. Les oursons restent auprès d'elle pendant 28 mois, le temps d'apprendre à chasser et à se défendre.

Ours malais

Il dort ou se prélasse au soleil le jour et se nourrit la nuit. Il utilise sa longue langue pour lécher le miel des ruches et extraire les termites de leur nid. Avec ses griffes, il attrape des fruits sur les branches et arrache l'écorce des arbres pour en déloger des larves d'insectes.

Taille : 1,10-1,40 m

Distribution : sud-est de l'Asie

Nom scientifique : *Helarctos malayanus*

Ours malais

Ours brun

Il se nourrit de baies, de fruits, de feuilles, de racines ; mais il apprécie aussi les insectes, les rongeurs et les poissons, et s'attaque parfois à de gros mammifères tels que l'orignal ou le bœuf musqué... Il cache parfois ses proies sous des feuilles ou dans la terre pour les manger plus tard.

Ours brun

Taille : 1,70-2,50 m

Distribution : Europe, Asie, Amérique du Nord

Nom scientifique : *Ursus arctos*

Panda géant

Taille : 1,20-1,50 m

Distribution : régions montagneuses isolées du centre de la Chine

Nom scientifique : *Ailuropoda melanoleuca*

Panda géant

Pour survivre, le panda géant consacre jusqu'à 15 heures par jour à ses repas, au cours desquels il peut consommer 20 kg de pousses de bambou. Il est doté d'une sorte de sixième doigt qui lui permet de saisir sa nourriture. Il reste, hélas, à peine mille pandas géants en liberté.

Ours à lunettes

Il se distingue par les anneaux de pelage clair qui entourent ses yeux et son museau, et qui lui ont valu son nom. Il mange la nuit et se repose le jour, dans un nid de branches qu'il construit dans les arbres.

Ours à lunettes

Taille : 1,50-1,80 m

Distribution : régions montagneuses des Andes, en Amérique du Sud

Nom scientifique : *Tremarctos ornatus*

Mustélidés, civettes et mangoustes

Ce sont tous des mammifères de taille modeste. La famille des mustélidés (environ 65 espèces) comprend les hermines, les blaireaux, les loutres, les moufettes et les gloutons, répandus partout sauf en Australie et à Madagascar. Les mustélidés ont un corps allongé, des pattes courtes et une longue queue. Les civettes et les genettes (34 espèces) sont des mammifères arboricoles aux mœurs nocturnes qui fréquentent le sud de l'Europe, l'Afrique et l'Asie. Les mangoustes (37 espèces) sont des animaux terrestres très vifs qui vivent en Afrique et en Asie.

Loutre commune

Taille : 55-80 cm sans la queue
Distribution : Europe, Afrique du Nord, Asie
Nom scientifique : *Lutra lutra*

Loutre commune

Elle vit près des cours d'eau et des marais. Dans l'eau, elle se sert de sa robuste queue pour se propulser tandis que sa fourrure imperméable la protège du froid. Lorsqu'elle nage, ses narines et ses oreilles se ferment. La loutre commune vit dans un terrier creusé dans la berge, dont elle sort rarement le jour. Elle attend la nuit pour partir en quête de poissons, de campagnols et de grenouilles.

Hermine

Taille : 17-35 cm sans la queue
Distribution : Europe, Asie, Amérique du Nord
Nom scientifique : *Mustela erminea*

Hermine

Très agile, l'hermine est un redoutable prédateur qui tue ses victimes (rongeurs et lapins surtout, mais aussi oiseaux, poissons et insectes) d'une morsure à la nuque. Dans les régions situées au nord de son habitat, l'hermine perd sa fourrure brune au début de l'hiver au profit d'une épaisse toison blanche. Seule l'extrémité de sa queue reste noire.

Blaireau d'Eurasie

Les blaireaux d'Eurasie vivent à plusieurs familles dans un immense terrier à entrées multiples, constitué d'un réseau de galeries et de chambres souterraines. Actifs la nuit, ils sortent de leur terrier au crépuscule. Ils mangent de grandes quantités de vers de terre, ainsi que d'autres petits animaux, des plantes, des fruits et des baies.

Taille : 56-90 cm sans la queue
Distribution : Europe, Asie
Nom scientifique : *Meles meles*

Blaireau d'Eurasie

Glouton

Glouton

Robuste et trapu, le glouton peut venir à bout de proies plus grandes que lui. Il passe le plus clair de son temps au sol, mais s'aventure parfois dans les arbres pour y chercher des œufs d'oiseaux et des baies. Les naissances ont lieu au printemps, et les jeunes sont allaités pendant 2 mois environ. Ils restent quelques mois auprès de leur mère, puis la quittent pour conquérir leur propre territoire.

Taille : 65 cm-1,05 m sans la queue
Distribution : Sibérie, Scandinavie, Amérique du Nord
Nom scientifique : *Gulo gulo*

Loutre de mer

Elle se nourrit de mollusques dont elle brise la coquille à l'aide d'une pierre. Pour cela, elle s'allonge sur le dos dans l'eau et place un galet sur sa poitrine, puis elle frappe violemment le coquillage contre cette enclume afin de pouvoir en extraire la chair.

Loutre de mer

Taille : 1-1,20 m sans la queue
Distribution : mer de Béring, côtes de la Californie
Nom scientifique : *Enhydra lutris*

Nandinie

Cette civette a des pattes courtes et une longue queue touffue. Bonne grimpeuse, elle passe son temps dans les arbres. Elle se repose le jour et chasse la nuit. Insectes, lézards, oiseaux et autres petits animaux figurent à son menu. Elle consomme aussi beaucoup de fruits et de feuilles. La femelle met bas deux petits, parfois plus, à toute période de l'année.

Nandinie

Taille : 43-60 cm sans la queue
Distribution : centre de l'Afrique
Nom scientifique : *Nandinia binotata*

Mangouste de Java

Elle chasse des proies très diverses : serpents, scorpions, insectes, petits mammifères... L'homme l'apprécie, car elle se nourrit de rats et d'autres animaux nuisibles. C'est pourquoi la mangouste a été introduite dans des régions extérieures à son habitat d'origine.

Taille : 35-39 cm sans la queue
Distribution : Moyen-Orient, Asie ; introduite aux Antilles, à Hawaii et aux îles Fidji
Nom scientifique : *Herpestes auropunctatus*

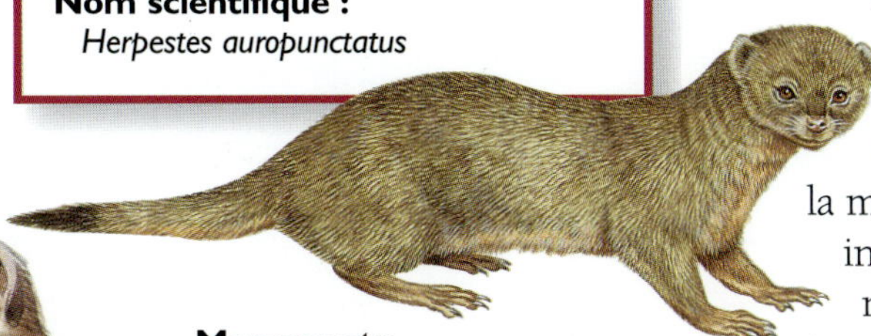

Mangouste de Java

Suricate

Sociable, cette espèce de mangouste vit au sein d'une communauté de plusieurs familles. Le jour, la majorité des suricates partent chasser des insectes, des lézards, des oiseaux et ramasser des fruits, tandis qu'un petit nombre guettent les oiseaux de proie. Au moindre signe de danger, ils poussent un cri d'alarme pour prévenir leurs congénères.

Suricate

Taille : 25-35 cm sans la queue
Distribution : sud de l'Afrique
Nom scientifique : *Suricata suricata*

Moufette rayée

Les moufettes, actives la nuit, sont connues pour leur aptitude à projeter une sécrétion nauséabonde issue de leurs poches anales lorsqu'elles se sentent menacées. Cette sécrétion peut irriter les yeux de leurs ennemis.

Taille : 28-38 cm sans la queue
Distribution : Amérique du Nord
Nom scientifique : *Mephitis mephitis*

Moufette rayée

Félins et hyènes

Il existe 36 espèces de félins, du petit chat sauvage au lion majestueux. Ce sont tous des prédateurs redoutables, dotés d'un corps très souple et de pattes puissantes qui leur permettent de rattraper leurs proies à la course : le plus rapide, le guépard, atteint près de 100 km/h en vitesse de pointe.
La famille des hyénidés comprend 4 espèces, caractérisées par une tête massive aux mâchoires puissantes. Les hyènes se nourrissent de charognes (animaux morts), notamment des restes laissés par les grands félins tels que les lions.

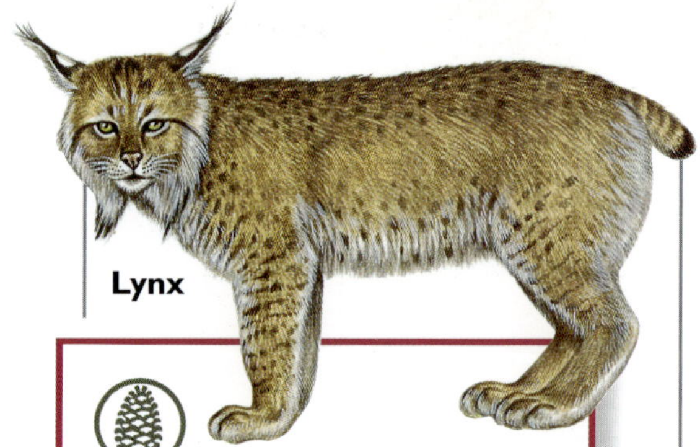

Lynx

Taille : 80 cm-1,30 m
Distribution : est de l'Europe, Asie
Nom scientifique : *Lynx lynx*

Lynx

Il vit en solitaire dans les forêts, où il chasse lièvres, lapins, rongeurs, petits cervidés et oiseaux. Les pinceaux de poils qui garnissent ses oreilles l'aident à localiser les bruits dans les forêts profondes. Doté d'une excellente vue, le lynx repère une souris à 75 m de distance.

Hyène rayée

Taille : 1-1,20 m
Distribution : du nord de l'Afrique au Moyen-Orient et à l'Inde
Nom scientifique : *Hyaena hyaena*

Hyène rayée

Lorsqu'elle ne trouve pas de cadavres d'animaux, l'hyène rayée s'attaque à des animaux vivants (agneaux, petits mammifères, oiseaux, lézards, serpents et insectes). La femelle donne naissance à deux, trois ou quatre petits, qu'elle allaite jusqu'à 12 mois.

Puma

Il s'est adapté à des habitats très divers : plaines arides, forêts et montagnes. Les cerfs sont la proie favorite de ce chasseur à l'affût. Après avoir épié sa victime, le puma bondit brusquement sur elle et la tue d'une morsure à la nuque. Il la traîne ensuite dans un endroit abrité où il pourra festoyer en toute quiétude.

Puma

Taille : 1-1,90 m sans la queue
Distribution : ouest de l'Amérique du Nord, Mexique, Amérique centrale, Amérique du Sud
Nom scientifique : *Puma concolor*

Chat sauvage

Il ressemble au chat domestique, mais il est plus grand et possède une queue plus touffue. C'est un bon grimpeur, qui cependant chasse généralement à terre, où il capture de petits rongeurs et des oiseaux vivant sur le sol. À la saison des amours, le mâle feule pour attirer une femelle.

Chat sauvage

Taille : 50-75 cm sans la queue
Distribution : Europe, Afrique, Moyen-Orient, Inde
Nom scientifique : *Felis silvestris*

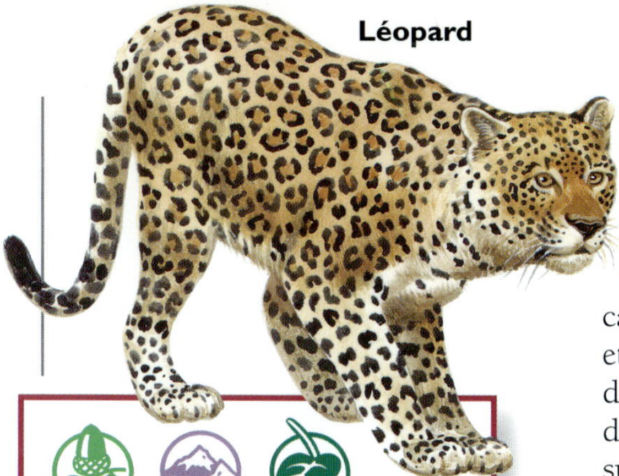

Léopard

Léopard

Le léopard hisse ses proies dans les arbres pour les mettre à l'abri des charognards. Sa fourrure tachetée lui fournit un bon camouflage dans les feuillages et les hautes herbes. Il lui arrive de guetter le passage d'une proie du haut d'un arbre et de bondir sur elle par surprise.

Taille : 1-1,90 m sans la queue
Distribution : Afrique subsaharienne, Moyen-Orient, sud de l'Asie
Nom scientifique : *Panthera pardus*

Léopard des neiges

Ce chasseur solitaire vit dans les montagnes. Il poursuit les mouflons et les bouquetins en effectuant des bonds puissants entre les rochers. Ses pattes très larges l'empêchent de s'enfoncer dans la neige.

Taille : 80 cm-1 m sans la queue
Distribution : Asie centrale, Himalaya
Nom scientifique : *Uncia uncia*

Léopard des neiges

Taille : 1,60-2,50 m sans la queue
Distribution : Afrique subsaharienne, nord-ouest de l'Inde
Nom scientifique : *Panthera leo*

Lion

Le lion vit en groupes dans la savane ou dans la brousse. Le clan se compose de quatre à douze femelles souvent apparentées, de leurs jeunes et de un à six mâles. Ce sont les lionnes qui chassent (des antilopes, des zèbres...), le rôle du mâle consistant à défendre le territoire du clan.

Lion

Jaguar

Jaguar

C'est le plus grand félin d'Amérique du Sud. Comme il ne peut pas courir vite sur de longues distances, il s'approche furtivement de ses proies (cervidés surtout) pour les capturer. Bon nageur, il apprécie aussi les poissons et les tortues. La femelle met au monde de un à quatre petits, qu'elle protège contre les intrus, y compris leur père.

Taille : 1,20-1,80 m sans la queue
Distribution : sud des États-Unis, Amérique centrale, Amérique du Sud
Nom scientifique : *Panthera onca*

Guépard

C'est le plus rapide de tous les mammifères terrestres, avec des pointes de 96 km/h. Peu endurant, il s'approche le plus près possible de sa victime avant de s'élancer à sa poursuite dans une course fulgurante. En cas d'échec, il renonce souvent à sa proie.

Guépard

Taille : 1,10-1,40 m sans la queue
Distribution : Afrique subsaharienne, Moyen-Orient
Nom scientifique : *Acinonyx jubatus*

Pinnipèdes, cétacés et siréniens

Les pinnipèdes (phoques, otaries, morses), les cétacés (baleines, dauphins, marsouins) et les siréniens (lamantins, dugongs) descendent de mammifères terrestres qui ont quitté la terre pour vivre dans la mer il y a des millions d'années. Leur anatomie s'est adaptée au milieu aquatique : ils ont acquis un corps lisse et fuselé et leurs membres se sont transformés en nageoires. Ils vivent dans l'eau, mais doivent remonter régulièrement à la surface pour respirer de l'air avec leurs poumons.

Lion de mer de Californie

C'est un nageur très rapide, capable d'atteindre une vitesse de 40 km/h. À la saison des amours, d'immenses colonies de lions de mer se rassemblent sur les rivages rocheux du sud-ouest des États-Unis.

Lion de mer de Californie

Taille : 1,50-2,50 m
Distribution : côtes du Pacifique, du Canada au Mexique
Nom scientifique : *Zalophus californianus*

Phoques, otaries et morses

Ce sont tous d'excellents nageurs. En plongée, leur cœur bat moins vite, ce qui leur permet de rester longtemps sous l'eau. Contrairement aux baleines et aux dauphins, qui mettent bas dans l'eau, ils reviennent à terre pour donner naissance à leurs petits. Les phoques et les morses nagent à l'aide de leurs nageoires postérieures, qu'ils animent de mouvements latéraux, tandis que les otaries se propulsent grâce à leurs longues nageoires antérieures.

Taille : 2,20-3,50 m
Distribution : océan Arctique, occasionnellement nord de l'Atlantique
Nom scientifique : *Odobenus rosmarus*

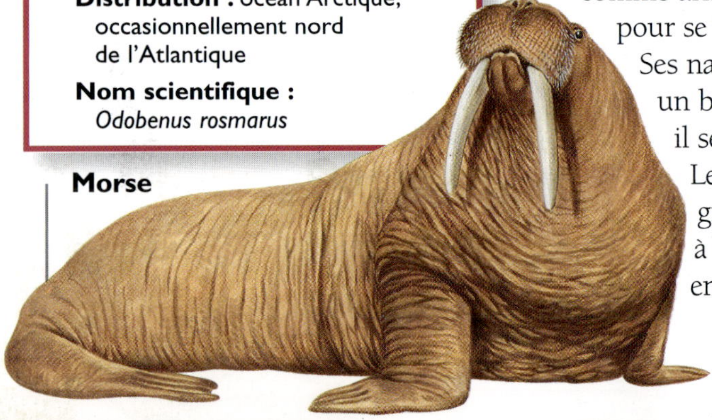

Morse

Morse

Le morse vit dans l'Arctique, se nourrissant de mollusques et de crustacés. Il utilise ses défenses comme arme et comme appui pour se hisser sur la banquise. Ses nageoires aplaties en font un bon nageur. Sur terre, il se déplace avec lourdeur. Les morses passent une grande partie de leur temps à dormir sur la banquise en vastes troupeaux.

Taille : 1,40-1,90 m
Distribution : Atlantique sud, Pacifique sud
Nom scientifique : *Arctocephalus australis*

Otarie à fourrure australe

Otarie à fourrure australe

Elle se nourrit de poissons, de calmars et de manchots. La femelle donne naissance à un petit. Au bout de 12 jours, elle retourne dans la mer pour s'alimenter et revient régulièrement allaiter son petit.

Léopard de mer

Taille : 2,90-3,50 m
Distribution : régions australes des océans
Nom scientifique : *Hydrurga leptonyx*

Léopard de mer

Il se nourrit de poissons et de crustacés, mais chasse aussi les jeunes phoques et les manchots, qu'il saisit sous l'eau au moment où ceux-ci plongent de la banquise. Il attrape ses proies avec ses grandes mâchoires garnies de dents, puis les dépèce.

Phoque du Groenland

Il a le corps gris avec des bandes sombres sur les flancs et une tête noire. À la saison des amours, les mâles se battent à coups de dents et de nageoires pour conquérir les femelles. Après l'accouplement, les femelles se rassemblent sur la banquise pour mettre bas.

Taille : 1,60-1,90 m
Distribution : Atlantique nord, océan Arctique
Nom scientifique : *Pagophilus groenlandicus*

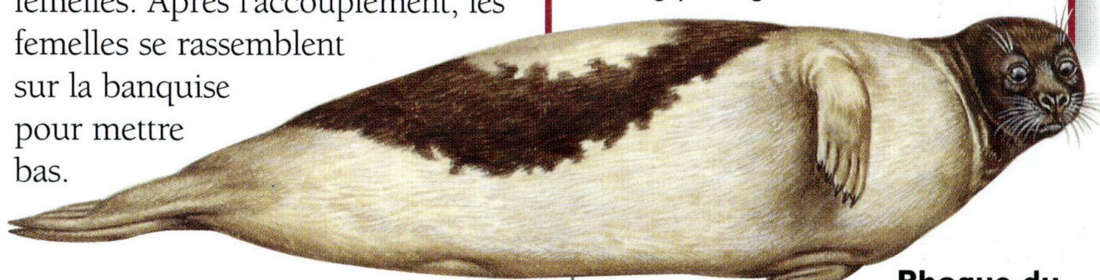

Phoque du Groenland

Taille : 2,40-3 m
Distribution : Pacifique nord
Nom scientifique : *Eumetopias jubatus*

Lion de mer de Steller

Lion de mer de Steller

C'est la plus grande espèce de la famille des otaries. Il se nourrit de poissons, de calmars et de poulpes, mais les mâles capturent parfois des petits phoques. Les plages où se reproduisent ces lions de mer sont tellement bondées que les jeunes sont parfois écrasés par les mâles qui se précipitent vers les femelles pour s'accoupler. Les mères vont chercher la nourriture de leur petit dans l'eau. À leur retour, elles émettent des gazouillis pour attirer les bébés, puis elles les flairent et les touchent un par un pour retrouver le leur.

Veau marin

Comme tous les phoques, le veau marin passe presque toute sa vie dans l'eau. Il ne va sur terre que pour s'accoupler et mettre bas. Les jeunes sont capables de nager dès le premier jour et de plonger pendant 2 minutes à seulement 2 ou 3 jours. Le veau marin se nourrit de poissons et de céphalopodes.

Taille : 1,40-2 m
Distribution : Atlantique nord, Pacifique nord
Nom scientifique : *Phoca vitulina*

Veau marin

Les phoques antarctiques

Le continent le plus froid de la planète est l'Antarctique. La quasi-totalité de sa superficie est recouverte d'une épaisse couche de glace, les vents soufflent parfois à plus de 300 km/h et les températures descendent jusqu'à – 90 °C. Néanmoins, cinq espèces de phoques se plaisent dans ces mers qui regorgent de nourriture : le phoque de Weddell, le phoque crabier, le léopard de mer, le phoque de Ross et l'éléphant de mer du Sud (le plus gros des phoques). La mise bas a lieu à la fin de l'hiver. Dès la fin du printemps, les bébés phoques sont assez robustes pour trouver leur nourriture par eux-mêmes. Depuis plusieurs centaines d'années, l'homme tue les phoques pour leur fourrure et leur graisse, si bien que certaines espèces sont en voie d'extinction.

Le phoque crabier

Malgré son nom, ce phoque ne mange pas de crabes ! Il se nourrit de krill (minuscules crevettes), qu'il filtre dans l'eau et dont il détecte la présence grâce à ses longues moustaches tombantes. Les léopards de mer et les orques s'attaquent aux phoques crabiers, comme en témoignent les cicatrices que portent les rescapés de ces assauts. À terre, ce phoque atteint une vitesse de 25 km/h.

Éléphant de mer du Sud

À la saison des amours, un mâle règne sur un harem de quarante à cinquante femelles avec lesquelles il s'accouple. Si un mâle rival le défie, il adopte une posture menaçante et rugit. La poche de peau qui prolonge son nez se gonfle alors pour amplifier ses cris. Si le prétendant ne recule pas, une bataille sanglante commence. La femelle donne naissance à un seul petit, qu'elle allaite pendant environ 1 mois. Pendant cette période, elle reste sans manger et vit de ses réserves de graisse.

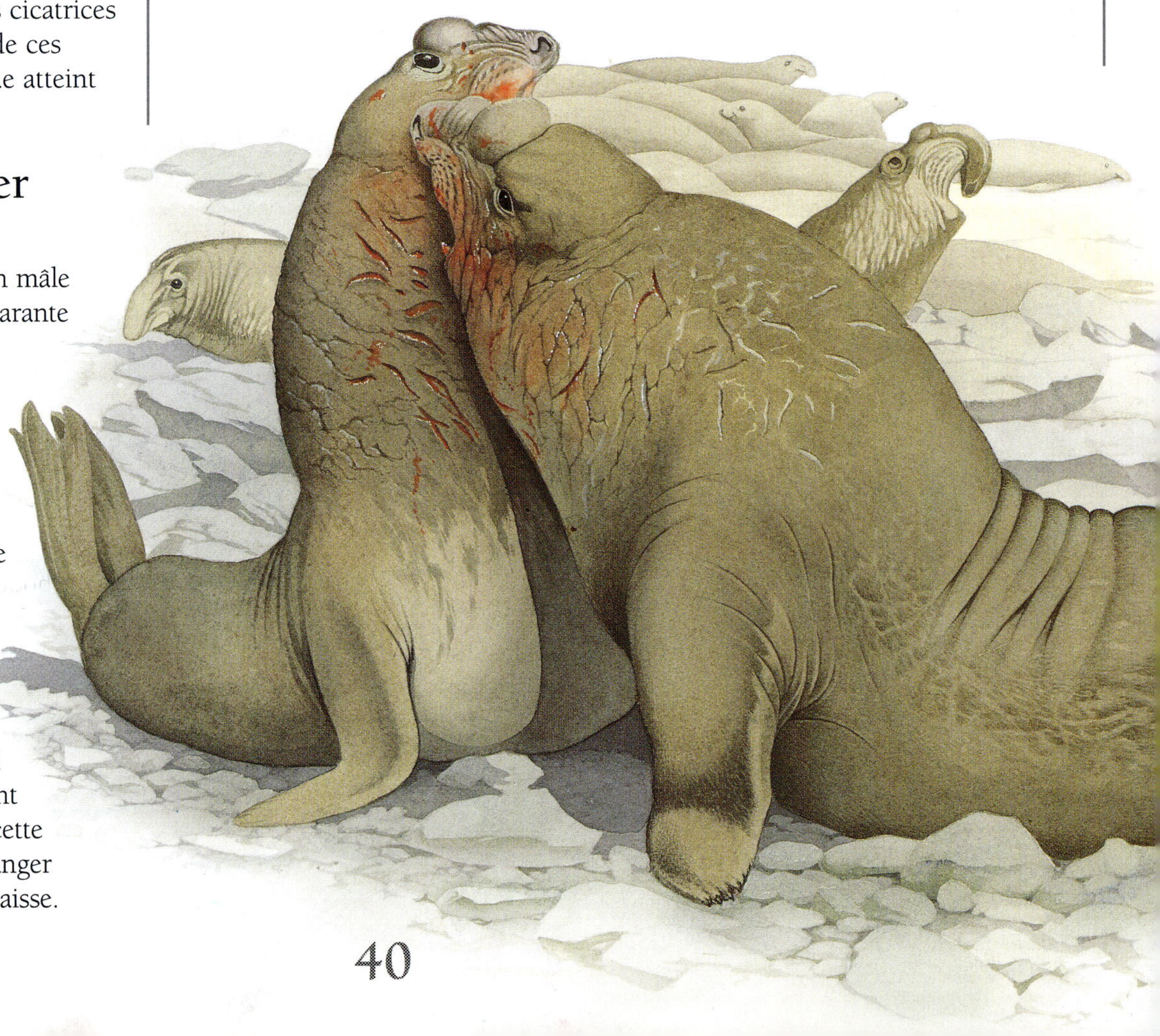

Les **bébés phoques de Weddell** viennent au monde sur la banquise pendant le printemps antarctique. À la naissance, le nouveau-né pèse environ 25 kg, mais, grâce au lait de sa mère, il grossit vite : il double son poids en une dizaine de jours. Il entre dans l'eau pour la première fois vers 2 semaines, et, vers 6 semaines, il commence à trouver sa nourriture seul.

Phoque de Ross

C'est le plus petit et le plus rare des phoques antarctiques : il n'en resterait plus que cinquante mille dans le monde. Son corps est d'un gris uniforme sur le dos et les flancs, et gris argenté ou blanc sur le ventre. Le phoque de Ross a une petite tête, des incisives pointues comme des aiguilles et de longues nageoires. Il se nourrit de céphalopodes, de poissons et de krill.

Phoque de Weddell

Ce remarquable plongeur peut descendre jusqu'à 300-400 m de profondeur pour capturer les morues dont il se nourrit. Un plongeon record d'une durée de 73 minutes a été enregistré à 600 m de profondeur. En été, ces gros phoques passent plusieurs heures chaque jour à dormir sur la banquise. En hiver, ils préfèrent rester dans l'eau pour échapper aux rigueurs du climat. Ils font alors des trous dans la glace avec leurs dents pour pouvoir respirer.

Baleines, dauphins et siréniens

Les baleines sont les plus grands des animaux. Il en existe deux types : les baleines à fanons et les baleines à dents. Chez les premières, les dents sont remplacées par des lames cornées garnies de franges, les fanons. Agissant comme un tamis, ces derniers filtrent l'eau qui s'engouffre dans la bouche de la baleine et retiennent le poisson, le krill et les végétaux. Les secondes repèrent leurs proies par écholocation : elles émettent des ultrasons et analysent les échos produits en retour. Les dauphins et les marsouins sont des cétacés dotés de dents. Les siréniens sont des mammifères marins herbivores.

Marsouin de Dall

Ces marsouins vivent en groupes d'une quinzaine d'individus, mais peuvent se rassembler par centaines à l'époque des migrations, pour rejoindre le nord en été et regagner le sud en hiver. Les femelles allaitent leurs petits pendant 2 ans.

Marsouin de Dall

Taille : 1,80-2,30 m
Distribution : eaux tempérées du Pacifique nord
Nom scientifique : *Phocoenides dalli*

Orque

Ce redoutable prédateur se nourrit de poissons, de céphalopodes, d'otaries, d'oiseaux, et s'attaque même à d'autres cétacés. Il s'approche du rivage ou des blocs de glace flottante pour happer d'un coup de dents les phoques qui s'y trouvent. Les orques vivent et chassent en groupes familiaux.

Taille : 7-9,70 m
Distribution : monde entier, surtout dans les mers froides
Nom scientifique : *Orcinus orca*

Marsouin commun

Il apprécie les poissons (harengs, maquereaux...) et peut rester en apnée pendant 6 minutes pour repérer ses proies par écholocation, en émettant des « clicks ». L'accouplement est précédé de rituels nuptiaux au cours desquels les marsouins se caressent en nageant flanc contre flanc. Pour allaiter, la mère se couche sur le flanc à la surface de l'eau afin que le nouveau-né puisse respirer.

Marsouin commun

Taille : 1,40-1,90 m
Distribution : Pacifique nord, Atlantique nord, mer Noire, Méditerranée
Nom scientifique : *Phocoena phocoena*

Orque

Dauphin commun

Il est doté d'un bec allongé, de nageoires pectorales pointues et d'une nageoire dorsale en croissant. Il vit en troupes parfois immenses (jusqu'à mille dauphins) qui n'hésitent pas à porter secours à leurs congénères malades ou blessés. Curieux, il accompagne souvent les bateaux en bondissant hors de l'eau. Il se nourrit de poissons et de céphalopodes.

Dauphin commun

Taille : 1,50-2,60 m
Distribution : eaux tempérées et tropicales des océans
Nom scientifique : *Delphinus delphis*

Dauphin du Gange

Taille : 2-2,60 m
Distribution : Inde (Gange, Brahmapoutre et affluents)
Nom scientifique : *Platanista gangetica*

Dauphin du Gange

Ce dauphin d'eau douce vit dans les eaux boueuses des fleuves de l'Inde. Presque aveugle, il se nourrit de poissons et de crevettes qu'il repère en émettant des signaux d'écholocation à la manière d'un radar.

Souffleur

La ligne incurvée de sa bouche donne l'impression qu'il a le sourire aux lèvres. Ce dauphin mange des poissons de fond, qu'il capture grâce à son système d'écholocation perfectionné. Il se rencontre souvent dans les delphinariums, où on le dresse pour faire des numéros.

Taille : 3-4,20 m
Distribution : eaux tempérées et tropicales des océans
Nom scientifique : *Tursiops truncatus*

Souffleur

Baleine bleue

La baleine bleue est le plus grand animal du monde : elle atteint 32 m de long et 190 t. Cette géante ingurgite jusqu'à 4 t de krill (crustacés minuscules) par jour en été. Mais la baleine bleue est en voie d'extinction : il n'en reste plus que quelques milliers dans le monde.

Baleine bleue

Taille : 25-32 m
Distribution : tous les océans
Nom scientifique : *Balaenoptera musculus*

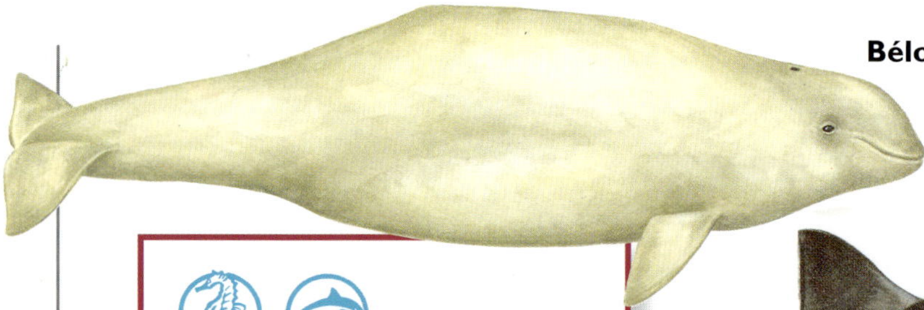

Bélouga

Taille : 4-6 m
Distribution : océan Arctique et eaux subarctiques
Nom scientifique : *Delphinapterus leucas*

Bélouga

Appelé aussi « baleine blanche », il vit en petits troupeaux et communique avec ses congénères en émettant des sifflements ou des claquements. En hiver, des colonies de bélougas migrent vers le sud. Les ours polaires s'attaquent aux bélougas piégés dans les glaces de l'Arctique.

Baleine à bec de Cuvier

Elle est dotée d'un bec proéminent. Son corps fuselé est marqué de cicatrices et de taches ovales dues à la présence de lamproies parasites. Elle peut rester en apnée 30 minutes pour chercher des céphalopodes et des poissons.

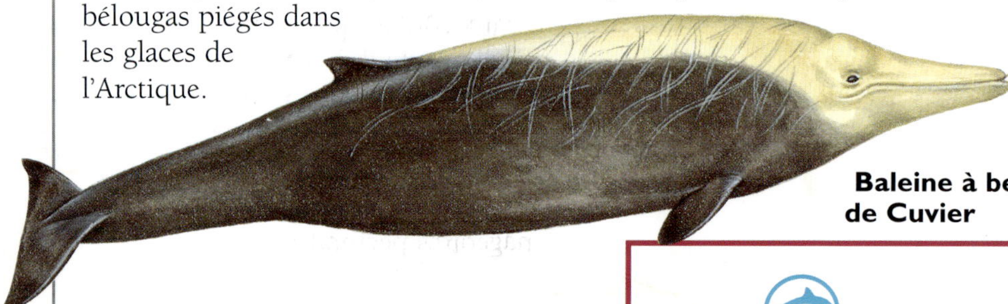

Baleine à bec de Cuvier

Taille : 6,40-7 m
Distribution : eaux tempérées et tropicales de tous les océans
Nom scientifique : *Ziphius cavirostris*

Grand cachalot

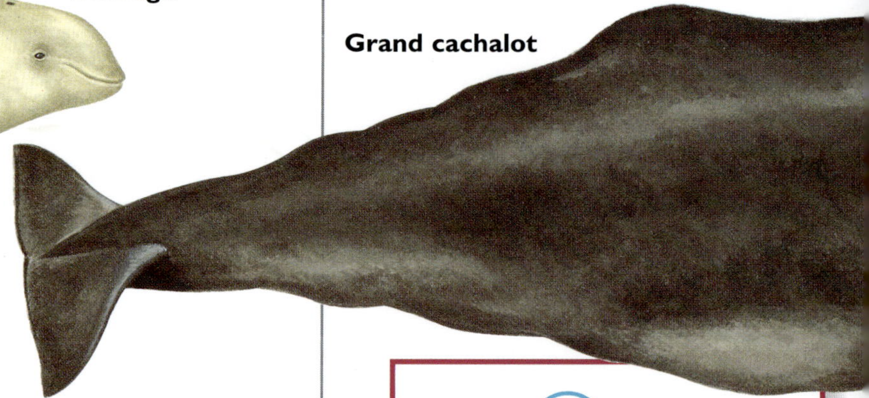

Taille : 11-20 m
Distribution : tous les océans
Nom scientifique : *Physeter catodon*

Baleine grise

Elle brasse le fond de l'océan avec son museau pour soulever les petits crustacés qui y vivent et les piéger dans ses fanons. Elle migre entre les eaux nourricières de l'Alaska, qu'elle fréquente en été, et les eaux tempérées situées au large du Mexique, où elle se reproduit en hiver.

Taille : 12-15 m
Distribution : Pacifique nord
Nom scientifique : *Eschrichtius robustus*

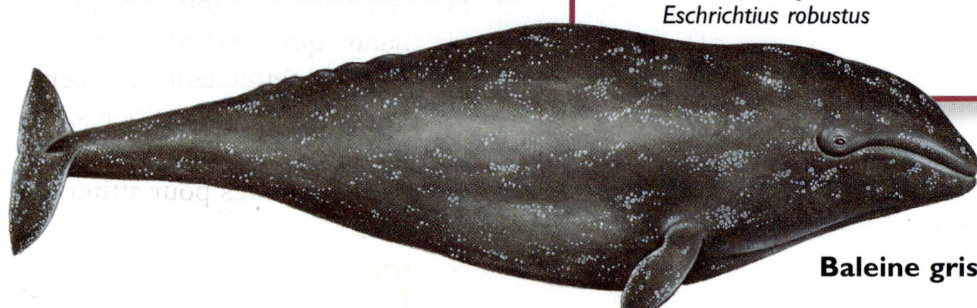

Baleine grise

Narval

Chez le mâle, une des dents s'est transformée en une défense de 1,50 à 3 m de long, qui traverse la lèvre supérieure. Il l'utilise sans doute pour impressionner les femelles et combattre ses rivaux à la saison des amours. Les femelles portent parfois une courte défense.

Taille : 4-6 m
Distribution : nord de l'océan Arctique
Nom scientifique : *Monodon monoceros*

Narval

Grand cachalot

Son énorme tête est remplie d'une substance cireuse, le spermaceti, qui lui permettrait de modifier sa flottabilité (capacité de flotter) et d'atteindre ainsi des profondeurs supérieures à 1 000 m pour y trouver les céphalopodes dont il se nourrit.

Taille : 8-10 m
Distribution : eaux polaires et tempérées de tous les océans
Nom scientifique :
Balaenoptera acutorostrata

Petit rorqual

Petit rorqual

Comme la baleine à bosse et la baleine bleue, il possède des plis ventraux (sillons gulaires). Dans les régions polaires, il mange surtout du plancton, tandis que, dans les eaux tempérées, il se nourrit aussi de poissons et de céphalopodes.

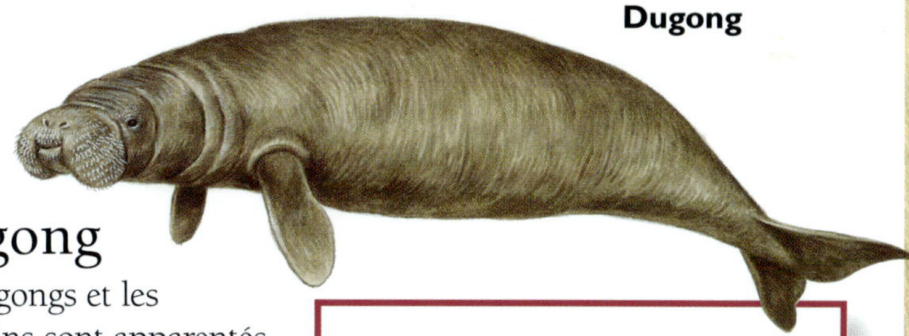

Dugong

Dugong

Les dugongs et les lamantins sont apparentés aux éléphants. Farouche et solitaire, le dugong passe une grande partie de sa vie au fond de l'eau, où il se nourrit d'algues et d'herbes marines. La femelle met bas un seul petit, qui naît dans l'eau et qu'elle aide à remonter jusqu'à la surface.

Taille : jusqu'à 3 m
Distribution : mer Rouge et océan Indien, jusqu'au nord de l'Australie
Nom scientifique :
Dugong dugong

Lamantin d'Amérique du Nord

Lamantin d'Amérique du Nord

Il fréquente les baies et les eaux côtières peu profondes, où il broute des herbes marines. Bon nageur, il utilise sa queue aplatie comme une pagaie. Il marche parfois sur le fond de l'océan en appui sur ses nageoires pectorales.

Taille : jusqu'à 3 m
Distribution : Atlantique, de la Floride à la Guyane
Nom scientifique :
Trichechus manatus

Baleine à bosse

La baleine à bosse est célèbre pour ses talents de musicienne : ses chants, qui s'entendent de très loin, lui permettent de rester en contact avec ses congénères. La femelle est capable de chanter pendant des heures pour attirer les mâles.

Taille : 12-18 m
Distribution : tous les océans
Nom scientifique :
Megaptera novaeangliae

Baleine à bosse

Ongulés

Chez les ongulés, l'extrémité des doigts est protégée par un revêtement rigide, le sabot, constitué de kératine, tout comme les ongles et les griffes. Les ongulés sont classés en deux groupes, selon le nombre de leurs doigts actifs : les périssodactyles en ont un nombre impair (un ou trois) ; les artiodactyles, un nombre pair (deux ou quatre). Les éléphants sont les seuls ongulés dont les cinq doigts sont restés actifs.

Sanglier

Le sanglier est l'ancêtre du cochon domestique. Avec son groin allongé, il fouille le sol en quête de plantes et d'insectes, et déterre les tubercules. Les jeunes (marcassins) ont un pelage rayé qui les dissimule aux yeux des prédateurs.

Sanglier

Taille : 1-1,50 m
Distribution : sud et centre de l'Europe, Asie, Afrique du Nord
Nom scientifique : *Sus scrofa*

Sangliers, pécaris et hippopotames

Le sanglier se reconnaît à son groin allongé à l'extrémité aplatie. Le pécari, qui ressemble au sanglier, ne vit que sur le continent américain, tandis que l'hippopotame, cousin des cochons et des pécaris, habite l'Afrique. Sangliers, pécaris et hippopotames sont des ongulés artiodactyles. Leur estomac est plus simple que celui des ongulés artiodactyles qui pratiquent la rumination.

Taille : 2,80-4,50 m
Distribution : Afrique subsaharienne, vallée du Nil
Nom scientifique : *Hippopotamus amphibius*

Phacochère

Haut sur pattes, il a une large tête, des défenses recourbées et deux paires de grosses verrues sur le museau. Il vit en groupes familiaux dans les zones découvertes ou faiblement boisées de la savane, où il se nourrit de végétaux. Pendant la période chaude de la journée, il s'abrite dans sa tanière – souvent le terrier abandonné d'un oryctérope. Ses ennemis sont les lions et les léopards.

Taille : 1,10-1,40 m
Distribution : Afrique subsaharienne
Nom scientifique : *Phacochoerus aethiopicus*

Phacochère

Taille : 75-90 cm

Distribution : sud-ouest des États-Unis, Mexique, Amérique centrale, Amérique du Sud

Nom scientifique : *Tayassu tajacu*

Pécari à collier

Pécari à collier

Il doit son nom à la bande de pelage clair de son encolure. Le pécari vit en petits groupes et marque son territoire avec des sécrétions odoriférantes. Il court assez vite pour échapper à des prédateurs tels que les jaguars et les pumas, et se nourrit de végétaux et d'invertébrés.

Hippopotame nain

Taille : 1,50-1,80 m

Distribution : ouest de l'Afrique, de la Guinée au Nigeria

Nom scientifique : *Hexaprotodon liberiensis*

Hippopotame nain

Ce petit hippopotame vit à proximité des marécages et des cours d'eau, mais se tient généralement sur le sol, au sec. Sa survie est gravement compromise du fait de la disparition de son habitat forestier. Il est en outre menacé par les chasseurs, qui le tuent pour sa viande.

Sanglier à moustaches

Ce sanglier à la face ornée de favoris fréquente les forêts pluviales, la brousse et la mangrove. Sa nourriture est surtout constituée de fruits qu'il récolte sur le sol, de rats et de larves d'insectes. Il suit souvent les singes pour manger les fruits que ces derniers laissent tomber derrière eux. La femelle donne naissance à deux ou trois marcassins.

Sanglier à moustaches

Taille : 1,60-1,80 m

Distribution : Malaisie, Sumatra, Bornéo

Nom scientifique : *Sus barbatus*

Hippopotame amphibie

Hippopotame amphibie

Ce grand mammifère vit près des lacs et des rivières, et passe jusqu'à 16 heures par jour dans l'eau. Il en sort au crépuscule, pour aller brouter de l'herbe et manger les fruits tombés sur les berges. L'hippopotame nage bien, mais préfère souvent marcher au fond de l'eau. Il peut rester en apnée pendant 5 minutes.

Les éléphants

Avec ses 6 t et ses 4 m de hauteur au garrot, l'éléphant est le plus gros mammifère terrestre. Il en existe deux espèces : l'une vit en Afrique, l'autre en Asie. La trompe est un prolongement du nez et de la lèvre supérieure : c'est un organe respiratoire, olfactif et tactile que l'animal utilise pour attraper sa nourriture. Ses défenses lui servent à arracher l'écorce des arbres, à creuser des trous afin d'y puiser de l'eau, ainsi qu'à combattre. Les éléphants fréquentent les plaines herbeuses, la brousse désertique, les forêts, les vallées fluviales et les marécages. Ils peuvent vivre jusqu'à 78 ans. Les femelles et leurs petits se rassemblent en troupeaux, tandis que les mâles circulent le plus souvent seuls.

Les deux espèces

L'éléphant d'Afrique est plus grand, ses oreilles sont plus grosses et plus rondes. Sa trompe se termine par deux « doigts », tandis que celle de l'éléphant d'Asie n'en a qu'un. Mâles et femelles portent des défenses, qui sont l'apanage des mâles chez l'éléphant d'Asie.

Éléphants au travail

Depuis des milliers d'années, l'homme dresse les éléphants à porter, à pousser et à traîner des charges. Dans les milieux forestiers, on apprend parfois aux éléphants à se servir de leurs défenses pour soulever des troncs.

Un gros mangeur

L'éléphant d'Afrique avale chaque jour environ 150 kg d'herbes, de feuilles, de brindilles, d'écorce, de racines et de fruits. Il consacre les trois quarts de son temps à ses repas.

Les **éléphanteaux** sont allaités par leur mère (et parfois par d'autres femelles du troupeau) pendant plus d'un an, mais ils mangent des matières végétales à partir de quelques mois.

Douches et bains de boue

Pour lutter contre la chaleur, les éléphants s'éventent avec leurs oreilles. Ils aiment aussi se rafraîchir en se douchant. Pour cela, ils aspirent l'eau avec leur trompe puis s'en aspergent le corps. Ils peuvent atteindre toutes les parties de leur corps en balançant leur trompe et en soufflant au moment voulu. Les éléphants se roulent dans la boue ou dans la poussière afin de protéger leur peau contre les piqûres d'insectes et les coups de chaleur. Cet écran protecteur est également efficace pour freiner l'évaporation de l'eau par la peau.

Les camélidés

La famille des camélidés comprend le dromadaire, le chameau de Bactriane, la vigogne et le guanaco. Ce sont des ruminants pourvus de deux doigts à chaque pied. Chez les chameaux et les dromadaires, le pied est protégé par un large coussinet facilitant la marche sur le sable. Les vigognes et les guanacos respirent l'air raréfié des hautes montagnes, et leur fourrure laineuse leur permet de supporter le froid.

Vigogne

Vigogne

Elle vit en groupes familiaux dans les hauteurs des Andes, en Amérique du Sud, où elle broute de l'herbe et des plantes basses. Chaque troupeau est dirigé par un mâle qui, en cas de danger, alerte le reste du troupeau en sifflant bruyamment.

Taille : 1,30-1,80 m
Distribution : du Pérou au nord du Chili, dans les Andes
Nom scientifique : *Vicugna vicugna*

Dromadaire

Taille : 2,20-3,40 m
Distribution : Afrique du Nord, Moyen-Orient ; introduit en Australie
Nom scientifique : *Camelus dromedarius*

Dromadaire

En cas de tempête de sable, le dromadaire peut fermer ses narines et ses oreilles pour se protéger. Ses lèvres dures lui permettent de manger les plantes épineuses du désert sans se blesser. Sa bosse contenant de la graisse lui sert de réserve énergétique lorsque la nourriture et l'eau se font rares.

Cervidés, giraffidés et bovidés

Ce sont des ongulés artiodactyles ruminants : lorsqu'ils mangent, ils mâchent grossièrement l'herbe et les feuilles, puis les avalent. Les aliments sont alors prédigérés puis renvoyés dans la bouche, où ils sont broyés. Certains portent des cornes permanentes, d'autres (cervidés) ont des bois qui tombent et repoussent chaque année.

Chevrotain aquatique

Chevrotain aquatique

À peine plus grand qu'un lièvre, il a une petite tête, des pattes fines et un dos surélevé. Il vit dans les forêts, à proximité de l'eau, et passe la journée à se reposer dans d'épais fourrés. Il en sort la nuit pour se nourrir de fruits, parfois de feuilles, de crabes, d'insectes, de vers, de poissons ou de petits mammifères. Lorsqu'il se sent menacé, il plonge dans l'eau.

Taille : 70-85 cm
Distribution : centre et ouest de l'Afrique
Nom scientifique : *Hyemoschus aquaticus*

Taille : 80 cm-1 m
Distribution : de l'Himalaya au centre de la Chine
Nom scientifique : *Moschus chrysogaster*

Porte-musc

Le mâle possède des glandes odorantes à l'arrière du ventre. Pendant la période du rut, ces glandes produisent une sécrétion, le musc, que l'animal utilise pour adresser des messages aux femelles. Le porte-musc est recouvert d'une épaisse fourrure de poils drus. Il se nourrit de jeunes pousses, de bourgeons et d'herbes, ainsi que de mousse, de brindilles et de lichens en hiver.

Cerf élaphe

Les mâles et les femelles du cerf vivent dans des hardes distinctes. Chaque printemps, les bois du mâle tombent, puis repoussent plus grands et plus ramifiés. À la saison des amours, les mâles utilisent leurs bois pour se battre afin d'obtenir les faveurs des femelles.

Taille : 1,60-2,50 m
Distribution : Afrique du Nord, Europe, Asie, Amérique du Nord ; introduit en Nouvelle-Zélande
Nom scientifique : *Cervus elaphus*

Élan

Le plus grand des cervidés se distingue par ses bois imposants, son museau large et le lambeau de peau qui pend de sa gorge. En hiver, l'élan mange des pommes de pin et de l'écorce, et il chasse la neige avec ses sabots pour trouver de la mousse et des lichens. Bon nageur, il fréquente souvent les lacs et les rivières en été en quête de plantes aquatiques. À la saison des amours, les femelles brament pour attirer les mâles.

Taille : 2,50-3 m
Distribution : régions septentrionales en Europe, Asie, Amérique du Nord
Nom scientifique : *Alces alces*

Renne

Mâles et femelles portent des bois. En hiver, le renne se nourrit surtout de lichens et de brindilles. En été, il migre vers le nord pour brouter l'herbe et la végétation de la toundra. Les rennes vivent en hardes de plusieurs milliers d'individus qui se séparent parfois en groupes plus petits.

Taille : 1,20-2,20 m
Distribution : nord de l'Europe, nord de l'Asie, Groenland, Canada
Nom scientifique : *Rangifer tarandus*

Taille : 3-5,50 m

Distribution : Afrique subsaharienne

Nom scientifique : *Giraffa camelopardalis*

Girafe

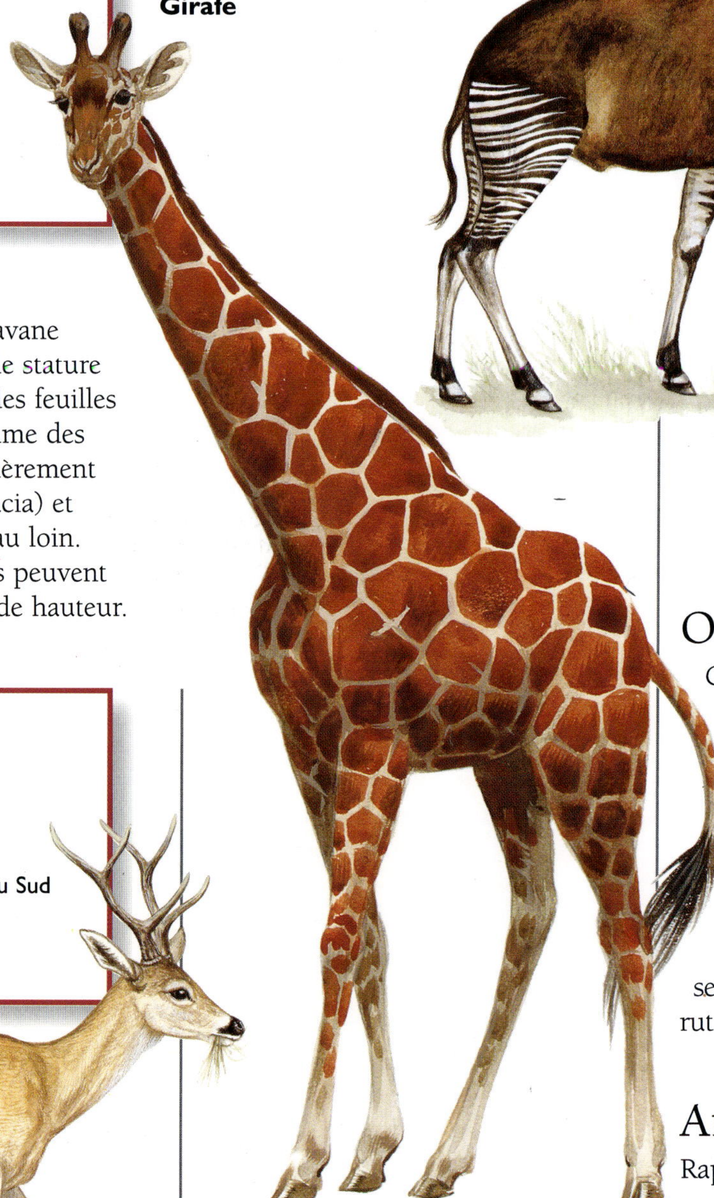

Girafe

La girafe fréquente la savane africaine. Son incroyable stature lui permet de brouter des feuilles et des bourgeons à la cime des arbres (elle est particulièrement friande de feuilles d'acacia) et de repérer les dangers au loin. Les plus grandes girafes peuvent peuvent atteindre 6 m de hauteur.

Taille : 1,10-1,40 m

Distribution : Amérique du Sud

Nom scientifique : *Ozotoceros bezoarticus*

Cerf des pampas

Cerf des pampas

Ce cerf ne vivait autrefois que dans les hautes herbes de la Pampa argentine. Fuyant l'extension des cultures, il a été contraint de se retirer dans des régions boisées, où il se repose pendant la journée et se nourrit au crépuscule. C'est une espèce protégée.

Okapi

Taille : 1,80-2,10 m

Distribution : centre de l'Afrique

Nom scientifique : *Okapia johnstoni*

Okapi

Cet habitant des forêts équatoriales d'Afrique se nourrit de feuilles et de pousses qu'il arrache des branches avec sa langue. Celle-ci est si longue qu'il peut s'en servir pour se nettoyer les yeux. Le pelage rayé de ses pattes lui fournit un bon camouflage. L'okapi vit seul et ne fréquente ses congénères qu'à la saison du rut. Les mâles ont de petites cornes.

Antilocapre

Rapide, il peut atteindre une vitesse de 65 km/h. Mâles et femelles ont des cornes pourvues de courtes pointes incurvées vers l'avant. Les effectifs de l'antilocapre ont beaucoup décliné du fait de la chasse et de la destruction de son habitat.

Antilocapre

Taille : 1-1,50 m

Distribution : centre du Canada, ouest des États-Unis, Mexique

Nom scientifique : *Antilocapra americana*

Gnou bleu

À la saison sèche, ces grandes antilopes se rassemblent en immenses troupeaux qui migrent à travers la savane en quête de pâtures et de points d'eau. Les naissances ont lieu à la saison des pluies, époque où la nourriture est plus abondante.

Taille : 1,70-2,40 m
Distribution : sud et est de l'Afrique
Nom scientifique : *Connochaetes taurinus*

Gnou bleu

Buffle de l'Inde

Ce buffle s'alimente au début et à la fin de la journée, broutant l'herbe et les végétaux qui poussent près des lacs et des rivières. Il passe presque tout le reste de son temps dans la boue ou dans l'eau, ne laissant dépasser que son mufle. Il utilise ses longues cornes incurvées pour se défendre contre les tigres.

Buffle de l'Inde

Taille : 2,50-3 m
Distribution : Inde, Asie du Sud-Est ; introduit dans d'autres régions
Nom scientifique : *Bubalus arnee*

Yack

Taille : jusqu'à plus de 3 m
Distribution : Asie centrale, dans l'Himalaya
Nom scientifique : *Bos grunniens*

Bongo

Il vit dans la forêt et se tient caché dans les fourrés pendant la journée. Il sort à l'aube et au crépuscule pour se nourrir de feuilles, d'écorce et d'herbes. Lorsqu'il court, il rejette la tête en arrière de façon que ses cornes, couchées sur son dos, ne se prennent pas dans les branches.

Bongo

Taille : 1,70-2,50 m
Distribution : centre de l'Afrique
Nom scientifique : *Tragelaphus euryceros*

Yack

Malgré sa taille massive, le yack est très à l'aise dans les montagnes abruptes où il vit. Son épaisse toison descend presque jusqu'au sol. Le yack est doté d'un sous-poil laineux qui le protège des températures glaciales.

Taille : 1-1,20 m
Distribution : sud de l'Afrique
Nom scientifique :
Pelea capreolus

Rhebuck

Rhebuck

Cette petite antilope dotée d'un pelage soyeux vit dans les collines herbeuses et dans les montagnes couvertes de broussailles. Assez farouche, elle s'enfuit en effectuant des bonds saccadés lorsqu'elle est dérangée. À la période du rut, les mâles simulent de violents combats.

Lechwe

Le lechwe vit près des lacs, des marécages et des plaines inondées. Il patauge dans les eaux peu profondes et se nourrit de plantes aquatiques. Ses sabots allongés lui permettent de marcher dans la boue, mais l'empêchent de se déplacer vite sur un sol sec. Lorsqu'il est menacé par un lion, une hyène ou un autre prédateur, il se cache sous l'eau, ne laissant dépasser que ses narines.

Lechwe

Taille : 1,30-1,70 m
Distribution : sud de l'Afrique
Nom scientifique :
Kobus leche

Bison d'Europe

Taille : 2,50-3,50 m
Distribution : est de l'Europe
Nom scientifique :
Bison bonasus

Bison d'Europe

Il se nourrit de feuilles, de fougères, de brindilles, d'écorce et de glands qu'il trouve dans la forêt. Victime de la chasse et de la déforestation, il avait disparu à l'état sauvage en 1925. Six bisons élevés en captivité ont alors été remis en liberté. Ils se sont reproduits, et il y a aujourd'hui quatre cents bisons en liberté.

Taille : 2,50-3,50 m
Distribution : Amérique du Nord
Nom scientifique :
Bison bison

Bison d'Amérique

Bison d'Amérique

Jadis, 60 millions de bisons fréquentaient la Prairie d'Amérique du Nord, mais cet animal a été massacré au XIXe siècle par les colons européens, de sorte qu'il n'en reste plus qu'environ vingt mille aujourd'hui, uniquement dans les réserves et les parcs nationaux.

Oryx d'Arabie

En cas de sécheresse, il peut se passer d'eau, car il trouve l'humidité dont il a besoin dans l'herbe et les broussailles qu'il mange.

Oryx d'Arabie

Taille : 1,10-1,60 m
Distribution : péninsule d'Arabie
Nom scientifique :
Oryx leucoryx

Addax

L'addax est un des rares animaux de grande taille qui vivent dans le Sahara. Ses larges sabots l'empêchent de s'enfoncer dans le sable meuble du désert. Il se nourrit de graminées et d'autres plantes. Chassé pour ses cornes et sa peau, il est devenu rare.

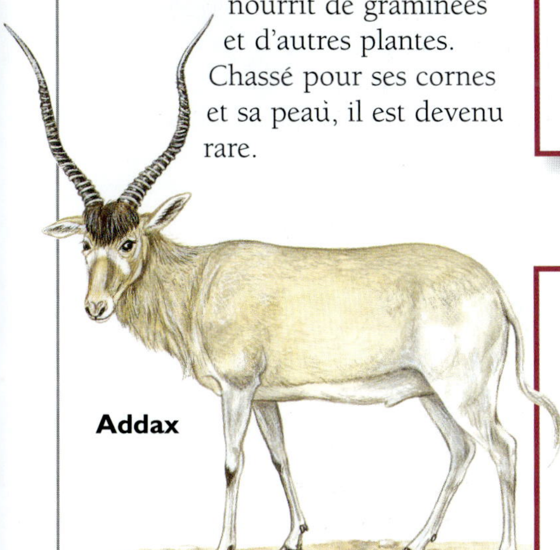

Addax

Taille : 1,50-1,70 m
Distribution : Afrique du Nord
Nom scientifique :
Addax nasomaculatus

Impala

Cette antilope aux cornes en forme de lyre se plaît dans les bois clairsemés ou dans la savane. Lorsque l'impala court, il effectue parfois des bonds de 10 m pour échapper à ses prédateurs... ou simplement pour s'amuser.

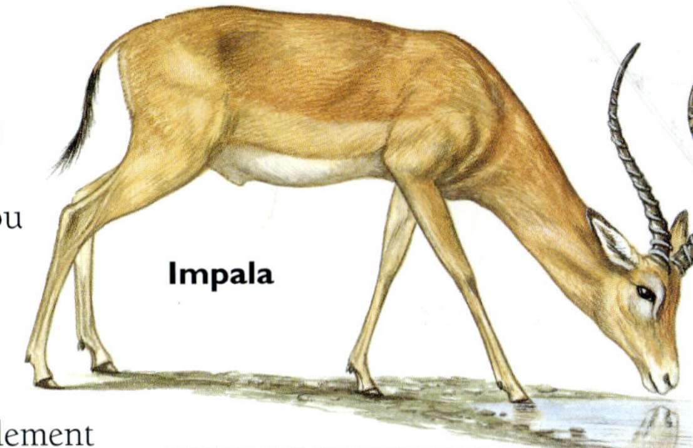

Impala

Taille : 1,20-1,60 m
Distribution : sud de l'Afrique
Nom scientifique :
Aepyceros melampus

Saïga

Son nez est pourvu de glandes et de poils spéciaux qui filtrent le sable et la poussière de l'air. En hiver, il arbore une fourrure laineuse qui le protège des vents glaciaux de la steppe.

Saïga

Taille : 1,10-1,50 m
Distribution : Asie centrale
Nom scientifique :
Saiga tatarica

Chamois

En été, il broute au sommet des montagnes, bondissant avec agilité de rocher en rocher pour trouver sa nourriture. Ses sabots sont dotés de coussinets offrant une bonne adhérence sur les surfaces glissantes. En hiver, il descend s'installer plus bas dans la montagne et se nourrit de lichens, de mousse et de jeunes pousses.

Taille : 90 cm-1,30 m
Distribution : Europe, jusqu'à la Turquie et au Caucase
Nom scientifique :
Rupicapra rupicapra

Chamois

Bœuf musqué

Taille : 1,90-2,30 m
Distribution : nord du Canada, Groenland
Nom scientifique : *Ovibos moschatus*

Bœuf musqué

Dans la toundra de l'Arctique, les bœufs musqués grattent la neige et la glace avec leurs sabots pour atteindre la mousse, les lichens et les racines dont ils se nourrissent. S'ils sont attaqués par des loups, ils forment un cercle défensif autour des jeunes, la tête tournée vers l'ennemi.

Taille : 1,10-1,30 m
Distribution : sud de l'Europe, centre et sud de l'Asie
Nom scientifique : *Ovis orientalis*

Mouflon

Mouflon

Il est doté de longues cornes recourbées. Pour survivre sur les flancs accidentés des montagnes où il a élu domicile, il mange tous les végétaux qu'il trouve, y compris les plantes vénéneuses.

Équidés, tapirs et rhinocéros

Ces ongulés forment le groupe des périssodactyles. Les équidés (chevaux, zèbres et ânes) ont des pattes qui se terminent par un seul doigt ; ils vivent le plus souvent en troupeaux. Les tapirs ont trois doigts aux membres postérieurs et trois plus l'ébauche d'un quatrième aux membres antérieurs. Les rhinocéros ont une tête armée de cornes et trois doigts à chaque patte.

Zèbre de Grévy

Les zèbres vivent en troupeaux dans la savane africaine. Ces herbivores ont besoin de boire régulièrement, c'est pourquoi ils ne s'éloignent jamais des points d'eau.

Taille : 2,50-3 m
Distribution : est de l'Afrique
Nom scientifique : *Equus grevyi*

Zèbre de Grévy

Tapir de Malaisie

Taille : 2,20-2,50 m
Distribution : sud-est de l'Asie
Nom scientifique : *Tapirus indicus*

Rhinocéros noir

Il utilise sa lèvre supérieure pointue pour attraper les feuilles, les bourgeons et les pousses dans les petits arbres et les buissons. Lorsqu'il se sent menacé, il charge : malgré sa taille, il peut atteindre une vitesse de 48 km/h.

Tapir de Malaisie

Farouche et solitaire, il fréquente les forêts humides et marécageuses. Bon nageur, il court se cacher dans l'eau dès qu'il se sent menacé. Il est friand de végétaux aquatiques, mais ne dédaigne pas les feuilles, les bourgeons et les fruits de certaines plantes terrestres.

Cheval de Przewalski

Il était répandu dans les plaines de Mongolie, où il broutait de l'herbe et des feuilles. On ne le rencontre plus aujourd'hui que dans les zoos, le dernier animal en liberté ayant disparu en 1968.

Rhinocéros noir

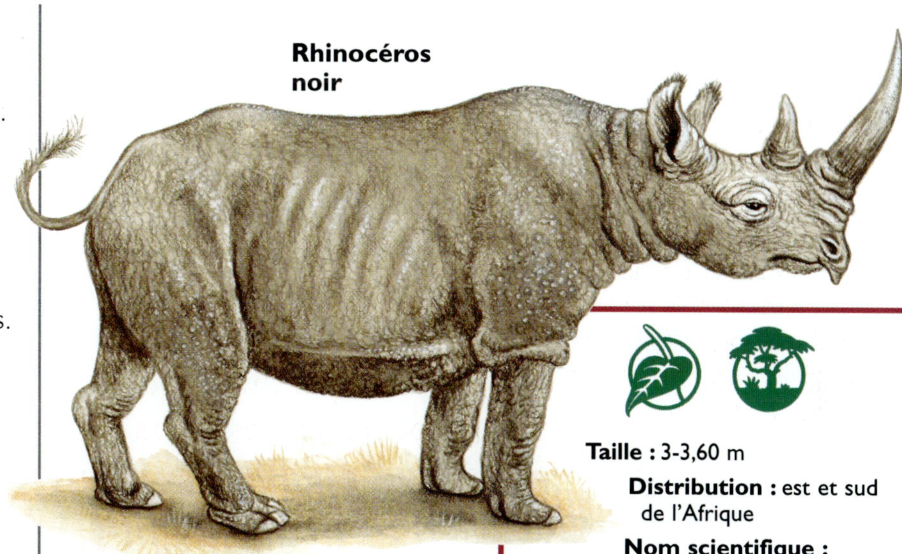

Taille : 3-3,60 m
Distribution : est et sud de l'Afrique
Nom scientifique : *Diceros bicornis*

Cheval de Przewalski

Taille : 1,80-2,10 m
Distribution : Mongolie, ouest de la Chine
Nom scientifique : *Equus przewalski*

Rhinocéros de Sumatra

C'est le plus petit et le plus velu des rhinocéros. Il ne reste plus que quelques centaines de rhinocéros de Sumatra en liberté, car les forêts où ils vivent sont abattues. En outre, ils sont chassés pour leurs cornes, employées par les médecines traditionnelles.

Taille : 2,50-3,20 m
Distribution : sud-est de l'Asie
Nom scientifique : *Dicerorhinus sumatrensis*

Rhinocéros de Sumatra

Rongeurs et lagomorphes

Les rongeurs constituent un vaste groupe (environ 2 000 espèces) de petits mammifères parmi lesquels on trouve les écureuils, les rats et les castors. Ils ont une paire d'incisives coupantes leur permettant de mâcher des plantes coriaces. Les pikas, les lapins et les lièvres sont des lagomorphes. Ils possèdent eux aussi des incisives aiguisées.

Pikas, lapins et lièvres

Plus petits que les lapins, les pikas (environ 20 espèces) s'en distinguent également par leurs oreilles courtes et arrondies et par leur absence de queue. On les trouve dans le nord et le centre de l'Asie, et deux espèces se rencontrent en Amérique du Nord. Les lapins et les lièvres (environ 47 espèces) sont sont répandus partout, y compris en Australie et en Nouvelle-Zélande, où ils ont été introduits avec succès.

Lapin de garenne

Il vit en colonies pouvant compter jusqu'à deux cents lapins et creuse des terriers dans le sol meuble. L'herbe et les feuilles constituent sa nourriture principale, mais il apprécie aussi les céréales. Les femelles ont plusieurs portées par an.

Lapin de garenne

Taille : 36-46 cm
Distribution : introduit à peu près partout par l'homme
Nom scientifique : *Oryctolagus cuniculus*

Pika de l'Altaï

Il vit en groupes familiaux, à l'intérieur de tanières aménagées dans des rochers ou entre des racines. Il se nourrit d'herbes et de tiges de plantes. En été, il amasse des réserves de nourriture qu'il entasse en petites meules. L'hiver venu, il creuse des galeries dans la neige pour atteindre ses provisions.

Pika de l'Altaï

Taille : 20-25 cm
Distribution : nord de l'Asie
Nom scientifique : *Ochotona alpina*

Lièvre américain

Son pelage est marron foncé en été et blanc en hiver. Seule la pointe de ses oreilles reste sombre. Cette livrée lui permet de passer inaperçu aux yeux de ses ennemis dans son milieu enneigé. Généralement actif la nuit et au petit matin, il mange de l'herbe en été, des brindilles, de l'écorce et des bourgeons en hiver.

Lièvre américain

Taille : 36-52 cm
Distribution : Canada, Alaska, nord des États-Unis
Nom scientifique : *Lepus americanus*

Écureuils, castors, souris marsupiales et lièvres sauteurs

Le groupe des rongeurs comprend également les animaux de la famille des écureuils (écureuils mais aussi marmottes, chiens de prairie et tamias), les castors, qui passent beaucoup de temps dans l'eau, les gaufres à poche, qui vivent sous terre, le lièvre sauteur, qui saute comme un kangourou, et les souris marsupiales, qui vivent sur le continent américain. Parmi ces dernières, certaines ressemblent à des souris, d'autres sont dotées de longues pattes postérieures qui leur permettent de bondir.

Taille : 12-18 cm sans la queue
Distribution : Inde, Sri Lanka
Nom scientifique : *Funambulus palmarum*

Écureuil palmiste

Écureuil palmiste

Très vifs, ces écureuils folâtrent dans les palmiers, où ils se nourrissent de fruits, de fleurs et de bourgeons pendant la journée. Les mâles se livrent des combats pour conquérir les femelles, qu'ils délaissent aussitôt après l'accouplement. Chaque année, la femelle peut avoir trois portées de trois petits, qu'elle élève seule.

Marmotte du Canada

En été, la marmotte consomme de grandes quantités de végétaux afin d'accumuler des réserves de graisse. Dès les premières gelées, elle se retire dans son terrier pour hiberner et vit de ses réserves.

Taille : 45-61 cm sans la queue
Distribution : Amérique du Nord
Nom scientifique : *Marmota monax*

Marmotte du Canada

Chien de prairie

Taille : 30-35 cm
Distribution : centre des États-Unis
Nom scientifique : *Cynomys ludovicianus*

Chien de prairie

Ce rongeur vit en colonies géantes (plusieurs milliers d'animaux) dans d'énormes terriers appelés « villages », qui peuvent couvrir jusqu'à 65 ha. Il en sort le jour pour manger des végétaux. En cas de danger, il avertit le clan familial en aboyant à la manière des chiens.

Taille : 20-25 cm sans la queue
Distribution : Europe, Asie
Nom scientifique : *Sciurus vulgaris*

Écureuil commun

En hiver, l'écureuil commun mange des graines de pomme de pin qu'il ronge avec ses dents tranchantes. En été, il apprécie aussi les champignons et les fruits. Dans les régions où la nourriture est abondante, les femelles ont parfois deux portées de trois petits par an.

Écureuil commun

Gaufre à poche

Gaufre à poche

Il doit son nom à ses abajoues recouvertes de fourrure, dans lesquelles il accumule de la nourriture (des racines surtout) pour l'acheminer jusqu'à son nid. Il mène une vie souterraine, dans un terrier qu'il creuse à l'aide de ses pattes puissantes et de ses incisives supérieures coupantes.

Taille : 20-25 cm sans la queue
Distribution : centre des États-Unis
Nom scientifique : *Geomys bursarius*

Rat-kangourou du désert

Ce rongeur appartenant à la famille des souris marsupiales passe la journée dans son terrier et n'en sort que la nuit pour se nourrir de graines. Adapté à l'aridité du désert, il ne boit jamais. Il transporte sa nourriture et le matériel destiné à faire son nid dans ses abajoues.

Taille : 12-17 cm sans la queue
Distribution : sud-ouest des États-Unis, nord-ouest du Mexique
Nom scientifique : *Dipodomys deserti*

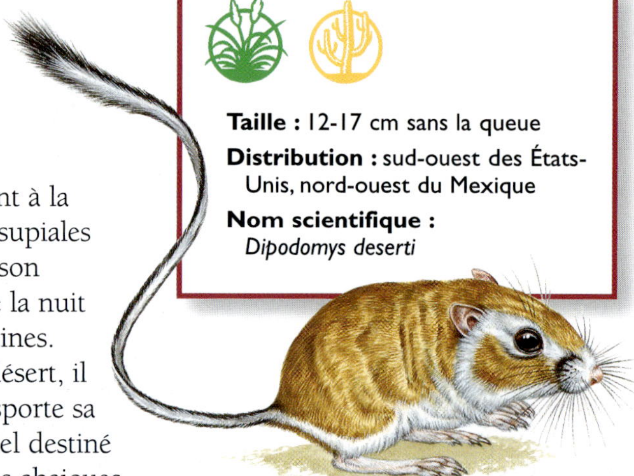

Rat-kangourou du désert

Tamia rayé

Le tamia appartient à la famille des écureuils. Il vit dans un terrier qu'il creuse sous un rocher ou au pied d'un arbre ; il en sort le matin pour partir en quête de noisettes, de baies et de graines. En automne, il accumule des réserves pour l'hiver. Il n'hiberne pas vraiment, mais devient moins actif ou sommeille.

Tamia rayé

Taille : 15-20 cm sans la queue
Distribution : est de l'Amérique du Nord
Nom scientifique : *Tamias striatus*

Taille : 80 cm-1,20 m sans la queue
Distribution : Amérique du Nord
Nom scientifique : *Castor canadensis*

Castor

Castor

C'est l'un des plus gros rongeurs : il peut peser plus de 30 kg. Il se nourrit de feuilles, de brindilles et d'écorce. Les castors construisent des barrages dans les rivières avec des branches et de la boue afin d'élever le niveau de l'eau et de submerger l'entrée de leur hutte. C'est ainsi qu'ils se protègent des prédateurs.

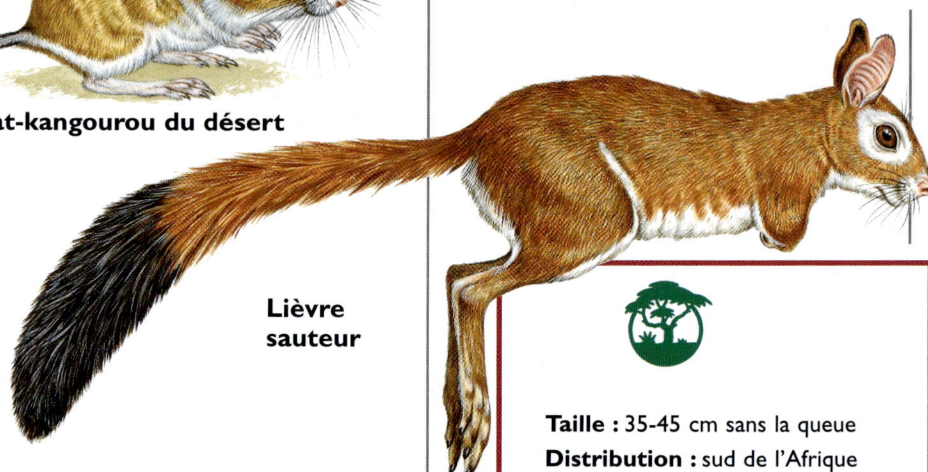

Lièvre sauteur

Taille : 35-45 cm sans la queue
Distribution : sud de l'Afrique
Nom scientifique : *Pedetes capensis*

Lièvre sauteur

Lorsqu'il se sent menacé ou qu'il effectue un long trajet, il bondit sur ses pattes postérieures à la manière d'un kangourou. La nuit, il sort de son terrier pour partir à la recherche de bulbes, de racines, de graines et d'insectes : il se déplace alors sur ses quatre membres.

Rats et souris du Nouveau Monde

Ce groupe de rongeurs compte au moins 400 espèces occupant des habitats très variés, des forêts nordiques du Canada jusqu'aux déserts et aux forêts d'Amérique du Sud. Les rats pêcheurs, qui vivent près des rivières et des lacs, sont dotés de pattes en partie palmées. La plupart des rats et souris du Nouveau Monde ne dépassent pas 30 cm de long et sont herbivores, mais certains apprécient aussi les insectes.

Rat du coton

Rat du coton

Cet animal très prolifique est parfois considéré comme nuisible. Il se nourrit de plantes et d'insectes, mais ne dédaigne pas les œufs et les petits oiseaux, ni même les écrevisses et les crabes. À 10 semaines seulement, la femelle met au monde sa première portée (cinq à sept petits).

Taille : 12-20 cm sans la queue
Distribution : sud des États-Unis, ouest du Mexique
Nom scientifique : *Sigmodon arizonae*

Taille : 8-12 cm sans la queue
Distribution : du Canada au Mexique
Nom scientifique : *Peromyscus maniculatus*

Souris à pieds blancs

Souris à pieds blancs

Agile, elle court et saute dans l'herbe et les fourrés en quête de graines, d'insectes, de noisettes et de glands. Elle construit un nid sous la terre ou dans un arbre creux. Les jeunes se reproduisent dès l'âge de 7 semaines. Il y a plusieurs portées par an, comptant chacune jusqu'à neuf petits.

Hamsters et rats-taupes

Ce sont des rongeurs fouisseurs, dont certaines espèces vivent sous terre. Les hamsters (18 espèces) se rencontrent de l'Europe à l'Asie centrale. Ils se servent de leurs abajoues pour transporter de la nourriture jusqu'à leur terrier. Il existe plusieurs groupes de rats-taupes, réunissant 28 espèces herbivores réparties en Afrique et en Asie essentiellement. Le plus insolite est le rat-taupe nu, qui est presque totalement dépourvu de poils.

Hamster

Le hamster vit dans un terrier comportant des chambres et des greniers à provisions. Il se nourrit de graines, de céréales, de racines, de feuilles et de larves d'insectes. À la fin de l'été, il accumule des réserves pour l'hiver. Il hiberne d'octobre à mars ou avril, mais se réveille de temps en temps pour consommer ses provisions.

Hamster

Taille : 22-34 cm
Distribution : ouest de l'Europe, Asie centrale
Nom scientifique : *Cricetus cricetus*

Taille : 35-50 cm sans la queue
Distribution : sud-est de l'Asie
Nom scientifique :
Rhizomys sumatrensis

Rat des bambous de Sumatra

Rat des bambous de Sumatra

Il vit dans les halliers de bambous, où il creuse son terrier à l'aide de ses griffes et de ses énormes incisives. Les racines de bambou constituent sa principale nourriture, mais il apprécie aussi d'autres végétaux.

Rat-taupe nu

Taille : 8-9 cm sans la queue
Distribution : est de l'Afrique
Nom scientifique :
Heterocephalus glaber

Rat-taupe nu

Son mode de vie est assez proche de celui d'un insecte. Il vit dans une colonie rassemblant jusqu'à cent animaux, dirigée par une reine. Celle-ci est la seule à s'accoupler. Des rats ouvriers creusent des terriers et vont chercher des aliments pour toute la colonie, d'autres s'occupent de la reine.

Rats du veld, lemmings et gerbilles

Les rats du veld sont représentés par 11 espèces répandues dans les savanes et les zones humides de l'est de l'Afrique. Les lemmings et les campagnols vivent en Amérique du Nord, dans le nord de l'Europe et en Asie. Il en existe environ 120 espèces, principalement herbivores, dont certaines vivent en vastes groupes ou colonies. Les gerbilles se rencontrent en Afrique et dans le centre et l'ouest de l'Asie. Bien adaptées à la vie dans le désert, elles boivent très peu d'eau et se déplacent avec facilité sur le sable.

Lemming de Norvège

Il mange de l'herbe, des feuilles et de la mousse. En hiver, il creuse des sentiers dans la neige pour partir en quête de nourriture.
La reproduction commence au printemps. Les femelles ont jusqu'à huit portées de six petits chacune jusqu'à l'automne.

Lemming de Norvège

Taille : 12-14 cm
Distribution : Scandinavie
Nom scientifique :
Lemmus lemmus

Rat du veld

Rat du veld

C'est un gros mangeur d'herbe, et parfois de graines et de baies. Il se tient volontiers dans l'eau et n'hésite pas à plonger pour échapper à ses prédateurs (mammifères, serpents, rapaces...). Il construit un nid de feuilles et de branches sur le sol ou s'abrite dans un terrier abandonné par un animal.

Taille : 15-20 cm sans la queue
Distribution : sud et est de l'Afrique
Nom scientifique :
Otomys irroratus

Gerbille géante

Cette gerbille s'est acclimatée aux étés torrides et aux hivers glaciaux qui caractérisent le désert de Gobi. En été, elle constitue d'abondantes réserves de nourriture en prévision de l'hiver : elle peut ainsi amasser jusqu'à 60 kg de végétaux dans son terrier.

Campagnol de Pennsylvanie

Taille : 15-20 cm sans la queue
Distribution : Moyen-Orient, Asie
Nom scientifique : *Rhombomys opimus*

Gerbille géante

Taille : 9-12 cm sans la queue
Distribution : Amérique du Nord
Nom scientifique : *Microtus pennsylvanicus*

Campagnol de Pennsylvanie

Ce petit rongeur se nourrit d'herbes, de graines, de racines et d'écorce. Il circule sur des pistes qu'il aménage et entretient avec soin. Son nid est installé à même le sol ou dans un terrier qu'il creuse sous les pistes.

Rats et souris de l'Ancien Monde

Cette famille rassemble près de 550 espèces dont certaines sont très répandues, notamment le rat d'égout et le mulot sylvestre. La plupart de ces rongeurs sont considérés comme des fléaux par l'homme, car ils saccagent ses récoltes et pillent ses provisions. Certains, comme le rat d'égout, sont en outre porteurs de maladies infectieuses.

Taille : 25-30 cm sans la queue
Distribution : monde entier
Nom scientifique : *Rattus norvegicus*

Rat d'égout

Taille : 8-12 cm sans la queue
Distribution : Europe, Asie
Nom scientifique : *Apodemus sylvaticus*

Mulot sylvestre

C'est l'un des rongeurs les plus communs en Europe. Le soir, il sort de son nid aménagé sous des racines pour partir en quête de graines, d'insectes et de baies. Les naissances ont lieu d'avril à novembre, mais la femelle s'accouple parfois aussi en hiver lorsque les réserves de nourriture sont abondantes.

Rat d'égout

Ce rongeur vit partout où l'homme s'est s'installé. Particulièrement vorace, il ingurgite n'importe quel reste de nourriture. Il peut se reproduire tout au long de l'année, donnant naissance à environ huit portées de huit à dix petits par an.

Mulot sylvestre

Loirs et gerboises

Les loirs (21 espèces) habitent l'Afrique, l'Europe et le nord de l'Asie. En automne, la plupart mangent davantage afin d'accumuler des réserves de graisse. Ils entrent ensuite en hibernation et vivent de ces réserves, tout en se réveillant de temps en temps pour puiser dans leurs provisions de nourriture. Les gerboises (32 espèces), largement réparties dans le monde, sont des petits rongeurs qui utilisent leurs longues pattes postérieures pour sauter.

Grande gerboise à cinq doigts

Elle se déplace dans le désert en bondissant sur ses longues pattes postérieures. La nuit, elle ratisse le sable avec les griffes de ses pattes avant pour trouver des graines. Le jour, elle reste dans son terrier.

Grande gerboise à cinq doigts

Taille : 9-15 cm sans la queue
Distribution : nord de l'Asie
Nom scientifique : *Allactaga major*

Souris de Selevin

Active la nuit, cette cousine du loir se nourrit surtout d'insectes. Mais elle ne dédaigne pas les végétaux, dont elle fait des réserves pour l'hiver. Le jour, elle s'abrite dans un terrier creusé par ses soins, où elle se retire parfois aussi pour hiberner. Ce rongeur n'a été découvert qu'en 1938.

Taille : 7-9 cm sans la queue
Distribution : Kazakhstan (Asie centrale)
Nom scientifique : *Selevinia betpakdalensis*

Souris de Selevin

Porcs-épics, chinchillas, cobayes, cabiais et hutias

Chinchilla

Taille : 22-38 cm sans la queue
Distribution : nord du Chili
Nom scientifique : *Chinchilla laniger*

Les porcs-épics se reconnaissent à leurs longs piquants acérés. Il en existe deux familles : l'une se rencontre en Afrique et en Asie, l'autre sur le continent américain. Répandus en Amérique du Sud, les chinchillas et les cobayes sont des rongeurs qui vivent au sol. Seule espèce de sa famille, le cabiai est également un rongeur sud-américain. Quant aux 14 espèces de hutias, elles habitent toutes les Antilles.

Chinchilla

Le chinchilla vit en colonies pouvant atteindre une centaine de sujets. Il mange assis, en tenant la nourriture (des végétaux) entre ses pattes avant. Les femelles, plus grandes que les mâles, s'accouplent en hiver et ont deux portées de six petits. L'animal est élevé pour sa fourrure.

Porc-épic d'Afrique du Sud

Taille : 70-85 cm
Distribution : Afrique
Nom scientifique : *Hystrix africaeaustralis*

Porc-épic d'Afrique du Sud

Son dos est couvert de piquants longs de 30 cm. Lorsqu'il est menacé, il se hérisse et charge son assaillant à reculons de manière à le frapper avec ses piquants, qui se détachent facilement. Il s'abrite dans un terrier le jour, et attend la nuit pour s'alimenter.

Porc-épic à queue préhensile

Ce porc-épic aux piquants courts et épais est doté d'une queue préhensile et musclée qui lui permet de s'agripper aux branches. Il se nourrit généralement la nuit, de feuilles, de tiges et de fruits.

Taille : 40-60 cm sans la queue
Distribution : forêt sud-américaine, à l'est des Andes
Nom scientifique : *Coendou prehensilis*

Porc-épic à queue préhensile

Hutia des Bahamas

Il mange des brindilles, de l'écorce et des feuilles, parfois des fruits, des insectes et des petits reptiles. Bon grimpeur, il cherche parfois sa pitance dans les arbres. Cette espèce est aujourd'hui rare, car, après avoir été longtemps chassée pour sa chair, elle est devenue la proie des mangoustes et des chiens introduits aux Antilles par l'homme.

Hutia des Bahamas

Taille : : 30-50 cm
Distribution : Bahamas (Antilles)
Nom scientifique : *Geocapromys ingrahami*

Cobaye de Tschudi

Taille : 20-40 cm
Distribution : Amérique du Sud, du Pérou à l'Argentine
Nom scientifique : *Cavia tschudii*

Cobaye de Tschudi

Ce rongeur au corps trapu est également appelé « cochon d'Inde ». Il vit en groupes familiaux qui se rassemblent parfois pour former des colonies d'une quarantaine d'animaux. Le cobaye sort de son terrier à l'aube et au crépuscule pour manger de l'herbe et des feuilles.

Cabiai

C'est le plus grand des rongeurs. Il nage et plonge facilement grâce à ses pattes en partie palmées. Lorsqu'il est dans l'eau, seuls ses yeux, ses oreilles et ses narines dépassent à la surface. Actif à l'aube et au crépuscule, il se nourrit surtout d'herbes et de plantes aquatiques.

Cabiai

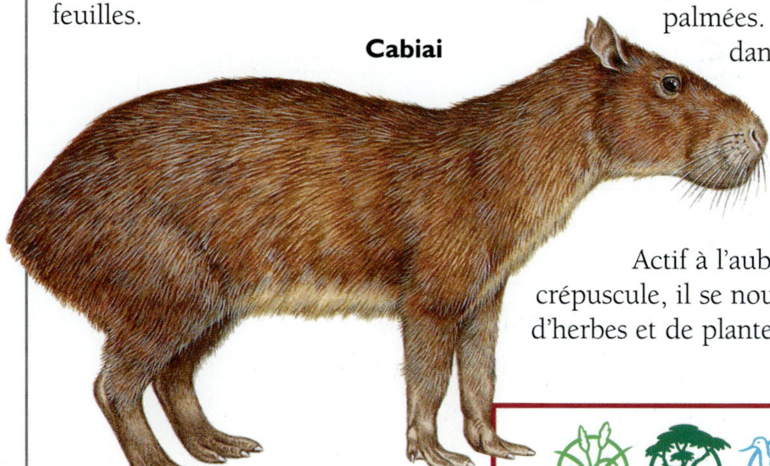

Taille : 1-1,30 m
Distribution : Amérique du Sud, du Panamá à l'est de l'Argentine
Nom scientifique : *Hydrochaeris hydrochaeris*

Les animaux s'adaptent

Les rayures du zèbre, les bosses du chameau, le « filament pêcheur » sur la tête de la baudroie ou les ailes en forme de feuille que présentent certains insectes peuvent sembler curieux, mais ils contribuent tous à faciliter la survie de l'animal dans son milieu. Les marques ou les couleurs mimétiques, par exemple, permettent aux animaux de passer inaperçus auprès de leurs prédateurs ou de leurs proies. D'autres caractéristiques aident les animaux à survivre dans des conditions climatiques extrêmes. Ces traits distinctifs portent le nom d'adaptation.

Certains insectes présentent une ressemblance remarquable avec les feuilles des arbres ou des buissons dans lesquels ils vivent, ce qui les rend très difficiles à repérer pour leurs prédateurs. Les ailes vert vif de cette **phyllie** imitent l'aspect d'une feuille jusque dans le dessin des nervures. Ses bords semblent même avoir été rongés par des insectes.

Le **chameau de Bactriane** est physiquement adapté à la vie dans le désert. Ses larges coussinets plantaires l'empêchent de s'enfoncer dans le sable. Ses grandes bosses abritent des réserves de graisse dans lesquelles il puise en cas de pénurie alimentaire. Lorsqu'il en a l'occasion, le chameau boit d'énormes quantités d'eau en une seule fois.

Les rayures blanches et noires du **zèbre**, très voyantes dans les prairies d'Afrique, ne sont pas destinées à le camoufler. Leur dessin étant légèrement différent d'un sujet à un autre, les spécialistes pensent qu'elles permettent aux zèbres d'identifier leur groupe familial. Ils se tiennent ainsi rassemblés et échappent plus facilement à leurs prédateurs.

La **baudroie** porte sur la tête un « filament pêcheur » constitué d'un lambeau de chair, dont elle se sert pour capturer ses proies. Attirés par ce leurre qu'ils prennent pour de la nourriture, les poissons s'approchent de la baudroie qui les avale alors d'un trait.

Les oiseaux

Les oiseaux sont une des plus grandes « réussites » du règne animal. Ils ont conquis les airs, la terre et les océans, colonisé la planète entière, y compris les terres glacées de l'Antarctique et les îles les plus désolées. On les trouve à 8 000 m d'altitude dans l'Himalaya comme sur le littoral de la mer Morte, 40 m au-dessous du niveau de la mer.

Il existe environ 9 700 espèces d'oiseaux, des minuscules colibris, qui ne pèsent que quelques grammes, jusqu'au plus grand, l'autruche. Malgré de nombreuses différences, tous les oiseaux ont un point commun : ils pondent des œufs. Il leur serait en effet impossible de porter leurs petits comme le font les mammifères, car ils seraient trop lourds pour voler. Protégé par la coquille de l'œuf, l'oisillon est couvé par ses parents dans un nid. L'incubation, c'est-à-dire la période de développement du petit dans l'œuf jusqu'à l'éclosion, est variable : de 10 à 12 jours pour un petit oiseau comme la fauvette ou le troglodyte à 84 jours pour un oiseau de grande taille comme l'albatros.

Des **goélands** en vol au large des îles Anglo-Normandes. S'ils trouvent l'essentiel de leur nourriture dans la mer, les oiseaux marins passent peu de temps dans l'eau. Les goélands sont les « éboueurs » du littoral : ils mangent des poissons, mais aussi ce qui est rejeté par les bateaux de pêche ainsi que les détritus des décharges.

Moucherolle royal

Qu'est-ce qu'un oiseau ?

Les oiseaux possèdent deux pattes et deux ailes. Ce sont les seuls animaux à avoir le corps couvert de plumes. Celles-ci tiennent chaud à l'oiseau et lui donnent une forme aérodynamique. Les plumes sont composées de kératine, une protéine que l'on retrouve dans les écailles des reptiles ainsi que dans les poils et les ongles des mammifères.

L'**autruche** ne peut pas voler, car ses ailes sont trop petites par rapport à son poids. En revanche, ses grandes pattes lui permettent de courir très vite.

La forme des **ailes** varie selon le type de vol. L'albatros est muni de longues ailes adaptées aux vents océaniques. Les oiseaux rapides et agiles, comme les martinets et les hirondelles, ont des ailes effilées et pointues. Celles des colibris peuvent se mouvoir dans presque tous les sens. Avec leurs larges ailes, les buses et les vautours planent des heures, portés par les courants aériens. Enfin, les ailes des faisans sont adaptées à un vol battu rapide.

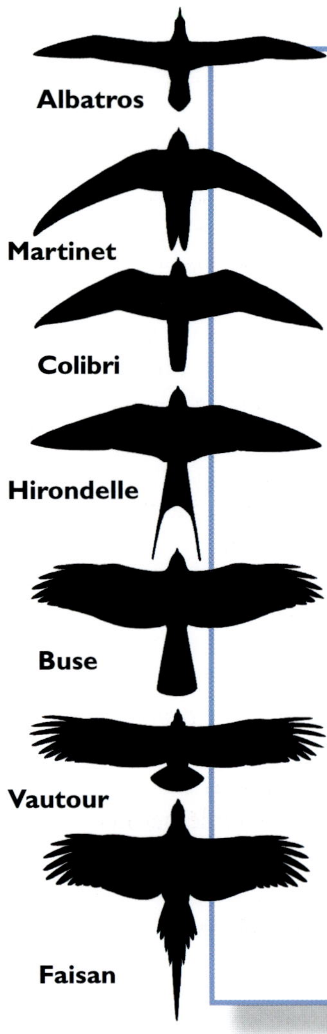

La morphologie

Les ailes, le bec et les griffes des oiseaux sont adaptés à leur mode de vie. Cet aigle martial prêt à s'emparer d'une proie est doté de puissantes ailes qui le maintiennent dans les airs, tandis que les plumes de sa queue en éventail lui permettent de se diriger. Les serres sont en position pour saisir une proie que l'oiseau dépècera ensuite avec son bec crochu.

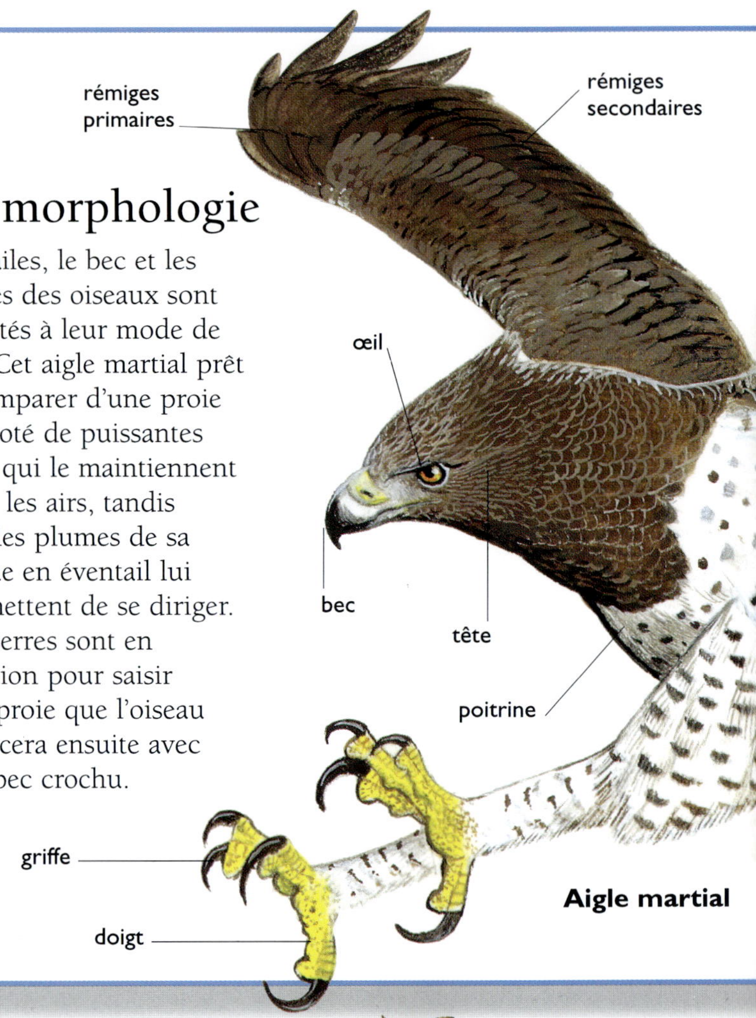

Aigle martial

Les pattes

Les pattes des oiseaux qui se perchent (1) ont trois doigts vers l'avant et un vers l'arrière. Les oiseaux de mer (4) ont les pattes palmées. Les doigts de l'autruche (3) sont adaptés à la course. Les rapaces (2) ont des serres puissantes qui leur permettent de tuer leurs proies.

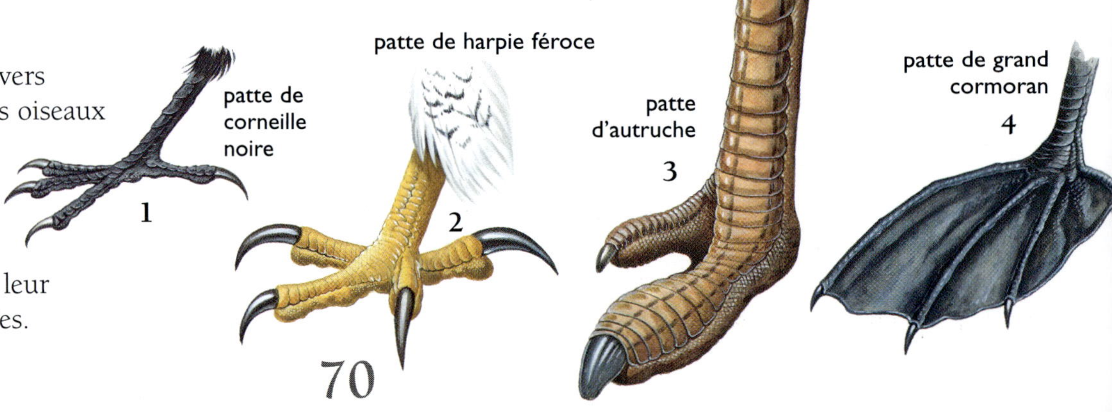

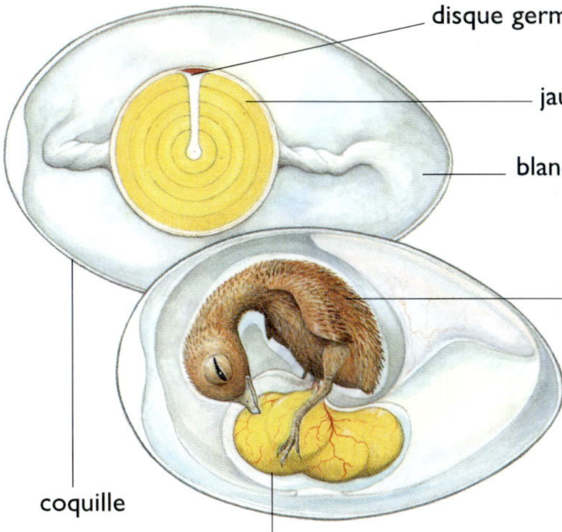

Le petit de l'oiseau se développe dans un **œuf**. Le jaune (sac vitellin) lui fournit la nourriture, et le blanc le protège des secousses et des variations de température. Une coquille dure protège l'ensemble.

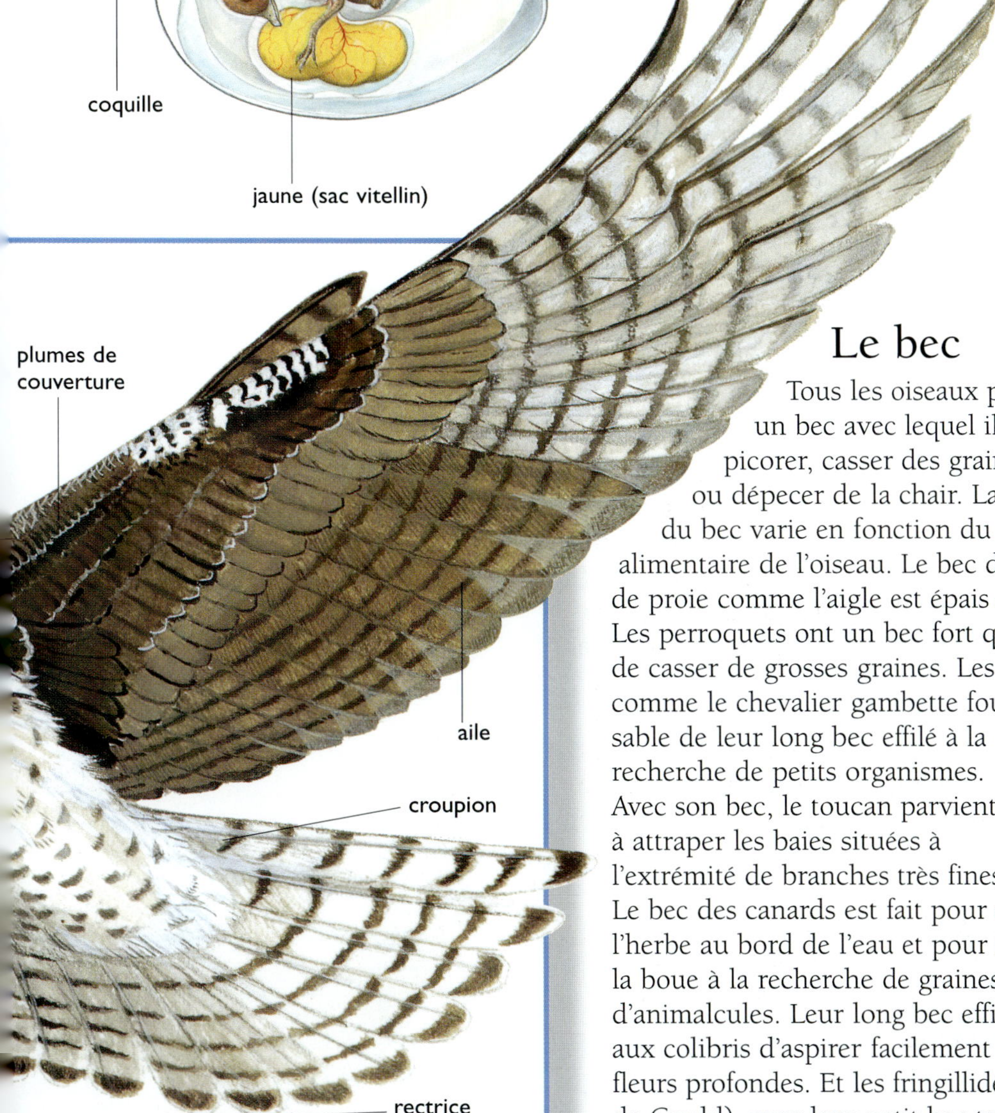

Le bec

Tous les oiseaux possèdent un bec avec lequel ils peuvent picorer, casser des graines dures ou dépecer de la chair. La forme du bec varie en fonction du régime alimentaire de l'oiseau. Le bec des oiseaux de proie comme l'aigle est épais et crochu. Les perroquets ont un bec fort qui leur permet de casser de grosses graines. Les échassiers comme le chevalier gambette fouillent le sable de leur long bec effilé à la recherche de petits organismes. Avec son bec, le toucan parvient à attraper les baies situées à l'extrémité de branches très fines. Le bec des canards est fait pour attraper l'herbe au bord de l'eau et pour fouiller la boue à la recherche de graines et d'animalcules. Leur long bec effilé permet aux colibris d'aspirer facilement le nectar des fleurs profondes. Et les fringillidés (diamant de Gould), avec leur petit bec trapu, décortiquent sans peine les graines les plus coriaces.

Les plumes

Les plumes qui ont une forme ou une couleur singulières (filoplumes et hampes) servent à attirer un partenaire. Les plus grandes et les plus résistantes sont les plumes de vol : les rectrices, plumes de la queue, et les rémiges, plumes des ailes (les primaires étant plus longues que les secondaires). Les plumes de couverture, plus petites, couvrent l'ensemble du corps. Enfin, le duvet conserve la chaleur.

Gallinacés et oiseaux terrestres

Les oiseaux ne sont pas tous maîtres des airs. Ainsi, les gallinacés passent le plus clair de leur temps au sol et ils ne s'envolent que rarement, pour aller dormir dans un arbre ou pour fuir un danger.

Certains oiseaux ne savent pas voler. C'est le cas des ratites, un groupe d'oiseaux coureurs comprenant les autruches, les nandous et les émeus. Leurs ailes atrophiées sont trop petites pour permettre le vol. Ces oiseaux mènent une vie paisible au sol, se nourrissant de graines, de feuilles et de pousses végétales.

Lagopède alpin

Cet oiseau a, l'été, un plumage moucheté brun et gris qui se confond avec les herbes des alpages. En hiver, il mue et devient blanc (sauf sur les plumes de la queue), ce qui lui permet d'échapper à ses prédateurs.

Lagopède alpin

Taille : 33-39 cm
Distribution : Arctique, Alpes
Nom scientifique : *Lagopus mutus*

Faisans, perdrix…

Ce grand groupe comprend plus de 260 espèces, parmi lesquelles les faisans, les perdrix et les pintades. Même si les différences sont très grandes d'une espèce à une autre, ces oiseaux sont généralement trapus et dotés de pattes courtes et robustes. Certains gallinacés, comme les faisans et les perdrix, sont élevés par l'homme pour servir de gibier aux chasseurs. De nombreuses espèces fouillent la terre avec leurs pattes ou leurs serres robustes à la recherche de graines et de baies. Leur nid, à terre, est souvent rudimentaire.

Paon du Congo

Taille : 60-70 cm
Distribution : Afrique, bassin du Congo
Nom scientifique : *Afropavo congensis*

Paon du Congo

Cette espèce rare vit dans les profondeurs de la forêt équatoriale africaine. Le paon du Congo est si discret que les scientifiques l'ont identifié en 1936 seulement. Ses mœurs sont encore peu connues, mais on pense qu'il vit dans les arbres et se nourrit de graines et de fruits.

Paon bleu

Taille : mâle, 2,20 m avec la queue ; femelle, 86 cm
Distribution : Inde, Sri Lanka
Nom scientifique : *Pavo cristatus*

Taille : 24-28 cm
Distribution : ouest des États-Unis
Nom scientifique : *Callipepla californica*

Colin de Californie

Tragopan de Temminck

Taille : 64 cm
Distribution : Chine, Asie du Sud-Est
Nom scientifique : *Tragopan temminckii*

Colin de Californie

Les colins de Californie vivent en groupes. Ils se nourrissent de feuilles, de baies, de graines et parfois d'insectes. Une plume unique orne la tête de la femelle et celle du mâle, mais seul ce dernier a des marques noires et blanches sur la face.

Faisan

Originaires d'Asie, les faisans ont été introduits dans de nombreux pays. La femelle a un plumage brun, plus terne que celui du mâle. Les espèces sauvages se nourrissent de graines, de bourgeons et de baies.

Faisan

Taille : mâle, 76-89 cm ; femelle, 53-64 cm
Distribution : Asie, Europe ; introduit en Amérique du Nord
Nom scientifique : *Phasianus colchicus*

Tragopan de Temminck

Les fraîches forêts des montagnes himalayennes sont l'habitat de prédilection de cet oiseau. La femelle est brun moucheté, tandis que le mâle revêt un plumage coloré, qu'il étale au cours des parades nuptiales. La femelle pond de trois à six œufs. Les tragopans se nourrissent de graines, de bourgeons, de feuilles, de baies et d'insectes.

Paon bleu

Le paon bleu mâle est l'un des oiseaux les plus magnifiques qui soient. Son plumage est vivement coloré, et sa queue, ornée d'ocelles, se déploie pour former une roue quand il se pavane pour attirer la femelle. Cette dernière est dotée d'un plumage brun et vert moins spectaculaire, et sa tête est ornée d'une petite crête. À l'état sauvage, les paons se nourrissent de graines, de baies, de feuilles et d'insectes. On en voit dans les parcs du monde entier.

Coq bankiva

Cette espèce est l'ancêtre de la poule domestique. La femelle, plus petite que le mâle, a un plumage brun et noisette. Les oiseaux se déplacent en troupes d'une cinquantaine d'individus, à la recherche de graines, d'herbes et d'insectes. Au moment de la reproduction, la femelle gratte le sol pour creuser un nid, qu'elle entoure de feuilles et dans lequel elle pond cinq ou six œufs.

Coq bankiva

Taille : mâle, 63-75 cm ; femelle, 40-45 cm
Distribution : Asie du Sud-Est
Nom scientifique : *Gallus gallus*

Tétras Cupidon

Également appelé « grande poule des prairies », ce gallinacé se nourrit de feuilles, de fruits et de graines, ainsi que, l'été, d'insectes. Au printemps, lors de la parade nuptiale, le mâle gonfle d'air et dégonfle les poches orange de son cou, redresse sa huppe en poussant des cris et frappe des pattes pour attirer la femelle. Cette dernière pond de dix à douze œufs.

Taille : 42-46 cm

Distribution : Amérique du Nord

Nom scientifique : *Tympanuchus cupido*

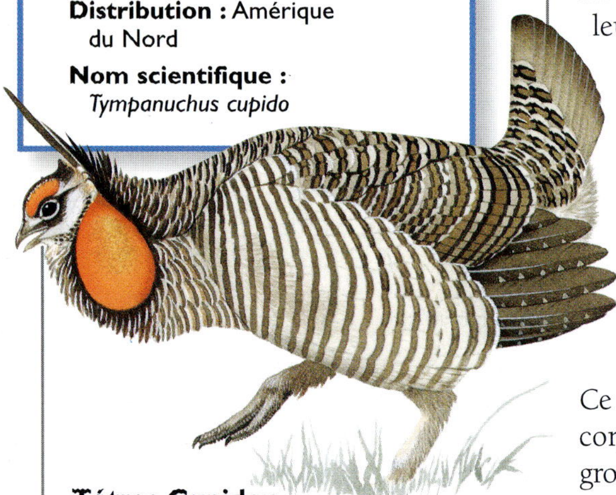

Tétras Cupidon

Taille : 41-51 cm

Distribution : nord de l'Europe, nord de l'Asie

Nom scientifique : *Tetrao tetrix*

Tétras-lyre

Tétras-lyre

Au printemps, pour attirer les femelles, les mâles se livrent à des parades nuptiales collectives. Chaque matin, ils se rassemblent sur la même aire de parade pour exécuter leur danse, poussant des chuintements et déployant leur queue en éventail devant les poules. Les femelles s'accouplent avec le meilleur danseur et pondent chacune de six à onze œufs.

Grand tétras

Ce magnifique oiseau de la corpulence d'une dinde est le plus gros des tétras. En hiver, il se nourrit essentiellement d'aiguilles de sapin, tandis que, l'été, il consomme les feuilles, les tiges et les fruits juteux des canneberges, myrtilles et autres plantes des forêts.

Taille : mâle, 86 cm ; femelle, 58 cm

Distribution : nord de l'Europe

Nom scientifique : *Tetrao urogallus*

Grand tétras

Dindon

Le dindon sauvage est plus fin que l'espèce domestique, et ses pattes sont plus longues. Son cou et sa tête sont nus. C'est un oiseau qui vole bien sur de courtes distances, mais qui se nourrit au sol. Le dindon mange des graines et des baies ainsi que de petits animaux (insectes, lézards).

Dindon

Taille : 91 cm-1,22 m

Distribution : États-Unis, Mexique

Nom scientifique : *Meleagris gallopavo*

Les oiseaux terrestres

Les ratites aux longues pattes, comme les autruches, les nandous, les casoars et les émeus, vivent dans les savanes sèches et semi-désertiques. Ils ne savent pas voler mais courent très vite, ce qui leur permet d'éviter les dangers et de franchir de grandes distances pour trouver leur nourriture. Le kiwi ne vole pas non plus, et ses petites pattes ne lui permettent pas d'aller vite. Dans ces pages, on trouvera d'autres oiseaux terrestres, tels le grand hocco, le grand tinamou, l'outarde barbue, l'oiseau satin et le syrrhapte paradoxal, qui, eux, savent voler, mais vivent au sol la plupart du temps.

Jardinier satin

Le mâle construit un nid en forme de tonnelle sur le sol pour attirer une femelle. Fait de brindilles, cet abri est décoré de fleurs et de baies bleues. Lorsqu'une femelle approche, le mâle danse sous sa tonnelle en battant des ailes et en ébouriffant ses plumes.

Jardinier satin

Taille : 27-33 cm
Distribution : est de l'Australie
Nom scientifique : *Ptilonorhynchus violaceus*

Grand hocco

Grand hocco

Le grand hocco trouve sa nourriture (des fruits et des feuilles) au sol, mais dort perché dans les arbres. En cas de danger, il fuit en courant plutôt qu'en s'envolant. Le chant du mâle est un cri bas et sonore.

Taille : 94 cm
Distribution : du Mexique à l'Équateur
Nom scientifique : *Crax rubra*

Kiwi austral

Le kiwi fouille les sous-bois avec son long bec, à la recherche d'insectes, de vers et de baies. Son odorat et son ouïe lui sont alors très utiles. Ses petites ailes, dissimulées sous des plumes qui ressemblent à de longs poils, ne lui permettent pas de voler.

Kiwi austral

Taille : 70 cm
Distribution : Nouvelle-Zélande
Nom scientifique : *Apteryx australis*

Grand tinamou

Le tinamou vit dans la forêt tropicale. Il sait voler, mais son vol est faible et maladroit. En présence d'un danger, il s'immobilise, se dissimulant dans les arbres grâce à son plumage brun. Il passe la plupart de son temps au sol, mangeant des baies, des graines et des insectes. La femelle pond une douzaine d'œufs bleu-vert ou violets qui sont très beaux, comme vernissés.

Taille : 46 cm
Distribution : Amérique du Sud
Nom scientifique : *Tinamus major*

Grand tinamou

Syrrhapte paradoxal

Certaines plumes du ventre du mâle ont la particularité de retenir l'eau, comme des éponges. Lorsqu'il part chercher à boire pour ses petits, le syrrhapte trempe celles-ci dans l'eau puis retourne à son nid.

Taille : 35-40 cm
Distribution : Asie centrale, Chine, Mongolie
Nom scientifique : *Syrrhaptes paradoxus*

Syrrhapte paradoxal

Casoar à casque

Cet oiseau, qui vit dans la forêt tropicale, ne sait pas voler. Les scientifiques pensent que le « casque » en corne situé au sommet de sa tête lui sert à fouiller la litière du sol et à dénicher les fruits tombés. La femelle est légèrement plus grande que le mâle, et son plumage est plus vif. Les casoars se servent de leurs pattes puissantes et munies d'orteils acérés comme d'armes de défense en cas d'attaque.

Casoar à casque

Taille : 1,50 m
Distribution : Nouvelle-Guinée, nord de l'Australie
Nom scientifique : *Casuarius casuarius*

Outarde barbue

Le mâle est l'un des oiseaux volants les plus lourds (il peut atteindre 18 kg). La femelle est bien plus légère (5 kg tout au plus) et n'a pas de « moustaches » drues. Ces oiseaux se déplacent en petits groupes, cherchant des plantes, des graines et des insectes pour se nourrir. Grâce à ses longues pattes, l'outarde peut courir vite.

Outarde barbue

Taille : mâle, jusqu'à 1,04 m ; femelle, 75 cm
Distribution : sporadique, du sud de l'Europe à l'Asie
Nom scientifique : *Otis tarda*

Taille : 2 m
Distribution : Australie
Nom scientifique : *Dromaius novaehollandiae*

Émeu

Deuxième plus gros oiseau du monde après l'autruche, l'émeu ne sait pas voler, mais il peut atteindre des vitesses de 48 km/h à la course. Il vit dans la prairie australienne, où il se nourrit surtout de fruits, de baies et d'insectes, parfois d'herbes et d'autres graminées. La femelle pond de sept à dix œufs, qui sont couvés par le mâle.

Émeu

Taille : 1,07 m
Distribution : Afrique, au sud de l'équateur
Nom scientifique : *Bucorvus cafer*

Géocoucou de Californie

Géocoucou de Californie

Rapide, cet oiseau aux pieds robustes atteint des vitesses de 20 km/h. Il sait voler, mais le fait rarement. Il se nourrit d'insectes terrestres ainsi que d'œufs d'oiseaux, de lézards et même de serpents.

Taille : 50-60 cm
Distribution : sud-ouest des États-Unis, Mexique
Nom scientifique : *Geococcyx californianus*

Cariama huppé

Cariama huppé

Cet oiseau gracieux vole peu, mais court vite pour échapper au danger. Il tue des serpents et des lézards à l'aide de son bec acéré, et se nourrit aussi de graines, de feuilles et d'insectes. Le nid est construit dans un arbre. La femelle y pond deux ou trois œufs que le couple couve à tour de rôle.

Taille : 70 cm
Distribution : Amérique du Sud
Nom scientifique : *Cariama cristata*

Calao terrestre du Sud

La plupart des calaos vivent dans les arbres, mais celui-ci passe la plupart du temps au sol. Il déambule en famille à la recherche de petits animaux : insectes, reptiles, rongeurs...

Calao terrestre du Sud

Nandou d'Amérique

Taille : 1,50 m
Distribution : Amérique du Sud
Nom scientifique : *Rhea americana*

Nandou d'Amérique

Cet oiseau court vite mais ne sait pas voler. Il vit en groupes d'une trentaine d'individus. Pendant la période de reproduction, le mâle s'accouple avec plusieurs femelles. Il creuse un nid peu profond et y couve les œufs des différentes femelles.

Autruche

L'autruche, le plus gros oiseau du monde, est trop grande et trop lourde pour pouvoir voler, mais elle peut atteindre 70 km/h à la course. Elle se nourrit de plantes et de graines, ainsi que de petits reptiles. Elle pond de trois à cinq œufs d'environ 1,5 kg, qui sont les plus gros de tous les œufs d'oiseaux.

Autruche

Taille : 1,75-2,25 m
Distribution : Afrique
Nom scientifique : *Struthio camelus*

Oiseaux des bords de l'eau

De nombreux oiseaux vivent aux abords de l'eau. Certains, tels que les bécasseaux, les pluviers ou les jacanas, nichent sur le littoral, près des rivières ou sur les rives des lacs. D'autres, comme les hérons, les flamants et les canards, passent plus de temps dans l'eau et sont souvent d'excellents nageurs. Les lacs, les mares, les rivières et les marécages offrent une abondante nourriture animale et végétale aux limicoles et aux oiseaux d'eau douce. Les oiseaux marins, qui nagent à la perfection, trouvent leur nourriture dans l'océan.

Chevalier gambette

Cet oiseau se reproduit à l'intérieur des terres dans les marécages, mais passe l'hiver sur les vasières du littoral et les estuaires. Il se nourrit d'insectes et de petits animaux (crabes, escargots...). La femelle pond ses œufs dans un nid à même le sol.

Chevalier gambette

Taille : 28 cm

Distribution : Europe, Asie ; hiverne dans le sud de l'Europe, en Afrique du Nord et dans le sud de l'Asie

Nom scientifique : *Tringa totanus*

Limicoles

Les limicoles sont des oiseaux de rivage. Les plus petits (certains pluviers) mesurent à peine 15 cm, tandis que les plus grands (les courlis) ne dépassent pas 60 cm. Ils se nourrissent généralement à terre en fouillant la boue et le sable. Ce sont de bons coureurs et de puissants voiliers. Certains effectuent chaque année de longues migrations, quittant leurs zones d'alimentation à la fin de l'hiver pour rejoindre la région où ils se reproduisent et y élever leurs petits au printemps et en été.

Avocette élégante

L'avocette attrape des insectes et de petits animaux aquatiques en balayant, de son bec recourbé qu'elle entrouvre vers le haut, la surface de la boue ou de flaques peu profondes, de gauche à droite. Lorsque l'eau est plus profonde, elle plonge la tête dedans.

Avocette élégante

Taille : 42 cm

Distribution : Europe, Asie

Nom scientifique : *Recurvirostra avosetta*

Pluvier bronzé

Ce grand voyageur se reproduit dans la toundra arctique d'Amérique du Nord et, à la fin de la saison, franchit environ 13 000 km pour hiverner en Amérique du Sud. Il se nourrit surtout d'insectes et de petits animaux (escargots...).

Pluvier bronzé

Taille : 23-28 cm

Distribution : Canada, Alaska ; hiverne en Amérique du Sud

Nom scientifique : *Pluvialis dominica*

Géocoucou de Californie

Géocoucou de Californie

Rapide, cet oiseau aux pieds robustes atteint des vitesses de 20 km/h. Il sait voler, mais le fait rarement. Il se nourrit d'insectes terrestres ainsi que d'œufs d'oiseaux, de lézards et même de serpents.

Taille : 50-60 cm
Distribution : sud-ouest des États-Unis, Mexique
Nom scientifique : *Geococcyx californianus*

Nandou d'Amérique

Taille : 1,50 m
Distribution : Amérique du Sud
Nom scientifique : *Rhea americana*

Nandou d'Amérique

Cet oiseau court vite mais ne sait pas voler. Il vit en groupes d'une trentaine d'individus. Pendant la période de reproduction, le mâle s'accouple avec plusieurs femelles. Il creuse un nid peu profond et y couve les œufs des différentes femelles.

Cariama huppé

Cariama huppé

Cet oiseau gracieux vole peu, mais court vite pour échapper au danger. Il tue des serpents et des lézards à l'aide de son bec acéré, et se nourrit aussi de graines, de feuilles et d'insectes. Le nid est construit dans un arbre. La femelle y pond deux ou trois œufs que le couple couve à tour de rôle.

Taille : 70 cm
Distribution : Amérique du Sud
Nom scientifique : *Cariama cristata*

Calao terrestre du Sud

La plupart des calaos vivent dans les arbres, mais celui-ci passe la plupart du temps au sol. Il déambule en famille à la recherche de petits animaux : insectes, reptiles, rongeurs...

Calao terrestre du Sud

Autruche

L'autruche, le plus gros oiseau du monde, est trop grande et trop lourde pour pouvoir voler, mais elle peut atteindre 70 km/h à la course. Elle se nourrit de plantes et de graines, ainsi que de petits reptiles. Elle pond de trois à cinq œufs d'environ 1,5 kg, qui sont les plus gros de tous les œufs d'oiseaux.

Autruche

Taille : 1,75-2,25 m
Distribution : Afrique
Nom scientifique : *Struthio camelus*

Oiseaux des bords de l'eau

De nombreux oiseaux vivent aux abords de l'eau. Certains, tels que les bécasseaux, les pluviers ou les jacanas, nichent sur le littoral, près des rivières ou sur les rives des lacs. D'autres, comme les hérons, les flamants et les canards, passent plus de temps dans l'eau et sont souvent d'excellents nageurs. Les lacs, les mares, les rivières et les marécages offrent une abondante nourriture animale et végétale aux limicoles et aux oiseaux d'eau douce. Les oiseaux marins, qui nagent à la perfection, trouvent leur nourriture dans l'océan.

Chevalier gambette

Cet oiseau se reproduit à l'intérieur des terres dans les marécages, mais passe l'hiver sur les vasières du littoral et les estuaires. Il se nourrit d'insectes et de petits animaux (crabes, escargots...). La femelle pond ses œufs dans un nid à même le sol.

Chevalier gambette

Taille : 28 cm

Distribution : Europe, Asie ; hiverne dans le sud de l'Europe, en Afrique du Nord et dans le sud de l'Asie

Nom scientifique : *Tringa totanus*

Limicoles

Les limicoles sont des oiseaux de rivage. Les plus petits (certains pluviers) mesurent à peine 15 cm, tandis que les plus grands (les courlis) ne dépassent pas 60 cm. Ils se nourrissent généralement à terre en fouillant la boue et le sable. Ce sont de bons coureurs et de puissants voiliers. Certains effectuent chaque année de longues migrations, quittant leurs zones d'alimentation à la fin de l'hiver pour rejoindre la région où ils se reproduisent et y élever leurs petits au printemps et en été.

Avocette élégante

L'avocette attrape des insectes et de petits animaux aquatiques en balayant, de son bec recourbé qu'elle entrouvre vers le haut, la surface de la boue ou de flaques peu profondes, de gauche à droite. Lorsque l'eau est plus profonde, elle plonge la tête dedans.

Avocette élégante

Taille : 42 cm

Distribution : Europe, Asie

Nom scientifique : *Recurvirostra avosetta*

Pluvier bronzé

Ce grand voyageur se reproduit dans la toundra arctique d'Amérique du Nord et, à la fin de la saison, franchit environ 13 000 km pour hiverner en Amérique du Sud. Il se nourrit surtout d'insectes et de petits animaux (escargots...).

Pluvier bronzé

Taille : 23-28 cm

Distribution : Canada, Alaska ; hiverne en Amérique du Sud

Nom scientifique : *Pluvialis dominica*

Jacana du Mexique

Il est caractérisé par des doigts très longs. Son poids est ainsi réparti sur une plus large surface, ce qui lui permet par exemple de marcher sur des feuilles de nénuphar lorsqu'il recherche sa nourriture.

Jacana du Mexique

Taille : 25 cm

Distribution : sud des États-Unis, Amérique centrale

Nom scientifique : *Jacana spinosa*

Bécasse d'Amérique

Forestière, cette bécasse se nourrit essentiellement de vers de terre qu'elle trouve en fouillant la terre avec son long bec. La femelle niche sous un arbre ou un buisson et pond jusqu'à quatre œufs.

Bécasse d'Amérique

Taille : 28 cm

Distribution : Amérique du Nord

Nom scientifique : *Scolopax minor*

Huîtrier pie

Avec son bec long et épais, l'huîtrier parvient à décrocher des coquillages (moules et coques par exemple) des rochers du littoral et à les ouvrir. Il se nourrit également d'insectes et de vers, qu'il trouve sur les terres cultivées ou dans les vasières littorales.

Huîtrier pie

Taille : 46 cm

Distribution : presque mondiale

Nom scientifique : *Haematopus ostralegus*

Vanneau huppé

On rencontre cet oiseau commun sur les terrains cultivés et dans les champs, où il se nourrit d'insectes, de vers, d'escargots et de quelques graines. Durant la parade nuptiale, il émet un cri strident.

Vanneau huppé

Taille : 30 cm

Distribution : Europe, Asie, nord et ouest de l'Afrique

Nom scientifique : *Vanellus vanellus*

Courlis esquimau

D'importantes populations de courlis esquimaux migraient autrefois de la toundra nordique vers l'Amérique du Sud, pour y passer l'hiver. Aujourd'hui, l'espèce a presque disparu à cause de la chasse. Elle est protégée, mais il est sans doute trop tard pour la sauver.

Courlis esquimau

Taille : 28-33 cm

Distribution : nord du Canada, Alaska

Nom scientifique : *Numenius borealis*

Cygnes, canards, flamants...

Les étendues d'eau douce sont fréquentées par de nombreuses espèces. Les aigrettes, les cigognes et les flamants, grands oiseaux au long cou et aux longues pattes, arpentent l'eau pour trouver leur nourriture.

Les canards, les oies et les cygnes sont dotés de pieds palmés adaptés à la nage. Les grues pataugent dans l'eau peu profonde à la recherche d'insectes et de batraciens. Les grèbes et les plongeons, nageurs rapides, attrapent les poissons avec leur bec pointu.

Cygne de Bewick

Ce cygne pond ses œufs et élève ses petits dans la toundra arctique. À l'automne, il s'envole vers le sud pour hiverner au même endroit chaque année. Il se nourrit de plantes aquatiques.

Cygne de Bewick

Taille : 1,10-1,40 m
Distribution : Amérique du Nord, nord de l'Europe, Asie
Nom scientifique : *Cygnus columbianus*

Bernache du Canada

Chaque année, ces oiseaux quittent le Sud à l'automne et migrent vers le nord pour aller se reproduire sur leur lieu de naissance. La femelle pond environ cinq œufs dans un nid à même le sol. Son partenaire reste auprès d'elle pendant l'incubation, qui dure de 25 à 30 jours. Les bernaches se nourrissent de plantes terrestres et aquatiques.

Bernache du Canada

Taille : 56 cm-1,10 m
Distribution : Amérique du Nord ; introduite en Europe et en Nouvelle-Zélande
Nom scientifique : *Branta canadensis*

Ibis falcinelle

Cet ibis vit aux abords des lacs et des zones marécageuses, se nourrissant d'insectes et de petits animaux aquatiques qu'il attrape dans la boue avec l'extrémité de son long bec. L'ibis falcinelle niche en colonies comptant parfois des milliers d'oiseaux, dans les roseaux ou dans un arbre. La femelle pond trois ou quatre œufs, que les deux parents couvent et élèvent ensemble.

Taille : 55-65 cm
Distribution : sud de l'Amérique du Nord, Afrique, Europe, Asie, Australie, Nouvelle-Zélande
Nom scientifique : *Plegadis falcinellus*

Ibis falcinelle

Canard colvert

Le colvert est l'ancêtre de presque tous les canards domestiques. Il se nourrit de plantes ainsi que d'insectes et de petits animaux. On le voit souvent chercher sa nourriture la tête plongée sous l'eau et la queue en l'air.

Canard colvert

Taille : 41-66 cm
Distribution : hémisphère Nord
Nom scientifique : *Anas platyrhynchos*

Caurale soleil

Dans sa parade nuptiale, le caurale soleil déploie ses ailes et ouvre sa queue en éventail pour exposer ses plumes colorées. Il chasse des insectes ou des poissons dans les eaux peu profondes et utilise son bec pointu pour saisir ses proies.

Taille : 46 cm
Distribution : du sud du Mexique à la Bolivie et au Brésil
Nom scientifique : *Eurypyga helias*

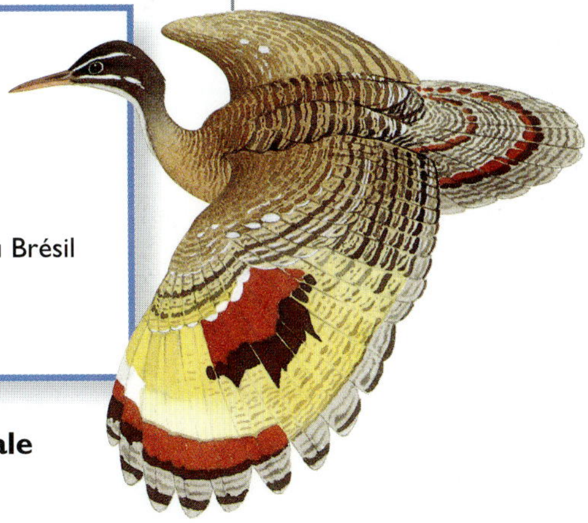

Caurale soleil

Grèbe huppé

Ces très beaux oiseaux volent rarement, mais on les observe tout aussi peu à terre, où ils se déplacent maladroitement. Avant l'accouplement, les mâles exécutent une élégante parade nuptiale sur l'eau, remuant la tête et s'offrant mutuellement des végétaux.

Taille : 51 cm
Distribution : Europe, Asie, Afrique, Australie, Nouvelle-Zélande
Nom scientifique : *Podiceps cristatus*

Grèbe huppé

Canard mandarin

Ce canard coloré est surtout actif au crépuscule et à l'aube. Il se nourrit de graines, de glands, de riz, d'insectes, d'escargots et de petits poissons. Les couples, qui restent fidèles, exécutent une parade nuptiale compliquée, les mâles exposant leurs plumes en voile sur les côtés.

Taille : 43-51 cm
Distribution : est de l'Asie, Chine, Japon ; introduit mondialement
Nom scientifique : *Aix galericulata*

Canard mandarin

Grue cendrée

La grue cendrée est connue pour sa danse nuptiale. Les mâles tournent les uns autour des autres en faisant des révérences et en hochant la tête. À la fin de la nidification, les oiseaux s'envolent vers le sud pour hiverner en Afrique du Nord, en Inde ou dans le Sud-Est asiatique.

Taille : 1,10-1,20 m
Distribution : Europe, Asie, Afrique du Nord
Nom scientifique : *Grus grus*

Grue cendrée

Gallinule poule d'eau

Les herbes des mares et des bassins, les fruits tombés et les baies constituent l'essentiel de l'alimentation de la gallinule, avec les insectes. La femelle niche dans les roseaux.

Taille : 33 cm
Distribution : mondiale (excepté Australie et Nouvelle-Zélande)
Nom scientifique : *Gallinula chloropus*

Gallinule poule d'eau

Plongeon catmarin

Cet oiseau a un bec fin et une tache rouge sur la gorge. Bon nageur, il se nourrit de poissons qu'il attrape sous l'eau. Il émet toutes sortes de sons, dont un son guttural et une plainte grêle et élevée. La femelle niche à même le sol et pond deux œufs.

Plongeon catmarin

Taille : 53-69 cm
Distribution : Amérique du Nord, nord de l'Asie, nord de l'Europe
Nom scientifique : *Gavia stellata*

Kamichi chavaria

Taille : 71-91 cm
Distribution : Colombie, Venezuela
Nom scientifique : *Chauna chavaria*

Bien qu'il soit apparenté aux canards et aux oies, le kamichi n'a pas les pieds palmés et nage rarement. Il lance un appel tonitruant pour avertir ses congénères d'un danger. Cet oiseau bruyant a une aire de répartition restreinte, au nord de l'Amérique du Sud. Il vit dans les rivières et les marécages, où il déambule sur les feuilles flottantes, son poids réparti sur ses longs doigts. La femelle pond de quatre à six œufs dans un nid fait de plantes.

Kamichi chavaria

Eider à duvet

Taille : 56-71 cm
Distribution : Arctique
Nom scientifique : *Somateria mollissima*

Grande aigrette

Cette aigrette vit dans les marais, où elle se nourrit de poissons, d'insectes et de petits animaux aquatiques. Pour les attraper, elle avance lentement dans l'eau afin de les repérer. Le bec des adultes est jaune sauf au moment de la reproduction, où il devient noir. Les couples nichent dans les arbres ou les roseaux. La femelle pond de deux à cinq œufs, que les parents couvent à tour de rôle.

Taille : 90 cm-1,20 m
Distribution : mondiale (rare en Europe occidentale)
Nom scientifique : *Egretta alba*

Grande aigrette

Eider à duvet

Comme la plupart des canards, l'eider à duvet entoure son nid d'un duvet chaud et doux qu'il prélève sur sa propre poitrine. L'homme a longtemps exploité ses plumes pour garnir duvets et édredons. L'eider se nourrit de coquillages et de petits animaux.

Courlan

Courlan

Cet oiseau aux longues pattes se sert de son bec incurvé pour fouiller l'eau boueuse des marécages à la recherche d'escargots et de moules. Il mange également des graines, des insectes et des reptiles. Il sait voler, mais le fait rarement et préfère vivre au sol, où, lorsqu'il marche, il semble boiter.

Taille : 59-71 cm
Distribution : États-Unis, Mexique, Antilles, Amérique centrale
Nom scientifique : *Aramus guarauna*

Ibis chauve

Cet étrange oiseau à tête chauve est très rare. Aperçu pour la dernière fois en Turquie en 1989, il ne se reproduit plus qu'au Maroc dans une région rocailleuse, loin des terres cultivées.

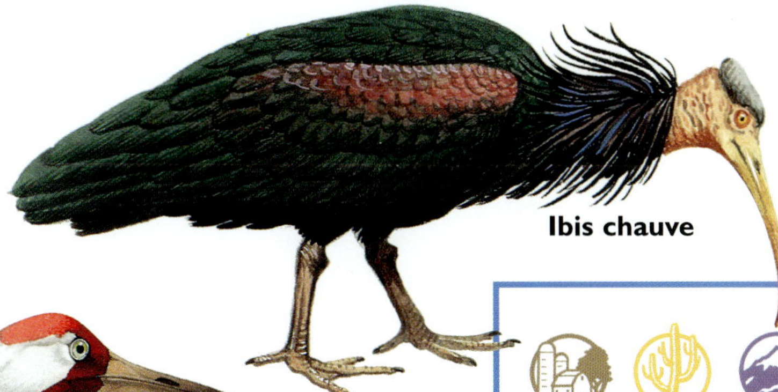

Ibis chauve

Taille : 71-79 cm
Distribution : Maroc
Nom scientifique : *Geronticus eremita*

Grue blanche d'Amérique

Très rares à l'état sauvage et protégées, ces grues sont élevées en captivité afin d'être relâchées dans la nature. Elles se nourrissent de graines et de plantes autant que d'insectes, de grenouilles et de petits animaux.

Taille : 1,20-1,40 m
Distribution : nord du Canada, sud des États-Unis
Nom scientifique : *Grus americana*

Grue blanche d'Amérique

Flamant rose

Grâce à ses longues pattes, ce flamant peut fréquenter des eaux profondes. Pour se nourrir, il avance lentement dans l'eau, remplit son bec d'eau et de boue puis le referme : ses proies (insectes, crustacés et algues minuscules) sont alors retenues par de fines lamelles. Son nid, fait de boue, accueille un ou deux œufs.

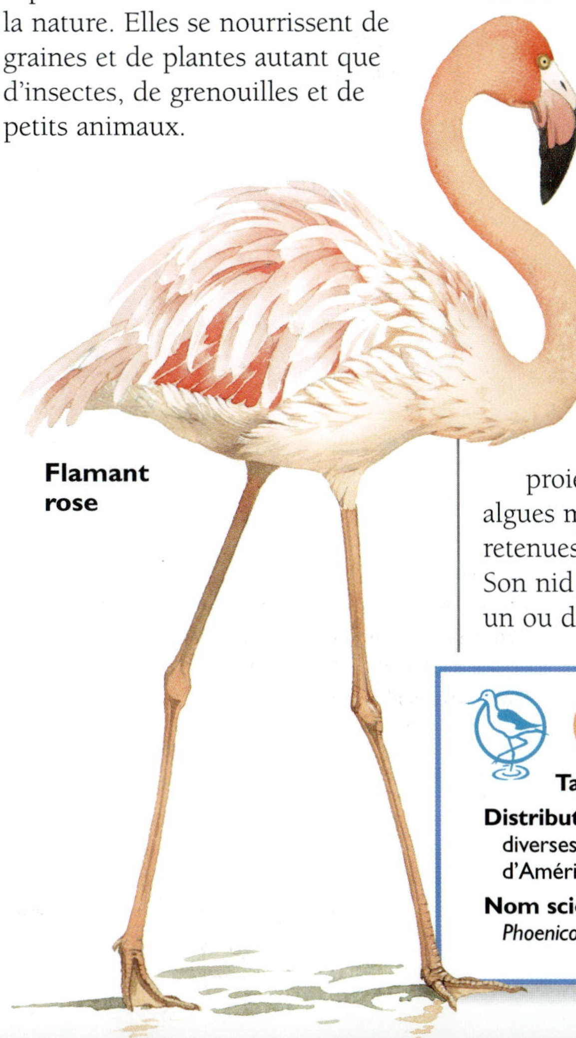

Flamant rose

Taille : 1,25-1,45 m
Distribution : sud de l'Europe, diverses régions d'Asie, d'Afrique, d'Amérique du Sud et centrale
Nom scientifique : *Phoenicopterus ruber*

Les oiseaux marins

La vie en mer est rude et exigeante pour les oiseaux. La plupart d'entre eux (albatros, sterne, fou de Bassan...) sont capables de survoler les océans sur de longues distances. Certains ne viennent à terre que pour la nidification, le temps d'élever leurs petits. Il existe cependant des oiseaux de mer qui ne savent pas voler : les plus connus sont les manchots, qui sont en revanche excellents nageurs et plongeurs.

Mergule nain

Mergule nain

La plupart des mergules nains vivent dans le cercle arctique. L'été, ils se reproduisent en colonies de milliers d'oiseaux sur les côtes et les falaises. Ce sont de bons nageurs et plongeurs, qui se nourrissent de petits poissons et de coquillages.

Taille : 20 cm

Distribution : océan Arctique et Atlantique nord

Nom scientifique : *Alle alle*

Chionis blanc

Ces oiseaux hantent les colonies de manchots, attendant une occasion de s'emparer d'un œuf ou d'un poussin, et fouillent les dépôts d'ordures des bases scientifiques de l'Antarctique à la recherche de nourriture. Ils savent voler, mais passent la plus grande partie du temps au sol.

Taille : 39 cm

Distribution : littoral antarctique, îles de l'Atlantique sud

Nom scientifique : *Chionis alba*

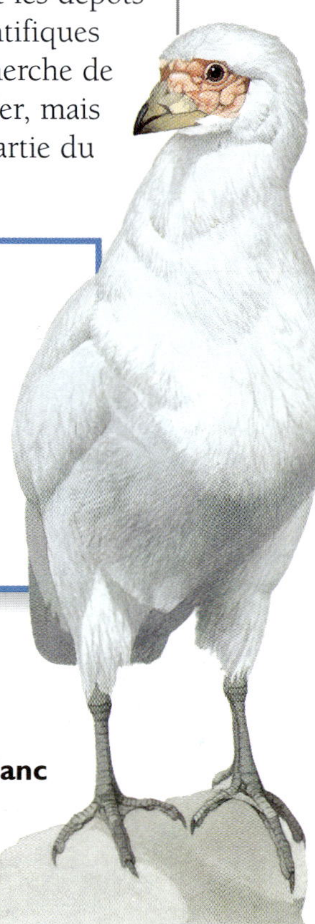

Chionis blanc

Goéland marin juvénile

Grand cormoran

Le cormoran nage grâce à ses pattes palmées. Il se nourrit surtout de poissons, qu'il attrape au cours de plongeons pouvant durer plus d'une minute. En général, il ramène sa proie à la surface et la lance en l'air pour l'avaler la tête la première. Il niche dans les arbres ou à même le sol. La femelle pond trois ou quatre œufs, et les deux parents s'occupent des petits.

Grand cormoran

Taille : 71-79 cm

Distribution : littoral atlantique d'Amérique du Nord et d'Europe

Nom scientifique : *Larus marinus*

Goéland marin

Ce grand goéland est un chasseur redoutable. Il chasse et tue d'autres oiseaux marins comme le macareux moine, et vole leurs œufs et leurs petits. Il se nourrit aussi de poissons et de déchets divers. Le plumage des jeunes est tacheté de brun, tandis que celui des adultes est blanc avec des ailes gris et noir.

Sterne pierregarin

Taille : 33-41 cm
Distribution : est de l'Amérique du Nord, nord de l'Europe
Nom scientifique : *Sterna hirundo*

Sterne pierregarin

Oiseau des rivages, cette sterne se nourrit de crevettes et d'autres petits organismes marins. Elle fait du surplace jusqu'à ce qu'elle repère une proie, puis plonge et s'en empare de son bec pointu. Les sternes nichent en colonies sur les îles et les falaises. La femelle pond deux ou trois œufs dans un nid gratté à même le sol.

Taille : 80 cm-1 m
Distribution : littoral d'Amérique du Nord, d'Europe, d'Afrique, d'Asie, d'Australie
Nom scientifique : *Phalacrocorax carbo*

Grand labbe

Cet oiseau au bec fort est un chasseur redoutable. Il chasse et mange d'autres oiseaux (macareux moines, mouettes...), vole leurs œufs et leurs petits, et va jusqu'à s'attaquer à eux pour dérober leurs proies. Il se nourrit aussi des poissons rejetés à la mer par les bateaux de pêche.

Grand labbe

Taille : 51-56 cm
Distribution : Atlantique nord
Nom scientifique : *Stercorarius skua*

Pélican brun

C'est le plus petit des pélicans. Lors de ses plongeons très rapides, il replie les ailes vers l'arrière et recourbe le cou. Une fois dans l'eau, il déplie ses ailes et ouvre son grand bec muni d'une poche extensible, dans laquelle il stocke le poisson. Il retourne ensuite manger à la surface. Il pond deux ou trois œufs dans un nid à même le sol.

Pélican brun

Taille : 1,27 m
Distribution : littoral atlantique et pacifique d'Amérique du Nord et du Sud
Nom scientifique : *Pelecanus occidentalis*

Goéland argenté

C'est le goéland le plus commun des côtes d'Amérique du Nord et d'Europe. Il attrape des petits poissons, vole les œufs des autres oiseaux et se nourrit également de déchets divers. Il niche sur les falaises, les îles ou les plages. Son nid, construit dans un trou au sol, est fait d'algues et d'herbes. La femelle pond deux ou trois œufs dont les deux parents s'occupent.

Goéland argenté

Taille : 55-66 cm
Distribution : presque tout l'hémisphère Nord
Nom scientifique : *Larus argentatus*

Les manchots

Les manchots ne volent pas, mais ils sont très bien adaptés à la vie marine. Excellents nageurs et plongeurs, ils se propulsent dans l'eau à l'aide de leurs nageoires puissantes. À terre, ils se tiennent debout et leur démarche est maladroite.

La plupart vivent dans l'Antarctique ou sur les îles proches du cercle polaire antarctique, où les conditions climatiques sont rudes. Leur corps est recouvert d'une couche dense de plumes imperméables qui leur tient chaud et les protège de l'humidité. L'épaisse couche de graisse qu'ils ont sous la peau contribue à maintenir la chaleur.

Il existe environ 17 espèces de manchots. Le plus petit, le manchot pygmée, ne dépasse pas 40 cm. Le plus grand, le manchot empereur, mesure environ 1,15 m debout. Tous les manchots se ressemblent, ils ont le dos gris ou noir et le ventre blanc.

Gestes d'amour

La plupart des manchots vivent en immenses colonies. Ils s'accouplent souvent avec le même partenaire pendant des années. Lorsqu'un couple se rencontre, les manchots frottent leurs têtes l'une contre l'autre en signe de reconnaissance et se lissent mutuellement les plumes (ici, des manchots Adélie).

Que mangent-ils ?

Les encornets et les poissons constituent l'alimentation principale des grands manchots (manchot royal et manchot empereur par exemple). Les plus petits, comme le manchot pygmée et le manchot à jugulaire, se nourrissent de proies minuscules, notamment de krill.

Dans l'eau

Le manchot royal plonge facilement à plus de 45 m pour attraper ses proies. Le plus profond des plongeons recensés atteint 250 m. Le manchot nage et se dirige dans l'eau à l'aide de ses ailes et de sa queue.

Déplacement

Plutôt mal à l'aise sur terre, les manchots se tortillent pour se déplacer sur le sol gelé. Souvent, ils se laissent glisser à plat ventre sur la glace comme sur un toboggan (ici, des manchots empereurs). Dans l'eau, ils atteignent 45 km/h en vitesse de pointe.

Reproduction

Chez les manchots empereurs, la femelle pond un œuf à même le sol au début de l'hiver. Le mâle le couve pendant 64 jours. Lorsqu'il éclôt, le père garde le petit au chaud sur ses pattes, enveloppé dans un repli spécial de la peau.

Les **manchots Adélie** nichent en vastes colonies sur les côtes antarctiques. Pondus en novembre, les œufs sont couvés d'abord par le mâle puis par la femelle sur une durée totale de 35 jours.

Manchot pygmée

Taille : 40 cm
Distribution : littoral antarctique
Nom scientifique : *Eudyptula minor*

Manchot pygmée

Ce petit manchot vit sur le littoral et les îles. Pour se nourrir, il attrape des poissons dans les eaux peu profondes. Il niche dans des anfractuosités rocheuses ou des terriers. La femelle pond deux œufs, que les parents couvent à tour de rôle.

Manchot du Cap

Contrairement à la plupart des manchots, il vit sous un climat chaud. Il se reproduit à terre, et niche dans un terrier ou sous un rocher pour se protéger de la chaleur. À terre, il n'est actif que la nuit.

Taille : 69 cm
Distribution : littoral d'Afrique du Sud
Nom scientifique : *Spheniscus demersus*

Manchot du Cap

Manchot des Galápagos

C'est le seul manchot qui vit près de l'équateur. Le courant froid qui longe les îles Galápagos rend la mer tout à fait agréable pour cet adepte du froid. Les femelles pondent deux œufs dans une grotte ou un trou de roche volcanique.

Taille : 50 cm
Distribution : îles Galápagos
Nom scientifique : *Spheniscus mendiculus*

Manchot des Galápagos

Phaéton à brins rouges

Phaéton à brins rouges

Excellent voilier, cet oiseau marin est très maladroit à terre. Il niche sur des falaises de façon à pouvoir se lancer facilement dans les airs. Son régime alimentaire se compose de poissons et d'encornets. La femelle pond un seul œuf, au sol, et les parents le couvent à tour de rôle.

Albatros hurleur

Taille : 1,10-1,35 m
Distribution : océans du Sud
Nom scientifique : *Diomedea exulans*

Albatros hurleur

C'est l'oiseau qui a la plus grande envergure : 3,40 m. Il passe la plupart de son temps à survoler l'océan, au large, et peut parcourir jusqu'à 500 km par jour.

Taille : 90 cm-1 m avec la queue
Distribution : océans Pacifique et Indien
Nom scientifique : *Phaethon rubricauda*

Océanite tempête

Taille : 14-18 cm
Distribution : Atlantique nord
Nom scientifique : *Hydrobates pelagicus*

Océanite tempête

Il se nourrit de poissons qu'il pêche en plongeant en piqué dans la mer, ainsi que de déchets rejetés à la mer par les bateaux. La femelle ne vient à terre que pour nicher dans des anfractuosités de rochers.

Macareux moine

Taille : 29-36 cm
Distribution : Atlantique nord
Nom scientifique : *Fratercula arctica*

Macareux moine

Ce macareux peut stocker une douzaine de poissons dans son bec. Bon nageur et plongeur, il est aussi bon voilier. Ses petites pattes plantées en arrière lui donnent une démarche maladroite lorsqu'il vient nicher à terre. La femelle pond un ou deux œufs, dans un ancien terrier ou après avoir aménagé un creux.

Fou de Bassan

Taille : 87 cm-1 m
Distribution : Atlantique nord
Nom scientifique : *Sula bassana*

Fou de Bassan

Oiseau marin trapu au bec robuste, le fou de Bassan plane au-dessus de l'océan à la recherche d'encornets et de poissons. Lorsqu'il localise une proie, il plonge dans l'eau d'une hauteur de 10 à 40 m pour s'en saisir.

Frégate du Pacifique

Taille : 86 cm-1 m
Distribution : océans Pacifique et Indien
Nom scientifique : *Fregata minor*

Frégate du Pacifique

Ce grand oiseau doté d'un bec à l'extrémité crochue passe le plus clair de son temps dans les airs, se posant parfois sur l'eau. La frégate attrape ses proies en vol à la surface de l'eau ou menace les autres oiseaux jusqu'à ce qu'ils lâchent leur prise. Elle niche en colonies sur les îles.

Oiseaux de proie

Ils forment un groupe très varié, qui va des modestes faucons aux gigantesques condors. La plupart des oiseaux de proie chassent et tuent d'autres animaux pour se nourrir. Ils présentent des caractéristiques communes, parmi lesquelles une vision très développée, des pattes robustes munies de serres acérées et un bec crochu pour dépecer leurs proies. Les chouettes et les hiboux sont des oiseaux de proie nocturnes (ils sont actifs et chassent la nuit).

Hibou moyen duc

Hibou moyen duc

Les aigrettes qui ornent sa tête sont des plumes qui n'ont rien à voir avec les oreilles. Ses proies favorites sont les campagnols et les souris. Il pond dans des nids abandonnés par d'autres oiseaux.

Taille : 33-40 cm
Distribution : Amérique du Nord, Europe, nord-ouest de l'Afrique, Asie
Nom scientifique : *Asio otus*

Chouettes et hiboux du monde

Il existe environ 170 espèces de chouettes et de hiboux, répandues partout dans le monde sauf sur quelques îles. Les oiseaux de proie nocturnes se ressemblent, avec leur face en forme de disque et leurs grands yeux. Dotés d'une ouïe extraordinairement fine, ils sont capables de localiser très précisément une proie. Le bord de leurs ailes n'est pas dur comme celui des autres oiseaux, mais très doux et duveteux : il atténue le bruit du vol et leur permet de se déplacer en silence la nuit.

Taille : 52-65 cm
Distribution : Arctique
Nom scientifique : *Nyctea scandiaca*

Harfang des neiges

Harfang des neiges

Il chasse le jour et la nuit des oiseaux et de petits mammifères (souris, lemmings...). La femelle, plus grande que le mâle, présente des marques noires sur son plumage blanc. Elle pond de quatre à quinze œufs.

Effraie des clochers

Effraie des clochers

On reconnaît cette effraie à sa face pâle en forme de cœur. Elle dort le jour dans un endroit abrité et sort au crépuscule pour chasser des petits animaux, notamment des rats et des souris.

Taille : 34 cm
Distribution : mondiale (sauf Asie tempérée et certaines îles du Pacifique)
Nom scientifique : *Tyto alba*

Les rapaces

Les oiseaux de proie diurnes (actifs le jour) sont communément appelés « rapaces ». Ce groupe comprend de nombreuses espèces, dont les autours et les éperviers, qui vivent et chassent principalement en forêt et dans les bois, ainsi que les buses et les aigles, qui planent au-dessus de territoires découverts en cherchant à repérer leurs victimes.

Les rapaces ne sont pas tous des chasseurs. Les vautours se nourrissent de charognes, c'est-à-dire d'animaux déjà morts.

Milan royal

Taille : 61-66 cm
Distribution : Europe, Moyen-Orient, Afrique du Nord
Nom scientifique : *Milvus milvus*

Milan royal

Ce grand oiseau a de longues ailes et une queue fourchue. Il chasse ses proies (oiseaux, rats et reptiles) dans les zones boisées ou à découvert, et se nourrit aussi de charognes. Il niche dans les arbres et la femelle pond jusqu'à cinq œufs.

Taille : 1-1,15 m
Distribution : Afrique, Moyen-Orient
Nom scientifique : *Torgos tracheliotus*

Vautour oricou

Vautour oricou

Comme tous les vautours, cet oiseau se nourrit surtout de charognes. Ses grandes ailes lui permettent de survoler de vastes étendues à la recherche de nourriture, et son bec crochu déchire facilement la chair des animaux morts. Il pond un seul œuf dans un nid au sommet d'un arbre.

Autour des palombes

L'autour des palombes, chasseur puissant et rapide, peut attraper des proies aussi grandes que des corneilles ou des faisans. Il chasse dans les forêts, en volant entre les arbres. Il tue ses victimes avec ses serres et les dévore au sol.

Autour des palombes

Taille : 51-66 cm
Distribution : Amérique du Nord, Europe, nord de l'Asie
Nom scientifique : *Accipiter gentilis*

Taille : 46-61 cm
Distribution : Amérique du Nord et centrale, Antilles
Nom scientifique : *Buteo jamaicensis*

Buse à queue rousse

Buse à queue rousse

Cet oiseau puissant vit dans toutes sortes d'habitats, des forêts aux déserts. Il chasse les autres oiseaux dans les airs ou fond en piqué de très haut sur les lapins, les serpents et les lézards. Il fabrique un nid en haut des arbres. La femelle y pond de un à quatre œufs, qui sont couvés par les parents à tour de rôle.

Aigle royal

Magnifique, l'aigle royal a un bec crochu, une vue très perçante et de puissantes pattes munies de longues serres recourbées. Il chasse en planant au-dessus des terres pour chercher ses proies. Lorsqu'il en repère une, il fond dessus et la tue à terre.

Taille : 76-89 cm
Distribution : Amérique du Nord, Europe, nord de l'Asie, Afrique du Nord
Nom scientifique : *Aquila chrysaetos*

Aigle royal

Serpentaire

Cet oiseau aux longues pattes vit au sol, où il parcourt jusqu'à 30 km par jour. Il poursuit ses proies (petits mammifères, oiseaux, insectes et reptiles) et les tue à coups de bec ou en les piétinant. Les couples construisent un nid de branchages et de tourbe au sommet d'un arbre, puis le tapissent de feuilles. La femelle pond deux ou trois œufs.

Taille : 1,50 m
Distribution : Afrique, au sud du Sahara
Nom scientifique : *Sagittarius serpentarius*

Serpentaire

Balbuzard pêcheur

Cet oiseau plane au-dessus de l'eau à la recherche de poissons. Aussitôt qu'il en aperçoit un, il plonge pattes en avant pour l'attraper. Le dessous de ses pattes est muni de petites épines, semblables à des crampons, qui lui permettent d'agripper les proies glissantes.

Taille : 53-62 cm
Distribution : presque mondiale
Nom scientifique : *Pandion haliaetus*

Balbuzard pêcheur

Faucon pèlerin

Le faucon pèlerin, un des oiseaux les plus rapides en vol, est un excellent chasseur. Il fond en un piqué spectaculaire sur sa proie (souvent un pigeon ou une palombe), qu'il saisit en plein vol. Il la tue avec ses serres puissantes et la mange au sol.

Taille : 38-51 cm
Distribution : presque mondiale
Nom scientifique : *Falco peregrinus*

Faucon pèlerin

Faucon crécerelle

On le voit voler sur place au-dessus du sol, battant très rapidement des ailes, à la recherche de proies. Dès qu'il repère un animal, il s'abat sur lui et le saisit entre ses griffes acérées.

Faucon crécerelle

Taille : 31-35 cm
Distribution : Europe, Asie, Afrique
Nom scientifique : *Falco tinnunculus*

Pygargue de Madagascar

Avec une population de moins de 100 individus, cet oiseau est l'un des plus rares. Il chasse généralement autour des estuaires peu profonds et des marécages côtiers, dans lesquels il plonge pour attraper les poissons avec ses puissantes pattes.

Taille : 68-79 cm
Distribution : nord-est de Madagascar
Nom scientifique : *Haliaeetus vociferoides*

Pygargue de Madagascar

Vautour pape

Le vautour pape, ou royal, se caractérise par une tête chauve et vivement colorée. Bien qu'il tue parfois ses proies lui-même, il se nourrit principalement de charognes. C'est l'un des rares oiseaux à utiliser son odorat pour trouver sa nourriture.

Taille : 79 cm
Distribution : Mexique, Amérique centrale et du Sud
Nom scientifique : *Sarcoramphus papa*

Vautour pape

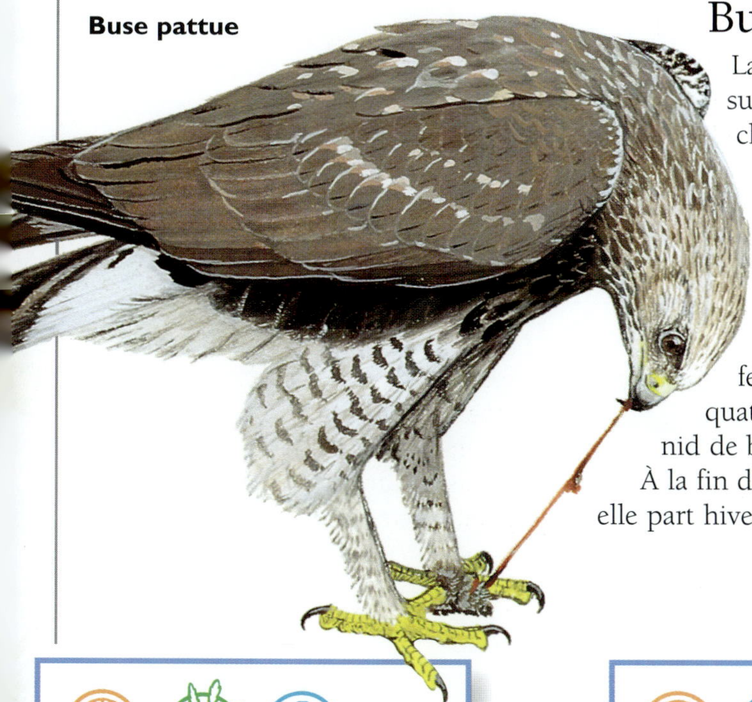

Buse pattue

Buse pattue

La buse pattue plane sur la toundra pour chasser, surtout des lemmings et des campagnols. Elle niche dans le Grand Nord sur un arbre ou une vire rocheuse. La femelle pond jusqu'à quatre œufs, dans un nid de branchages. À la fin de la nidification, elle part hiverner vers le sud.

Taille : 50-60 cm
Distribution : Amérique du Nord, nord de l'Europe et de l'Asie
Nom scientifique : *Buteo lagopus*

Pygargue à tête blanche

Emblème des États-Unis, cet oiseau est devenu rare dans ce pays. En Alaska, des pygargues viennent chaque année pêcher les saumons épuisés qui remontent le cours des rivières. Leur nid est l'un des plus grands qui existent.

Taille : 81 cm-1,02 m
Distribution : Amérique du Nord
Nom scientifique : *Haliaeetus leucocephalus*

Pygargue à tête blanche

Les aigles

Les aigles sont de grands oiseaux de proie au bec puissant et crochu, dotés de serres acérées. Il en existe environ 60 espèces, réparties sur toute la planète.

Le plus souvent, pour chasser, l'aigle parcourt son vaste territoire. Dès qu'il aperçoit une proie, le rapace fond sur elle en un piqué adroit, puis la tue avec ses serres. Certains aigles chassent cependant autrement. Les harpies féroces poursuivent leurs proies dans les forêts, et les pygargues attrapent des poissons dans l'eau.

Les nids des aigles, souvent construits dans un arbre ou sur une falaise, servent plusieurs années.

Chasseur de serpents

L'aigle des serpents se nourrit principalement de serpents et d'autres reptiles. En général, il chasse à l'affût, perché sur un arbre, et se laisse tomber au sol sur sa proie. Ses doigts sont recouverts d'écailles et d'aspérités cornées lui permettant de retenir les proies qui se débattent en se tortillant.

Aigle des forêts tropicales

L'aigle le plus grand et le plus puissant est la harpie féroce, qui vit dans la forêt tropicale d'Amérique du Sud. Il ne plane pas haut dans les airs, mais vole d'arbre en arbre pour chasser. Il s'attaque surtout aux singes, aux paresseux et aux porcs-épics arboricoles. Lorsqu'il repère une victime, il la poursuit à vive allure entre les arbres jusqu'à ce qu'il puisse l'attraper avec ses serres puissantes.

Mangeur de poissons

Les poissons sont la nourriture principale du pygargue. L'oiseau plane au-dessus de l'océan à la recherche de ses proies et plonge en piqué pour les saisir dans l'eau avec ses serres. Les pygargues attrapent également d'autres petits animaux et chapardent les proies des oiseaux plus petits. Il leur arrive de fondre plusieurs fois de suite sur des canards, jusqu'à ce que ceux-ci soient suffisamment épuisés pour se laisser prendre. Il existe diverses espèces de pygargues. Le plus grand est le pygargue de Steller, qui vit sur les côtes de Sibérie.

Un **pygargue à tête blanche** nourrissant ses petits. Les oisillons restent environ 10 semaines dans le nid. Ils se disputent souvent, et il est fréquent que les plus faibles de la couvée ne survivent pas.

Oiseaux des arbres et maîtres des airs

Dans les branches, les oiseaux trouvent des refuges contre les prédateurs terrestres ainsi que des abris pour dormir et nicher. De nombreux oiseaux y trouvent aussi leur nourriture. Les pigeons et les perroquets se nourrissent de graines, de noix et de fruits ; les pics et les coucous mangent des insectes qu'ils dénichent sur les feuilles et les troncs. Certains oiseaux sont plus doués que d'autres pour le vol. Les colibris exécutent de véritables acrobaties aériennes, les martins-pêcheurs sont des spécialistes des plongeons en piqué lorsqu'ils chassent, et les martinets sont tellement adaptés au vol qu'ils ne se posent que rarement sur le sol.

Hémiprocné longipenne

Taille : 20,5 cm
Distribution : Asie du Sud-Est
Nom scientifique : *Hemiprocne longipennis*

Hémiprocné longipenne

Ce martinet attrape les insectes en vol. Son nid, fait d'écailles d'écorce cimentées avec de la salive, accueille un seul œuf, que les parents couvent à tour de rôle.

Engoulevent d'Europe

Actif à la tombée de la nuit, cet oiseau poursuit des papillons de nuit et d'autres insectes nocturnes volants, qu'il attrape en ouvrant large son petit bec.

Taille : 26 cm
Distribution : Europe, Asie, Afrique du Nord
Nom scientifique : *Caprimulgus europaeus*

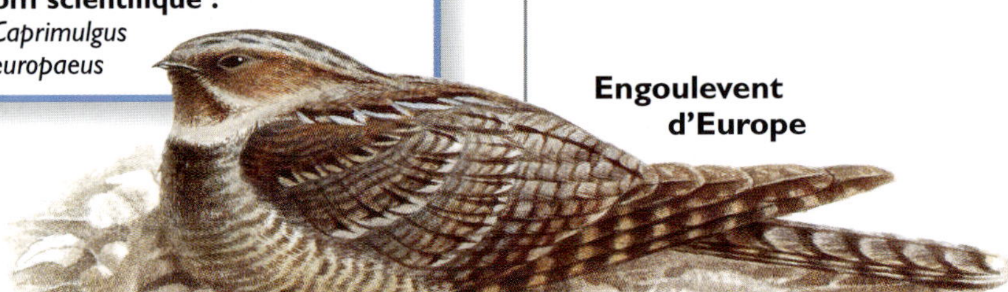

Engoulevent d'Europe

Ibijau gris

L'ibijau gris s'envole la nuit de son perchoir pour chasser des insectes. Le jour, il reste immobile et droit, perché sur une branche ou sur une souche, presque invisible pour les prédateurs. Il pond son unique œuf sur le haut d'une souche.

Ibijau gris

Taille : 41 cm
Distribution : Antilles, Amérique centrale, nord de l'Amérique du Sud
Nom scientifique : *Nyctibius griseus*

Colibri à gorge rubis

Taille : 9 cm
Distribution : Amérique du Nord et centrale
Nom scientifique : *Archilocus colubris*

Colibri à gorge rubis

Comme tous les oiseaux-mouches, le colibri à gorge rubis plonge le bec profondément dans les fleurs pour aspirer le nectar. À la fin de la reproduction, qui se déroule au Canada et dans l'est des États-Unis, cet étonnant petit oiseau parcourt 800 km pour rejoindre l'Amérique centrale et les Caraïbes.

Hirondelle de rivage

L'hirondelle de rivage est la plus petite hirondelle d'Europe. C'est un oiseau vif qui fonce dans les airs à la poursuite d'insectes à capturer. Elle vit dans un terrier creusé avec son bec et ses pattes dans le sable près de l'eau. Elle pond jusqu'à huit œufs dans un nid situé au fond du terrier.

Hirondelle de rivage

Taille : 12-14 cm
Distribution : régions d'Europe, d'Asie et d'Amérique du Nord ; hiverne en Amérique du Sud, en Afrique et en Asie du Sud-Est
Nom scientifique : *Riparia riparia*

Hirondelle de cheminée

Elle se nourrit d'insectes qu'elle attrape en vol ou à la surface de l'eau. Le nid, construit sur le mur d'un bâtiment, accueille quatre ou cinq œufs.

Hirondelle de cheminée

Taille : 19,5 cm
Distribution : mondiale
Nom scientifique : *Hirundo rustica*

Engoulevent de Nuttall

Taille : 18-21,5 cm
Distribution : Amérique du Nord
Nom scientifique : *Phalaenoptilus nuttallii*

Engoulevent de Nuttall

C'est un des rares oiseaux qui hibernent : chaque automne, il cherche une anfractuosité dans un rocher pour y dormir tout l'hiver. La température de son corps baisse alors, le rythme de son cœur et celui de sa respiration ralentissent afin d'économiser un maximum d'énergie.

Martinet à gorge blanche

Très rapides, les martinets font tout en vol : ils attrapent des insectes, boivent et même s'accouplent. Leurs pattes et leurs pieds étant minuscules, ils ne marchent jamais. Cet oiseau construit un nid en coupelle, fait de plumes et d'herbes cimentées avec de la salive, dans une anfractuosité rocheuse. La femelle pond quatre ou cinq œufs.

Martinet à gorge blanche

Taille : 15-18 cm
Distribution : ouest des États-Unis, Amérique centrale
Nom scientifique : *Aeronautes saxatilis*

Jacamar à queue rousse

Jacamar à queue rousse

Cet oiseau au long bec attend ses proies (des insectes) perché sur une branche. Dès qu'il en aperçoit une, il se précipite pour l'attraper en vol. Puis il retourne sur son perchoir et tue l'insecte en le cognant contre une branche avant de le manger. La femelle creuse un tunnel dans le sol pour y pondre de deux à quatre œufs. Les deux parents s'occupent des jeunes jusqu'à ce qu'ils sachent voler, à 3 semaines environ.

Taille : 23-28 cm
Distribution : Mexique, Amérique centrale et du Sud
Nom scientifique : *Galbula ruficauda*

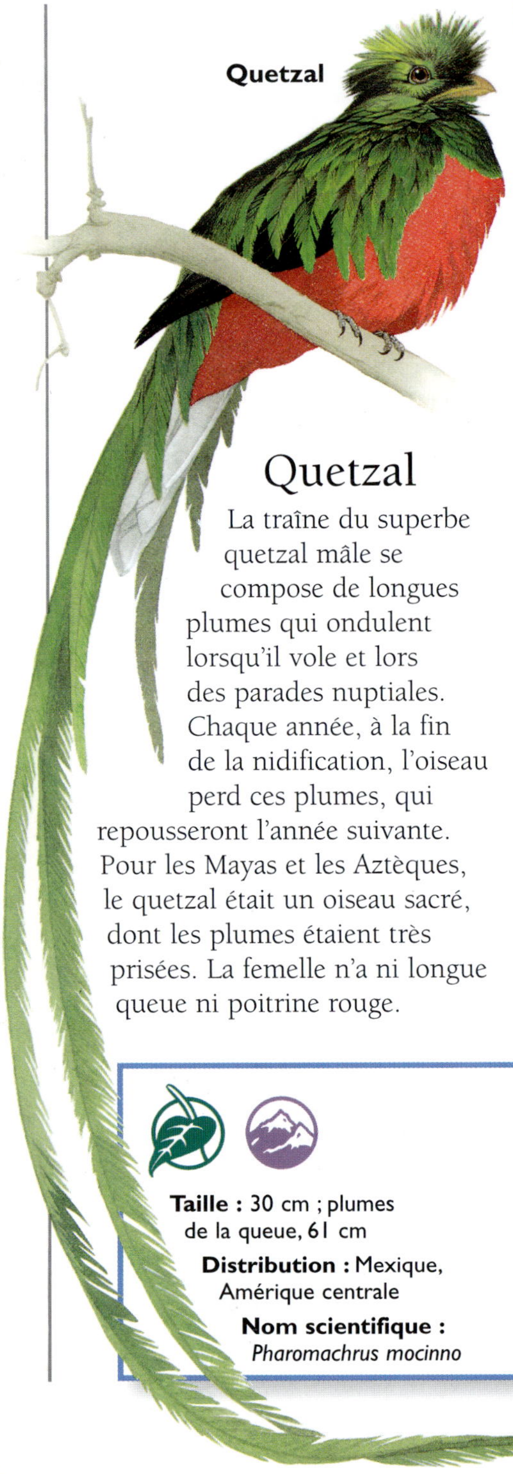

Quetzal

Quetzal

La traîne du superbe quetzal mâle se compose de longues plumes qui ondulent lorsqu'il vole et lors des parades nuptiales. Chaque année, à la fin de la nidification, l'oiseau perd ces plumes, qui repousseront l'année suivante. Pour les Mayas et les Aztèques, le quetzal était un oiseau sacré, dont les plumes étaient très prisées. La femelle n'a ni longue queue ni poitrine rouge.

Taille : 30 cm ; plumes de la queue, 61 cm
Distribution : Mexique, Amérique centrale
Nom scientifique : *Pharomachrus mocinno*

Huppe fasciée

La huppe fasciée attrape ses petites proies dans les arbres et au sol. Elle niche dans un trou d'arbre ou de mur. Le mâle nourrit la femelle lorsqu'elle couve ses œufs (de deux à neuf). L'incubation dure entre 16 et 19 jours.

Huppe fasciée

Taille : 28 cm
Distribution : Europe, Asie, Afrique
Nom scientifique : *Upupa epops*

Goura de Victoria

Plus gros pigeon du monde, le goura de Victoria a été tellement chassé qu'il est devenu rare. Ce magnifique oiseau se nourrit généralement de fruits, de graines et de baies tombés à terre. Lorsqu'on le dérange, il s'envole et se perche dans un arbre.

Goura de Victoria

Taille : 58,5-73,5 cm
Distribution : nord de la Nouvelle-Guinée
Nom scientifique : *Goura victoria*

Momot houtouc

La queue du momot houtouc est ornée de deux longues plumes partiellement dénudées. L'oiseau attend ses proies perché sur une branche, en balançant sa queue d'un côté et de l'autre, comme une horloge. Il s'envole pour attraper des insectes, des araignées ou des lézards, qu'il revient manger sur sa branche.

Momot houtouc

Taille : 38-41 cm
Distribution : Mexique, Amérique centrale et du Sud
Nom scientifique : *Momotus momota*

Barbu à deux dents

Taille : 23 cm
Distribution : Afrique
Nom scientifique : *Lybius bidentatus*

Barbu à deux dents

Le bec de ce barbu est muni de deux sortes de « dents » acérées. Il vit perché dans les arbres et les arbustes, se nourrissant de fruits (figues, bananes...). Parfois, il s'envole pour attraper des termites volants.

Grand pic

Ce pic s'accroche au tronc des arbres avec ses griffes courbées et acérées, et martèle l'écorce de son bec pour en faire sortir les insectes, dont il se nourrit. Il mange aussi des fruits. La femelle pond quatre œufs dans son nid, situé dans un trou d'arbre.

Taille : 38-48 cm
Distribution : Amérique du Nord
Nom scientifique : *Dryocopus pileatus*

Grand pic

Martin-pêcheur ceinturé

Ce martin-pêcheur plonge du haut des arbres pour capturer ses proies dans l'eau (poissons, grenouilles). Les couples nichent dans un tunnel qu'ils creusent dans une berge. La femelle pond de cinq à huit œufs dans un nid situé au fond du tunnel.

Martin-pêcheur ceinturé

Taille : 28-35,5 cm
Distribution : Amérique du Nord
Nom scientifique : *Megaceryle alcyon*

Tourterelle turque

Cette tourterelle vit à proximité de l'homme, en ville ou à la campagne. Elle se nourrit de graines, de baies et d'autres végétaux.

Tourterelle turque

Taille : 31,5 cm
Distribution : régions d'Europe et d'Asie
Nom scientifique : *Streptopelia decaocto*

Guêpier d'Europe

Cet oiseau se nourrit surtout d'abeilles. Avant de les avaler, il les frotte contre une branche pour supprimer le dard et le poison. Il niche dans un tunnel creusé dans la berge d'une rivière.

Taille : 28 cm
Distribution : Europe, Asie, Afrique
Nom scientifique : *Merops apiaster*

Guêpier d'Europe

Les colibris

En vol, les colibris sont sans doute les plus agiles des oiseaux. Ils sont familièrement appelés « oiseaux-mouches » à cause du bourdonnement que produisent leurs ailes lorsqu'ils volent. Ils savent voler de haut en bas, de côté et même à reculons. Lorsqu'ils puisent le nectar des fleurs, ils sont capables de faire du surplace (vol stationnaire), leurs ailes battant alors tellement vite qu'elles sont à peine visibles. Les colibris vivent sur le continent américain. Les plus petites espèces mesurent 5 cm à peine, les plus grandes, 20 cm en comptant la queue (qui peut représenter la moitié de la taille). Les colibris ont souvent un plumage coloré (les femelles étant plus ternes que les mâles), une huppe sur la tête et des plumes ornementales sur la queue. La plupart possèdent un long bec, qu'ils introduisent dans les fleurs pour en extraire le nectar.

Colibri à bec en faucille

Le bec fortement incurvé de ce colibri est particulièrement adapté à la collecte du nectar de fleurs comme les heliconias.

Le plus petit oiseau

Le colibri Calliope est le plus petit oiseau du monde. Le mâle ne mesure que 5 cm, bec et queue inclus. La femelle ne mesure qu'un demi-centimètre de plus.

Le bec le plus long

Le porte-épée est le colibri qui possède le plus long bec. Il peut ainsi atteindre le nectar de fleurs tubulaires (en forme de tube) très profondes. Il capture également des insectes en vol.

Un colibri coloré

Avec son plumage coloré et les longues plumes incurvées de sa queue, le colibri cramoisi mâle est l'un des plus beaux oiseaux-mouches. Il pompe le nectar d'une grande variété de fleurs et capture des insectes. Le plumage de la femelle est vert.

Parades nuptiales

Le colibri admirable ne possède que quatre rectrices filiformes. Lors de la parade nuptiale, le mâle expose ces plumes ornementales en volant devant la femelle. Pour lui répondre, la femelle vole en suivant une trajectoire parallèle à la sienne, quelle que soit la complexité du tracé aérien.

Ce colibri au plumage irisé, un **campylaptère**, fait du surplace en battant très rapidement des ailes (on appelle ce type de vol le vol vibré), tandis qu'il se nourrit sur une fleur de gingembre.

Touraco à huppe rouge

Taille : 61 cm

Distribution : bassins de l'Amazone et de l'Orénoque, en Amérique du Sud

Nom scientifique : *Opisthocomus hoazin*

Touraco à huppe rouge

Frugivore, cet oiseau vit dans les arbres et ne vient pas souvent au sol. S'il vole mal, il court et saute avec agilité d'une branche à l'autre.

Taille : 40,5 cm

Distribution : Afrique

Nom scientifique : *Tauraco erythrolophus*

Hoazin

Bien que vivant dans les arbres, il vole assez mal. Il se déplace en sautillant de branche en branche, et se nourrit de fruits, de bourgeons, de feuilles.

Hoazin

Coucou gris

Le coucou ne fait pas de nid. La femelle pond de huit à douze œufs, qu'elle dépose un par un dans les nids d'autres oiseaux. À l'éclosion, l'oisillon du coucou, plus gros et plus robuste que les petits de l'oiseau hôte, expulse les autres oisillons du nid et récupère ainsi toute leur nourriture.

Coucou gris

Taille : 33 cm

Distribution : Europe, Afrique du Nord, Asie

Nom scientifique : *Cuculus canorus*

Taille : 85 cm

Distribution : Mexique, Amérique centrale, nord de l'Amérique du Sud

Nom scientifique : *Ara macao*

Ara macao

Ara macao

À l'aube, ces oiseaux quittent leur dortoir deux par deux ou en groupes pour s'alimenter. Ils se nourrissent de graines, de fruits et de feuilles dans les hautes branches. Au crépuscule, ils regagnent leur dortoir.

Calao bicorne

Ce calao vit dans les forêts tropicales d'altitude, où il se nourrit de fruits et de petits animaux. La femelle est plus menue, et son bec est moins gros que celui du mâle. Elle pond de un à trois œufs dans le trou d'un arbre dont le mâle cimente l'entrée, ne laissant qu'une toute petite fente. Le mâle se charge ensuite de nourrir la femelle en introduisant de la nourriture par la fente. La femelle reste ainsi emmurée jusqu'à ce que les petits soient assez grands pour quitter le nid.

Calao bicorne

Taille : 1,50 m

Distribution : Inde, Asie du Sud-Est, Sumatra

Nom scientifique : *Buceros bicornis*

Toucan toco

Le bec du toucan peut mesurer jusqu'à 18 cm, mais sa structure interne est faite de fines entretoises osseuses qui lui assurent à la fois solidité et légèreté. Le toucan toco se nourrit de fruits qu'il attrape avec le bout du bec, puis qu'il jette en l'air avant de les avaler.

Toucan toco

Taille : 61 cm
Distribution : est de l'Amérique du Sud
Nom scientifique : *Rhamphastos toco*

Loriquet à tête bleue

Loriquet à tête bleue

Cet oiseau vit en bandes de près de 100 individus. Poussant des cris stridents et caquetant, les loriquets volent parmi les branches à la recherche de leur nourriture : des fruits, des insectes, du pollen et du nectar.

Taille : 26 cm
Distribution : Indonésie, Nouvelle-Guinée, Australie
Nom scientifique : *Trichoglossus haematodus*

Grand eclectus

Le plumage du mâle est vert, alors que celui de la femelle est rouge vif avec le ventre bleu. Cet oiseau se nourrit de fruits, de noix, de fleurs et de nectar. Il niche le plus souvent dans un trou en haut d'un arbre. La femelle pond deux œufs.

femelle — mâle

Grands eclectus

Taille : 35 cm
Distribution : Nouvelle Guinée, nord-est de l'Australie
Nom scientifique : *Eclectus roratus*

Grand cacatoès à huppe jaune

Il vit en groupes et se nourrit de graines, de fruits, de cœurs de palmiers, d'insectes. À la nidification, des couples se forment pour construire un nid dans un arbre. Les deux parents couvent les deux ou trois œufs.

Grand cacatoès à huppe jaune

Taille : 50 cm
Distribution : Mélanésie, Nouvelle-Guinée, Australie
Nom scientifique : *Cacatua galerita*

Perruche ondulée

Taille : 18 cm
Distribution : Australie ; introduite aux États-Unis
Nom scientifique : *Melopsittacus undulatus*

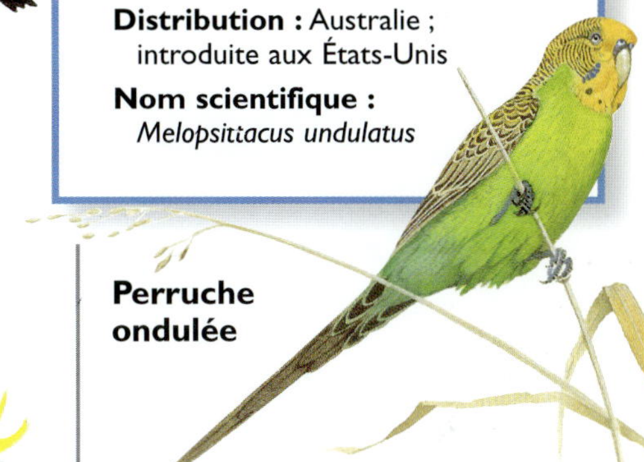

Perruche ondulée

À l'état sauvage, la perruche ondulée est à dominante verte, mais elle présente de nombreuses variations de couleurs en élevage. Elle se déplace à vive allure et se nourrit de graminées.

Passereaux

À peu près la moitié des oiseaux du monde sont des passereaux. Il en existe plus de 4 000 espèces, disséminées sur la planète entière, excepté aux pôles. Bien que tous ne soient pas aussi virtuoses que l'alouette ou le rossignol, les mâles de la plupart des espèces sont capables de chanter, notamment pour courtiser leur partenaire ou pour défendre leur territoire. La femelle, quant à elle, chante rarement, sauf chez quelques espèces comme le pinson chanteur ou le rouge-gorge.

Les pattes des passereaux leur permettent de se percher facilement. Munies de quatre doigts (trois antérieurs et un postérieur), elles sont parfaitement conçues pour s'agripper aux brindilles, aux roseaux et même au fil de fer.

Troglodyte mignon

Le troglodyte est tout rond, et sa queue est souvent redressée. Sa nourriture est constituée d'insectes et d'araignées qu'il capture dans les feuillages. Au printemps, le troglodyte construit son nid dans une souche creuse ou entre les racines d'un arbre. La femelle pond de cinq à huit œufs.

Troglodyte mignon

Taille : 8 cm
Distribution : Amérique du Nord, Europe, Afrique du Nord, Asie
Nom scientifique : *Troglodytes troglodytes*

Rossignol

Le rossignol chante le jour et la nuit. Il se nourrit d'insectes (fourmis, scarabées...), qu'il trouve dans la terre et la végétation au sol. En été, il enrichit son régime de baies et de fruits. La femelle construit un nid à terre ou à faible hauteur, et pond quatre ou cinq œufs.

Taille : 16 cm
Distribution : Europe, Asie, Afrique ; hiverne en Afrique
Nom scientifique : *Luscinia megarhynchos*

Rossignol

Bulbul Orphée

Ce bulbul a des « moustaches » de plumes rouges (ou blanches chez les juvéniles) de part et d'autre de la tête. Le mâle et la femelle sont semblables. Ces oiseaux se rassemblent en troupes bruyantes sur les arbres fruitiers pour se régaler de fruits mûrs ou même verts. Au passage, ils engloutissent les insectes. La femelle pond de deux à quatre œufs dans un nid en coupelle fait d'herbes, de cailloux et de tiges.

Bulbul Orphée

Taille : 20,5 cm
Distribution : Asie du Sud-Est, sud de la Chine, Népal, Inde ; introduit aux États-Unis et en Australie
Nom scientifique : *Pycnonotus jocosus*

Taille : 16,5-19 cm

Distribution : Amérique du Nord et centrale

Nom scientifique : *Sialia sialis*

Sialie de l'Est

Sialie de l'Est

Cet oiseau se nourrit d'insectes et de baies. Le mâle séduit la femelle par un vol nuptial acrobatique. Les deux oiseaux construisent ensemble leur nid d'herbes et de brindilles dans le trou d'un arbre. La femelle pond de trois à sept œufs, et les deux parents nourrissent les oisillons pendant une vingtaine de jours.

Moqueur polyglotte

Le mâle chante nuit et jour, imitant souvent d'autres oiseaux et d'autres sons. Ces oiseaux se nourrissent principalement d'insectes (sauterelles, scarabées...), ainsi que d'araignées, d'escargots, de petits reptiles et de fruits. Une couvée comprend de trois à cinq œufs.

Taille : 23-28 cm

Distribution : Amérique du Nord

Nom scientifique : *Mimus polyglottos*

Moqueur polyglotte

Rouge-gorge

Le rouge-gorge est un oiseau des bois très discret, que l'on trouve aussi souvent dans les jardins. Les insectes, les araignées, les vers et les escargots composent son menu principal, mais il consomme aussi des baies et des petits fruits.

Taille : 14 cm

Distribution : Europe, Afrique du Nord, Asie

Nom scientifique : *Erithacus rubecula*

Rouge-gorge

Pouillot fiti

Le pouillot fiti attrape des insectes en vol ou sur les feuilles. En hiver, lorsque les insectes se font rares dans le Nord, il s'envole en direction du sud, vers l'Afrique. Il niche à même le sol ou dans un buisson et pond six ou sept œufs.

Pouillot fiti

Taille : 11 cm

Distribution : Europe du Nord, Asie ; hiverne en Afrique et dans le sud de l'Asie

Nom scientifique : *Phylloscopus trochilus*

Mésange à tête noire

Taille : 12-15 cm

Distribution : Amérique du Nord

Nom scientifique : *Parus atricapillus*

Mésange à tête noire

Le chant à deux notes de ce petit oiseau est très délicat. Toujours actif, il va d'une branche à l'autre à la recherche de chenilles, d'insectes, de graines et de baies. Il niche dans le bois tendre des arbres morts, où il pond de cinq à dix œufs.

Taille : 21,5 cm

Distribution : Europe, Asie ; introduit quasiment partout

Nom scientifique : *Sturnus vulgaris*

Étourneau sansonnet

Étourneau sansonnet

Déjà très répandus dans les villes et dans les campagnes, les étourneaux ont été introduits dans des régions éloignées de leur zone de répartition naturelle. Ils se nourrissent d'insectes, de vers, d'escargots, de fruits, de baies et de graines.

Guit-guit céruléen

Les guits-guits céruléens investissent les arbres en troupes pour se nourrir de fruits (surtout de bananes) et d'insectes. On peut aussi les voir perchés à côté de fleurs, dont ils aspirent le nectar avec leur long bec. La femelle construit un nid en coupelle dans la fourche d'un arbre ou d'un buisson. Elle pond deux œufs.

Guit-guit céruléen

Taille : 10 cm
Distribution : île de la Trinité, Amérique du Sud
Nom scientifique : *Cyanerpes caeruleus*

Paruline à collier

Cette petite paruline se nourrit de chenilles et d'insectes qu'elle trouve dans les arbres. Elle grimpe le long des branches en sautillant de perchoir en perchoir à la recherche de proies. Elle fait son nid dans le lichen des arbres ou dans de la mousse. La femelle pond quatre ou cinq œufs, et les deux parents nourrissent les petits.

Paruline à collier

Taille : 11 cm
Distribution : Amérique du Nord
Nom scientifique : *Parula americana*

Durbec des sapins

Ce fringillidé se nourrit de graines de conifères et de baies qu'il écrase grâce à son bec puissant. Les couples font leur nid dans les arbres et la femelle y pond quatre œufs.

Durbec des sapins

Taille : 20 cm
Distribution : nord de l'Europe, nord de l'Asie, Amérique du Nord
Nom scientifique : *Pinicola enucleator*

Moineau domestique

Introduit dans le monde entier, le moineau domestique s'acclimate partout. Les graines représentent sa ressource alimentaire principale, qu'il complète avec des insectes et des restes laissés par les hommes.

Cardinal rouge

Le plumage du mâle est rouge brillant, tandis que la femelle est brune avec le bec rouge. Les cardinaux se nourrissent d'insectes, de fruits et de graines.

Taille : 20-23 cm
Distribution : Amérique du Nord et centrale
Nom scientifique : *Cardinalis cardinalis*

Cardinal rouge

Bruant des neiges

Bruant des neiges

Taille : 16 cm
Distribution : Arctique, nord de l'Europe, Amérique du Nord
Nom scientifique : *Plectrophenax nivalis*

Cet oiseau niche plus au nord que les autres oiseaux terrestres. Pour se protéger du froid, il creuse parfois des terriers dans la neige. Il part ensuite vers le sud pour hiverner. Il se nourrit de graines, d'insectes et d'herbes.

Moineau domestique

Taille : 14,5 cm
Distribution : Europe, Asie ; introduit partout
Nom scientifique : *Passer domesticus*

Diamant mandarin

Taille : 9 cm
Distribution : Australie
Nom scientifique : *Poephila guttata*

Tangara écarlate

Taille : 19 cm
Distribution : est de l'Amérique du Nord
Nom scientifique : *Piranga olivacea*

Diamant mandarin

Cet oiseau vit en troupes dans les arbres ou sur le sol, et se nourrit de graines et d'insectes. La femelle pond de quatre à six œufs dans un nid en forme de dôme.

Travailleur à bec rouge

Taille : 12,5 cm
Distribution : Afrique, au sud du Sahara
Nom scientifique : *Quelea quelea*

Tangara écarlate

Cet oiseau niche dans les régions boisées, où il se nourrit d'insectes (abeilles, guêpes...) et de fruits. À la fin de la nidification, le mâle mue : il perd ses plumes écarlates et son plumage devient vert, comme celui de la femelle.

Loriot d'Europe

Il vit la plupart du temps dans les hautes branches des arbres, où il capture des insectes et des fruits avec son bec pointu. Son nid d'herbes, suspendu à une branche fourchue, ressemble à un petit hamac. La femelle pond trois ou quatre œufs.

Travailleur à bec rouge

Évoluant en troupes de milliers d'individus, ces oiseaux se nourrissent de graines cultivées et sont capables de détruire des champs entiers. Ils se reproduisent en colonies. Chaque femelle pond deux ou trois œufs. Le nid, en forme de haricot, est suspendu à une branche et possède une entrée sur le côté.

Cincle d'Amérique

Cet oiseau vit autour des cours d'eau de montagne. Il nage sous l'eau, et parfois même marche au fond pour trouver ses proies. La femelle construit un nid en dôme, fait de mousse et d'herbes, dans un trou rocheux de la berge. Elle pond de trois à six œufs.

Loriot d'Europe

Taille : 24 cm
Distribution : Europe, Asie, nord-est de l'Afrique
Nom scientifique : *Oriolus oriolus*

Cincle d'Amérique

Taille : 18-22 cm
Distribution : Amérique du Nord
Nom scientifique : *Cinclus mexicanus*

Les paradisiers

Les paradisiers, ou oiseaux de paradis, sont ainsi nommés à cause de leur plumage coloré et chatoyant. Il en existe plus de 40 espèces, mesurant entre 13 cm et 1 m. La plupart vivent dans les forêts tropicales de Nouvelle-Guinée, mais on en rencontre quelques espèces dans l'archipel des Moluques et dans les forêts du nord-est de l'Australie.

Leur régime alimentaire se compose surtout de fruits ; toutefois, ils se nourrissent aussi d'insectes, d'araignées et, à l'occasion, de grenouilles et de lézards. Seul le mâle présente les plumes ornementales de la tête et de la queue qui font la réputation des oiseaux de paradis. Le plumage de la femelle est terne, dans des tons de brun.

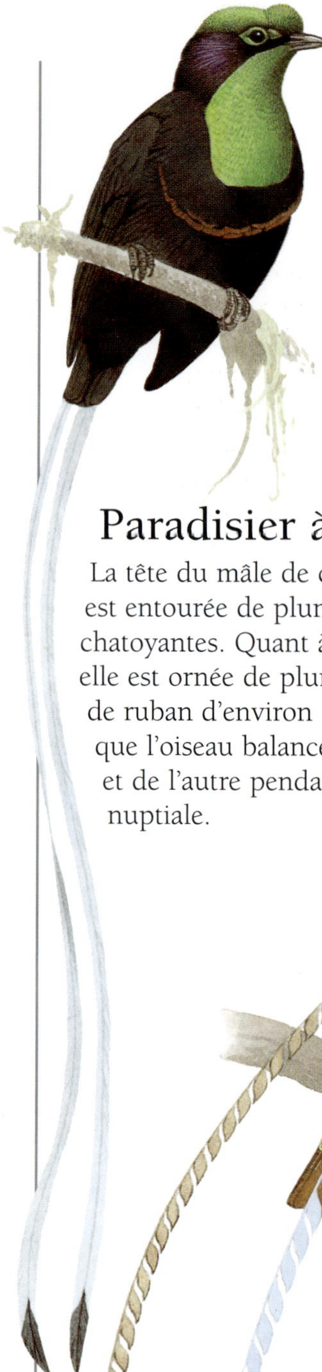

Paradisier à rubans

La tête du mâle de cette espèce est entourée de plumes vertes chatoyantes. Quant à sa queue, elle est ornée de plumes en forme de ruban d'environ 1 m de long que l'oiseau balance d'un côté et de l'autre pendant la parade nuptiale.

Paradisier du prince Albert

De fines plumes de près de 50 cm de long, ornées de touffes bleues, poussent sur la tête du mâle. Pendant la parade nuptiale, l'oiseau les redresse en bondissant et en sifflant. Lorsque la femelle approche, il balaie le sol de ses plumes avant de s'accoupler.

Parade la tête en bas

Le paradisier bleu exécute sa parade nuptiale la tête en bas. Les longues plumes de la queue forment un arc élégant au-dessus de la cascade de magnifiques plumes bleues. L'oiseau se balance doucement ainsi en émettant un appel rauque.

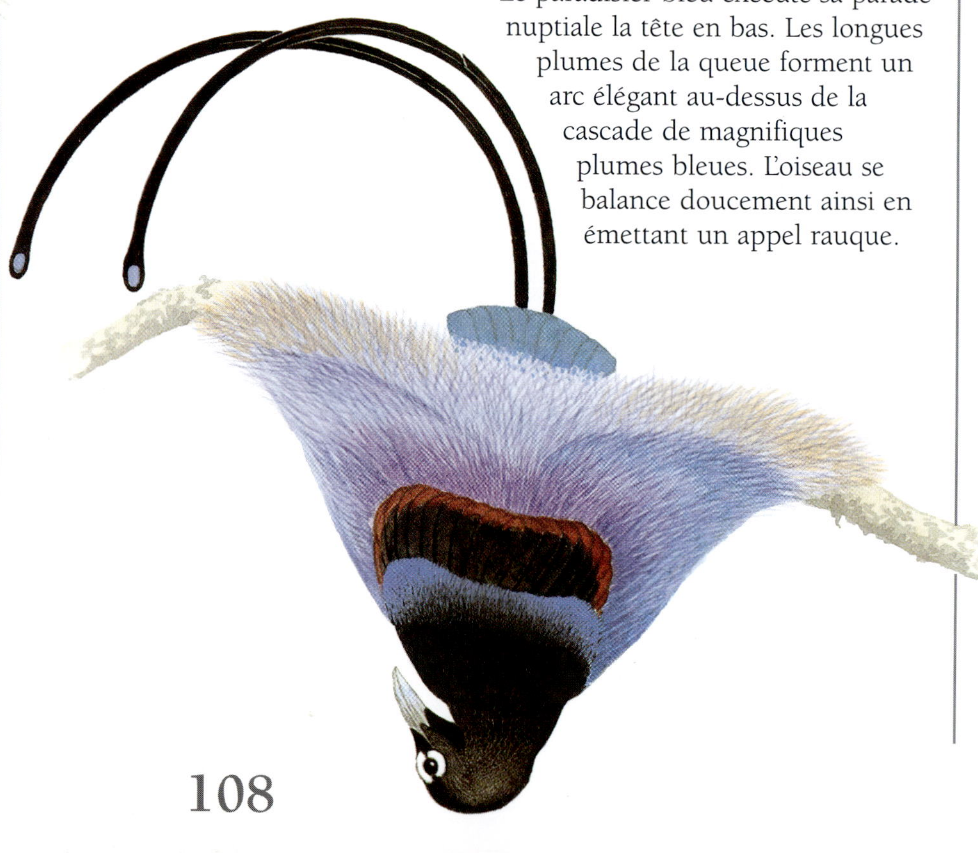

Parade collective

Les paradisiers de Raggi se groupent sur une aire de parade commune. Lorsque les femelles apparaissent, les mâles sautillent en battant des ailes et en poussant des cris. Chacun essaie alors de surpasser les autres en étalant son plumage. Le point fort de la parade est marqué par une séquence de cris aigus.

Plumes de la queue

Les deux plumes de la queue du paradisier républicain sont enroulées. Lors de la parade nuptiale, il les déploie perpendiculairement à son corps.

Les couleurs saisissantes de ce grand **paradisier** perché dans un arbre de la forêt tropicale et les magnifiques plumes de sa queue (rectrices) sont un enchantement pour les yeux.

Moucherolle royal

Cet oiseau possède une crête étonnante, qu'il redresse en éventail pendant la parade nuptiale. Comme ses congénères, ce gobe-mouches se nourrit d'insectes qu'il saisit en vol.

Taille : 16,5 cm
Distribution : Amérique centrale et du Sud
Nom scientifique : *Onychorhynchus coronatus*

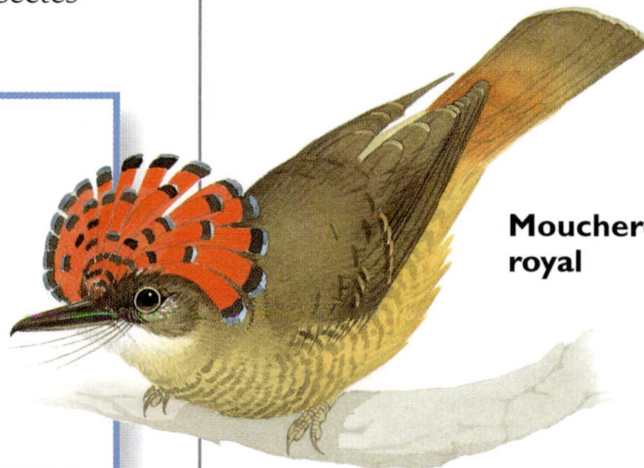

Moucherolle royal

Fournier roux

Taille : 19-20,5 cm
Distribution : est de l'Amérique du Sud
Nom scientifique : *Furnarius rufus*

Fournier roux

Cet oiseau gratte le sol avec son bec pointu pour trouver des vers de terre et des insectes. La femelle pond jusqu'à cinq œufs dans un nid de boue et de paille en forme de dôme.

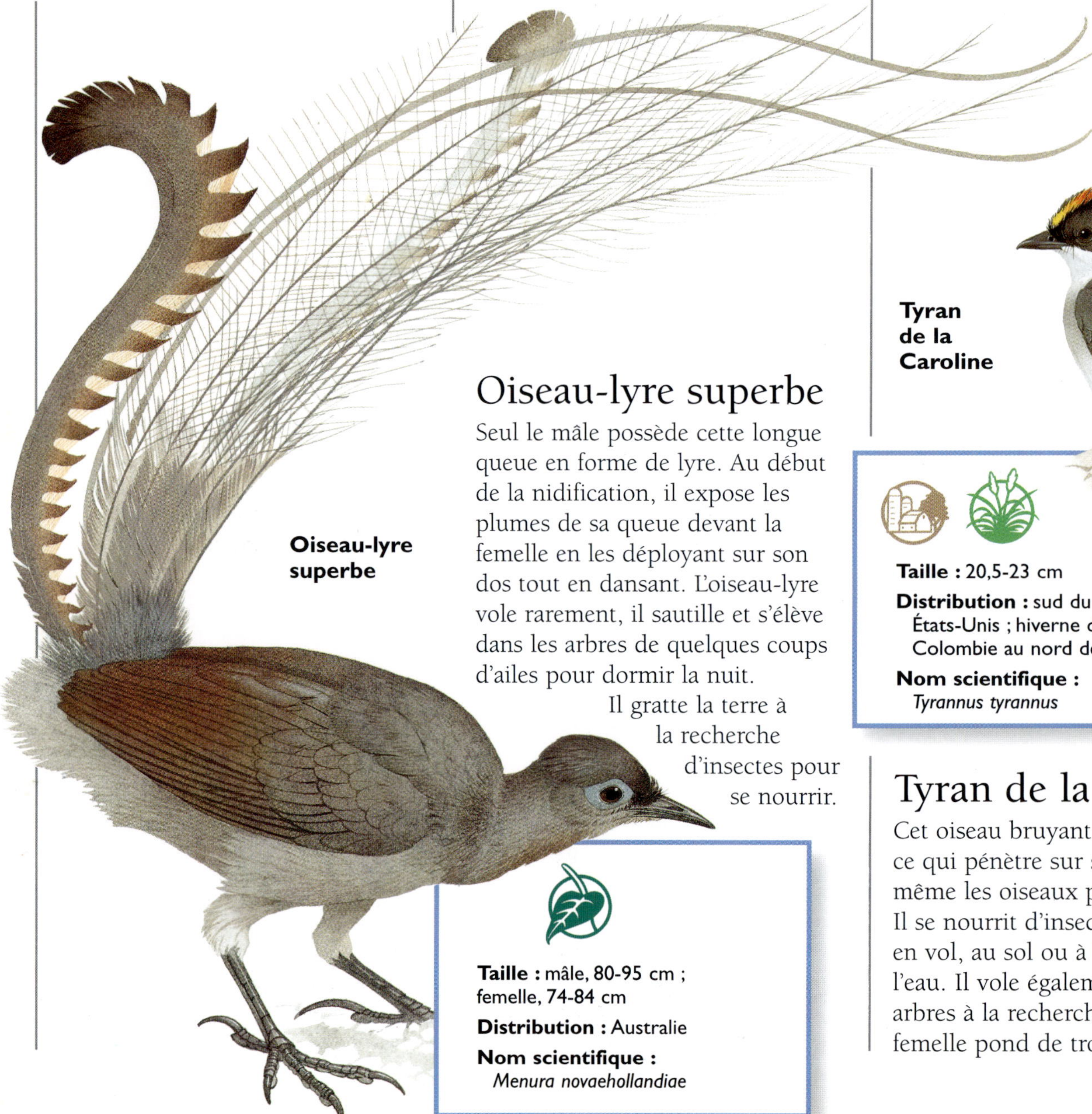

Oiseau-lyre superbe

Oiseau-lyre superbe

Seul le mâle possède cette longue queue en forme de lyre. Au début de la nidification, il expose les plumes de sa queue devant la femelle en les déployant sur son dos tout en dansant. L'oiseau-lyre vole rarement, il sautille et s'élève dans les arbres de quelques coups d'ailes pour dormir la nuit. Il gratte la terre à la recherche d'insectes pour se nourrir.

Taille : mâle, 80-95 cm ; femelle, 74-84 cm
Distribution : Australie
Nom scientifique : *Menura novaehollandiae*

Tyran de la Caroline

Taille : 20,5-23 cm
Distribution : sud du Canada, États-Unis ; hiverne de la Colombie au nord de l'Argentine
Nom scientifique : *Tyrannus tyrannus*

Tyran de la Caroline

Cet oiseau bruyant attaque tout ce qui pénètre sur son territoire, même les oiseaux plus gros que lui. Il se nourrit d'insectes qu'il attrape en vol, au sol ou à la surface de l'eau. Il vole également dans les arbres à la recherche de baies. La femelle pond de trois à cinq œufs.

Taille : 15 cm

Distribution : Malaisie, Sumatra, Bornéo

Nom scientifique : *Pitta granatina*

Brève grenat

Brève grenat

Le mâle et la femelle ont tous deux un plumage coloré, mais celui des juvéniles est brun terne. La brève vit au sol, où elle capture des insectes (fourmis, coléoptères...). Elle se nourrit aussi de graines et de fruits et vole sur de courtes distances.

Coq de roche

Les mâles, aux couleurs resplendissantes, exécutent des parades collectives durant la nidification. Pour attirer l'attention des femelles, ils font des bonds dans les airs qu'ils accompagnent de cris et de battements d'ailes.

Taille : 38 cm

Distribution : nord de l'Amérique du Sud

Nom scientifique : *Rupicola peruviana*

Coq de roche

Manakin filifère

Taille : 11,5 cm

Distribution : Amérique du Sud

Nom scientifique : *Pipra filicauda*

Manakin filifère

Seul le mâle est doté d'un plumage noir, rouge et jaune. Mais sa queue, comme celle de la femelle, est décorée de longues plumes filiformes. Le mâle expose son plumage coloré lors des parades nuptiales. Le manakin se nourrit d'insectes et de fruits dans les forêts et les plantations de cacao.

Grimpar nasican

Avec son long bec, cette espèce fouille le feuillage de la forêt tropicale à la recherche d'insectes et d'araignées. Il trouve aussi ses proies sous l'écorce des arbres. Ce grimpeur agile prend appui sur sa queue lors de ses escalades. La femelle pond deux œufs dans un nid situé dans un trou d'arbre et les couve pendant 14 jours.

Tyranneau des torrents

Cet oiseau qui vit au bord des torrents attrape des insectes sur les rochers au milieu des remous, en se faisant asperger au passage. Le couple construit un nid en forme de coupelle. La femelle y pond deux œufs, qu'elle couve, tandis que le mâle reste à ses côtés.

Tyranneau des torrents

Taille : 10 cm

Distribution : Amérique centrale et du Sud

Nom scientifique : *Serpophaga cinerea*

Grimpar nasican

Taille : 35,5 cm

Distribution : nord de l'Amérique du Sud

Nom scientifique : *Nasica longirostris*

Corneille d'Amérique

Taille : 43-53 cm

Distribution : Amérique du Nord

Nom scientifique : *Corvus brachyrhynchos*

Corneille d'Amérique

Ce gros oiseau noir mange à peu près tout ce qui se présente : insectes, araignées, grenouilles, oiseaux, œufs, détritus... La femelle pond de trois à six œufs dans un nid situé à l'intérieur d'un arbre ou d'un buisson.

Taille : 16 cm

Distribution : Europe, Asie, Amérique, Afrique du Nord

Nom scientifique : *Eremophila alpestris*

Alouette hausse-col

Alouette hausse-col

Seul le mâle possède deux huppes sur la tête, qu'il redresse lors de la parade nuptiale ou lorsqu'il défend son territoire. Cet oiseau se nourrit de graines, de bourgeons et d'insectes. La femelle pond quatre œufs dans un nid au sol.

Pie bavarde

La pie se nourrit d'insectes, d'araignées et d'escargots, mais elle capture également des oisillons dans leur nid. Les couples construisent un grand nid dans un arbre ou un buisson. La femelle pond de cinq à huit œufs, qu'elle couve tandis que le mâle la nourrit.

Pie bavarde

Taille : 44-57 cm

Distribution : Europe, Afrique du Nord, Asie, Amérique du Nord

Nom scientifique : *Pica pica*

Pie-grièche grise

Elle se nourrit d'insectes, de petits oiseaux et de petits mammifères, qu'elle rapporte sur son perchoir pour les dévorer. Quand la nourriture est abondante, elle embroche ses prises sur une épine ou sur un bout de branche pointu pour se constituer un garde-manger.

Pie-grièche grise

Taille : 24 cm

Distribution : Amérique du Nord, Asie, Europe, Afrique du Nord

Nom scientifique : *Lanius excubitor*

Pipit spioncelle

Le pipit spioncelle niche en altitude, souvent près des torrents, et rejoint les plaines humides l'hiver. Il se nourrit de vers et d'insectes aquatiques qu'il attrape dans les prairies inondées.

Pipit spioncelle

Taille : 15-18 cm

Distribution : Europe, Asie

Nom scientifique : *Anthus spinoletta*

Souimanga siparaja

Taille : 11,5 cm

Distribution : Inde, Sumatra, Bornéo, Malaisie

Nom scientifique : *Aethopyga siparaja*

Souimanga siparaja

Cet oiseau se nourrit d'insectes et de nectar de fleurs. Il fait du surplace devant les fleurs à corolle profonde pour prélever le nectar avec sa longue langue. Lorsque les fleurs sont très grandes, il transperce la base d'un pétale pour atteindre le nectar.

Souimanga de Johnston

Souimanga de Johnston

Cet oiseau ne vit qu'en haute montagne. Il aspire le nectar des fleurs de lobélies géantes et de proteas, mais son régime principal se compose d'insectes, notamment de mouches qu'il attrape en vol. Des touffes rouges se dressent sur les côtés de la poitrine du mâle et de la femelle. En revanche, seul le mâle arbore de longues rectrices centrales. Ils construisent leur nid ovale dans les buissons avec des tiges sèches et du duvet de plantes. La femelle y pond un ou deux œufs.

Taille : mâle, 25,5-30,5 cm ; femelle, 14-15 cm
Distribution : Afrique
Nom scientifique : *Nectarinia johnstoni*

Myzomèle écarlate

Taille : 13 cm
Distribution : îles Samoa, Santa Cruz, Salomon, Vanuatu
Nom scientifique : *Myzomela cardinalis*

Myzomèle écarlate

Pour se nourrir, le myzomèle écarlate aspire le nectar des fleurs et attrape des insectes sur les feuilles. Plus terne que le mâle, la femelle est gris-vert olive avec des marques rouges. Elle pond deux ou trois œufs dans un nid en forme de coupelle suspendu à une branche.

Geai bleu

Taille : 30 cm
Distribution : Amérique du Nord
Nom scientifique : *Cyanocitta cristata*

Sentinelle à gorge jaune

Cet oiseau a une griffe noire longue de 5 cm sur le doigt postérieur. Il fréquente les terres cultivées et se nourrit d'insectes qu'il trouve dans l'herbe. Au moment de la nidification, le mâle chante et exécute un vol nuptial la queue en éventail. La femelle pond trois ou quatre œufs.

Sentinelle à gorge jaune

Taille : 20,5 cm
Distribution : Afrique, au sud du Sahara
Nom scientifique : *Macronyx croceus*

Geai bleu

Le geai bleu se nourrit essentiellement de graines et de noix, dont il fait des réserves sous terre pour l'hiver. Il mange aussi des insectes, ainsi que des œufs et des oisillons qu'il chaparde dans le nid des oiseaux. Les couples nichent dans un arbre ou un buisson, et la femelle pond de deux à six œufs.

Les animaux communiquent

Presque tous les animaux communiquent d'une façon ou d'une autre avec leurs semblables. Les oiseaux, mais aussi les baleines, les chiens ou les singes disposent de toute une gamme de sons ayant chacun une signification précise. Certaines odeurs indiquent que l'animal est prêt à se reproduire ou que telle ou telle zone constitue son territoire. La vue joue également un rôle important. Ainsi, les lézards remuent la tête d'une façon bien spécifique lorsqu'ils font leur cour, tandis que, chez certains animaux, la position des oreilles est signe de joie, d'agressivité ou de peur.

Le **coyote** communique par des aboiements et des glapissements, ainsi que par la position de la queue et des oreilles. Il hurle, par exemple, pour signaler qu'il est chez lui et chasser les intrus de son territoire.

Grâce à leurs antennes, les papillons de nuit peuvent percevoir l'odeur émise par une femelle se trouvant à plus de 10 km. Les antennes du **bombyx**, en forme de plume, sont particulièrement sensibles.

La femelle du **ver luisant** attire les mâles en émettant une série de flashs lumineux produits par un mélange de substances qui se fait dans son abdomen. Chaque crabes dispose de son propre signal.

mâle

Les passereaux sont connus pour leur chant. La **cisticole** chante tout en volant pour attirer son partenaire. Elle s'élève alors parfois à plus de 30 m et décrit de grands cercles dans les airs.

Le **crabe violoniste** possède à l'avant une pince démesurée de couleur vive qu'il agite pour attirer les femelles. Chaque crabe possède sa façon de mouvoir sa grosse pince.

femelle

Les reptiles

Descendants des amphibiens, les premiers reptiles sont apparus il y a 300 millions d'années. Ils ont dominé la vie sur terre pendant 140 millions d'années sous la forme de dinosaures, dont les premiers existaient voici 225 millions d'années.

Les reptiles ont peuplé tous les continents à l'exception de l'Antarctique. On en connaît aujourd'hui plus de 6 500 espèces, essentiellement représentées par les tortues, les crocodiles, les serpents et les lézards. La plupart sont des prédateurs (ils chassent d'autres animaux), mais certaines espèces de tortues et de lézards sont herbivores.

La prédominance des reptiles sur les amphibiens tient avant tout à la structure de leurs œufs, qui leur a permis de s'affranchir du milieu aquatique et de coloniser la terre ferme. En effet, grâce à leur coquille dure qui les protège de la déshydratation, les œufs des reptiles n'ont pas besoin d'être pondus dans l'eau. Chez certaines espèces, l'incubation a lieu dans le corps de la femelle et le petit naît déjà formé. Dans ce cas, la coquille de l'œuf n'est qu'une mince pellicule transparente.

Le **boa émeraude**, également appelé boa canin, ne quitte presque jamais les arbres. Ses anneaux luisants enroulés autour d'une branche, il attend ses proies (oiseaux et chauves-souris), qu'il capture entre ses dents pointues et tue par constriction (ou pression). C'est un serpent agile et un bon nageur.

Caouanne

Qu'est-ce qu'un reptile ?

Les reptiles sont des vertébrés (ils possèdent une colonne vertébrale) dont la peau, épaisse, est recouverte d'écailles coriaces et imperméables. À l'exception des crocodiles, qui vivent à la fois sur terre et dans l'eau, et de quelques tortues et serpents aquatiques, ce sont des animaux terrestres.

Les reptiles sont des **vertébrés à température variable :** leur température interne varie avec celle du milieu extérieur. Ils se mettent au soleil pour se réchauffer et à l'ombre pour se rafraîchir.

Les différents reptiles

Il reste aujourd'hui quatre groupes de reptiles : les tortues, animaux trapus enserrés dans une carapace ; les crocodiliens, qui sont les plus gros reptiles actuels et les seuls représentants du groupe auquel appartenaient la plupart des dinosaures ; les serpents et lézards ; et les sphénodons, un groupe qui ne comprend que deux espèces.

TORTUES

Cistude d'Europe

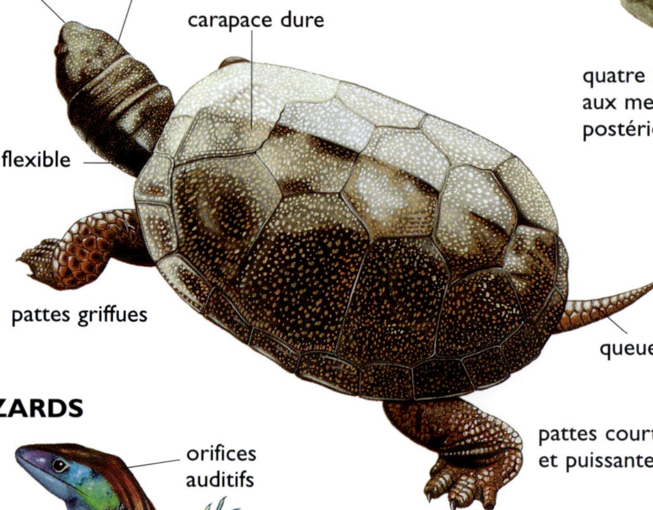

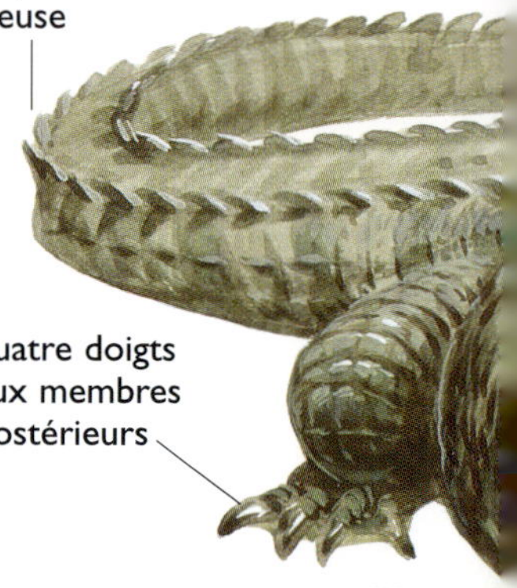

Crocodile du Nil

Le **crocodile** se déplace dans l'eau grâce à la flexibilité de sa longue colonne vertébrale et de sa queue puissante.

SPHÉNODONS

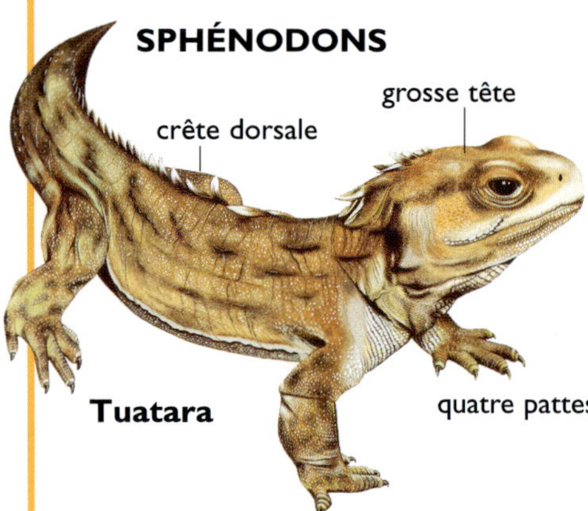

Tuatara

LÉZARDS

Lézard coureur

SERPENTS

Serpent-fouet

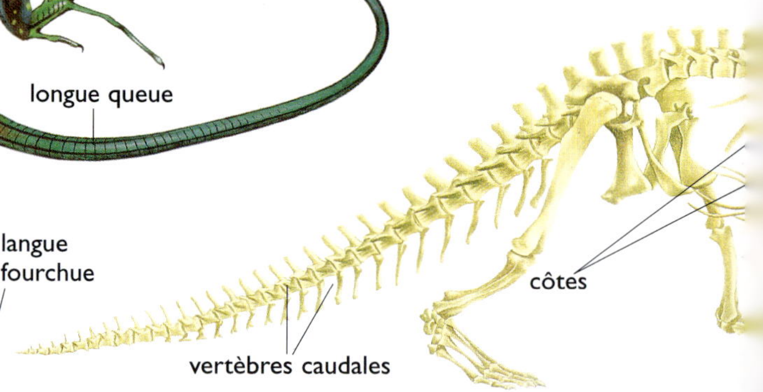

Reproduction

La plupart des reptiles pondent des œufs (ils sont ovipares), mais quelques-uns conservent l'œuf dans leur corps jusqu'à son éclosion et donnent naissance à des petits déjà formés (ils sont ovovivipares). L'œuf, dont le jaune nourrit l'embryon, est protégé par une coquille. Au moment de l'éclosion, l'embryon est devenu un adulte miniature, capable d'être autonome sur terre.

Python couvant ses œufs

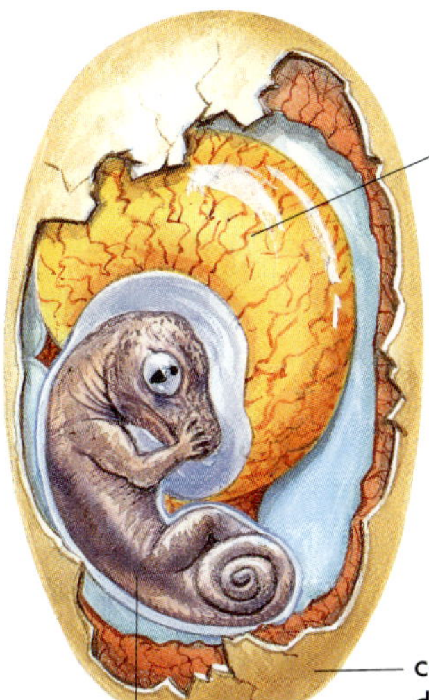

Tortue pondant des œufs

La plupart des reptiles, les **tortues** par exemple, se contentent de pondre leurs œufs en lieu sûr, puis les abandonnent à leur sort. Mais certains, comme le **python**, qui s'enroule autour de ses œufs pour les réchauffer, s'occupent de leur progéniture jusqu'à l'éclosion.

CROCODILIENS

Squelette de crocodile du Nil

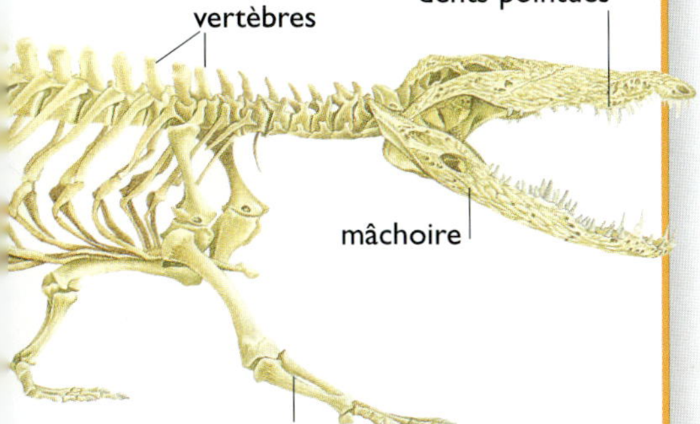

Les dinosaures

Apparus il y a 225 millions d'années, les dinosaures étaient recouverts d'une peau épaisse et pondaient des œufs. La plupart étaient herbivores, comme le lambéosaure, mais certains étaient de féroces prédateurs, comme le tyrannosaure.

Lambéosaure avec jeunes

Crocodiles, alligators et gavials

Ces trois familles (crocodiles, alligators et caïmans, gavial) appartiennent au même groupe, celui des crocodiliens. Ce sont des reptiles de grande taille (jusqu'à 7 m) dont le corps est entièrement recouvert de plaques cuirassées. Au niveau du dos, une des zones les plus vulnérables de l'animal, celles-ci forment un véritable bouclier osseux. Les crocodiliens sont tous de puissants chasseurs terrestres et aquatiques, qui s'attaquent à une grande diversité d'animaux. Ils vivent principalement dans les régions tropicales et subtropicales. Il existe 14 espèces de crocodiles, 7 d'alligators et de caïmans et 1 seul gavial. Ce dernier se reconnaît aisément à son museau très allongé. Un détail anatomique permet de différencier les crocodiles des alligators et des caïmans. Chez les crocodiles, les deux grandes dents situées à l'avant de la mâchoire sont visibles même lorsque la gueule du reptile est fermée, car elles s'emboîtent dans une encoche située à l'extérieur de la mâchoire supérieure. Chez les alligators et les caïmans, ces dents s'encastrent dans des alvéoles à l'intérieur de la mâchoire supérieure. Elles sont donc dissimulées lorsque l'animal a la gueule fermée.

Taille : jusqu'à 5,50 m
Distribution : sud-est des États-Unis
Nom scientifique : *Alligator mississippiensis*

Alligator d'Amérique

Alligator d'Amérique

Chassée pour sa peau, l'espèce était proche de l'extinction au début du siècle. Mais des mesures de protection ont été appliquées, et le nombre d'alligators d'Amérique est en augmentation. La femelle pond une cinquantaine d'œufs dans un nid-monticule fait de feuilles et de débris végétaux, puis elle veille sur eux pendant la durée de l'incubation. Les petits restent avec leur mère pendant trois ans.

Gavial du Gange

Les mâchoires longues et étroites du gavial sont armées d'une centaine de petites dents pointues, tout à fait adaptées pour saisir les poissons et les grenouilles. Le gavial ne sort de l'eau que pour pondre. La femelle creuse un nid sur les rives sableuses des fleuves et y pond de trente-cinq à soixante œufs qu'elle surveille pendant les 60 à 80 jours d'incubation. Chassé pour sa peau, ce reptile est devenu assez rare et il est très protégé.

Gavial du Gange

Taille : 7 m
Distribution : nord de l'Inde, Népal
Nom scientifique : *Gavialis gangeticus*

Crocodile des marais

Ce crocodile d'eau douce se nourrit de grenouilles, de serpents et de tortues, plus rarement de gros mammifères tels que des buffles ou des cerfs. Les jeunes capturent des insectes et de petits vertébrés. La femelle creuse un trou dans le sable et y pond de vingt cinq à trente-cinq œufs.

Caïman à lunettes

Taille : 1,50-2 m
Distribution : du Venezuela au sud du bassin de l'Amazone
Nom scientifique : *Caiman crocodylus*

Caïman à lunettes

Ce caïman s'adapte facilement et on le trouve fréquemment dans les zones humides aménagées par l'homme (barrages ou mares par exemple). Les jeunes se nourrissent d'insectes, de crabes et d'autres invertébrés, tandis que les adultes mangent des poissons et des escargots aquatiques. À la période de reproduction, la femelle fabrique un nid-monticule de terre et de feuilles dans lequel elle pond quarante œufs.

Crocodile des marais

Taille : jusqu'à 4 m
Distribution : Inde
Nom scientifique : *Crocodylus palustris*

Crocodile nain

Taille : 1,50 m
Distribution : ouest de l'Afrique, au sud du Sahara
Nom scientifique : *Osteolaemus tetraspis*

Crocodile nain

Ce petit crocodile est devenu rare à cause de l'aménagement des rivières et des lacs où il vit, mais aussi parce qu'il est chassé par l'homme. Lent et inoffensif, il est facile à tuer ou à capturer. On connaît peu son mode de vie, mais on pense que c'est un animal nocturne qui se nourrit de crabes, de grenouilles et de poissons. La femelle pond une vingtaine d'œufs dans un nid-monticule fait de débris végétaux.

Taille : jusqu'à 7 m
Distribution : sud de l'Inde, Indonésie, sud-est de l'Australie
Nom scientifique : *Crocodylus porosus*

Crocodile marin

Le plus gros des crocodiles, et l'un des plus dangereux, vit surtout en mer, où il se nourrit de poissons, mais on le rencontre aussi dans les rivières et sur terre, où il chasse des mammifères (singes, buffles). La femelle pond environ quatre-vingts œufs sur terre, dans un nid fait de débris végétaux.

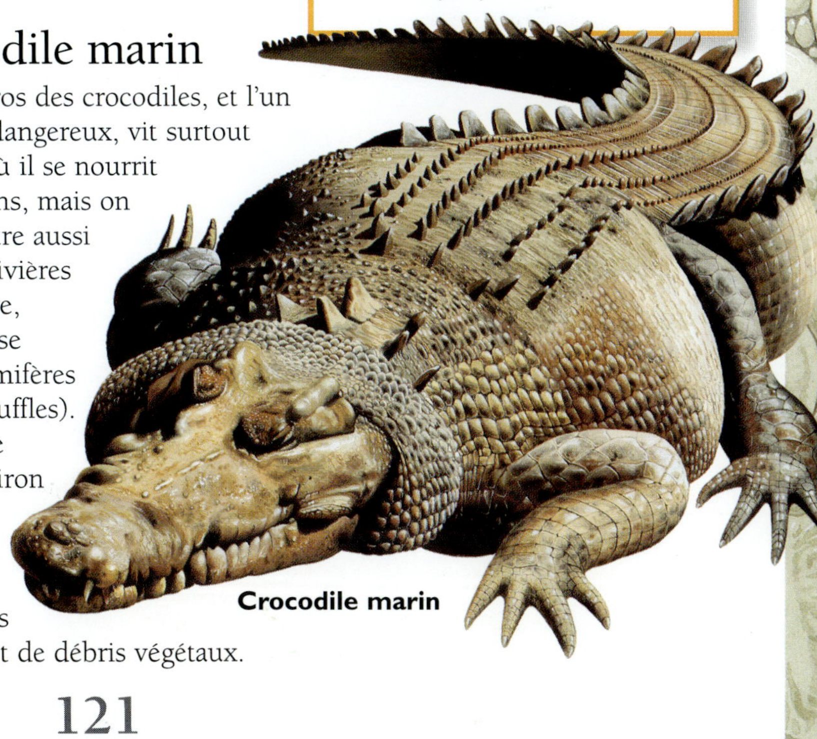
Crocodile marin

Le crocodile du Nil

À la différence de la plupart des reptiles, les crocodiles femelles s'occupent de leurs petits, et cela est particulièrement vrai pour le crocodile du Nil. Après l'accouplement, la femelle de cette espèce creuse une cavité près de la rivière ; elle y pond une soixantaine d'œufs, qu'elle recouvre de terre. Pendant les trois mois d'incubation, elle veille sur ses œufs, dont elle ne s'éloigne que pour boire.

Lorsqu'ils sont sur le point d'éclore, les petits appellent leur mère à travers la coquille. La femelle découvre alors le nid pour qu'ils puissent sortir et s'occupe d'eux pendant environ six mois, le temps qu'ils soient capables de trouver leur nourriture tout seuls. Ils mesurent alors 45 cm de long.

Le nid du crocodile

Creusé dans le sable ou la berge d'une rivière, le nid a une profondeur de 20 à 45 cm, selon la taille des pattes postérieures du crocodile. Une fois le nid creusé, la femelle se couche par-dessus et pond ses œufs dedans.

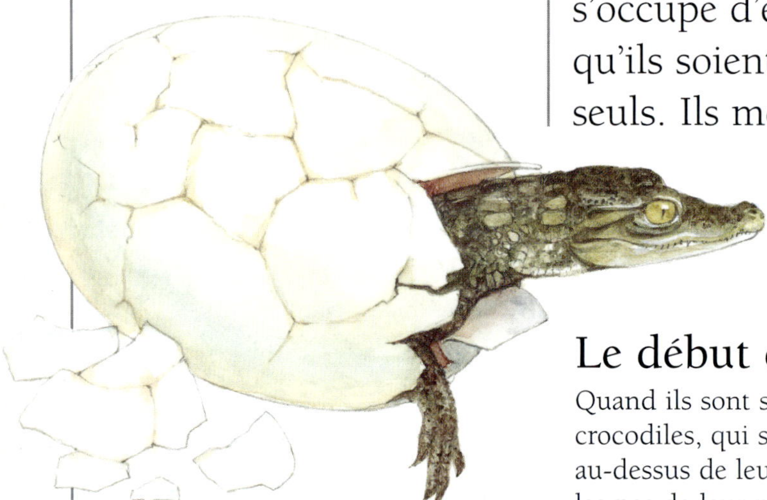

Le début de la vie

Quand ils sont sur le point d'éclore, les jeunes crocodiles, qui sont très sensibles aux vibrations du sol au-dessus de leur tête, glapissent dès qu'ils perçoivent les pas de leur mère. Lorsque le nid est dégagé, le jeune se sert d'une dent spéciale pour casser sa coquille, parfois aidé de sa mère. Une fois dehors, les petits doivent être mis à l'abri des prédateurs. La mère les saisit alors délicatement dans sa gueule et les transporte jusqu'à un point d'eau, dans un lieu tranquille. Là, elle libère sa couvée en plongeant sa tête sous l'eau et en ouvrant la bouche. Les jeunes restent à proximité de leur mère, qui les défend farouchement.

Le **crocodile du Nil** ne vit pas seulement sur le Nil. On le trouve également dans les rivières et les lacs de toute l'Afrique tropicale et méridionale. Les adultes atteignent 5 m de long.

Chasseur féroce

Totalement immergé, ne laissant dépasser que ses yeux et ses narines, le crocodile du Nil attend que les proies viennent s'abreuver à la rivière. Quand il s'empare d'un animal, il l'entraîne dans l'eau pour le noyer.

Tortues

Le groupe des tortues est composé de 13 familles rassemblant environ 230 espèces, aquatiques ou terrestres. Les tortues ont un corps mou protégé par une carapace d'os et de corne divisée en deux parties : au-dessus, la dossière, à laquelle sont fixées les côtes et la plupart des vertèbres ; au-dessous, le plastron. Les tortues peuvent en général rentrer la tête sous leur carapace pour se mettre à l'abri. Elles ont une sorte de « bec » en corne et n'ont pas de dents. Après avoir pondu leurs œufs, beaucoup les enterrent puis s'en vont, laissant les petits se débrouiller seuls à l'éclosion.

Batagur malais

Cette grosse tortue herbivore vit dans l'eau salée des estuaires et dans les rivières. Comme elle niche sur le sable, il est facile pour la population locale de la capturer et de manger ses œufs. En Malaisie, on protège donc l'espèce en prélevant des œufs pour les mettre en couveuse ; les petits ne sont relâchés qu'après 2 ans passés en captivité dans des bassins.

Batagur malais

Taille : 60 cm
Distribution : Asie du Sud-Est
Nom scientifique : *Batagur baska*

Trachémyde écrite

Trachémyde écrite

Cette tortue aquatique ne s'éloigne jamais beaucoup de l'eau et se chauffe souvent au soleil sur du bois flottant. Les jeunes se nourrissent principalement de têtards et de petits invertébrés, les adultes sont plutôt herbivores. L'été, la femelle pond deux ou trois paquets de quatre à vingt-trois œufs chacun.

Taille : 10-30 cm
Distribution : des États-Unis au Brésil
Nom scientifique : *Trachemys scripta*

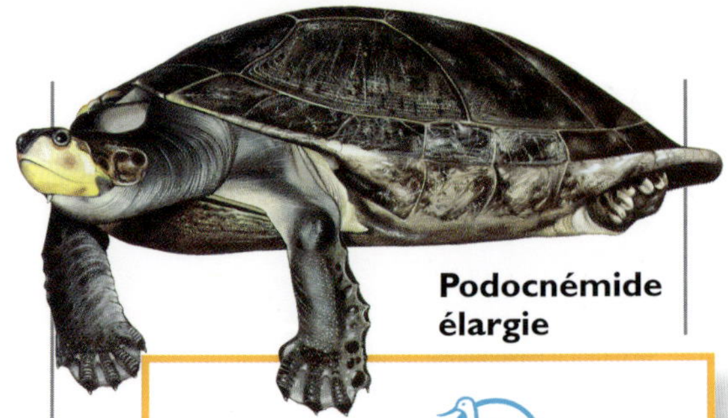

Podocnémide élargie

Taille : 60-75 cm
Distribution : nord de l'Amérique du Sud
Nom scientifique : *Podocnemis expansa*

Podocnémide élargie

Également appelée « tortue arrau », cette grande tortue aquatique rentre sa tête en glissant le cou de côté. Des milliers de femelles se rassemblent chaque année pour pondre sur les plages de sable. Lorsque les petits éclosent, ils doivent trouver l'eau tout seuls.

Clemmyde sculptée

Cette tortue à la carapace rugueuse et travaillée s'éloigne rarement de l'eau, mais elle est surtout terrestre. Bonne grimpeuse, elle se nourrit de fruits, de vers et d'insectes. En mai ou juin, la femelle pond de six à huit œufs qui éclosent avant l'automne. Dans les régions froides, l'éclosion n'a lieu qu'au printemps suivant.

Taille : 10-25 cm
Distribution : États-Unis
Nom scientifique : *Clemmys insculpta*

Clemmyde sculptée

Tortue terrestre des Galápagos

Cette énorme tortue pèse parfois plus de 200 kg, et le mâle est généralement plus lourd que la femelle. Terrestre, elle se nourrit de presque toutes les plantes qu'elle peut trouver. La femelle pond une quinzaine d'œufs dans un trou qu'elle creuse avec les pattes arrière, puis les recouvre de terre et les laisse incuber. À peine sortis de l'œuf, les jeunes doivent creuser pour sortir du trou.

Tortue terrestre des Galápagos

Taille : jusqu'à 1,20 m
Distribution : îles Galápagos
Nom scientifique : *Chelonoidis nigra*

Tortue de Tornier

Tortue de Tornier

La dossière de cette tortue terrestre est lisse et flexible. En cas de danger, l'animal se réfugie dans une anfractuosité rocheuse et se gonfle d'air afin qu'on ne puisse l'en déloger. Mais cela ne suffit pas à protéger la tortue de Tornier des chasseurs, qui en attrapent de grandes quantités pour le commerce d'animaux de compagnie.

Taille : 15 cm
Distribution : est de l'Afrique
Nom scientifique : *Malacochersus tornieri*

Tortue grecque

Cette tortue terrestre vit dans les zones arides du bassin méditerranéen, transformées par l'aménagement des terrains pour le tourisme et l'agriculture. Capturée pour le commerce d'animaux de compagnie, elle est devenue rare. Bien qu'il soit interdit dans de nombreux pays, ce commerce continue à sévir de façon illégale.

Taille : 15 cm
Distribution : bassin méditerranéen
Nom scientifique : *Testudo graeca*

Tortue grecque

Kinixys rongée

Kinixys rongée

Cette tortue terrestre omnivore qui vit dissimulée dans les débris végétaux se nourrit de poissons morts, d'amphibiens, de plantes aquatiques et de champignons. La partie arrière de sa dossière, repliée vers le bas, protège l'arrière-train de l'animal en cas d'attaque. Les jeunes sont dépourvus de cette particularité.

Taille : 35 cm
Distribution : ouest et centre de l'Afrique
Nom scientifique : *Kinixys erosa*

Tortue matamata

Tortue matamata

Avec sa silhouette bosselée et sa tête en forme de feuille, cette tortue aquatique se dissimule dans les feuilles mortes et autres détritus du fond des rivières. Elle attire les poissons en remuant les excroissances de peau situées sur les côtés de sa tête. Bouche ouverte, elle attend qu'une proie approche, puis referme ses mâchoires et l'engloutit.

Taille : 40 cm
Distribution : nord de l'Amérique du Sud
Nom scientifique : *Chelus fimbriatus*

Émydure de la Macquerie

Émydure de la Macquerie

Sa carapace se modifie avec l'âge. Lorsque les petits éclosent, elle est presque circulaire. Puis elle s'élargit à l'arrière, pour devenir ovale à l'âge adulte. Très active, cette tortue aquatique se nourrit de grenouilles, de têtards et de plantes. En été, la femelle pond entre dix et quinze œufs dans un trou ménagé dans le sable. L'éclosion a lieu 10 ou 11 semaines plus tard.

Taille : 30 cm
Distribution : sud-est de l'Australie
Nom scientifique : *Emydura macquarri*

Tortue imbriquée

Ces tortues ont longtemps été pourchassées pour leur superbe carapace ainsi que pour leurs œufs. D'importantes restrictions ont été imposées, mais l'espèce est toujours menacée. Cette tortue marine se nourrit de mollusques, de crustacés et même d'éponges venimeuses sans être indisposée par leur poison.

Taille : 75-90 cm
Distribution : régions tropicales de l'Atlantique, du Pacifique et de l'océan Indien, Caraïbes
Nom scientifique : *Eretmochelys imbricata*

Tortue imbriquée

Tortue-luth

Avec ses 350 kg, elle est la plus lourde de toutes les tortues. Elle n'a pas de plaques sur le dos, comme ses congénères, mais porte une pseudo-carapace faite d'une sorte de cuir épais. C'est une tortue marine qui se nourrit principalement de méduses, et qui parcourt de très grandes distances entre les lieux d'alimentation et les aires de reproduction. À l'éclosion, la peau et la carapace des jeunes sont recouvertes de petites écailles qui disparaissent rapidement.

Tortue-luth

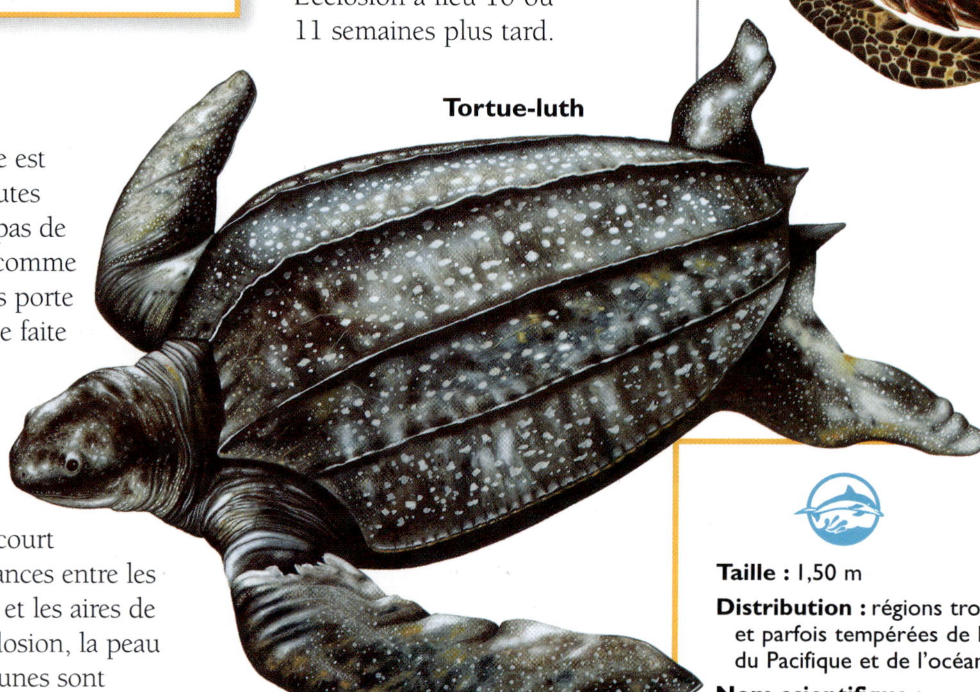

Taille : 1,50 m
Distribution : régions tropicales et parfois tempérées de l'Atlantique, du Pacifique et de l'océan Indien
Nom scientifique : *Dermochelys coriacea*

Taille : 8-15 cm
Distribution : États-Unis
Nom scientifique : *Kinosternon odoratum*

Cinosterne odorant

Cinosterne odorant

Cette tortue possède des glandes spéciales (glandes à musc) qui sécrètent un liquide nauséabond lorsqu'elle est attaquée. Elle se nourrit d'insectes et de mollusques, parfois de charognes (animaux morts), de poissons et de plantes. Elle s'éloigne rarement de l'eau.

Trionyx épineux

La carapace ronde, lisse et dépourvue de plaques dures de cette tortue est dotée de petites « épines » sur l'avant. Aquatique, le trionyx est cependant aussi rapide sur terre que dans l'eau. Il se nourrit d'insectes, d'écrevisses, parfois de poissons et de plantes.

Taille : 15-45 cm
Distribution : Amérique du Nord
Nom scientifique : *Apalone spinifera*

Trionyx épineux

Caouanne

Taille : 75 cm-1 m
Distribution : régions tropicales et tempérées de l'Atlantique, du Pacifique et de l'océan Indien
Nom scientifique : *Caretta caretta*

Caouanne

Les puissantes mâchoires de cette tortue marine lui permettent de broyer des proies à coquille dure, comme les palourdes, mais elle se nourrit aussi de méduses et de plantes. Sa carapace très épaisse à l'arrière la protège probablement des attaques des prédateurs (requins par exemple).

Tortue verte

Cette tortue marine, également appelée chélonée, se nourrit de plantes. Elle parcourt de grandes distances pour retrouver le site de ponte de sa naissance. Une fois arrivée, la femelle se traîne sur le sable pour creuser un trou où elle pond une centaine d'œufs, qu'elle recouvre de sable avant de regagner la mer. À l'éclosion, les petits doivent effectuer un parcours du combattant pour sortir du trou et parvenir jusqu'à l'eau.

Taille : 1-1,25 m
Distribution : régions tropicales de l'Atlantique, du Pacifique et de l'océan Indien
Nom scientifique : *Chelonia mydas*

Tortue verte

Tortue-alligator

C'est l'une des plus grosses tortues d'eau douce (90 kg). Sa carapace très accidentée la camoufle sur le lit des rivières, où elle guette ses proies. Elle attend, immobile, la bouche ouverte, en exposant une excroissance rose située au fond de sa gorge. Les poissons qui s'approchent, attirés par ce leurre, sont avalés ou tranchés par ses mâchoires.

Taille : 35-65 cm
Distribution : centre des États-Unis
Nom scientifique : *Macroclemys temmincki*

Tortue-alligator

Lézards et serpents

Les lézards (environ 3 500 espèces) et les serpents (environ 2 400 espèces) appartiennent à un vaste groupe de reptiles dont la peau est couverte d'écailles. Leur répartition géographique est très large, puisqu'on les trouve partout sauf dans les régions polaires. La plupart ont un mode de vie terrestre, mais certains sont adaptés au milieu aquatique (eau douce, océans).

Les lézards

Ce sont les plus nombreux des reptiles. Les lézards sont représentés par des espèces aussi différentes que le minuscule gecko (à peine 4 cm) et l'énorme varan de Komodo (3 m de long). Ils ont en général quatre pattes, mais, chez les lézards-serpents par exemple, les membres sont quasiment inexistants. La langue, longue et souvent extensible, remplit de multiples fonctions. La plupart des lézards s'en servent pour sentir, c'est-à-dire repérer de la nourriture, un partenaire pour l'accouplement ou un éventuel prédateur. Les femelles pondent habituellement leurs œufs dans un trou ou en sécurité sous une pierre, puis les délaissent. Chez quelques espèces toutefois, l'incubation se fait dans le corps de la femelle et les petits naissent déjà formés.

Chuckwalla

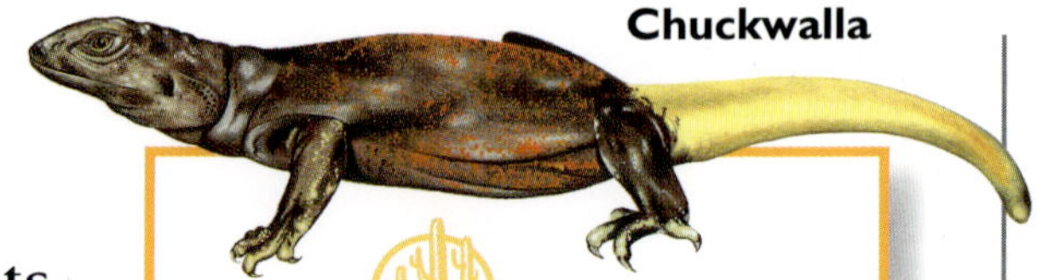

Taille : 30-40 cm
Distribution : sud des États-Unis, Mexique
Nom scientifique : *Sauromalus obesus*

Chuckwalla

Il passe la nuit dans les pierres et sort le jour pour se dorer au soleil et emmagasiner de la chaleur. Herbivore, il se nourrit de feuilles, de bourgeons et de fleurs. Lorsqu'il se sent menacé, il se faufile dans une fissure de rocher, se gonfle d'air et devient ainsi quasiment impossible à déloger.

Gecko à queue plate

Taille : 20 cm
Distribution : Madagascar
Nom scientifique : *Uroplatus fimbriatus*

Gecko à queue plate

Lorsque ce gecko s'aplatit sur un tronc, sa peau tachetée se confond avec l'écorce. Plutôt actif la nuit, il capture des insectes. Après s'être nourri, il se nettoie en se léchant avec sa langue.

Taille : 10-15 cm
Distribution : sud-ouest de l'Afrique, désert de Namibie
Nom scientifique : *Palmatogecko rangei*

Gecko de Namibie

Gecko de Namibie

Ce gecko rare est doté de pieds palmés qui lui permettent de courir sur le sable du désert.
Il se sert aussi de ses pattes pour creuser des terriers dans lesquels il se protège du soleil ou de ses prédateurs. Ainsi enfoui, il ne laisse dépasser que sa tête et attend, prêt à bondir sur des insectes.

Agame à tête de crapaud

Ce lézard du désert s'enfouit dans le sable ou creuse des galeries pour se protéger de la chaleur. Lorsqu'il perçoit un danger, il se met en position de défense pour menacer ses ennemis : il lève sa queue bien haut, l'enroule sur elle-même puis la déroule.

Agame à tête de crapaud

Taille : 12 cm
Distribution : sud-ouest de l'Asie
Nom scientifique : *Phrynocephalus nejdensis*

Tuatara

Ce reptile appartient au groupe des sphénodons, qui ne compte que deux espèces. Le tuatara est terrestre et s'abrite du soleil ou des prédateurs dans des terriers. Il mange des insectes et d'autres invertébrés, mais également de petits oiseaux et des lézards.

Tuatara

Taille : jusqu'à 65 cm
Distribution : Nouvelle-Zélande
Nom scientifique : *Sphenodon punctatus*

Iguane vert

Taille : 1-2 m
Distribution : Amérique du Sud, Caraïbes ; introduit aux États-Unis
Nom scientifique : *Iguana iguana*

Iguane vert

Animal arboricole, l'iguane vert nage par ailleurs très bien. Lorsqu'il est attaqué, il se défend férocement avec ses dents et ses griffes pointues. À l'automne, la femelle pond entre vingt-huit et quarante œufs dans un trou. L'incubation dure 3 mois et, à l'éclosion, les petits mesurent environ 20 cm.

Iguane-rhinocéros

Ce lézard tire son nom de l'écaille pointue qu'il porte sur le museau. On ne le trouve que sur l'île d'Hispaniola (Haïti, République dominicaine) et sa voisine, la petite île Mona. Il vit dans les buissons et les cactus, où il se nourrit surtout de plantes, de vers et de rongeurs. Sa survie est menacée par des animaux introduits sur l'île (cochons, chiens, mangoustes) qui s'attaquent à ses œufs et à ses petits.

Iguane-rhinocéros

Taille : jusqu'à 1,20 m
Distribution : Antilles
Nom scientifique : *Cyclura cornuta*

Iguane marin

Iguane marin

Grâce à sa queue puissante, cet iguane se propulse aisément dans l'eau à la recherche de sa nourriture principale, les algues. Lorsqu'il plonge, son rythme cardiaque baisse et son corps consomme moins d'oxygène, ce qui lui permet de rester plus de 30 minutes sous l'eau avant de remonter respirer à la surface.

Taille : 1,20-1,50 m
Distribution : îles Galápagos
Nom scientifique : *Amblyrhynchus cristatus*

Taille : 9-12 cm
Distribution : sud-ouest des États-Unis
Nom scientifique : *Xantusia vigilis*

Xantusie

Xantusie

Ce lézard du désert vit dans des plantes comme le yucca ou l'agave, et se nourrit de termites, de fourmis, de mouches et de coléoptères. La femelle ne pond pas d'œufs, elle donne naissance à un, deux ou trois petits déjà formés. Certaines xantusies sont capables de se reproduire par parthénogenèse, c'est-à-dire sans intervention du mâle.

Ameive commune

Ce lézard très actif vit au sol, où il chasse des insectes et d'autres petits invertébrés en dardant sa longue langue fourchue. Plus petite que le mâle, la femelle est rayée et non tachetée.

Taille : 15-20 cm
Distribution : Amérique centrale et du Sud, est des Andes ; introduit en Floride
Nom scientifique : *Ameiva ameiva*

Ameive commune

Anole

Taille : 12-20 cm
Distribution : sud des États-Unis
Nom scientifique : *Anolis carolinensis*

Anole

L'anole grimpe aux arbres en s'aidant de ses longs doigts, pour y chasser des insectes et des araignées. Le mâle exhibe les fanons roses qu'il a sous la gorge pour séduire les femelles. Après l'accouplement et pendant la période de reproduction, la femelle pond un œuf toutes les deux semaines dans les feuilles ou les pierres. Les œufs éclosent au bout de 5 à 7 semaines.

Monstre de Gila

Taille : 45-60 cm
Distribution : sud-ouest des États-Unis, Mexique
Nom scientifique : *Heloderma suspectum*

Monstre de Gila

Ce lézard venimeux se nourrit d'oiseaux, de rongeurs et d'autres lézards. Lorsqu'il mord sa victime, des glandes de la mâchoire inférieure sécrètent un venin qui s'écoule lentement dans la plaie. Si la nourriture se fait rare, il peut survivre longtemps grâce aux réserves de graisse emmagasinées dans sa queue.

Scinque à langue bleue

Le scinque à langue bleue a une grosse tête et des pattes minuscules. Le jour, il se déplace rapidement à la recherche d'insectes, d'escargots et de baies. Il se met parfois à l'abri du soleil dans le terrier d'un lapin. Les petits se développent dans le corps de la mère et naissent déjà formés.

Taille : 45 cm
Distribution : sud de l'Australie
Nom scientifique : *Tiliqua scincoides*

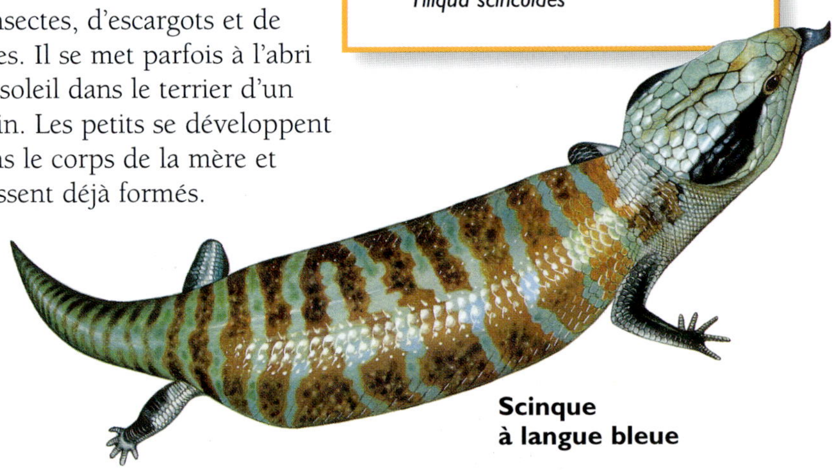

Scinque à langue bleue

Taille : 3 m

Distribution : îles de Komodo, Flores, Rintja et Padar, à l'est de Java, en Indonésie

Nom scientifique : *Varanus komodoensis*

Varan de Komodo

Varan de Komodo

Grand et puissant, le varan de Komodo s'attaque aux cerfs, aux sangliers et aux cochons. Il est doté d'une longue queue épaisse, et ses pattes trapues se terminent par des griffes imposantes. Malgré sa corpulence, c'est un bon grimpeur qui se déplace vite. Il sait nager, et on le trouve souvent aux abords de l'eau.

Orvet

L'orvet est un lézard tout lisse et dépourvu de pattes. Il se déplace à la façon des serpents, mais perd sa queue s'il est saisi par un prédateur. Il passe la nuit à l'abri des rochers ou des souches, et sort le matin chasser des limaces, des vers et des insectes.

Orvet

Taille : 35-55 cm

Distribution : quelques régions d'Europe et d'Asie

Nom scientifique : *Anguis fragilis*

Lézard à collerette

Ce lézard est doté d'une membrane de peau repliée autour du cou en temps normal, et qu'il déploie en une immense collerette lorsqu'il est dérangé ou menacé pour effrayer ses ennemis. Il se nourrit d'invertébrés qu'il trouve dans les arbres et au sol.

Lézard à collerette

Taille : 65 cm, avec la queue

Distribution : Australie et Nouvelle-Guinée

Nom scientifique : *Chlamydosaurus kingii*

Scinque des grandes plaines

La femelle de ce lézard surveille ses œufs pendant l'incubation et les retourne régulièrement pour qu'ils se réchauffent de façon uniforme. À l'éclosion, elle aide les petits à se dégager de leur coquille, puis s'en occupe pendant 10 jours environ.

Taille : 15-35 cm

Distribution : États-Unis, Mexique

Nom scientifique : *Eumeces obsoletus*

Scinque des grandes plaines

Lézard-serpent du Transvaal

Pour chasser des insectes dans l'herbe, ce lézard se déplace en remuant son corps à la façon des serpents. La femelle ne pond ses œufs (deux ou trois par portée) que lorsque les jeunes, complètement formés, sont sur le point de casser leur coquille pour sortir.

Taille : 40 cm

Distribution : Afrique du Sud

Nom scientifique : *Chamaesaura aena*

Lézard-serpent du Transvaal

Caméléons

Les caméléons ont la faculté de modifier la couleur de leur peau pour se fondre dans leur environnement. Ils vivent dans les arbres et s'accrochent aux branches grâce à leur queue préhensile (qui peut saisir). Ils capturent leurs proies (des insectes surtout) en projetant leur longue langue. Leurs yeux saillants peuvent s'orienter indépendamment l'un de l'autre ou regarder dans la même direction. La plupart des caméléons (environ 85 espèces) vivent en Afrique et à Madagascar.

Couleurs variables

Le caméléon a la faculté de modifier instantanément la couleur de sa peau pour se dissimuler aux yeux des proies comme à ceux des prédateurs. Cette transformation s'opère aussi lorsque deux mâles sont en concurrence pour un territoire ou pour une femelle : le caméléon dominant expose alors une coloration d'excitation éclatante, tandis que l'autre devient vert sombre avant de disparaître.

Capturer des proies

Lorsque le caméléon s'est suffisamment rapproché de sa proie, il évalue la distance en orientant ses deux yeux dans la même direction, puis vise et projette sa langue, aussi longue que son corps, à la manière d'un serpentin. L'insecte se retrouve immobilisé sur un coussinet humide situé à l'extrémité de la langue, que le caméléon rétracte immédiatement. Tout se déroule en moins d'un vingtième de seconde.

Caméléon bilobé

Ce reptile possède derrière la tête une membrane de peau qu'il gonfle pour impressionner les rivaux de sa propre espèce autant que ses ennemis. Il ne quitte presque jamais son arbre, sauf s'il décide d'en changer ou pour pondre ses œufs.

Caméléon de Jackson

Le mâle du caméléon de Jackson arbore trois grosses cornes sur la tête. La femelle en possède une petite sur le nez et de minuscules au-dessus des yeux. Ce caméléon est souvent maintenu en captivité par les amateurs de reptiles.

Caméléon de Meller

La couleur verte et les motifs de ce caméléon rappellent les feuilles des arbres. Immobile sur une branche, le reptile attend qu'une proie passe à sa portée, puis il projette sa langue pour s'en saisir. Ce caméléon peut atteindre 60 cm.

Ce petit caméléon se fond dans les feuilles mortes parmi lesquelles il se cache sur le sol de la forêt, les motifs de son corps ressemblant aux veines des feuilles. Contrairement à la plupart de ses congénères, le **caméléon nain** est terrestre et n'a pas de queue préhensile.

Les serpents

Les serpents n'ont pas de pattes, ce qui ne les empêche pas de se déplacer très rapidement. Ils ondulent sur le sol en s'agrippant avec les écailles pointues de leur ventre. Leur taille varie de 10 cm à 9 m environ. Tous ont une longue langue fourchue, et sont dépourvus d'orifices auditifs et de paupières mobiles. Prédateurs, ils chassent pour se nourrir. Certains, comme le boa constrictor, s'enroulent autour de leurs victimes et les étouffent dans leurs anneaux puissants. D'autres, comme la vipère, infligent une morsure fatale.

Python indien

Taille : 5-6 m
Distribution : Inde, Asie du Sud-Est, Indonésie
Nom scientifique : *Python molurus*

Python indien

Ce grand serpent vit dans les jungles et les mangroves. Le jour, il se chauffe au soleil ou s'abrite dans une grotte. La nuit, il rôde à la recherche d'oiseaux, de jeunes cerfs ou de sangliers, ou bien se poste à côté d'un point d'eau où les bêtes viennent boire. Il s'approche de sa proie, puis se jette dessus et l'enserre dans ses anneaux.

Boa constrictor

Le boa constrictor s'enroule autour de ses proies (des oiseaux et des mammifères), qui meurent étouffées par ses puissants anneaux. Ce serpent vit surtout au sol, mais grimpe parfois aux arbres et s'accroche aux branches par la queue.

Boa constrictor

Taille : jusqu'à 5,60 m
Distribution : Amérique du Sud
Nom scientifique : *Boa constrictor*

Serpent filiforme de l'Ouest

Taille : 20-40 cm
Distribution : sud-ouest des États-Unis
Nom scientifique : *Leptotyphlops humilis*

Serpent filiforme de l'Ouest

Ce serpent lisse et cylindrique est arrondi aux deux extrémités (la tête et la queue). Il vit sous les graviers et les sols sablonneux. Il détecte ses proies (fourmis et termites) à l'odorat, et sa finesse lui permet de se glisser dans leurs nids.

Anaconda

Ce grand serpent aquatique fréquente surtout les eaux lentes. Lorsqu'un animal vient boire sur la berge, l'anaconda s'en saisit et s'enroule étroitement autour. La femelle donne naissance à une quarantaine de petits déjà formés, mesurant environ 60 cm de long.

Taille : 9 m
Distribution : Amérique du Sud
Nom scientifique : *Eunectes murinus*

Anaconda

Boomslang

Le boomslang est un serpent arboricole africain très actif. Il se nourrit de lézards, de grenouilles et d'oiseaux, qu'il tue de sa morsure venimeuse. Il appartient à la famille des couleuvres mais possède des crochets à venin à l'arrière de la bouche, ce qui le rend dangereux ; il est ainsi mortel pour l'homme. Il est cependant rare qu'il attaque s'il n'est pas dérangé.

Taille : jusqu'à 2 m

Distribution : centre et sud de l'Afrique

Nom scientifique : *Dispholidus typus*

Boomslang

Serpent-taureau

Serpent-taureau

Ce grand serpent est un bon grimpeur. Il se nourrit surtout de rongeurs, de petits oiseaux et de lézards, qu'il étouffe dans ses puissants anneaux. L'accouplement a lieu au printemps, puis la femelle pond jusqu'à vingt-quatre œufs dans un terrier ou sous une souche. Les jeunes éclosent au bout de 9 à 11 semaines.

Taille : 1,20-2,50 m

Distribution : sud-ouest du Canada, États-Unis, Mexique

Nom scientifique : *Pituophis melanoleuca*

Serpent d'eau ponctué

Aussi rapide sur terre que dans l'eau, ce serpent se nourrit de poissons et de grenouilles. Ses yeux et ses narines sont situés sur le dessus de la tête. Lorsqu'il plonge, une membrane de peau obture ses narines. Son venin est peu puissant.

Taille : 30-50 cm

Distribution : Inde, Indonésie

Nom scientifique : *Enhydris punctata*

Serpent d'eau ponctué

Taille : jusqu'à 1,20 m, occasionnellement 2 m

Distribution : Europe, nord-est de l'Afrique, Asie, Russie

Nom scientifique : *Natrix natrix*

Couleuvre à collier

Couleuvre à collier

Bonne nageuse, elle chasse les poissons et les grenouilles dans les rivières des zones forestières, sans dédaigner les rongeurs terrestres. C'est l'un des serpents les plus répandus en Europe. Avant l'accouplement, le mâle frotte son menton sur le corps de la femelle. Une couvée compte de trente à quarante œufs.

Mamba vert

Mamba vert

Mince et d'une grande vivacité, le mamba est un serpent arboricole qui chasse des oiseaux et des lézards. Son venin est très puissant. À la période de reproduction, les mâles engagent des combats rituels pour se disputer les femelles. Ils s'enroulent l'un autour de l'autre en se menaçant de la tête.

Taille : 2 m
Distribution : est et sud de l'Afrique
Nom scientifique : *Dendroaspis angusticeps*

Serpent marin à bandes bleues

Taille : 2 m
Distribution : Pacifique, océan Indien
Nom scientifique : *Hydrophis cyanocinctus*

Serpent marin à bandes bleues

Ce serpent marin ne sort jamais de l'eau, où il se propulse grâce à sa queue en forme de palette. Il respire de l'air, mais peut rester environ deux heures sous l'eau. Il se nourrit de poissons, qu'il tue de sa morsure venimeuse.

Crotale durisse

Ce serpent à sonnette vit dans les milieux ouverts herbacés ou rocailleux du sud du Mexique. Il est actif au crépuscule et se nourrit de mamifères, d'oiseaux et de lézards. La femelle donne naissance à plus de 20 petits déjà formés. Ce serpent est parfois surnommé « briseur de nuque » car son venin provoque une paralysie des muscles de la nuque.

Taille : 30 cm-1,20 m
Distribution : Mexique
Nom scientifique : *Crotalus durissus*

Crotale durisse

Couleuvre volante du paradis

Taille : jusqu'à 1,20 m
Distribution : Asie du Sud-Est, de l'Indonésie aux Philippines
Nom scientifique : *Chrysopelea paradisi*

Couleuvre volante du paradis

Ce serpent arboricole est un excellent grimpeur. Lorsqu'il se déplace d'arbre en arbre, ses côtes, qui sont libres, forment une sorte de « parachute » : lancé dans le vide, le serpent peut ainsi planer sur une vingtaine de mètres.

Serpent-corail arlequin

Ses motifs colorés signalent à ses ennemis qu'il est fortement toxique. Il passe presque tout son temps enfoui dans le sable ou sous les feuilles mortes. Le matin et en fin d'après-midi, il sort chasser des petits serpents et des lézards qu'il tue de sa morsure venimeuse.

Taille : 55 cm-1,20 m
Distribution : États-Unis, Mexique
Nom scientifique : *Micrurus fulvius*

Serpent-corail arlequin

Crotale diamantin de l'Est

Crotale diamantin de l'Est

Avec son venin qui s'attaque aux cellules sanguines de ses victimes, ce serpent est l'un des plus dangereux d'Amérique du Nord. C'est un serpent à sonnette, qui, comme ses congénères, émet un bruit de grelot avec la série d'appendices creux qu'il possède à l'extrémité de la queue. À chaque mue, un nouvel appendice apparaît sur le bout de la queue.

Taille : 90 cm-2,40 m
Distribution : est des États-Unis
Nom scientifique :
Crotalus adamanteus

Cobra à lunettes

Ce serpent très venimeux se nourrit de rongeurs, de lézards et de grenouilles. Devant un ennemi, il adopte une position de menace : il se dresse sur le tiers de sa longueur et, grâce à ses côtes allongées, il étale la peau de son cou en formant un « capuchon ». Les motifs du capuchon, appelés ocelles, ressemblent à de grands yeux. Autrefois fortement chassé, le cobra à lunettes est à présent protégé.

Cobra à lunettes

Taille : 1,80-2,20 m
Distribution : Inde
Nom scientifique :
Naja naja

Vipère du Gabon

Grâce aux motifs de sa peau, la vipère du Gabon se dissimule parmi les feuilles mortes sur le sol des forêts. La nuit, elle chasse des rongeurs, des grenouilles et des oiseaux. Ses crochets, très longs (environ 5 cm), diffusent un puissant venin. La femelle met au monde près de trente petits déjà formés.

Vipère du Gabon

Taille : 1,20-2 m
Distribution : ouest de l'Afrique, sud du Sahara
Nom scientifique :
Bitis gabonica

Vipère-tapis

La vipère-tapis est un serpent très dangereux. La journée, elle se met à l'abri du soleil sous une souche ou un rocher. La nuit, elle sort pour se nourrir de rongeurs, de lézards et de scorpions. La femelle pond environ cinq œufs et, à l'éclosion, les petits mesurent à peu près 20 cm. Chaque année, cette petite vipère très agressive tue plusieurs dizaines de personnes en Inde.

Vipère-tapis

Taille : 50-70 cm
Distribution : Inde
Nom scientifique :
Echis carinatus

Les amphibiens

Apparus il y a environ 370 millions d'années, les amphibiens font partie des premiers vertébrés terrestres. Ils descendent probablement des poissons et ont conservé un mode de vie en partie aquatique, puisqu'ils s'accouplent et pondent dans l'eau et que leurs larves, munies de nageoires et de branchies, y demeurent. À l'âge adulte, les nageoires laissent la place à des pattes et les branchies, à des poumons leur permettant de respirer sur terre. Certains amphibiens (nectures) sont totalement aquatiques.

Il existe plus de 4 500 espèces d'amphibiens connues, mais de nouvelles espèces sont sans cesse découvertes, particulièrement dans les régions tropicales. On distingue trois groupes : les urodèles (salamandres et tritons), les anoures (grenouilles, crapauds et rainettes) et les apodes (animaux dépourvus de pattes ressemblant à des vers de terre).

Le dos de la **salamandre tachetée** est orné de taches irrégulières qui s'étalent de la tête à la queue. Le mâle peut devenir très agressif lorsqu'il défend son territoire contre des intrus. Il lui arrive de mordre le museau d'un rival.

Sonneur oriental

Qu'est-ce qu'un amphibien ?

Les amphibiens sont des vertébrés à température variable : ils règlent la température interne de leur corps en se réchauffant au soleil ou en se refroidissant à l'ombre. Bien qu'ils aient des poumons, ils absorbent l'essentiel de l'oxygène dont ils ont besoin par la peau.

Différents amphibiens

Les apodes, qui ressemblent à des vers, sont les moins connus des amphibiens. Habitants des terriers, ils se voient rarement à la surface. Les salamandres, pourvues de quatre pattes, ont un corps allongé et une longue queue. Leur silhouette ressemble à celle des lézards, mais leur peau n'est pas écailleuse et elles n'ont pas de griffes ni d'orifices auditifs externes. Dépourvus de queue, les grenouilles et les crapauds se servent de leurs membres postérieurs très développés pour sauter sur terre et nager dans l'eau.

Apode

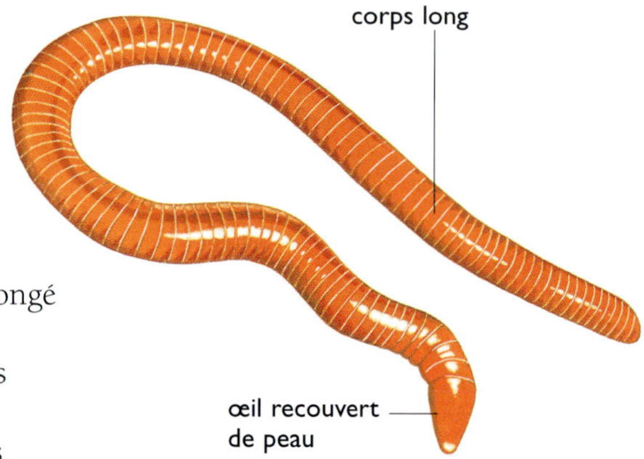

Salamandre brune

Grenouille rousse

SQUELETTE DE GRENOUILLE

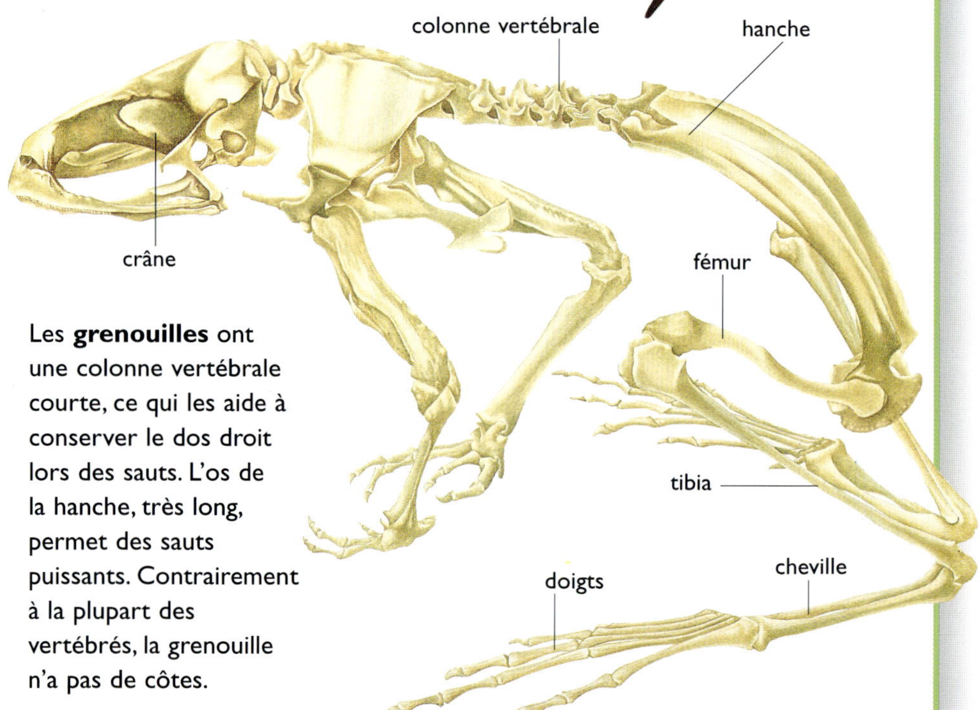

Les **grenouilles** ont une colonne vertébrale courte, ce qui les aide à conserver le dos droit lors des sauts. L'os de la hanche, très long, permet des sauts puissants. Contrairement à la plupart des vertébrés, la grenouille n'a pas de côtes.

Grenouille sauteuse

À terre, la grenouille se tient accroupie sur ses longues pattes arrière repliées. Le pied, le mollet et la cuisse sont à peu près de la même longueur. Lorsque la grenouille bondit, elle déplie ses membres postérieurs pour se propulser en l'air. Totalement détendues, ses pattes sont en général plus longues que le corps.

De l'œuf à l'adulte

La métamorphose est la transformation des têtards en petites grenouilles. Protégés par une sorte de gelée, les œufs sont pondus dans l'eau. Ils éclosent sous forme de têtards munis d'une queue et de branchies externes. En grandissant, le têtard se dote de pattes et de poumons et perd ses branchies. Une fois transformé en adulte « miniature », il perd sa queue. Chez certaines espèces, la femelle donne naissance à des grenouilles déjà formées.

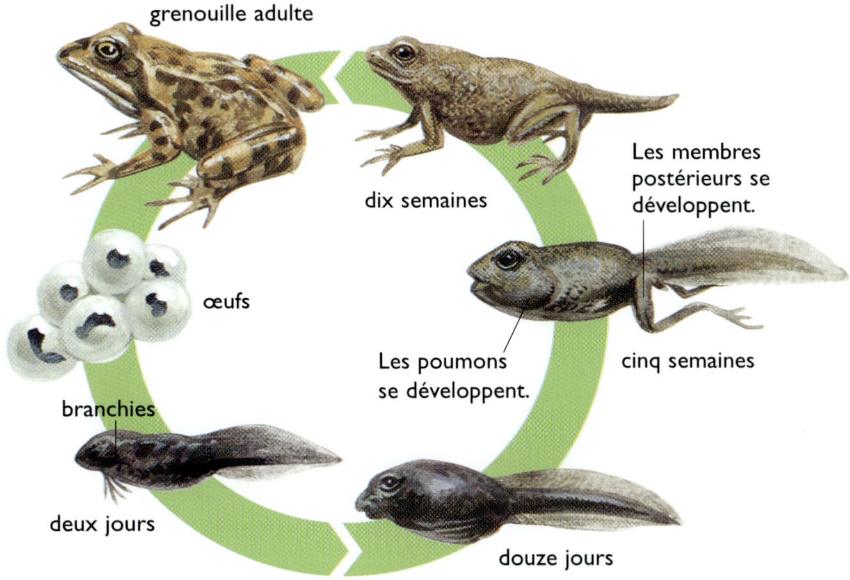

Dendrobate

Grenouille à quatre yeux

Salamandre tachetée

Avertissement

De nombreux amphibiens sont vivement colorés. C'est en général un moyen de défense, une façon de signaler aux prédateurs que la peau de l'animal contient des sécrétions désagréables. Ces substances peuvent simplement irriter l'attaquant, mais certaines, très toxiques, sont mortelles. La grenouille à quatre yeux présente sur les flancs des motifs qui ressemblent à des yeux (ocelles). Lorsqu'elle est attaquée, elle expose ses flancs à la vue du prédateur, qui pense alors avoir affaire à un animal bien plus gros.

Amphibien préhistorique

L'ichtyostéga, un amphibien, est l'un des premiers animaux terrestres connus. Doté de quatre pattes, il avait une nageoire en guise de queue et des écailles osseuses sur le ventre et la queue.

Ichtyostéga

Tritons, salamandres et apodes

Les tritons et les salamandres font partie de l'ordre des urodèles, qui compte quelque 350 espèces. Certains sont aquatiques, d'autres terrestres, d'autres enfin partagent leur vie entre la terre ferme et l'eau. Ce sont généralement des animaux au corps allongé, qui vivent dans les régions tempérées aux abords des points d'eau. Ne supportant pas la chaleur et la sécheresse, ils passent les journées chaudes d'été dans des abris humides. De même, s'il fait trop froid, ils cessent toute activité et se terrent. Peu connus, les apodes (dépourvus de pattes) sont de petits amphibiens fouisseurs ressemblant à des vers de terre. Ils vivent dans les régions tropicales et fouillent la vase ou la terre à la recherche de nourriture.

Amphiume à deux orteils

Taille : 45 cm-1,20 m
Distribution : est des États-Unis
Nom scientifique : *Amphiuma means*

Amphiume à deux orteils

Dotée de pattes minuscules qui n'ont presque pas de rôle moteur, elle sort la nuit pour chasser des écrevisses et des grenouilles dans l'eau. Le jour, elle se cache dans un terrier creusé dans la boue ou abandonné par un autre animal. La femelle pond environ deux cents œufs en longs cordons, puis s'enroule autour pour les protéger jusqu'à leur éclosion.

Batrachoseps de Californie

Longue et fine, cette salamandre a de toutes petites pattes munies de quatre doigts. Elle vit sur terre et se déplace en serpentant plutôt que dressée sur ses pattes. Le batrachoseps se cache le jour dans la végétation humide et sort le soir pour chasser des vers et des araignées. Il est actif des premières pluies du printemps jusqu'au début de la période sèche estivale.

Taille : 7-14 cm
Distribution : États-Unis, Oregon, Californie
Nom scientifique : *Batrachoseps attenuatus*

Batrachoseps de Californie

Protée anguillard

Cette étrange salamandre à la forme d'anguille a des branchies externes rouges et de petites pattes chétives en avant d'une queue aplatie. Quasiment aveugle, elle vit dans l'obscurité totale des cours d'eau et des lacs souterrains. Elle se nourrit de vers et d'autres petits invertébrés qu'elle trouve en fouillant la boue. Les collectionneurs ont tellement chassé ce fascinant amphibien que les scientifiques ne révèlent plus ses lieux d'habitation.

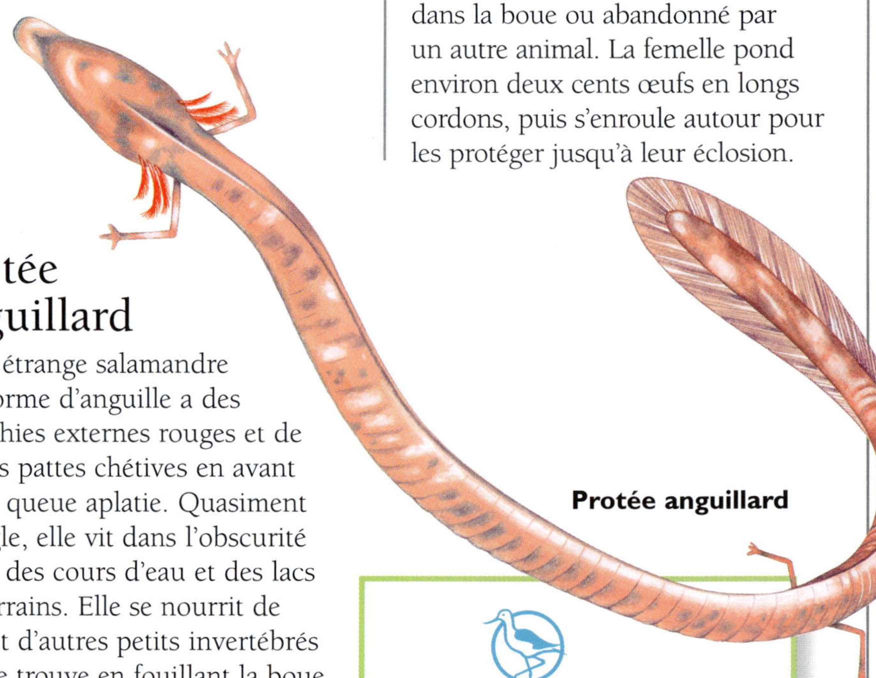

Protée anguillard

Taille : 20-30 cm
Distribution : ex-Yougoslavie, Italie
Nom scientifique : *Proteus anguinus*

Necture

Cet amphibien aquatique conserve ses branchies externes à l'âge adulte. La nuit, le necture chasse des vers, des écrevisses et des insectes. À la période de reproduction, la femelle pond ses œufs (plus de cent cinquante) sur une pierre ou sur une souche.

Necture

Taille : 20-45 cm
Distribution : sud du Canada, États-Unis
Nom scientifique : *Necturus maculosus*

Sirène lacertine

Elle ressemble à une anguille qui aurait de minuscules pattes antérieures à quatre orteils. Dépourvue de pattes postérieures, elle se déplace dans l'eau à la façon des poissons. Le jour, elle se cache sous des rochers et, la nuit, elle chasse des escargots, des larves d'insectes et des poissons.

Taille : 50 cm-1 m
Distribution : États-Unis
Nom scientifique : *Siren lacertina*

Sirène lacertine

Pseudotriton rouge

Taille : 10-20 cm
Distribution : est des États-Unis
Nom scientifique : *Pseudotriton ruber*

Pseudotriton rouge

Vivement coloré, le pseudotriton rouge est relativement trapu. Bien qu'il soit terrestre, il s'éloigne rarement de l'eau. Son alimentation principale est composée de vers de terre, d'insectes et de petites salamandres. Après l'accouplement, la femelle pond entre cinquante et cent œufs. L'incubation dure 2 mois, mais les larves deviennent adultes au bout de 2 ans.

Salamandre aveugle du Texas

Taille : 10-15 cm
Distribution : États-Unis, sud du Texas
Nom scientifique : *Typhlomolge rathbuni*

Salamandre aveugle du Texas

Cette espèce menacée vit dans l'eau des grottes souterraines. Son corps très pâle contraste avec le rouge de ses yeux minuscules et de ses branchies externes, qu'elle conserve à l'âge adulte. Elle se nourrit des déjections de chauves-souris qui nichent dans les grottes.

Ambystome tacheté

Taille : 15-25 cm
Distribution : sud-est du Canada, est des États-Unis
Nom scientifique : *Ambystoma maculatum*

Ambystome tacheté

Habituellement discrets, ces ambystomes se rassemblent chaque printemps autour de points d'eau pour s'accoupler et pondre leurs œufs dans l'eau. Ce spectacle est devenu très rare, car de nombreux bassins de ponte ont été pollués par les pluies acides.

Salamandre-tigre

Cette salamandre longue et trapue a une grosse tête et de petits yeux. Elle apprécie les lieux humides et ombragés, où elle se dissimule parmi les feuilles ou dans un terrier abandonné. Sa nourriture principale est composée de vers, d'insectes, de rongeurs et même d'autres amphibiens.

Taille : 15-40 cm
Distribution : Amérique du Nord, Mexique
Nom scientifique : *Ambystoma tigrinum*

Taille : 7-30 cm
Distribution : ouest de l'Amérique du Nord
Nom scientifique : *Dicamptodon ensatus*

Salamandre géante du Pacifique

La plupart des salamandres sont silencieuses, mais celle-ci émet un cri rauque. Les adultes sont terrestres et se cachent sous les souches et les rochers. Plutôt actifs la nuit, ils attrapent des escargots, des limaces et des insectes. Au printemps, la femelle pond une centaine d'œufs dans l'eau.

Salamandre tachetée

Les couleurs et les motifs contrastés de sa livrée indiquent aux prédateurs que le goût de cette salamandre est très désagréable. Bien qu'elle soit terrestre, elle ne s'éloigne pas de l'eau et affectionne les régions marécageuses. La salamandre tachetée pond des œufs qui deviennent des larves munies de branchies externes, puis des salamandres adultes. Durant l'hiver, jeunes et adultes entrent en vie ralentie.

Taille : 20-30 cm
Distribution : régions d'Europe et du sud-ouest de l'Asie, nord-ouest de l'Afrique
Nom scientifique : *Salamandra salamandra*

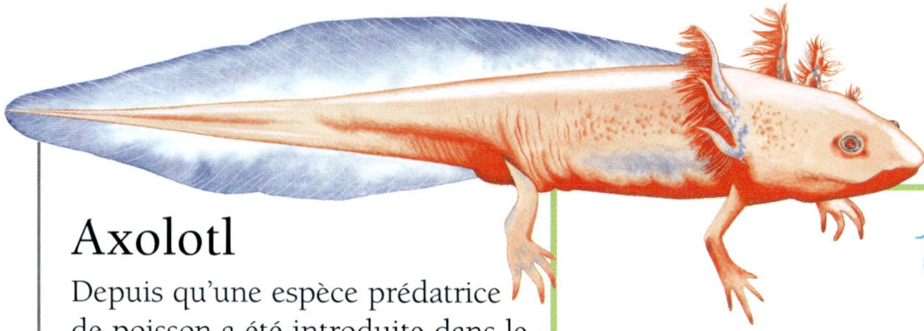

Axolotl

Axolotl

Depuis qu'une espèce prédatrice de poisson a été introduite dans le lac où il vit, et à cause de la chasse dont il est l'objet pour le commerce d'animaux de compagnie, cet amphibien original est devenu rare. Seuls quelques axolotls deviennent des adultes terrestres et perdent leurs branchies. Les autres ne se métamorphosent jamais et restent à l'état de larve, avec des branchies externes, toute leur vie.

Taille : jusqu'à 30 cm
Distribution : Mexique, lac Xochimilco
Nom scientifique : *Ambystoma mexicanum*

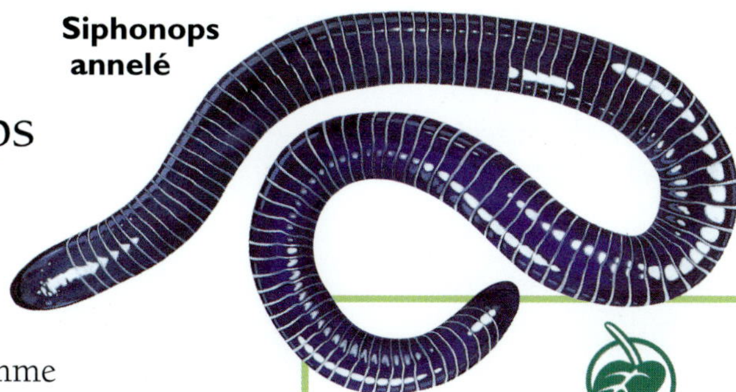

Siphonops annelé

Siphonops annelé

Le siphonops appartient à la famille des apodes et a comme particularité d'être dépourvu d'écailles. Il vit sous terre et se nourrit de vers de terre.

Taille : 35 cm
Distribution : Amérique du Sud, est des Andes
Nom scientifique : *Siphonops annulatus*

Ménopome

Le ménopome se cache le jour sous les rochers des torrents de montagne et sort la nuit pour chasser des écrevisses, des escargots et des vers, qu'il détecte grâce à son odorat. Il a des poumons, mais il respire aussi de l'oxygène par la peau. En automne, la femelle pond près de cinq cents œufs dans un trou creusé par le mâle dans le lit du ruisseau.

Taille : 30-75 cm
Distribution : États-Unis
Nom scientifique : *Cryptobranchus alleghaniensis*

Ménopome

Triton crêté

À la période de reproduction, une crête en dents de scie se développe sur le dos du mâle. Ce gros triton à peau granuleuse se nourrit d'invertébrés, de petits poissons et d'autres amphibiens ainsi que de leurs œufs.

Triton crêté

Taille : 15-20 cm
Distribution : régions d'Europe
Nom scientifique : *Triturus cristatus*

Taille : 5-15 cm
Distribution : est de l'Amérique du Nord
Nom scientifique : *Notophthalmus viridescens*

Triton vert

Triton vert

Au printemps, la femelle pond jusqu'à quatre cents œufs sur des plantes aquatiques. Les larves éclosent 2 mois plus tard. Après s'être développées quelques mois, elles deviennent des juvéniles. Elles quittent alors l'eau et vivent 3 ans sur terre en se nourrissant d'insectes.

Grenouilles et crapauds

Il existe plus de 3 500 espèces de grenouilles (dont les rainettes) et de crapauds, regroupées dans l'ordre des anoures. Chez les adultes, les membres postérieurs sont plus longs que les membres antérieurs, les pattes sont palmées et il n'y a pas de queue. La peau est lisse (grenouilles) ou verruqueuse (crapauds), mais toujours humide. La plupart se nourrissent de petits invertébrés (limaces, escargots, insectes...), qu'ils attrapent avec leur longue langue collante.

Les grenouilles et les crapauds se reproduisent et pondent dans l'eau. Les petits, appelés têtards, vivent dans l'eau, où ils respirent grâce à des branchies et se nourrissent de plantes. En se métamorphosant, ils perdent leurs branchies et leur queue, acquièrent des pattes. Quelques semaines après l'éclosion, ce sont de minuscules grenouilles ou crapauds.

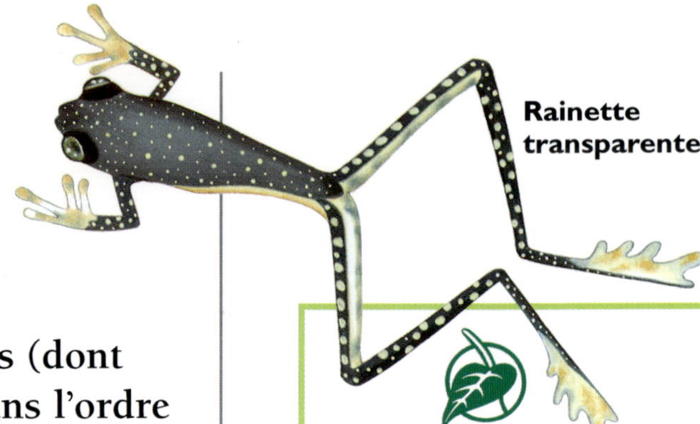

Rainette transparente

Taille : jusqu'à 3 cm
Distribution : nord de l'Amérique du Sud
Nom scientifique : *Centrolenella albomaculata*

Rainette transparente

Cette petite rainette délicate vit dans les arbustes et les buissons, en général aux abords des torrents ou des ruisseaux. Elle s'aide des ventouses de ses doigts pour grimper. La femelle pond ses œufs en paquets sur l'envers des feuilles qui surplombent l'eau. Lorsque les têtards éclosent, ils tombent directement dans l'eau, où ils accomplissent leur métamorphose.

Dactylèthre à griffe

Taille : 6-12 cm
Distribution : Afrique du Sud
Nom scientifique : *Xenopus laevis*

Dactylèthre à griffe

Ce crapaud se déplace vite et est capable de nager en arrière. Avec les griffes de ses pattes avant, il creuse la boue autour des mares et des ruisseaux pour déterrer des petits animaux, y compris ses propres têtards. À la période de reproduction, le mâle émet un bourdonnement pour attirer la femelle. Les œufs, suspendus sur des plantes aquatiques, éclosent 7 jours plus tard.

Grenouille-spectre du Natal

Taille : jusqu'à 5 cm
Distribution : nord-est de l'Afrique du Sud
Nom scientifique : *Heleophryne natalensis*

Grenouille-spectre du Natal

Cette grenouille vit dans les torrents rapides de montagne. La femelle pond ses œufs dans une mare ou sur du gravier mouillé. Une fois éclos, les têtards rejoignent les torrents et ils s'accrochent aux pierres avec leur ventouse buccale.

Crapaud marin

Crapaud marin

Ce gros crapaud affectionne les milieux ouverts. Grand prédateur, il a été introduit dans de nombreuses régions pour débarrasser les cultures de canne à sucre des insectes nuisibles. Il a derrière les yeux des glandes venimeuses qui produisent une substance irritante, voire mortelle, pour ses prédateurs. Il pond ses œufs dans l'eau et, 3 jours plus tard, les têtards éclosent.

Taille : 10-25 cm
Distribution : du sud du Texas à l'Amérique du Sud
Nom scientifique : *Bufo marinus*

Crapaud accoucheur

Taille : jusqu'à 5 cm
Distribution : ouest de l'Europe
Nom scientifique : *Alytes obstetricans*

Crapaud accoucheur

Le jour, il reste à l'abri, tandis que, la nuit, il chasse des insectes et d'autres petits invertébrés. Son nom lui vient de ses mœurs parentales particulières : une fois que la femelle a pondu ses œufs, le mâle les porte sur son dos pendant la durée de l'incubation ; puis, lorsqu'ils sont prêts à éclore, il les libère dans l'eau peu profonde.

Pied-en-bêche occidental

Ses pattes postérieures sont munies d'un tubercule corné avec lequel il creuse la terre. Il passe la journée dans son terrier et sort la nuit pour se nourrir. Il attend qu'il pleuve pour s'accoupler : ainsi, les œufs peuvent être pondus dans une flaque de pluie, où ils éclosent au bout de 2 jours.

Pied-en-bêche occidental

Taille : 3-7 cm
Distribution : ouest des États-Unis, Mexique
Nom scientifique : *Scaphiopus hammondi*

Sonneur oriental

Taille : 5 cm
Distribution : Sibérie, nord-est de la Chine, Corée
Nom scientifique : *Bombina orientalis*

Sonneur oriental

Sa peau produit une substance irritante pour la bouche et les yeux des prédateurs. Lorsqu'il est menacé, le sonneur oriental exhibe son ventre rouge et noir pour se faire reconnaître de l'adversaire, qui associe la couleur avec l'irritation et renonce à l'attaque. La femelle pond dans l'eau des paquets de deux à huit œufs.

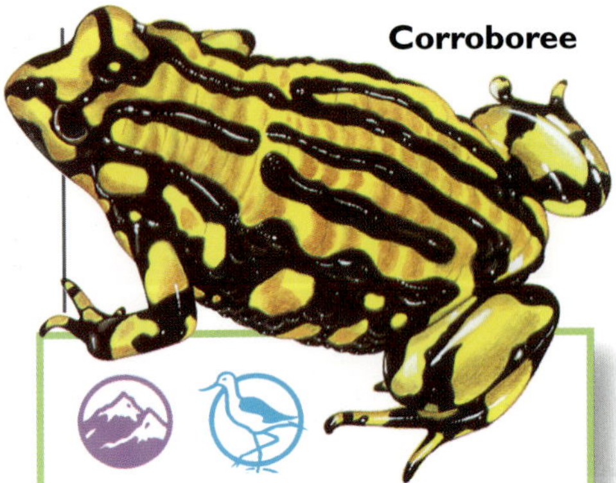

Corroboree

Taille : 3 cm
Distribution : Australie
Nom scientifique : *Pseudophryne corroboree*

Corroboree

Cette grenouille des régions montagneuses vit près de l'eau et s'abrite sous les souches ou dans un terrier qu'elle creuse elle-même. L'été, les couples bâtissent ensemble des nids souterrains dans des tourbières. La femelle y pond une douzaine d'œufs que l'un des deux parents surveille. Lorsqu'il pleut, les œufs sont emportés vers un ruisseau : c'est à ce moment-là que les têtards apparaissent.

Crapaud doré

Ce petit crapaud vit dans les feuilles mortes sur le sol des forêts, et, lorsqu'il fait sec, il se cache dans les fissures des arbres ou des rochers. Le bouclier osseux qui protège son dos lui sert parfois à bloquer l'entrée de sa cache pour préserver une atmosphère humide.

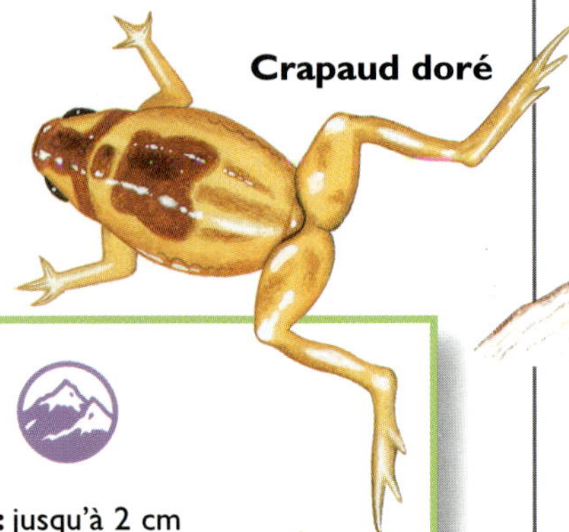

Crapaud doré

Taille : jusqu'à 2 cm
Distribution : Amérique du Sud, sud-est du Brésil
Nom scientifique : *Brachycephalus ephippium*

Grenouille marsupiale

Les œufs de cette grenouille achèvent leur développement dans une poche située sur le dos de la femelle. Quelques semaines après, la femelle libère les têtards dans un point d'eau peu profond.

Grenouille marsupiale

Taille : jusqu'à 4 cm
Distribution : Amérique du Sud
Nom scientifique : *Gastrotheca marsupiata*

Grenouille cornue

Taille : 20 cm
Distribution : nord et centre de l'Amérique du Sud
Nom scientifique : *Ceratophrys cornuta*

Grenouille cornue

Cette grenouille est presque aussi large que longue. Elle a une grosse tête, une large bouche et de petits yeux surmontés d'une bosse.
Elle passe une grande partie de son temps à moitié enfouie dans le sol, se nourrissant d'escargots, de petites grenouilles et de souris. Il est probable qu'elle mange aussi les têtards de sa propre espèce.

Rhinoderme de Darwin

Taille : 3 cm

Distribution : sud du Chili et de l'Argentine

Nom scientifique : *Rhinoderma darwinii*

Rhinoderme de Darwin

La femelle pond de vingt à quarante œufs sur terre, puis plusieurs mâles montent la garde pendant 10 à 20 jours. Lorsque les petits commencent à remuer dans leur coquille, chaque mâle prend quelques œufs dans sa bouche et les fait glisser dans son sac vocal. Les têtards se métamorphosent en petits adultes dans cette poche, puis le mâle les libère dans l'eau en les recrachant.

Rainette verte

Taille : jusqu'à 5 cm

Distribution : presque toute l'Europe

Nom scientifique : *Hyla arborea*

Crapaud des joncs

Taille : 7-10 cm

Distribution : centre et ouest de l'Europe

Nom scientifique : *Bufo calamita*

Crapaud des joncs

Le coassement du mâle est très sonore, puisqu'il porte à plus de 2 km. Généralement terrestres, ces crapauds affectionnent les bords de mer et se reproduisent même parfois dans l'eau salée. Ils s'accouplent la nuit, et la femelle pond des cordons de quatre mille œufs dans de l'eau peu profonde. Les têtards éclosent au bout de 10 jours.

Rainette verte

Cette rainette vit dans les arbres. Sa peau lisse change de couleur selon la lumière, passant du gris foncé à l'ombre au vert vif dès qu'elle est exposée au soleil. Les rainettes vertes se reproduisent au début de l'été, et la femelle pond jusqu'à un millier d'œufs. Au sein de l'espèce, certains individus présentent une coloration bleue.

Rainette arums

Taille : jusqu'à 6 cm

Distribution : Afrique du Sud

Nom scientifique : *Hyperolius horstockii*

Rainette crucifère

Taille : 2-3 cm

Distribution : sud-est du Canada, États-Unis

Nom scientifique : *Hyla crucifer*

Rainette arums

Bonne grimpeuse, cette rainette porte de grandes ventouses à chaque doigt. Le dessous des pattes est orangé et le reste du corps présente une couleur variable : de brun foncé à l'ombre à beige clair au soleil. Le mâle grimpe souvent sur les fleurs d'arum pour courtiser les femelles. L'accouplement a lieu dans l'eau, et les œufs sont pondus sur des plantes.

Rainette crucifère

Son nom lui vient du motif en croix qu'elle a sur le dos. Elle est capable de sauter très haut (dix-sept fois sa taille) pour attraper en vol les araignées et les insectes dont elle se nourrit. À la saison de reproduction, le mâle lance d'un arbre des appels aux sonorités de cloche à l'intention des femelles.

Les dendrobates

Les dendrobates forment un groupe de petites grenouilles terrestres qui ont leur habitat dans les forêts tropicales d'Amérique centrale et d'Amérique du Sud. Il en existe 155 espèces, parmi lesquelles 55 sont très venimeuses : leur peau sécrète un poison extrêmement puissant, souvent mortel pour l'animal qui l'absorbe. La livrée vivement colorée de ces amphibiens constitue un avertissement : elle prévient les prédateurs éventuels du danger et les dissuade de s'attaquer à la grenouille.

Dendrobate doré

Certains scientifiques pensent que le poison de cette grenouille provient des coléoptères et des mille-pattes dont elle se nourrit. Bien que ce poison soit mortel, il peut aussi se révéler précieux pour l'homme : des études sont en cours pour mettre au point un traitement contre les maladies du cœur à partir de cette substance.

Petite, mais fatale

Le poison du phyllobate doré est très toxique. Cette grenouille ne mesure que 5 cm, mais son venin, vingt fois plus puissant que celui de toute autre grenouille, peut se révéler mortel pour les humains par simple contact. Les Amérindiens utilisent ces sécrétions pour empoisonner leurs flèches. Il leur suffit de frotter la flèche contre la peau de la grenouille, et le poison reste efficace pendant plus d'un an.

La femelle pond ses œufs sur une feuille.

Une fois éclos, les têtards grimpent sur le dos de leur mère, qui les transporte jusqu'en haut d'un arbre...

... pour les déposer dans une feuille en coupelle remplie d'eau.

Les soins aux petits

La femelle du dendrobate nain de Panamá veille sur ses têtards pendant leur métamorphose. Elle les transporte en haut des arbres et les dépose quatre par quatre dans des feuilles en coupelle remplies d'eau. Là, elle les surveille régulièrement, leur offrant même comme aliments des œufs non fécondés. À ce stade, les jeunes, dépourvus de poison, sont des proies très vulnérables.

Avec ses motifs bleu vif, ***Dendrobates tinctorius*** est sans doute l'une des plus jolies grenouilles. Mais c'est aussi l'une des 55 espèces de dendrobates venimeuses.

Grenouille volante de Wallace

Cette grenouille effectue des vols planés d'arbre en arbre dans la forêt. Ses grands pieds palmés et les membranes de peau de ses pattes lui servent de parachute pour franchir des distances qui peuvent atteindre 10 m. Elle peut s'orienter en modifiant la position de ses pieds. Ses œufs sont entourés d'une mousse protectrice.

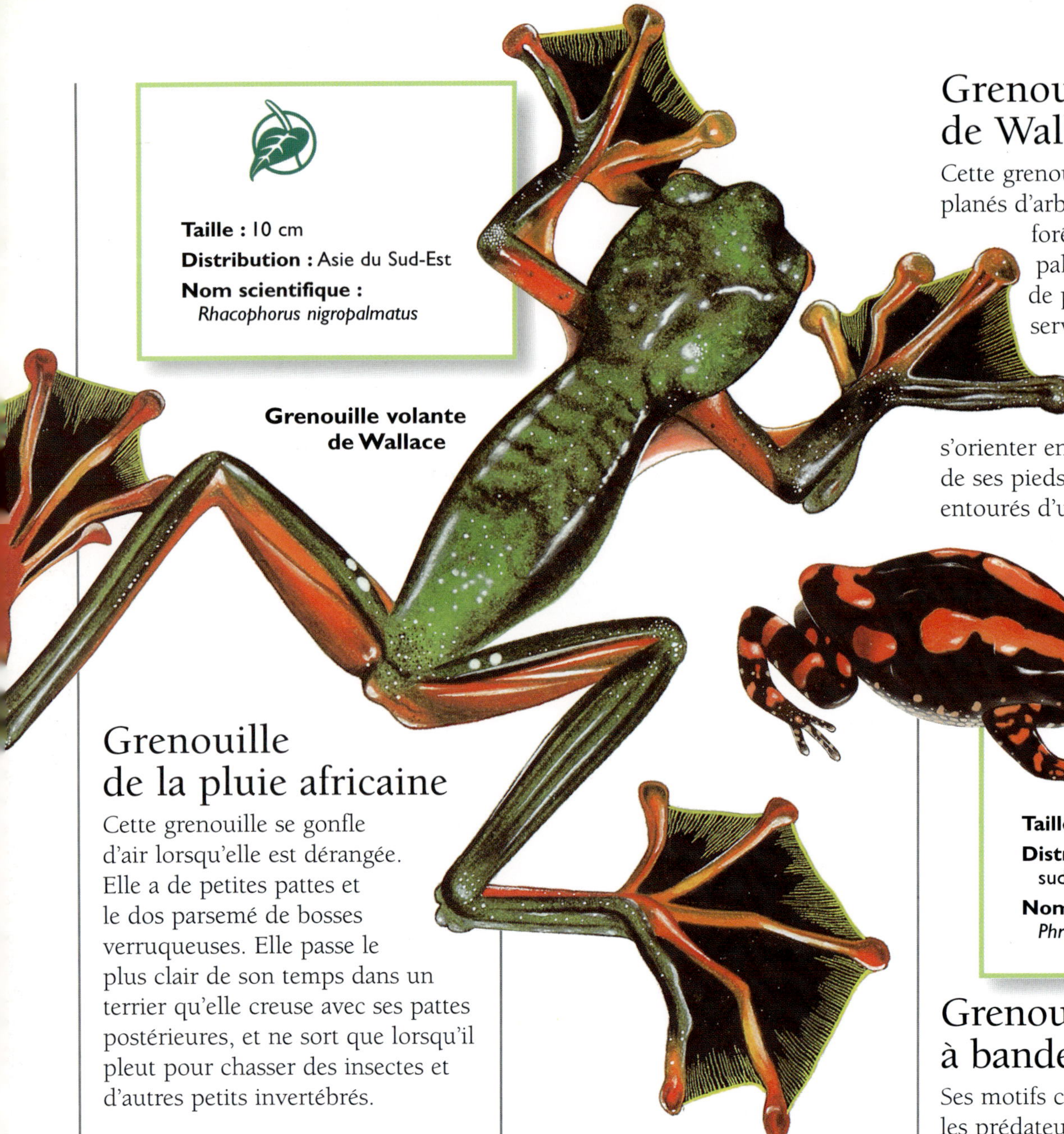

Grenouille volante de Wallace

Taille : 10 cm
Distribution : Asie du Sud-Est
Nom scientifique : *Rhacophorus nigropalmatus*

Grenouille de la pluie africaine

Cette grenouille se gonfle d'air lorsqu'elle est dérangée. Elle a de petites pattes et le dos parsemé de bosses verruqueuses. Elle passe le plus clair de son temps dans un terrier qu'elle creuse avec ses pattes postérieures, et ne sort que lorsqu'il pleut pour chasser des insectes et d'autres petits invertébrés.

Grenouille de la pluie africaine

Taille : 3 cm
Distribution : Afrique du Sud, Namibie, Botswana, Zimbabwe
Nom scientifique : *Breviceps adspersus*

Crapaud à bouche étroite de la Caroline

Excellent fouisseur, ce petit crapaud peut disparaître sous terre en un instant. Il passe ses journées dans un terrier et sort la nuit pour chasser des insectes, notamment des fourmis. La reproduction a lieu en été, lorsqu'il pleut beaucoup.

Crapaud à bouche étroite de la Caroline

Taille : 2-4 cm
Distribution : sud-est des États-Unis
Nom scientifique : *Gastrophryne carolinensis*

Grenouille à bandes rouges

Taille : 5 cm
Distribution : Afrique, sud du Sahara
Nom scientifique : *Phrynomerus bifasciatus*

Grenouille à bandes rouges

Ses motifs contrastés avertissent les prédateurs que sa peau contient une substance au goût désagréable, irritante pour la bouche et la peau. Elle se nourrit de termites et de fourmis, qu'elle attrape en creusant la terre ou en grimpant aux arbres. Protégés par une gelée, les œufs sont suspendus aux plantes ou posés sur le fond de l'eau.

Taille : jusqu'à 15 cm
Distribution : sud-ouest de l'Europe
Nom scientifique : *Rana ridibunda*

Grenouille rieuse

Cette grenouille bruyante vit dans l'eau, mais se poste de temps en temps sur les berges ou sur les feuilles de nénuphar. Elle se nourrit de petits invertébrés, parfois de petits oiseaux et de mammifères. Les mâles chantent jour et nuit, surtout à la période de reproduction. La femelle pond des milliers d'œufs en plusieurs gros paquets.

Grenouille rousse

Cette grenouille terrestre vit près de l'eau et se nourrit d'invertébrés. Pendant la saison de reproduction, le mâle émet des coassements pour appeler les femelles. L'accouplement se fait dans l'eau et la femelle pond des paquets de trois à quatre mille œufs.

Taille : jusqu'à 10 cm
Distribution : Europe, jusqu'à l'Asie
Nom scientifique : *Rana temporaria*

Grenouille à museau de porc

Cette grenouille a une petite tête doté d'un museau très dur. La femelle pond ses œufs dans un terrier qu'elle creuse en poussant avec son museau et en s'aidant des griffes de ses pattes antérieures. À l'éclosion, elle aménage des galeries pour que les têtards puissent rejoindre le point d'eau le plus proche.

Taille : jusqu'à 3 cm
Distribution : nord-est de l'Afrique du Sud
Nom scientifique : *Hemisus marmoratum*

Taille : 5-12 cm
Distribution : moitié nord des États-Unis, sauf la côte pacifique
Nom scientifique : *Rana pipiens*

Grenouille-léopard

La grenouille-léopard s'adapte à n'importe quel habitat humide. Si elle est dérangée lorsqu'elle chasse sur terre, elle se jette à l'eau en effectuant une série de sauts en zigzag. Lors de la reproduction, le mâle émet des grognements graves pour appeler la femelle. Une couvée peut compter vingt mille œufs.

Grenouille-taureau

Cette grosse grenouille est surtout aquatique, mais elle fréquente parfois les berges. Chasseuse nocturne, elle attrape des insectes, des poissons, des petites grenouilles et même des oiseaux et des serpents. Ses sauts peuvent atteindre neuf fois sa taille. Le mâle se distingue par ses appels pendant la reproduction. La femelle pond jusqu'à vingt mille œufs.

Taille : 9-20 cm
Distribution : est et centre des États-Unis
Nom scientifique : *Rana catesbelana*

Les animaux venimeux

Un grand nombre d'animaux sécrètent du venin pour se protéger de leurs ennemis : certains crapauds et chenilles se rendent ainsi immangeables ou malodorants. D'autres, comme la coccinelle, ont un goût déplaisant que signalent leurs couleurs vives. Ainsi alertés, les assaillants se tiennent à distance. Mais le venin constitue aussi une arme pour les prédateurs, qui s'en servent pour paralyser ou pour tuer leurs proies.

Le corps du **sonneur oriental** est parsemé de petites glandes qui sécrètent une substance nauséabonde. Lorsqu'il est menacé, ce batracien présente son ventre couvert de marques rouges afin de prévenir l'assaillant.

Le **cobra** utilise son venin pour tuer ses proies. Lorsqu'il mord, ses glandes buccales sécrètent un poison qui traverse ses crochets par un canal. Plusieurs espèces de cobras sont également capables de cracher du venin pour se défendre contre leurs ennemis.

Le **scorpion** paralyse et tue ses proies à l'aide d'un aiguillon venimeux situé à l'extrémité de sa queue. Lorsque l'animal attaque, il projette son dard par-dessus sa tête et le plante dans sa victime. C'est la contraction musculaire qui pousse le venin dans le dard creux. Certains scorpions peuvent être mortels pour l'homme.

La **chenille des danaïdes** se nourrit d'une plante vénéneuse appelée asclépiade tubéreuse : le poison est inoffensif pour l'insecte lui-même, mais il rend l'animal incomestible. Les rayures voyantes dont la chenille est pourvue sont un signal adressé aux prédateurs. Le papillon issu de la chenille reste toxique.

Les poissons

Avec plus de 24 000 espèces, les poissons forment le groupe le plus vaste au sein des vertébrés. De taille très variable, ils comptent des espèces minuscules comme le gobie pygmée, mesurant moins de 1 cm, mais aussi des géants dépassant 12 m, comme le requin-baleine.

Tous les poissons vivent dans l'eau. Plus de 14 000 espèces habitent dans la mer, les autres peuplent les lacs et les rivières du monde entier. Pour respirer, les poissons sont dotés d'organes spéciaux, les branchies, qui leur permettent d'extraire l'oxygène de l'eau. Dépourvus de pattes, ils se déplacent dans l'eau à l'aide de leurs nageoires.

Les poissons ont une alimentation très variée. Certains mangent des plantes aquatiques, d'autres attrapent de minuscules proies ou les filtrent au moyen d'organes reliés à leurs branchies. Beaucoup sont des prédateurs actifs et rapides, munis de dents acérées, tandis que d'autres, comme les poissons plats et les poissons-pêcheurs, se dissimulent sur le fond de la mer et attendent que les proies passent à leur portée pour les capturer.

Banc de poissons
Comme beaucoup d'espèces de poissons, ces **lutjanidés** à raies bleues se déplacent en « bancs ». On pense que c'est en partie pour assurer leur sécurité que les poissons vivent en bancs : de nombreux prédateurs sont en effet perturbés par cette masse de poissons qui tournent et virevoltent autour d'eux.

Rascasse volante

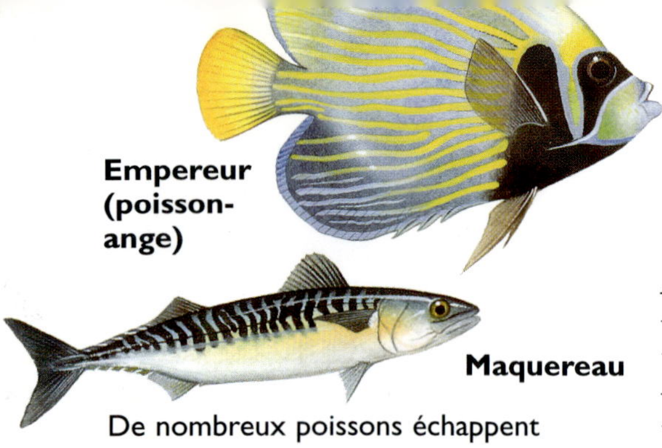

De nombreux poissons échappent à leurs prédateurs grâce à leur **coloration** et aux motifs de leur livrée.

Qu'est-ce qu'un poisson ?

Apparus il y a environ 500 millions d'années, les poissons sont les premiers vertébrés qui ont peuplé la Terre. Les poissons osseux possèdent une colonne vertébrale composée d'os, tandis que les poissons cartilagineux (raies, requins et chimères) ont un squelette fait de cartilage.

BRANCHIES D'UN POISSON OSSEUX

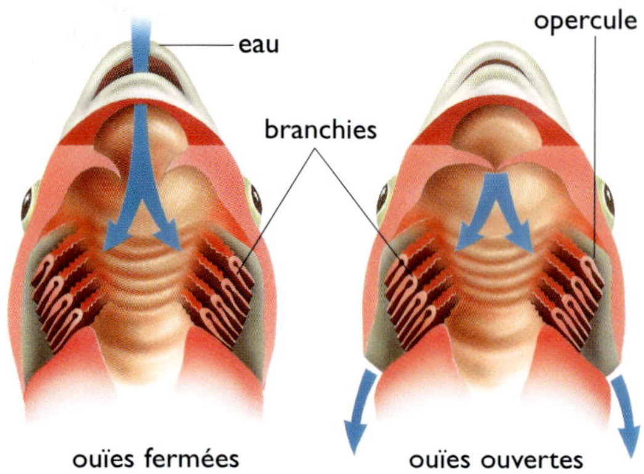

La respiration

Les poissons respirent grâce à des lamelles riches en vaisseaux sanguins, les branchies, situées de chaque côté de la tête. Lorsque l'eau pénètre dans les branchies, les molécules d'oxygène passent dans le sang, qui les achemine alors vers tous les organes. Chez les poissons osseux, les branchies sont recouvertes d'une membrane protectrice mobile, l'opercule. Chez les poissons cartilagineux, elles sont en contact direct avec l'eau.

BRANCHIES D'UN REQUIN

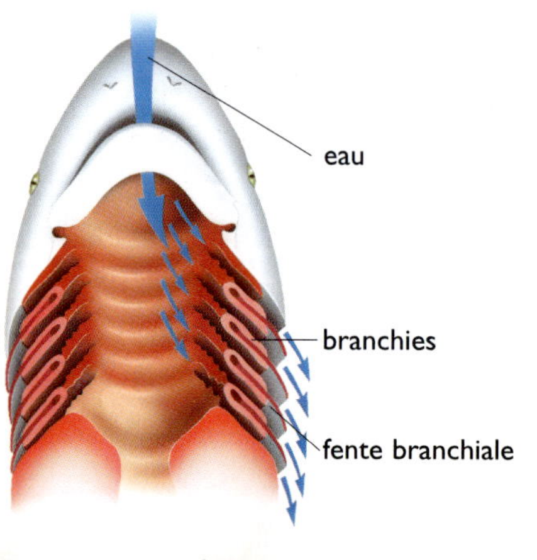

Anatomie

Les poissons et espèces apparentées, désormais regroupés sous le nom de vertébrés inférieurs aquatiques, sont classés dans trois grands groupes. Les agnathes (lamproies et myxines) sont les espèces les plus primitives. Ils ressemblent à des poissons, mais s'en distinguent par leur absence de mâchoire et par leur bouche en forme de ventouse. Le deuxième groupe est celui des poissons cartilagineux (requins, raies, chimères). Le troisième, le plus important, est celui des poissons osseux.

AGNATHE

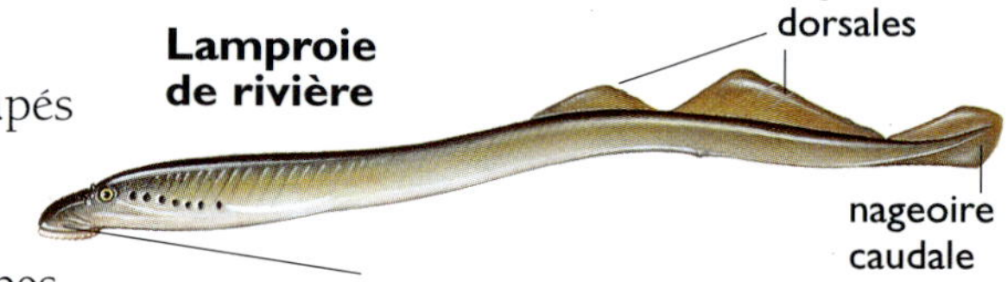

BOUCHE-VENTOUSE D'UNE LAMPROIE

SQUELETTE D'UN POISSON OSSEUX

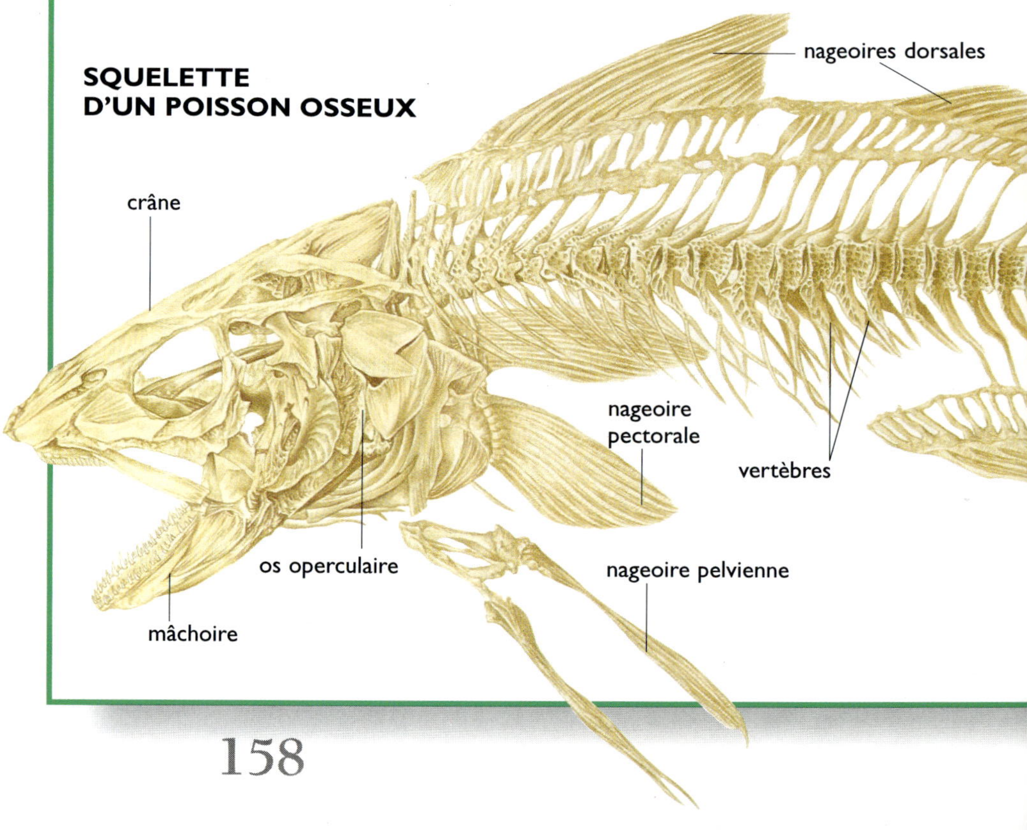

La reproduction

En général, la femelle du poisson dépose dans l'eau un grand nombre d'œufs que le mâle féconde avec sa laitance. Selon les espèces, ces œufs flottent à la surface de l'eau, se déposent sur le fond ou se fixent à la végétation. L'éclosion libère de minuscules larves dont la plupart seront mangées par d'autres animaux. Celles qui survivent deviennent des juvéniles avant d'atteindre le stade adulte.

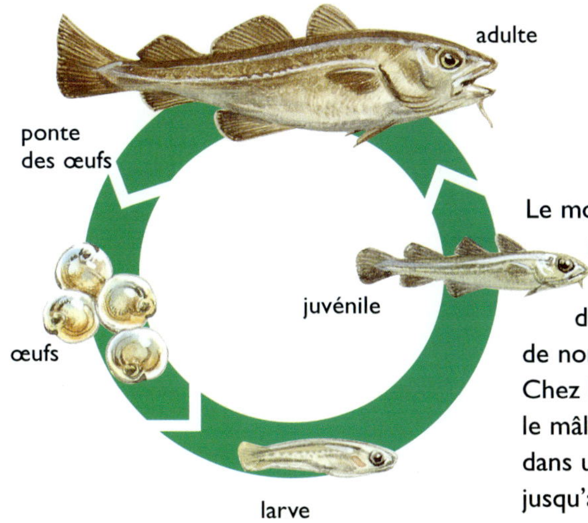

Le mode de reproduction traditionnel des poissons connaît de nombreuses exceptions. Chez l'**hippocampe**, c'est le mâle qui incube les œufs dans une petite poche ventrale, jusqu'à leur éclosion.

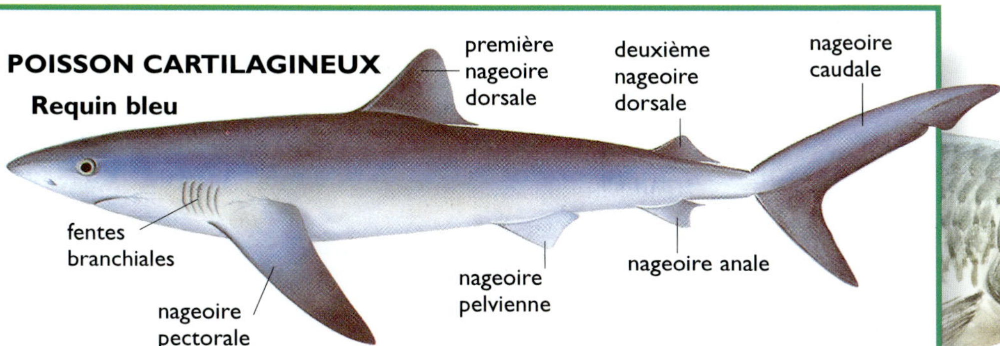

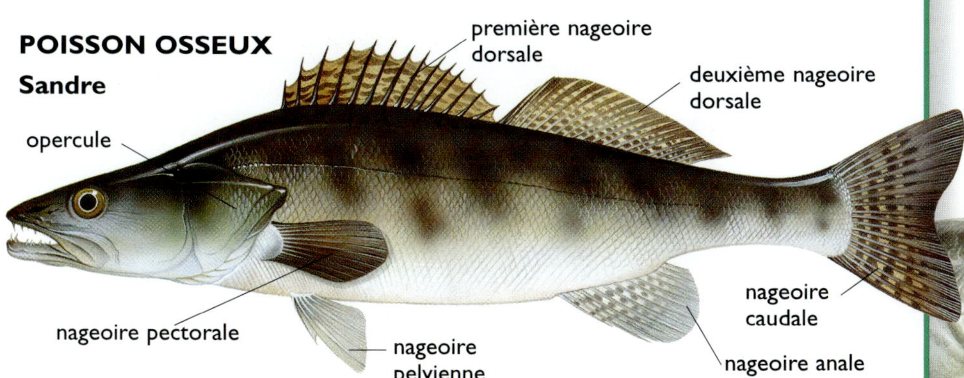

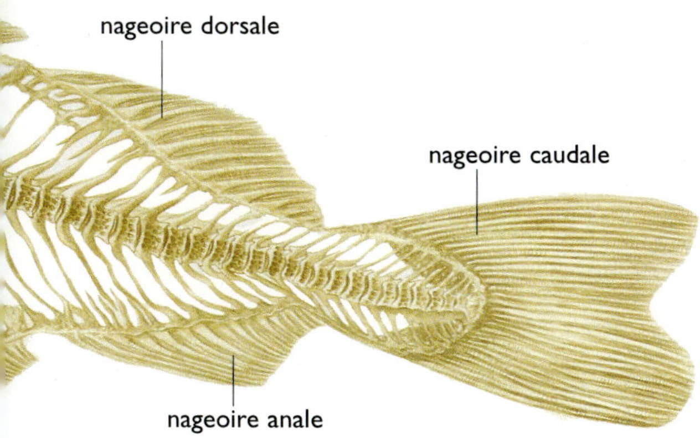

Les **nageoires** sont formées de petits os appelés « rayons », qui leur confèrent leur rigidité et leur permettent de rester déployées. On distingue les nageoires pectorales et pelviennes (sur les côtés du corps), dorsales (sur le dos), anale (en arrière de l'anus) et caudale (à l'extrémité du corps).

La bouche

La bouche des poissons est adaptée à leur comportement alimentaire. Le barracuda a un museau allongé garni de dents pointues pour capturer ses proies. La baudroie est dotée d'une énorme bouche dans laquelle elle engloutit les poissons qui viennent à sa portée. Le poisson-globe a une bouche en forme de bec coupant pour broyer les coquilles de ses proies. Le hareng filtre le plancton au moyen d'organes reliés à ses branchies, les branchiospines.

Myxines, lamproies, requins et raies

Les myxines et les lamproies sont des espèces primitives apparentées aux poissons agnathes, c'est-à-dire caractérisées par l'absence de mâchoire. Les myxines ont une bouche en forme de fente bordée de petites dents. Les lamproies aspirent le sang des autres animaux avec leur bouche-ventouse. Si les myxines ne vivent que dans la mer, certaines espèces de lamproies habitent en eau douce.

Les requins, les raies, les poissons-scies et les espèces proches sont des poissons cartilagineux : leur squelette est constitué non pas d'os, mais de cartilage. Il existe environ 1 000 espèces connues de poissons cartilagineux, qui vivent toutes dans la mer. Si la plupart de ces poissons sont de redoutables prédateurs, certains des plus gros se nourrissent seulement de plancton, qu'ils filtrent dans l'eau.

Requin-taupe bleu

Ce puissant requin au corps fuselé et au museau effilé est un prédateur féroce et un nageur rapide. Il se nourrit de poissons qui vivent près de la surface, tels que le thon et le maquereau. La femelle donne naissance à des petits déjà formés.

Requin-taupe bleu

Taille : 3-4 m
Distribution : Atlantique, Pacifique, océan Indien
Nom scientifique : *Isurus oxyrinchus*

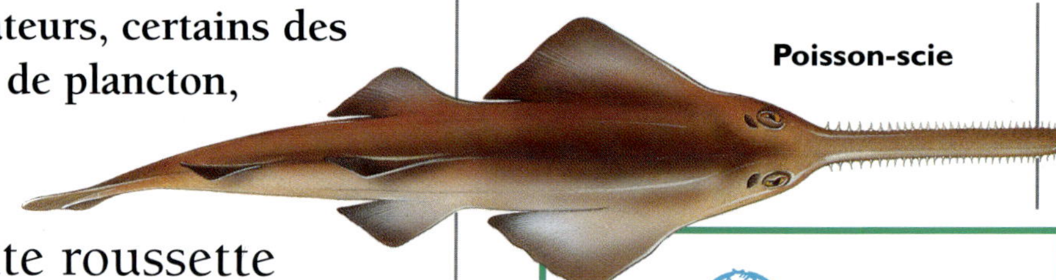

Poisson-scie

Taille : jusqu'à 7 m
Distribution : eaux tempérées et tropicales
Nom scientifique : *Pristis pectinata*

Requin-marteau

C'est son museau élargi en forme de T qui lui vaut son nom. Les yeux et les narines sont situés aux extrémités des branches du marteau, ce qui accroît sans doute les capacités visuelles et olfactives du requin.

Taille : 4,30 m
Distribution : tous les océans
Nom scientifique : *Sphyrna zygaena*

Requin-marteau

Petite roussette

Ce requin de petite taille vit sur les fonds marins sablonneux ou vaseux, où il se nourrit de poissons et d'invertébrés. La femelle pond des œufs logés dans des capsules qui se fixent aux algues et au fond. À l'éclosion, de 5 à 11 mois plus tard, les jeunes roussettes mesurent environ 10 cm.

Petite roussette

Taille : 60 cm-1 m
Distribution : Atlantique nord
Nom scientifique : *Scyliorhinus canicula*

Poisson-scie

Il doit son nom à son museau allongé, dont chaque côté est garni d'au moins 24 longues dents. Il vit sur le fond de la mer, en eau peu profonde. En quête de petits invertébrés, il se sert de sa « scie » pour fouiller le sable. Il mange aussi des petits poissons vivant en bancs, qu'il assomme en agitant sa scie.

Requin blanc

Appelé « mangeur d'hommes », le requin blanc est un grand prédateur aux dents triangulaires. Particulièrement agressif, il s'attaque aux phoques, aux dauphins et même aux requins plus petits. Il se repaît également d'animaux morts et d'ordures.

Taille : 6-8 m
Distribution : Atlantique, Pacifique, océan Indien
Nom scientifique : *Carcharodon carcharias*

Requin blanc

Myxine

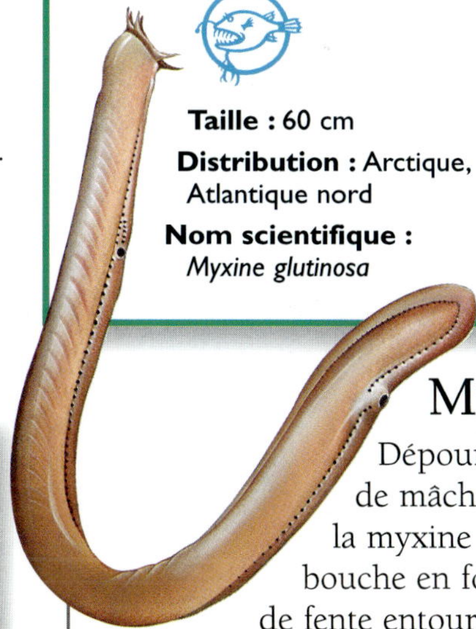

Taille : 60 cm
Distribution : Arctique, Atlantique nord
Nom scientifique : *Myxine glutinosa*

Dépourvue de mâchoires, la myxine a une bouche en forme de fente entourée de barbillons. Elle se nourrit de crustacés et de poissons morts ou mourants. À l'aide de sa langue dentée, elle perfore le corps de sa proie pour en dévorer la chair.

Lamproie marine

Ce poisson parasite se nourrit de sang. Dépourvue de mâchoires, la lamproie marine se sert de sa bouche-ventouse pour se fixer sur sa proie et perforer son corps. Puis elle sécrète un liquide qui empêche la coagulation du sang, provoquant souvent la mort de sa victime par hémorragie.

Taille : 90 cm
Distribution : Méditerranée, côtes de l'Atlantique
Nom scientifique : *Petromyzon marinus*

Lamproie marine

Raie manta

C'est une des plus grandes raies. Comme le requin-baleine, elle se nourrit surtout de plancton, mais ne dédaigne pas les petits poissons. Elle se tient souvent près de la surface de l'eau, en laissant dépasser les extrémités de ses immenses nageoires pectorales.

Raie manta

Taille : longueur 5 m ; envergure 7 m
Distribution : eaux chaudes tropicales
Nom scientifique : *Manta birostris*

Requin-baleine

Taille : 12 m
Distribution : tous les océans
Nom scientifique : *Rhincodon typus*

Requin-baleine

C'est le plus gros poisson du monde. Malgré sa taille imposante, ce requin n'est pas un prédateur : il se nourrit de plancton animal qu'il aspire sur son passage en ouvrant la bouche. Après avoir filtré les proies minuscules que contient l'eau engloutie, il expulse celle-ci par ses fentes branchiales.

Raies et requins des fonds marins

Il existe plus de 500 espèces de raies. La plupart se distinguent par leur corps aplati et leurs énormes nageoires, qu'elles font onduler à la manière d'un oiseau battant des ailes. Les raies passent presque toute leur vie sur le fond de la mer ou à proximité, à moitié enfouies dans le sable. Quasiment invisibles, elles respirent en inhalant de l'eau par la bouche ou par des évents (orifices situés sur la face supérieure du corps), car leurs branchies sont positionnées sur le ventre. Les raies se nourrissent surtout de mollusques, de crustacés et de poissons.

Tous les requins ne sont pas des nageurs rapides quêtant leurs proies près de la surface de l'eau. Certains, comme les requins dormeurs, les requins-nourrices et les requins-tapis, habitent les fonds marins, où ils guettent le passage de leurs proies avant de s'élancer à leur poursuite.

Requin-nourrice

Poisson des fonds, le requin-nourrice est un nageur lent doté de nombreuses petites dents très aiguisées, idéales pour broyer les coquilles des crustacés. Les barbillons sensoriels situés sur sa tête plate l'aident sans doute à dénicher ses proies sur le fond de la mer, où il passe le plus clair de son temps. Lorsqu'il est dérangé, il s'éloigne en rampant plutôt qu'en nageant.

Raie

Le corps aplati de certaines raies est hérissé de minuscules épines et porte une rangée centrale d'épines plus grosses qui court jusqu'au milieu de la queue, offrant au poisson une protection efficace. La femelle dépose au fond de l'eau des œufs protégés par une enveloppe résistante que de longs filaments maintiennent fixés aux algues. À l'éclosion, les jeunes mesurent environ 20 cm.

Requin cornu

Ce requin a un corps effilé et une grosse tête à museau court. Il se distingue par les aiguillons acérés qui se dressent devant ses nageoires dorsales. Actif la nuit, il se nourrit d'oursins, de vers et d'autres proies qu'il capture sur le fond. Il broie la carapace des crustacés avec les dents plates situées à l'arrière de ses mâchoires.

Camouflé par sa couleur et par les nombreux replis ou lambeaux de peau entourant son corps, le **requin-tapis** se tient sur le fond de la mer, où il guette les proies qui passent à sa portée.

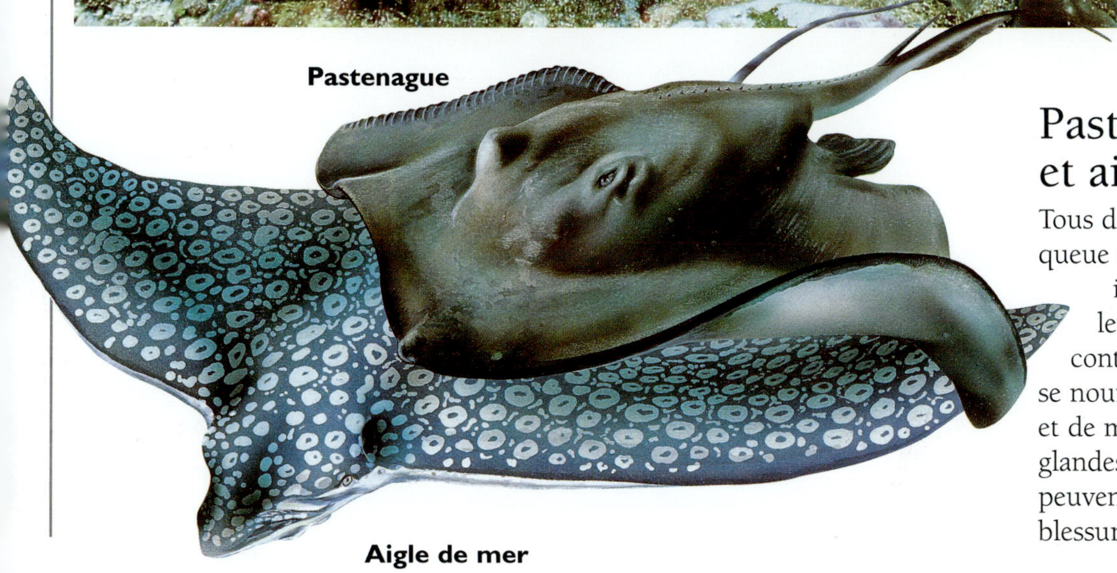

Pastenague

Aigle de mer

Pastenague et aigle de mer

Tous deux sont dotés d'une queue en forme de fouet dont ils se servent pour saisir leurs proies et se défendre contre leurs ennemis. Ils se nourrissent de crustacés et de mollusques. Reliées à des glandes à venin, leurs épines peuvent infliger de sérieuses blessures à l'homme.

Esturgeons, lépisostées, bichirs...

À l'exception des esturgeons, ces poissons vivent en eau douce. Les esturgeons passent une grande partie de leur existence dans la mer : ils ne remontent les fleuves que pour frayer, et les jeunes y restent plusieurs années avant de rejoindre la mer à l'âge adulte. L'homme est en partie responsable de la raréfaction des esturgeons, car il est friand de ses œufs (caviar). Les lépisostées, les bichirs et les amies chauves appartiennent à des ordres distincts de poissons. On les rencontre généralement dans les régions où les plantes aquatiques abondent.

Le hiodon, le pirarucu et le poisson-éléphant sont regroupés dans un ordre qui compte environ 220 espèces d'eau douce. La plupart vivent dans l'hémisphère Sud, mais on rencontre deux espèces de hiodons en Amérique du Nord. Ils se nourrissent d'autres poissons et d'insectes.

Bichir

Ce poisson au corps allongé revêtu d'écailles en losange très dures vit parmi les plantes aquatiques, près des rives des fleuves et des lacs. Il se distingue par ses pinnules dorsales (petites nageoires constituées de rayons épineux). Il se nourrit de poissons et de grenouilles.

Bichir

Taille : 40 cm
Distribution : Afrique centrale
Nom scientifique : *Polypterus weeksi*

Amie chauve

Elle vit dans les eaux à faible courant abritant une abondante végétation. Au printemps, le mâle construit un nid dans le lit de la rivière. Après la ponte, les femelles se retirent et les mâles s'occupent du frai pendant 8 à 10 jours, jusqu'au moment de l'éclosion.

Amie chauve

Taille : 90 cm
Distribution : nord-est de l'Amérique
Nom scientifique : *Amia calva*

Lépisostée osseux

Il se distingue par ses longues mâchoires armées de dents pointues. Il se cache dans les plantes aquatiques et, dès qu'une proie (poissons, crustacés) passe à sa portée, il s'élance et la happe. Il se reproduit au printemps, en eau peu profonde. Les œufs adhèrent aux plantes ou aux cailloux, ce qui leur évite d'être entraînés par le courant.

Taille : 1,50 m
Distribution : Amérique du Nord
Nom scientifique : *Lepisosteus osseus*

Lépisostée osseux

Poisson-éléphant

Poisson-éléphant

Ce poisson doit son nom à son museau allongé, qui ressemble un peu à une trompe. Des organes électriques situés sur sa queue émettent un faible courant et créent un champ électrique autour de son corps. Sensible aux perturbations qui se produisent dans ce champ, le poisson-éléphant parvient à localiser ses proies la nuit ou dans les eaux boueuses.

Taille : 80 cm
Distribution : Nil, Afrique
Nom scientifique : *Mormyrus kannume*

Hiodon

Il a de gros yeux dorés qui lui assurent une bonne vision la nuit, pendant laquelle il est généralement actif. Son régime alimentaire se compose principalement d'insectes et de leurs larves, ainsi que de poissons qu'il capture à l'aide de ses innombrables petites dents pointues.

Hiodon

Taille : 30-40 cm
Distribution : Amérique du Nord
Nom scientifique : *Hiodon alosoides*

Pirarucu

Pesant jusqu'à 200 kg, le pirarucu est l'un des plus gros poissons d'eau douce. Son corps est recouvert de grandes écailles. Il se nourrit de larves d'insectes et de poissons. Il fraie dans les eaux à fond sablonneux : les œufs sont déposés dans une cavité du lit de la rivière, et les parents en prennent soin jusqu'à l'éclosion.

Taille : jusqu'à 4 m
Distribution : Amérique du Sud
Nom scientifique : *Arapaima gigas*

Pirarucu

Spatule

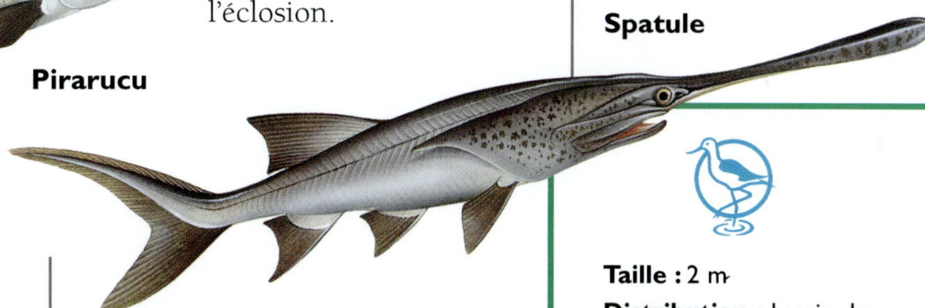

Taille : 2 m
Distribution : bassin du Mississippi, aux États-Unis
Nom scientifique : *Polyodon spathula*

Spatule

Elle se nourrit de zooplancton, qu'elle capture en nageant bouche grande ouverte et qu'elle filtre à travers des petites épines (les branchiospines). Le frai a lieu au printemps. À l'éclosion, les jeunes sont dépourvus du long rostre caractéristique de l'espèce, qui n'apparaît que 2 ou 3 semaines plus tard.

Esturgeon commun

Les esturgeons passent presque toute leur vie dans la mer, où ils se nourrissent d'invertébrés, mais ils fraient dans les fleuves. Au printemps, chaque femelle pond des milliers d'œufs noirs collants. Les jeunes passent les trois premières années de leur vie dans le fleuve, puis ils gagnent la mer.

Taille : 3 m
Distribution : littoral européen
Nom scientifique : *Acipenser sturio*

Esturgeon commun

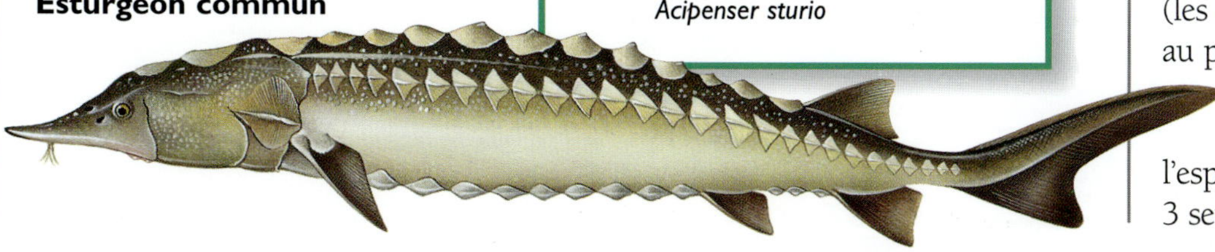

Harengs, tarpons, anguilles...

Ces poissons vivent dans la mer, sauf certains tarpons et anguilles qui passent une partie de leur existence en eau douce.

Les harengs, comme les sardines et les anchois, appartiennent à l'ordre des clupéiformes, qui comprend plus de 350 espèces. La plupart d'entre elles vivent en bancs près de la surface, en haute mer ou à proximité des côtes.

Proches des harengs, les tarpons ont un corps élancé terminé par une queue très fourchue.

Il existe plus de 730 espèces d'anguilles, qui vivent dans tous les océans, à l'exception des zones polaires. Les anguilles se distinguent par leur corps serpentiforme et par leurs longues nageoires dorsale et anale.

Sardine d'Europe

Assez semblable au hareng, la sardine s'en distingue par un corps plus arrondi et de plus grandes écailles. Les sardines nagent en bancs près de la surface de l'eau, où elles se nourrissent de plancton animal. Elles sont pêchées en grand nombre chaque année.

Sardine d'Europe

Taille : 25 cm
Distribution : côtes européennes
Nom scientifique : *Sardina pilchardus*

Alose

Alose

Appartenant à la famille des harengs, l'alose mange surtout du plancton et des petits poissons. La plupart des aloses vivent dans la mer, mais remontent les rivières pour se reproduire. Les aloses de lacs sont deux fois plus petites que les espèces marines.

Taille : 38 cm
Distribution : côte atlantique de l'Amérique du Nord
Nom scientifique : *Alosa pseudoharengus*

Hareng commun

Le hareng est consommé depuis fort longtemps par l'homme, qui en pêche chaque année de grandes quantités. Il se nourrit de plancton, de petits poissons et de crustacés. Ses prédateurs sont des oiseaux, d'autres poissons, les dauphins et les phoques.

Hareng commun

Taille : 40 cm
Distribution : Atlantique, Pacifique
Nom scientifique : *Clupea harengus*

Tarpon

Nageur puissant, le tarpon est apparenté aux harengs. Il se nourrit de poissons et de crabes. La femelle dépose ses œufs dans les eaux côtières, mais un grand nombre de larves sont entraînées par le courant vers les fleuves, où elles grossissent avant de regagner la mer.

Tarpon

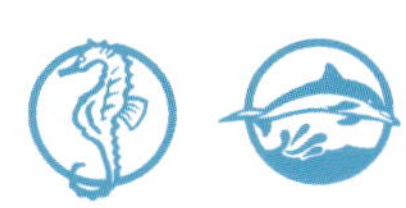

Taille : 1,20 m-2,40 m
Distribution : Atlantique
Nom scientifique : *Tarpon atlanticus*

Anguille-bécasse

Ce poisson abyssal a un corps allongé en forme de ruban et des nageoires qui s'étirent sur presque toute sa longueur. Il utilise ses mâchoires en forme de bec et ses dents pointues pour capturer des poissons et des crustacés.

Anguille-bécasse

Taille : 1-1,20 m
Distribution : Atlantique, Pacifique, océan Indien
Nom scientifique : *Nemichthys scolopaceus*

Notacanthe

Taille : 1,20 m
Distribution : Atlantique nord
Nom scientifique : *Notacanthus chemnitzii*

Notacanthe

Malgré son corps allongé, le notacanthe n'est pas une anguille. Sa nageoire dorsale est composée d'épines isolées, non reliées par une peau. Ce poisson abyssal, assez mal connu, se nourrit sans doute en fouillant le fond de la mer avec son museau.

Murène commune

Comme la centaine d'espèces de murènes des mers tempérées, la murène commune a un corps robuste dépourvu d'écailles et de puissantes mâchoires armées de dents acérées. Elle se cache dans les anfractuosités des rochers, ne laissant dépasser que sa tête pour guetter ses proies (poissons, calmars, seiches...).

Murène commune

Taille : 1,30 m
Distribution : eaux côtières de l'Atlantique, Méditerranée
Nom scientifique : *Muraena helena*

Anguille d'Europe

Taille : 50 cm-1 m
Distribution : Atlantique nord
Nom scientifique : *Anguilla anguilla*

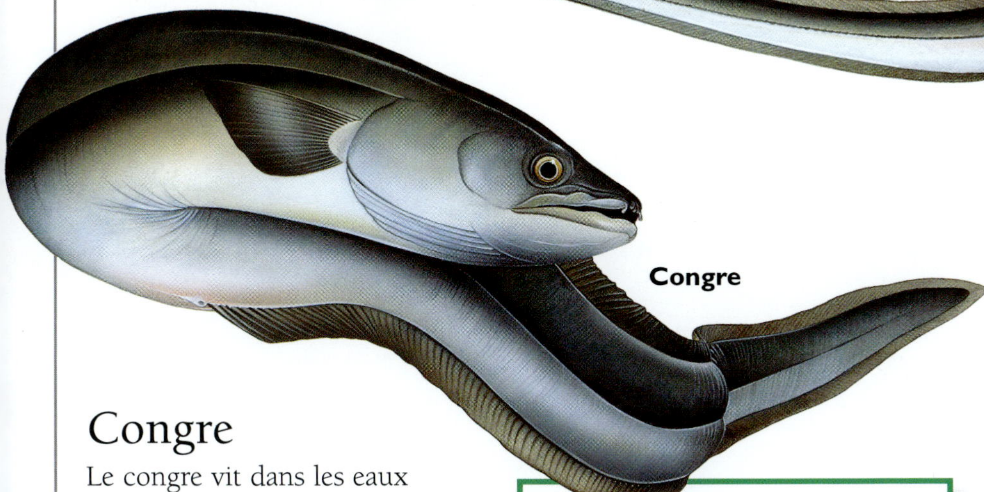

Congre

Congre

Le congre vit dans les eaux peu profondes, caché parmi les rochers. Il quitte son refuge pour chasser des poissons et des poulpes. Pour se reproduire, il migre vers les eaux profondes. L'éclosion libère de petites larves transparentes qui dérivent dans la mer pendant 1 ou 2 ans avant de se métamorphoser en adultes.

Taille : 2,70 m
Distribution : eaux côtières du nord de l'Atlantique
Nom scientifique : *Conger conger*

Anguille d'Europe

Les jeunes anguilles vivent en eau douce. À la saison du frai, elles gagnent la mer pour se reproduire juste avant de mourir. Après l'éclosion, les larves dérivent dans les eaux de surface pendant 3 ans environ. Puis elles remontent les cours d'eau et le cycle recommence.

Piranhas, carpes et brèmes

Les piranhas appartiennent à une famille de poissons d'eau douce qui vivent presque tous dans les lacs et les fleuves d'Amérique centrale et d'Amérique du Sud. Des espèces apparentées se rencontrent également en Afrique. Les piranhas carnassiers déchiquettent la chair de leurs victimes avec leurs dents tranchantes.

Les carpes, brèmes, gardons et espèces proches appartiennent à la famille des cyprinidés, qui compte environ 2 700 poissons d'eau douce. Ils dominent les cours d'eau et les lacs d'Amérique du Nord, d'Europe et du nord de l'Asie, et se trouvent aussi en Afrique. La plupart ont des écailles sur le corps mais pas sur la tête, et sont dotés d'une seule nageoire dorsale. Leur régime alimentaire est varié.

Piranha rouge

Taille : jusqu'à 30 cm
Distribution : nord de l'Amérique du Sud
Nom scientifique : *Serrasalmus nattereri*

Piranha rouge

Les piranhas ont une taille modeste, mais ils chassent en bancs, ce qui leur permet de s'attaquer à des animaux beaucoup plus gros qu'eux. Réputés pour leur férocité, ils sont capables de dévorer une vache en quelques minutes.

Pacu

Bien qu'il appartienne à la famille des piranhas, le pacu est un paisible végétarien. Doté de dents broyeuses, il mange les fruits et les graines qui tombent des arbres bordant les cours d'eau où il vit. Les piranhas végétariens sont plus lents que leurs cousins prédateurs et ne possèdent pas des mâchoires aussi puissantes.

Taille : 70 cm
Distribution : Amérique du Sud
Nom scientifique : *Colossoma nigripinnis*

Pacu

Carassin doré

Le carassin doré, ou poisson rouge, appartient à la famille des carpes. À l'état sauvage, il se plaît dans les étangs et les lacs à végétation abondante, mais il est plus connu sous sa forme ornementale, en tant que poisson d'aquarium ou de bassin d'agrément.

Carassin doré

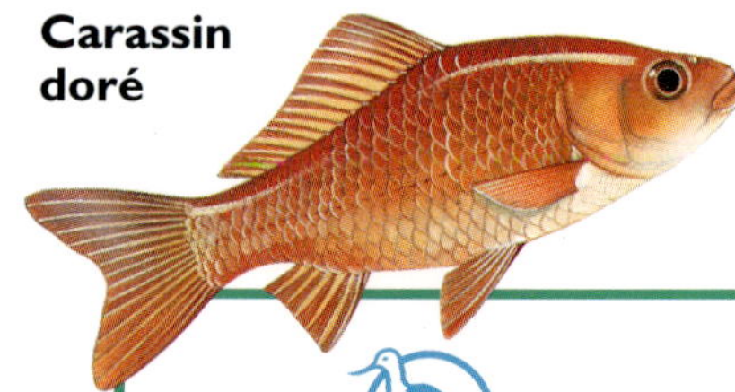

Taille : jusqu'à 30 cm
Distribution : Europe, Asie ; introduit dans le monde entier
Nom scientifique : *Carassius auratus*

Carpe

Ce poisson robuste vit en général dans les eaux stagnantes à végétation abondante, se nourrissant de crustacés, de larves d'insectes et de certaines plantes. Ses œufs, déposés en eau peu profonde, restent fixés sur des végétaux jusqu'à leur éclosion.

Carpe

Taille : 50 cm-1 m
Distribution : sud de l'Europe ; introduite dans de nombreuses autres régions
Nom scientifique : *Cyprinus carpio*

Buffalo grande gueule

Ce poisson robuste mange des crustacés, des larves d'insectes et des plantes. Les adultes fraient dans des eaux peu profondes, où les femelles déposent jusqu'à 500 000 œufs. Les alevins restent quelques mois dans le site de reproduction.

Taille : 1 m
Distribution : Amérique du Nord
Nom scientifique : *Ictiobus cyprinellus*

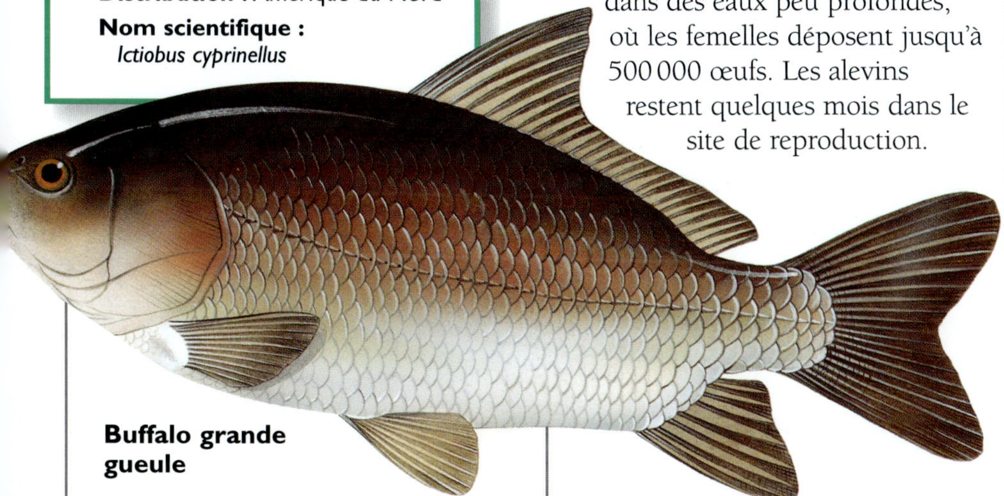

Buffalo grande gueule

Gardon commun

Taille : 35-46 cm
Distribution : Europe et ouest de l'Asie
Nom scientifique : *Rutilus rutilus*

Gardon commun

Ce poisson commun en rivière apprécie les insectes et leurs larves, les mollusques, les crustacés et les végétaux. Il est lui-même la proie de nombreux mammifères et oiseaux. Il fraie dans les eaux peu profondes ; ses œufs se développent sur des plantes jusqu'à l'éclosion, 2 semaines plus tard.

Poisson-suceur

Ce poisson des fonds doit son nom à ses lèvres en forme de ventouse. Il se nourrit de larves d'insectes, de crustacés et de mollusques, mais aussi de plantes. Le poisson-suceur fraie au printemps, la nuit : ses œufs tombent sur le fond caillouteux des ruisseaux, où ils restent jusqu'à leur éclosion.

Taille : 30-52 cm
Distribution : Amérique du Nord
Nom scientifique : *Catostomus commersoni*

Poisson-suceur

Barbeau fluviatile

Taille : jusqu'à 1 m
Distribution : Europe de l'ouest jusqu'à la Russie
Nom scientifique : *Barbus barbus*

Barbeau fluviatile

Son corps est couvert d'écailles dorées et son museau est doté de deux paires de barbillons. Le jour, il se tient au repos sur les fonds caillouteux ou sableux des rivières. Il s'active au crépuscule et à l'aube, pour rechercher des proies dans les sédiments : mollusques, crustacés, larves d'insectes, poissons.

Taille : 23-28 cm
Distribution : Europe, nord de l'Asie
Nom scientifique : *Abramis brama*

Brème commune

La brème se nourrit de larves d'insectes, d'escargots et de vers sur le fond des rivières. Elle vit en bancs et s'alimente la nuit. Le frai a lieu à la fin du printemps ou en été, dans des eaux peu profondes. Les œufs, collés aux plantes aquatiques, éclosent au bout d'une douzaine de jours.

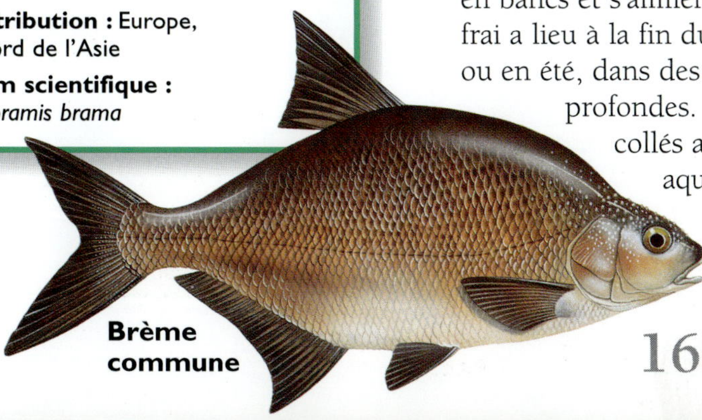

Brème commune

Poissons-chats et espèces voisines

L'ordre des poissons-chats compte plus de 2 400 espèces de tailles très variées (de quelques centimètres à 3 m). La plupart vivent dans les rivières et les lacs d'eau douce des régions chaudes, notamment en Amérique du Sud. Ces poissons n'ont pas d'écailles : leur corps est nu ou recouvert de plaques osseuses formant une sorte de carapace. Poissons des fonds, ils recherchent leur nourriture grâce aux barbillons qui entourent leur bouche : ces sortes de « moustaches » auxquelles ils doivent leur nom sont des organes sensoriels (olfactifs et gustatifs) avec lesquels ils fouillent les fonds vaseux des rivières ou des lacs en quête de proies.

Taille : 50-90 cm
Distribution : Amérique du Sud
Nom scientifique : *Pseudoplatystoma fasciatum*

Surubim

Ce poisson-chat d'Amérique du Sud se distingue par son corps marqué de rayures et de taches sombres. Il vit sur le fond des rivières, où il détecte ses proies (des invertébrés) grâce aux barbillons qui entourent sa bouche.

Surubim

Taille : 18 cm
Distribution : eaux tropicales de l'Amérique du Sud
Nom scientifique : *Callichthys callichthys*

Poisson-chat cuirassé

Son corps est recouvert de plaques osseuses qui le protègent contre les prédateurs. À la saison du frai, le mâle construit un nid de bulles d'écume mêlées à des débris de plantes où il dépose les œufs.

Poisson-chat cuirassé

Poisson-chat australien

Il se distingue par les longues nageoires qui entourent son corps de façon continue. Les épines de son dos et de ses nageoires pectorales peuvent infliger des blessures douloureuses. Il se nourrit surtout de moules, de crevettes et de vers, qu'il repère à l'aide de ses barbillons.

Poisson-chat australien

Taille : 60 cm
Distribution : sud et est de l'Australie
Nom scientifique : *Tandanus tandanus*

Candiru

Ce minuscule poisson-chat est un parasite qui se nourrit de sang. Si d'ordinaire il se contente de mordre les petits poissons, il s'installe parfois dans les branchies des poissons plus gros pour aspirer leur sang. Actif la nuit, il s'enfouit dans le fond de la rivière lorsqu'il n'est pas en quête de nourriture.

Candiru

Taille : 2,5 cm
Distribution : Amérique du Sud
Nom scientifique : *Vandellia cirrhosa*

Silure de verre

Ce poisson doit son nom à son corps transparent, qui laisse apparaître sa colonne vertébrale et ses organes internes. Contrairement à la plupart des poissons-chats, il se déplace en petits bancs près de la surface de l'eau pendant la journée.

Taille : 10 cm
Distribution : Malaisie, Indonésie
Nom scientifique : *Kryptopterus bicirrhis*

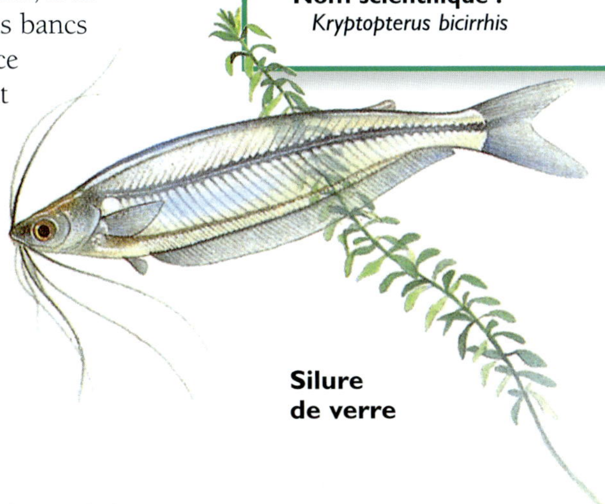

Silure de verre

Poisson-chat marcheur

Il vit souvent dans des petites mares qui disparaissent en période de sécheresse. Mais il est capable de se déplacer sur la terre pour rejoindre une autre mare, en utilisant ses nageoires pectorales comme « jambes ».

Poisson-chat marcheur

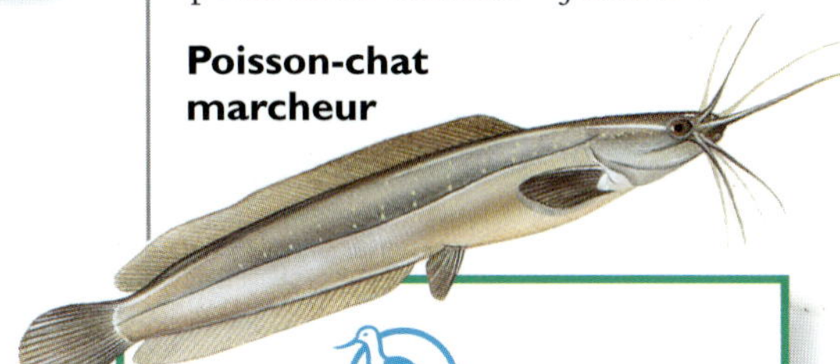

Taille : 30 cm)
Distribution : Inde, Sri Lanka, sud-est de l'Asie
Nom scientifique : *Clarias batrachus*

Poisson-chat bleu

Pouvant dépasser 45 kg, le poisson-chat bleu est l'un des plus gros silures d'Amérique du Nord et un excellent poisson comestible. Contrairement à ses congénères, il se plaît dans les eaux vives ; il fréquente même les rapides et les cascades. Il mange des poissons et des écrevisses. Le frai est déposé sur le fond de la rivière ou du lac, et ce sont les deux parents qui s'occupent du nid puis des jeunes.

Taille : 1,50 m
Distribution : États-Unis, Mexique
Nom scientifique : *Ictalurus furcatus*

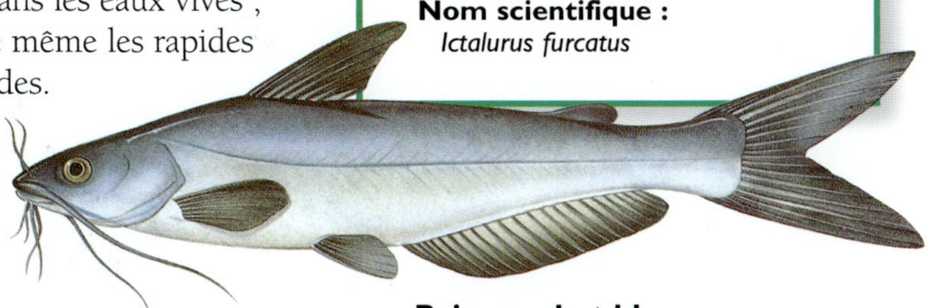

Poisson-chat bleu

Silure glane

Ce gros poisson-chat vit dans les eaux stagnantes ou à faible courant. Pendant la journée, il se tient près du fond parmi les plantes. C'est la nuit qu'il part chercher sa nourriture : poissons surtout, mais aussi grenouilles, oiseaux et petits mammifères aquatiques.

Taille : 1-3 m
Distribution : Europe centrale et orientale ; France
Nom scientifique : *Silurus glanis*

Silure glane

Mâchoiron

Actif la nuit, ce poisson-chat de mer se nourrit de crabes, de crevettes et de poissons. Il fraie en été, et le mâle garde les œufs dans sa bouche jusqu'à leur éclosion ; pendant cette période, il reste sans manger. Par la suite, les alevins reviennent parfois se réfugier dans la bouche du mâle.

Taille : 30 cm
Distribution : ouest de l'Atlantique
Nom scientifique : *Aruis felis*

Mâchoiron

Brochets, haches d'argent, saumons…

Les brochets forment un petit groupe de poissons d'eau douce. L'anguille électrique, unique représentante de sa famille, n'est pas une véritable anguille. Comme son nom l'indique, elle peut produire des courants électriques.

La hache d'argent, un poisson des abysses, possède des organes luminescents.

Les saumons (76 espèces) vivent en eau douce et dans la mer. Certaines espèces migrent de la mer vers les rivières pour frayer. L'éperlan remonte également les cours d'eau pour se reproduire.

Brochet

Prédateur vorace, il s'embusque au milieu des plantes aquatiques, à l'affût de toutes sortes de proies. Les brochets adultes dévorent des poissons, mais aussi des oiseaux et des petits mammifères. La femelle, plus grosse que le mâle, pèse jusqu'à 23 kg.

Brochet

Taille : 1,50 m
Distribution : Europe du Nord, Russie, Alaska, Canada, nord des États-Unis
Nom scientifique : *Esox lucius*

Anguille électrique

Elle produit dans l'eau des décharges électriques très puissantes qui lui permettent de tuer ses proies et de se défendre contre ses ennemis. L'intensité de ses décharges peut infliger un grave choc à l'homme.

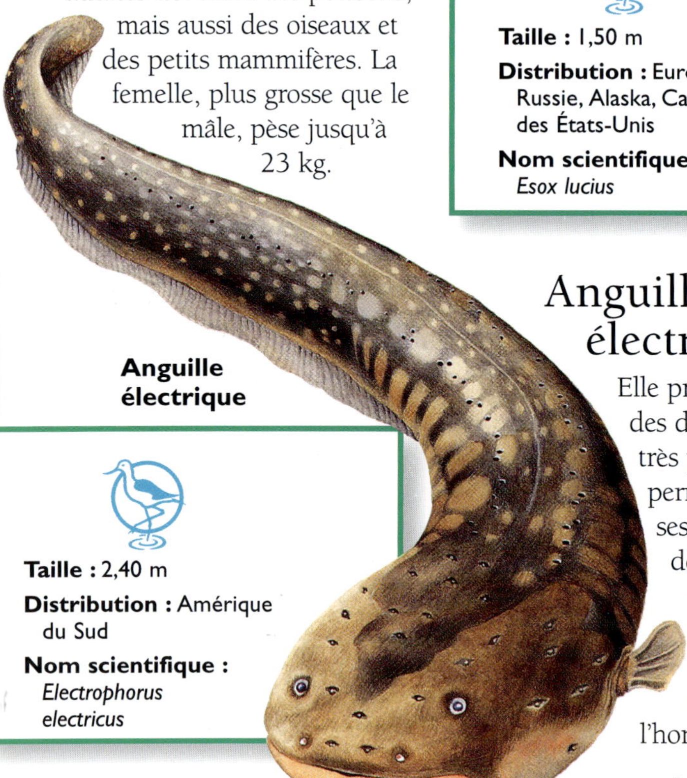

Anguille électrique

Taille : 2,40 m
Distribution : Amérique du Sud
Nom scientifique : *Electrophorus electricus*

Hache d'argent

Ce poisson vit entre 400 et 600 m de profondeur, mais, la nuit, il remonte près de la surface en quête de plancton. Sa face ventrale porte des rangées d'organes produisant une lumière bleu pâle. Grâce à cette lueur, la hache d'argent reconnaît ses congénères et échappe à ses prédateurs, qui sont trompés sur sa taille.

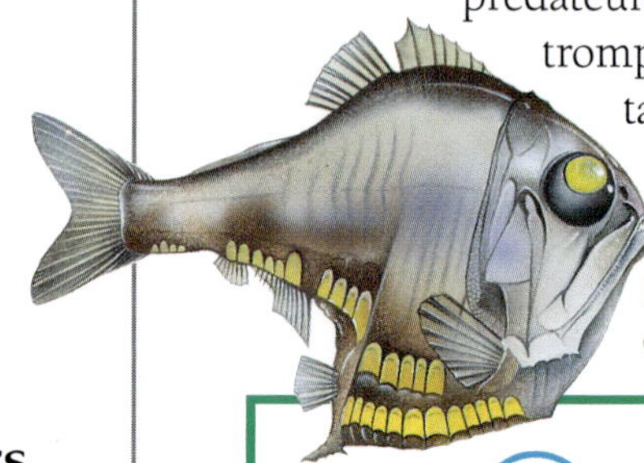

Hache d'argent

Taille : 7 cm
Distribution : eaux tempérées et tropicales
Nom scientifique : *Argyropelecus aculeatus*

Éperlan

Les éperlans sont des poissons marins qui fraient en eau douce. En hiver, les adultes quittent la mer pour remonter les fleuves. Au printemps, les femelles déposent leurs œufs sur des plantes ou sur des pierres au fond du cours d'eau. Quand les jeunes sont suffisamment développés, ils gagnent la mer.

Taille : 30 cm
Distribution : Atlantique nord
Nom scientifique : *Osmerus eperlanus*

Éperlan

Ombre commun

Membre de la famille des thymallidés, l'ombre commun a une longue nageoire dorsale. Il se nourrit d'insectes, de larves, de crustacés et de mollusques. Au printemps, la femelle creuse un trou, qu'elle tapisse de gravier, pour y déposer ses œufs. L'éclosion a lieu 3 ou 4 semaines plus tard.

Ombre commun

Taille : 30-60 cm
Distribution : nord de l'Europe
Nom scientifique : *Thymallus thymallus*

Omble chevalier

C'est un habitant des mers polaires qui se nourrit de poissons et de mollusques. Lorsqu'il est prêt à se reproduire, il remonte les fleuves pour frayer sur des fonds de gravier. Les plus jeunes retournent ensuite dans la mer. Certains ombles chevaliers vivent dans les lacs.

Taille : 25-80 cm
Distribution : Arctique, Atlantique nord
Nom scientifique : *Salvelinus alpinus*

Omble chevalier

Saumon sockeye

Taille : 85 cm
Distribution : Pacifique
Nom scientifique : *Oncorhynchus nerka*

Saumon sockeye

Il vit dans la mer jusqu'à l'âge de 4 ans environ. Puis il remonte les fleuves jusqu'à sa frayère natale, parfois très éloignée (plus de 1 500 km !). Après la reproduction, la plupart des adultes périssent. Les jeunes passent jusqu'à 3 ans en eau douce avant de migrer vers la mer.

Truite arc-en-ciel

Taille : jusqu'à 1 m
Distribution : nord-ouest de l'Amérique ; introduite dans le monde entier
Nom scientifique : *Salmo gairdneri*

Truite arc-en-ciel

C'est un poisson de table recherché, objet d'un élevage intensif. À l'état sauvage, elle vit dans les rivières. Au printemps, la femelle creuse un nid au fond de l'eau et y dépose ses œufs, que le mâle va féconder puis incuber.

Saumon de l'Atlantique

Taille : jusqu'à 1,50 m
Distribution : Atlantique nord
Nom scientifique : *Salmo salar*

Saumon de l'Atlantique

Comme le sockeye, ce saumon regagne les cours d'eau qui l'ont vu naître pour frayer. En hiver, la femelle creuse un nid au fond du cours d'eau et y dépose ses œufs, qui sont alors fécondés par le mâle. Les jeunes passent de 2 à 6 ans en eau douce avant de rejoindre la mer.

Morues, donzelles et baudroies

L'ordre des gadiformes, auquel appartiennent les morues, compte 480 espèces dont cinq seulement vivent en eau douce. On y trouve certains des poissons de table les plus renommés : cabillaud, colin, merlan... Beaucoup de ces poissons carnivores ont sur le menton un filament tactile, ou barbillon, qui les aide à trouver leurs proies dans les fonds marins.

Les donzelles sont de petits poissons semblables à l'anguille, qui sont classés dans un ordre distinct.

Les baudroies font partie d'un ordre comprenant environ 300 espèces. Toutes se distinguent par leur très grosse tête et leur bouche extrêmement large. Elles présentent vers le sommet de la tête un lambeau de chair, appelé « filament pêcheur », qui attire les proies.

Donzelle

Ce petit poisson découvert en 1967 ne se rencontre que dans quelques étangs d'eau douce des Bahamas. Il possède une large tête aplatie et un corps fuselé, entouré en continuité par les nageoires dorsale, caudale et anale. Sa tête est presque entièrement nue, tandis que son corps est recouvert de petites écailles.

Donzelle

Taille : 11 cm
Distribution : Bahamas
Nom scientifique : *Lucifuga spelaeotes*

Lotte

Taille : 50 cm-1 m
Distribution : Canada, nord des États-Unis, nord de l'Europe, Asie
Nom scientifique : *Lota lota*

Grenadier berglax

Proche de la morue, le grenadier berglax est un poisson abyssal doté d'une grosse tête et d'une queue effilée. Ses écailles sont rugueuses et épineuses. Le mâle émet des sons puissants en faisant vibrer sa vessie natatoire (une poche remplie de gaz située dans le ventre) à l'aide de muscles spéciaux.

Taille : 90 cm-1 m
Distribution : Atlantique nord
Nom scientifique : *Macrourus berglax*

Grenadier berglax

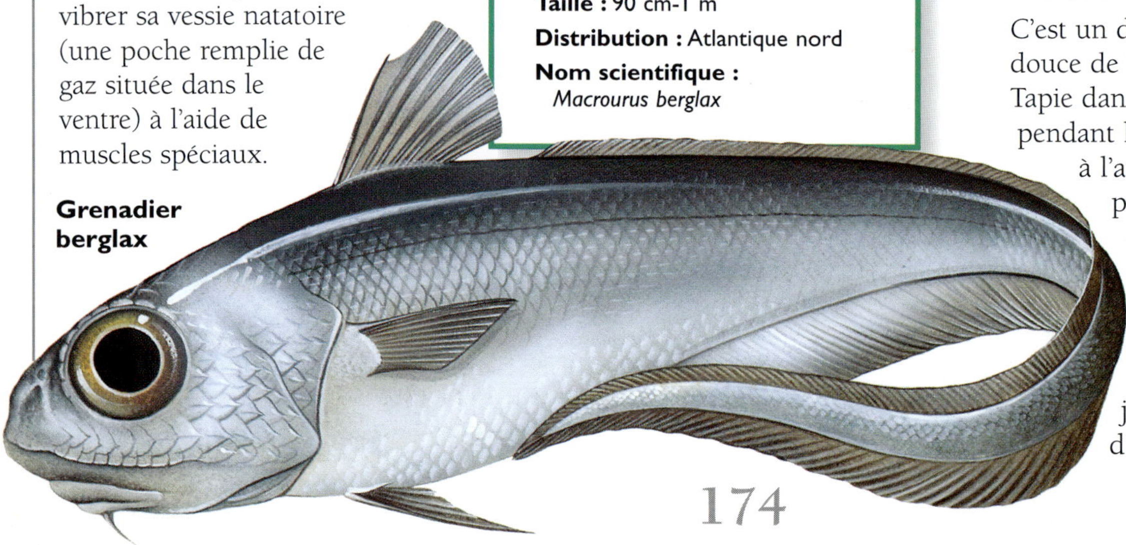

Lotte

C'est un des rares poissons d'eau douce de l'ordre des gadiformes. Tapie dans les plantes aquatiques pendant la journée, elle se nourrit à l'aube et au crépuscule de poissons, de crustacés et d'insectes. Le frai a lieu en hiver, pendant la nuit. Une seule femelle peut déposer jusqu'à trois millions d'œufs. Les jeunes mangent des larves d'insectes et des crevettes.

Lingue commune

La lingue est très répandue sur les fonds marins rocheux, où elle se nourrit de poissons et de gros crustacés. À l'époque du frai, d'avril à juin, les grosses femelles peuvent pondre jusqu'à soixante millions d'œufs.

Lingue commune

Taille : 1,50-2 m
Distribution : nord-est de l'Atlantique
Nom scientifique : *Molva molva*

Morue

Taille : 1,20 m
Distribution : Atlantique nord
Nom scientifique : *Gadus morhua*

Morue

Elle se distingue par ses trois nageoires dorsales et par le long barbillon de son menton. Les morues nagent généralement en bancs près de la surface de l'eau, mais elles quêtent leurs proies (poissons et vers) sur les fonds marins.

Taille : 90 cm
Distribution : Pacifique nord
Nom scientifique : *Theragra chalcogramma*

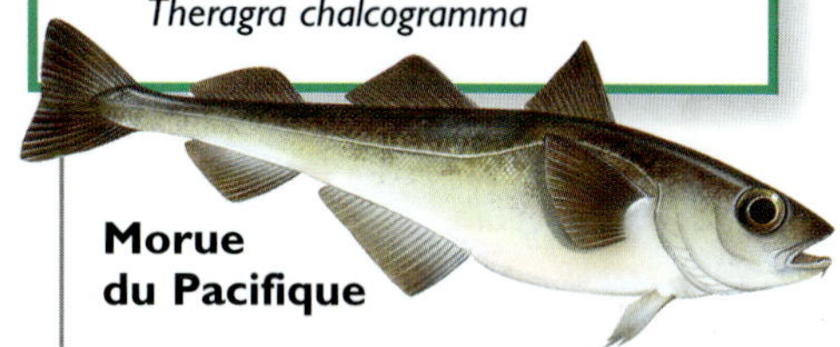

Morue du Pacifique

Morue du Pacifique

Elle possède trois nageoires dorsales, deux ventrales, et se distingue par ses yeux, plus gros que ceux des autres espèces. Elle trouve sa nourriture (crustacés, petits poissons) à moyenne profondeur et non sur les fonds, à la différence des autres morues.

Baudroie abyssale

Son corps arrondi est garni de plaques osseuses, chacune hérissée d'une épine centrale. À l'extrémité du filament pêcheur se trouve un organe lumineux qui attire les proies dans l'obscurité des fonds marins.

Baudroie abyssale

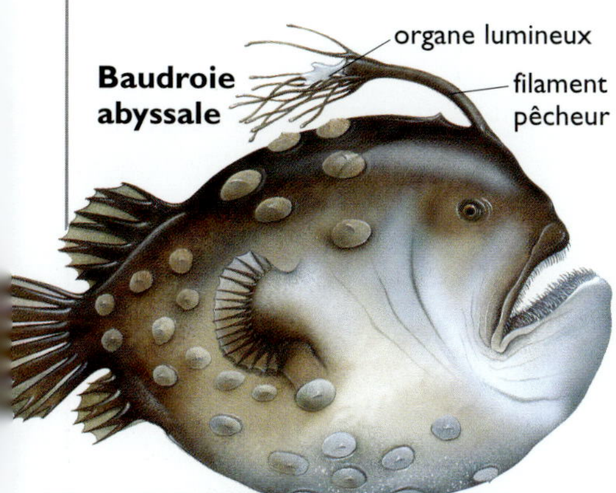

Taille : 60 cm
Distribution : tous les océans
Nom scientifique : *Himantolophus groenlandicus*

Églefin

Également appelé « morue noire », l'églefin se nourrit de vers, de mollusques et d'ophiures qu'il trouve sur le fond, mais aussi de poissons. Il se rassemble en bancs pour frayer, laissant ses œufs flotter en surface jusqu'à l'éclosion. Les jeunes se réfugient souvent dans les tentacules des grosses méduses.

Taille : 76 cm
Distribution : Atlantique nord
Nom scientifique : *Melanogrammus aeglefinus*

Églefin

Baudroie commune

Sur son énorme tête, la baudroie porte un filament pêcheur garni d'un leurre constitué d'un lambeau de chair. Immobile au fond de l'eau, elle agite son « appât » pour attirer des poissons. Dès qu'une proie passe à sa portée, elle ouvre brutalement la bouche et l'engloutit.

Baudroie commune

Taille : 1-2 m
Distribution : côtes européennes
Nom scientifique : *Lophius piscatorius*

Barracudas, espadons, poissons-papillons...

Le groupe des perciformes, auquel appartiennent ces poissons, est le plus important et le plus diversifié. Il compte plus de 9 300 espèces aux formes très variées, que l'on trouve dans presque tous les milieux aquatiques. La plupart des perciformes se distinguent néanmoins par la constitution de leur nageoire dorsale, qui se divise en deux : une partie épineuse à l'avant, et une partie soutenue par des rayons mous à l'arrière.

Dard à gorge orange

Ce petit poisson se nourrit d'insectes et de zooplancton. À la saison du frai, la gorge et la poitrine du mâle virent à l'orange vif, tandis que la femelle reste pâle. Le mâle choisit un site adapté au frai dans une rivière et prend soin des œufs.

Dard à gorge orange

Taille : 8 cm
Distribution : centre des États-Unis
Nom scientifique : *Etheostoma spectabile*

Perche

Taille : 35-50 cm
Distribution : Europe
Nom scientifique : *Perca fluviatilis*

Perche

La perche vit dans les eaux à faible courant et se nourrit de poissons. Les marques verticales de son corps l'aident à se dissimuler parmi les plantes. Elle se reproduit au printemps : les longs chapelets d'œufs s'accrochent aux plantes (ou à d'autres supports), et les larves, qui éclosent 8 jours après, se nourrissent de plancton.

Taille : jusqu'à 1,80 m
Distribution : ouest de l'Atlantique
Nom scientifique : *Seriola dumerili*

Sériole couronnée

Proche du pampano, la sériole est un grand poisson doté d'une nageoire caudale profondément fourchue. Elle se nourrit de toutes sortes de poissons et constitue elle-même un poisson comestible pour l'homme.

Sériole couronnée

Badèche bonaci

Taille : 1,20 m
Distribution : eaux côtières de l'Atlantique, mer des Caraïbes
Nom scientifique : *Mycteroperca bonaci*

Badèche bonaci

Ce poisson assez commun peut atteindre 23 kg à l'âge adulte. La badèche a une grosse tête et des marques sombres irrégulières sur les flancs. Nageur assez lent, elle préfère se dissimuler dans les rochers pour guetter ses proies. Lorsqu'un poisson passe à sa portée, elle ouvre brutalement la bouche et engloutit sa victime avec de l'eau. Si les jeunes badèches affectionnent en général les eaux côtières peu profondes, les adultes vivent dans les profondeurs.

Tassergal

Prédateur vorace, le tassergal continue à tuer même lorsqu'il est rassasié. Il dévore sans distinction tous les poissons qui se trouvent sur son chemin, y compris les jeunes de sa propre espèce. Les tassergals chassent en bancs, poursuivant souvent d'autres bancs de poissons qu'ils convoitent.

Tassergal

Taille : jusqu'à 1,20 m
Distribution : eaux tempérées et tropicales de l'Atlantique, de l'océan Indien et de l'ouest du Pacifique
Nom scientifique : *Pomatomus saltatrix*

Perche géante californienne

Taille : 2 m
Distribution : Pacifique
Nom scientifique : *Sterolepis gigas*

Perche géante californienne

Pesant jusqu'à 250 kg, ce poisson peut vivre plus de 70 ans. Il mange des poissons et des crustacés, et constitue lui-même un poisson de table apprécié. Les jeunes ont une livrée rougeâtre. Il leur faut 12 à 13 ans pour acquérir leur aspect d'adulte.

Pampano

Il a un museau arrondi et une queue très fourchue. Le pampano se nourrit surtout de mollusques et de crustacés qu'il trouve dans les fonds marins vaseux et sablonneux. C'est un poisson de table très prisé.

Pampano

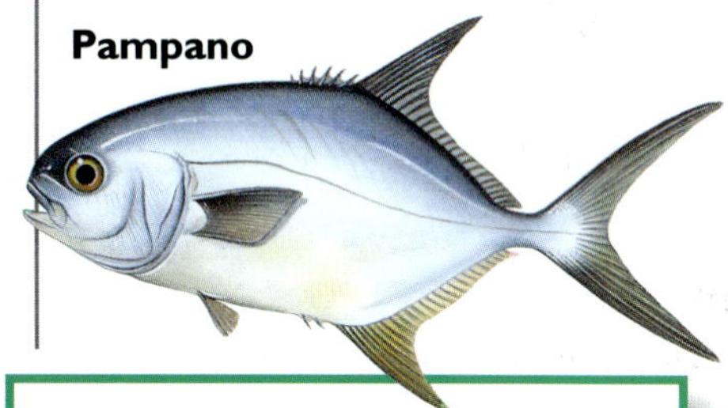

Taille : 45-65 cm
Distribution : ouest de l'Atlantique
Nom scientifique : *Trachinotus carolinus*

Taille : jusqu'à 1,50 m
Distribution : eaux tempérées et tropicales
Nom scientifique : *Coryphaena hippurus*

Grande coryphène

Grande coryphène

Ce poisson aux couleurs vives se reconnaît facilement à sa longue nageoire dorsale. Le front du mâle devient plus vertical avec l'âge. Les grandes coryphènes se déplacent en petits bancs, en quête des poissons, calmars et crustacés qui constituent leur ordinaire. Elles se rencontrent souvent près des amas d'algues flottantes, où leurs proies viennent se cacher.

Vivaneau à queue jaune

Ce poisson comestible est répandu à proximité des récifs coralliens. On le reconnaît aisément à sa queue jaune vif et à la ligne jaune qui s'élargit sur ses flancs. Il se nourrit surtout d'autres poissons et de petits crustacés.

Taille : 60 cm
Distribution : ouest de l'Atlantique
Nom scientifique : *Ocyurus chrysurus*

Vivaneau à queue jaune

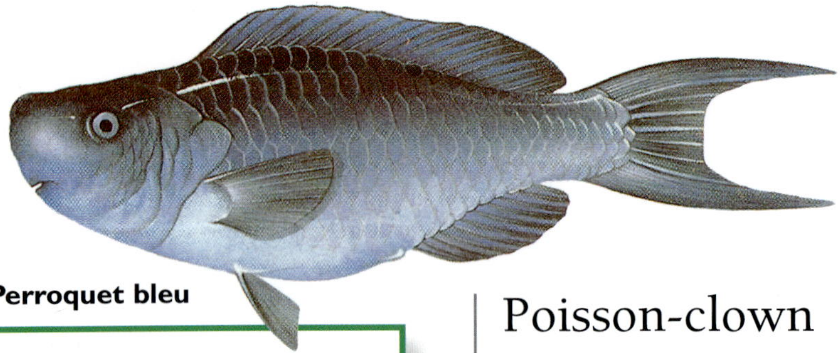

Perroquet bleu

Taille : jusqu'à 1,20 m
Distribution : ouest de l'Atlantique, mer des Caraïbes
Nom scientifique : *Scarus coeruleus*

Perroquet bleu

Ce poisson doit son nom à sa mâchoire en forme de bec de perroquet. Ses dents, soudées, forment une large plaque coupante qu'il utilise pour arracher les algues et pour creuser dans les récifs de corail. Sa couleur – bleu clair quand il est jeune – fonce avec l'âge. Les vieux mâles présentent une bosse sur le front.

Poisson-papillon

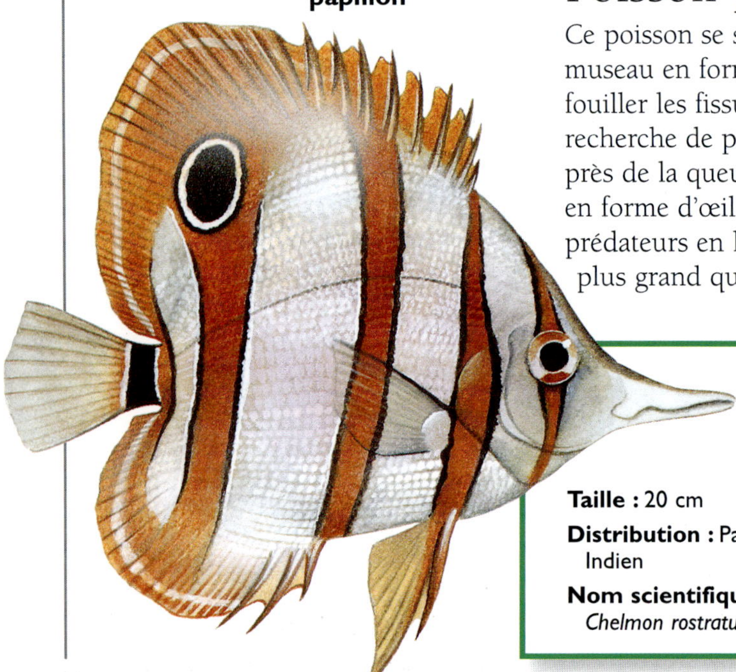

Poisson-clown orange

Il trouve refuge dans les tentacules des anémones de mer, dont il ne redoute pas les cellules venimeuses. Il contribue sans doute à attirer les petites proies dont se nourrit son hôte et prélève sa part en retour.

Poisson-clown orange

Taille : 6 cm
Distribution : Pacifique
Nom scientifique : *Amphiprion percula*

Poisson-papillon

Ce poisson se sert de son long museau en forme de bec pour fouiller les fissures des coraux à la recherche de petites proies. Il porte près de la queue une grosse tache en forme d'œil qui abuse les prédateurs en le faisant paraître plus grand qu'il n'est.

Taille : 20 cm
Distribution : Pacifique, océan Indien
Nom scientifique : *Chelmon rostratus*

Poisson-ange royal

Ce poisson à la livrée éclatante passe inaperçu au milieu des coraux vivement colorés. Il est doté de longues nageoires dorsale et anale, qui dépassent la nageoire caudale. Il se nourrit d'éponges et d'autres invertébrés. Les jeunes débarrassent les poissons de leurs parasites.

Taille : jusqu'à 45 cm
Distribution : Atlantique, mer des Caraïbes
Nom scientifique : *Holacanthus ciliaris*

Poisson-ange royal

Empereur à gueule rouge

Taille : 90 cm
Distribution : Australie
Nom scientifique : *Lethrinus chrysostomus*

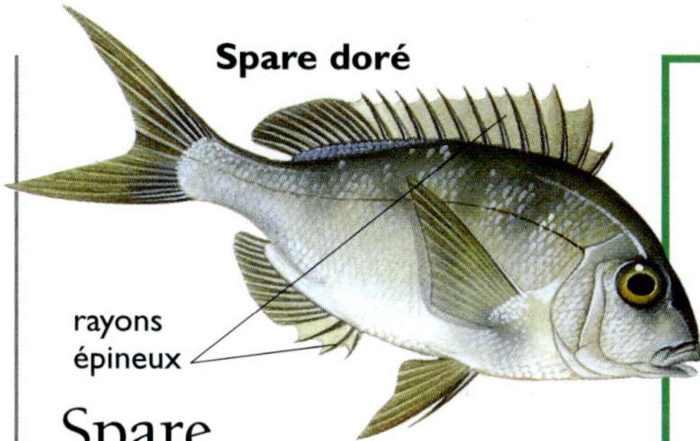

Spare doré

Spare doré

Ce poisson se distingue par sa queue fortement fourchue et la présence de rayons épineux très robustes dans ses nageoires dorsale et anale. Il mange des crustacés et des vers qu'il trouve sur le fond. Au printemps, les adultes fraient dans les eaux côtières. Les œufs flottent librement jusqu'à l'éclosion.

Taille : 46 cm
Distribution : côte atlantique de l'Amérique du Nord
Nom scientifique : *Stenotomus chrysops*

Taille : 35-50 cm
Distribution : Atlantique, Méditerranée
Nom scientifique : *Pagellus bogaraveo*

Pageot rose

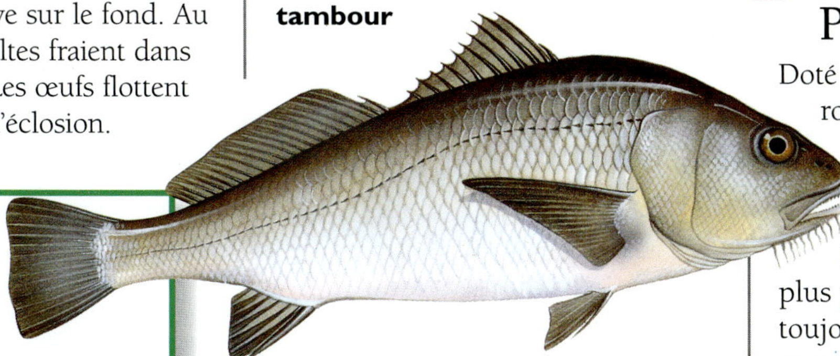

Grand tambour

Pageot rose

Doté d'une livrée aux reflets rougeâtres, ce poisson se distingue par la tache noire qui surmonte sa nageoire pectorale. Les jeunes ont une livrée plus pâle et ne possèdent pas toujours cette tache ; ils nagent en vastes bancs dans les eaux peu profondes, en quête de crustacés. Les adultes vivent en petits groupes dans les profondeurs, où ils capturent poissons et crustacés.

Taille : 50 cm-1 m
Distribution : ouest de l'Atlantique
Nom scientifique : *Pogonias cromis*

Grand tambour

Ce grand poisson des fonds peut peser jusqu'à 65 kg. Il apprécie les mollusques et les crustacés, qu'il broie à l'aide de plaques dentaires spéciales situées dans sa gorge. Très friand d'huîtres, le grand tambour provoque parfois des dégâts dans les parcs à huîtres.

Empereur à gueule rouge

C'est un des nombreux poissons qui chassent dans les récifs coralliens. Ses nageoires sont rouge foncé, et il porte des bandes transversales sombres sur les flancs ainsi que des taches rouges autour des yeux. Sa chair succulente en fait un poisson de table très prisé. Il peut dépasser 9 kg.

Taille : 40 cm
Distribution : est de l'Atlantique, Méditerranée
Nom scientifique : *Mullus surmuletus*

Surmulet

Surmulet

Ce poisson cherche sa pitance sur le fond de la mer, en utilisant ses barbillons pour dénicher les invertébrés qui s'y enfouissent. Dès qu'il a flairé une proie, le surmulet l'extrait du sable ou de la vase. Cette espèce est capable de changer de couleur pour mieux se fondre dans son environnement.

Thon obèse

Les thons

Les thons peuvent nager à 80 km/h. Une telle prouesse s'explique par leur morphologie : dotés d'une tête pointue et d'un corps fuselé, ils se distinguent par une efficacité hydrodynamique inégalée chez les poissons. On en dénombre 13 espèces, vivant toutes près de la surface, dans les eaux tropicales et tempérées. Ce sont des prédateurs, qui mangent surtout d'autres poissons et des calmars. Si la plupart des thons se déplacent en vastes bancs, ceux de la plus grosse espèce (les thons rouges) nagent seuls ou en petits groupes.

Comme tous les poissons, les thons puisent l'oxygène dont ils ont besoin dans l'eau grâce à leurs branchies. Mais, alors que la plupart des espèces pompent l'eau sur leurs branchies en actionnant des muscles, les thons doivent nager sans arrêt en gardant la bouche ouverte, afin qu'un courant d'eau traverse constamment leurs branchies. Plus ils nagent vite, plus la quantité d'eau circulant dans les branchies est importante et plus leur ventilation est efficace.

Espèces de thons

Le thon rouge est le plus gros de tous : il mesure jusqu'à 3 m de long et pèse plus de 540 kg, soit le poids de sept ou huit personnes. Nageur rapide, il est capable de traverser l'Atlantique en 200 jours. Le thon obèse atteint 2 m de long et peut peser jusqu'à 180 kg. Le thon blanc et la bonite, plus petits, ne dépassent pas respectivement 1,50 m et 90 cm. La bonite poursuit souvent ses proies en sautant hors de l'eau.

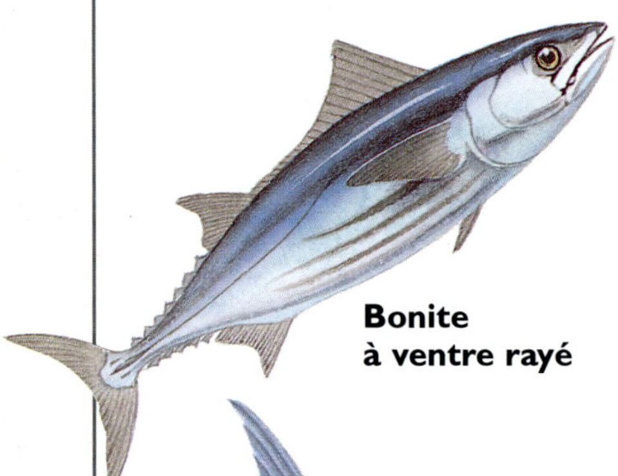

Bonite à ventre rayé

Thon rouge

Thon blanc

Thon à nageoires jaunes, ou albacore

Ce thon se déplace en bancs et s'attaque souvent aux maquereaux. Il a de longues nageoires pectorales, des pinnules jaunes en arrière des nageoires dorsale et anale, et des marques jaunes sur les flancs. Cette espèce vit dans les océans Atlantique et Pacifique. Elle mesure jusqu'à 1,80 m de long et pèse environ 200 kg.

Le **thon à nageoires jaunes** est l'espèce de thon la plus consommée. On en pêche de grandes quantités dans le monde entier.

Poisson-chirurgien bleu

Sa queue porte des épines érectiles qui, en temps normal, se rétractent dans un sillon. Mais, si le poisson est effrayé, il peut dresser son « scalpel » et blesser son ennemi.

Taille : 30 cm
Distribution : ouest de l'Atlantique, mer des Caraïbes
Nom scientifique : *Acanthurus coeruleus*

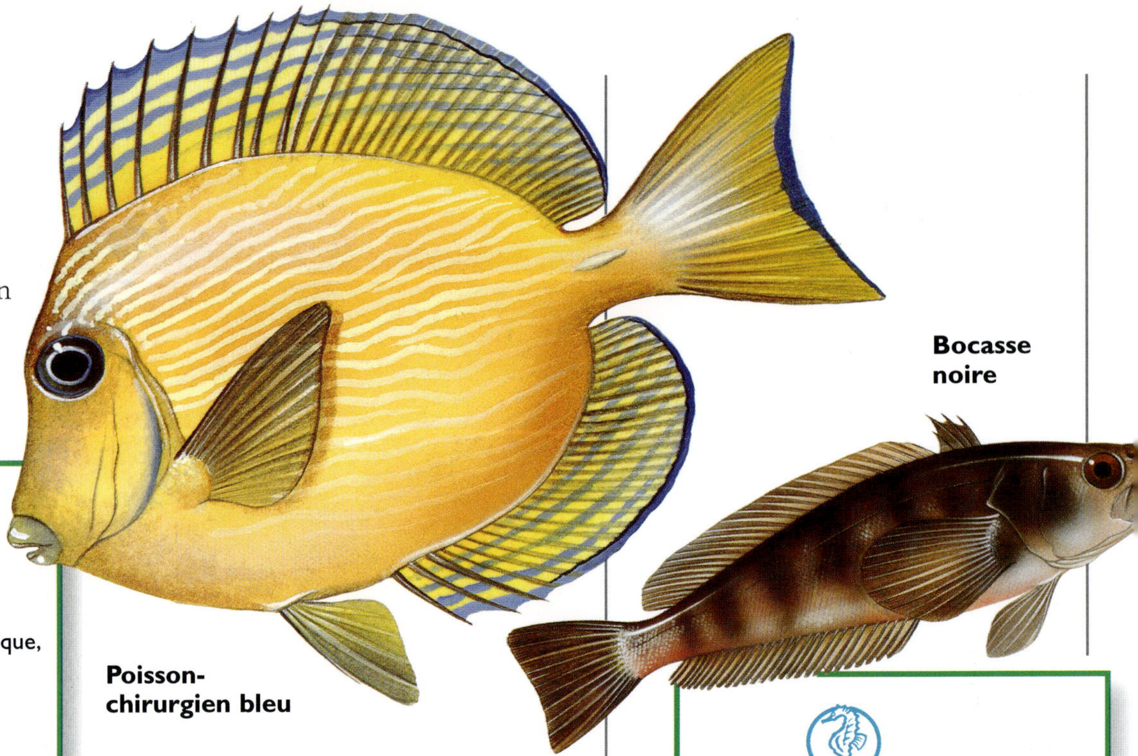

Poisson-chirurgien bleu

Bocasse noire

Taille : 50 cm
Distribution : îles de l'Antarctique
Nom scientifique : *Notothenia coriiceps*

Poisson-archer maure

Ce superbe poisson se distingue par son corps zébré en forme de disque, son museau proéminent et ses longues nageoires étirées vers l'arrière. Bien que proche du chirurgien bleu, le poisson-archer maure est dépourvu d'épines à la base de la queue. Les jeunes portent toutefois, aux commissures de la bouche, des épines qu'ils perdent au stade adulte.

Taille : 18 cm
Distribution : Pacifique, océan Indien
Nom scientifique : *Zanclus cornutus*

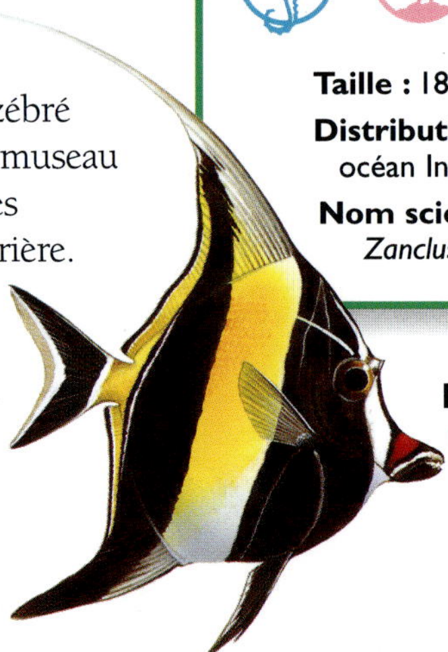

Poisson-archer maure

Bocasse noire

La bocasse noire appartient à la famille des notothéniidés, connue seulement dans les eaux glaciales de l'hémisphère Sud. Elle vit sur les fonds autour des îles australes, se nourrissant de mollusques, de crustacés et de vers. Les adultes s'éloignent des côtes pour se reproduire et les alevins restent en pleine mer deux ans avant de retourner à proximité des terres.

Poisson-disque portugais

Ce poisson a un corps comprimé latéralement, et des nageoires dorsale et anale très développées. Il se nourrit surtout de petits invertébrés. Sa livrée change de couleur avec l'âge : noire chez les jeunes, elle devient par la suite gris argenté, marquée de barres sombres sur les flancs.

Poisson-disque portugais

Taille : 46-90 cm
Distribution : ouest de l'Atlantique
Nom scientifique : *Chaetodipterus faber*

Dragonnet-lyre

Le mâle se distingue par ses longues nageoires jaune et bleu. La femelle, plus petite, n'a pas des nageoires aussi développées. Les dragonnets vivent sur le fond, à moitié enfouis dans le sable, à l'affût de crustacés et de vers benthiques. Lors du frai, au printemps ou en été, les mâles exhibent une livrée nuptiale bigarrée pour conquérir les femelles.

Taille : 30 cm
Distribution : est de l'Atlantique, Méditerranée
Nom scientifique : *Callionymus lyra*

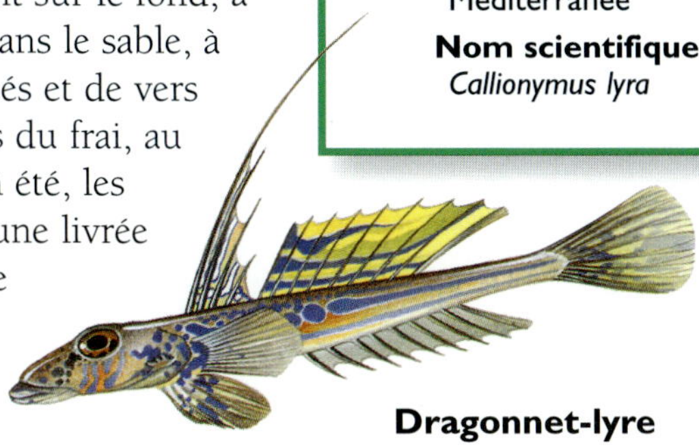

Dragonnet-lyre

Uranoscope américain

Ce poisson a une tête presque carrée ; la position de ses yeux, au sommet de sa tête, lui permet de s'enfouir dans les fonds sablonneux en ne laissant dépasser que ses yeux et sa bouche, pour guetter ses proies (poissons, crustacés...). Grâce à des organes situés derrière ses yeux, l'uranoscope produit des charges électriques qui assomment ses proies. Il fraie au large et en profondeur. Les jeunes dérivent vers les eaux côtières puis s'établissent au fond de l'eau, où ils passent leur vie d'adulte.

Taille : jusqu'à 30 cm
Distribution : côte atlantique de l'Amérique du Nord
Nom scientifique : *Astroscopus guttatus*

Uranoscope américain

Porte-écuelle

Très répandu, le porte-écuelle a une large tête aplatie et un corps en forme de cône effilé vers l'arrière. Ses nageoires dorsale et anale sont situées très en arrière. Comme tous les poissons de cette famille, il possède une ventouse ventrale dont il se sert pour se fixer aux pierres. Il résiste ainsi aux remous, souvent puissants dans les eaux côtières où il vit. Mollusques et crustacés constituent son ordinaire.

Porte-écuelle

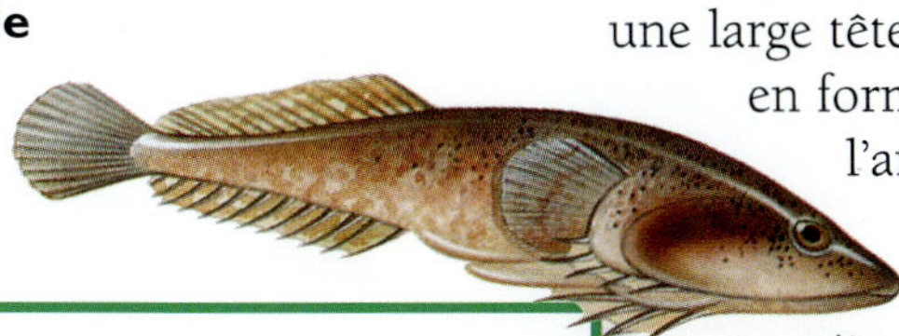

Taille : 15 cm
Distribution : Pacifique
Nom scientifique : *Gobiesox maeandricus*

Taille : 12 cm
Distribution : ouest de l'Atlantique, golfe du Mexique, mer des Caraïbes
Nom scientifique : *Ophioblennius atlanticus*

Blennie à lèvres rouges

Blennie à lèvres rouges

On le reconnaît aux barbillons de son museau arrondi, à ses lèvres rouges et à ses nageoires bordées de rouge. Habitant des fonds rocheux ou coralliens, il se nourrit de petits invertébrés. La femelle fraie parmi les coraux, et le mâle surveille les œufs jusqu'à leur éclosion.

Gobie paganel

Il existe plus de 1 800 espèces de gobies, essentiellement marines. Le gobie paganel est un des plus gros représentants de sa famille. Il en possède les traits caractéristiques : tête aplatie et queue arrondie. Ses nageoires ventrales, soudées, forment une ventouse qu'il utilise pour se fixer aux pierres. Il se nourrit d'invertébrés et de poissons.

Taille : 12 cm
Distribution : nord de l'Atlantique, Méditerranée
Nom scientifique : *Gobius paganellus*

Gobie paganel

Combattant siamois

Les mâles sont élevés en captivité pour participer à des combats organisés. À l'état sauvage, ils se battent contre leurs rivaux pour s'octroyer un territoire. Lors du frai, le mâle construit un nid de bulles dans lequel il dépose les œufs pondus par la femelle après les avoir fécondés.

Taille : 6 cm
Distribution : Thaïlande
Nom scientifique : *Betta splendens*

Combattant siamois

Poisson à tête de serpent

Taille : 1 m
Distribution : Inde, Chine, Sud-Est asiatique
Nom scientifique : *Channa striatus*

Poisson à tête de serpent

Il appartient à un petit groupe de poissons d'eau douce peuplant les régions tropicales d'Afrique et d'Asie. Comme il vit dans des eaux pauvres en oxygène, il est doté d'un organe respiratoire complémentaire qui lui permet de respirer l'oxygène de l'air. Il peut même survivre hors de l'eau, à condition de s'enfouir dans la boue pour rester humide.

Poisson-méduse

Ce petit poisson doit son nom au fait qu'il vit au milieu des filaments d'une méduse géante, la physalie. Insensible à ses cellules venimeuses, il pourrait même neutraliser leur action urticante. La méduse, quant à elle, ne semble pas lui prêter attention, mais son « hôte » la débarrasse peut-être des parasites et des restes de nourriture.

Poisson-méduse

Taille : 22 cm
Distribution : eaux tropicales de l'océan Indien, du Pacifique et de l'ouest de l'Atlantique
Nom scientifique : *Nomeus gronovii*

Makaire bleu

Le makaire bleu, un des poissons les plus rapides, possède le corps fuselé et la queue en croissant typiques des grands nageurs. Pesant jusqu'à 180 kg, il se sert de son nez en forme de bec comme d'une massue pour assommer ses proies, constituées de calmars et de petits poissons se déplaçant en bancs.

Taille : 2,30-3,50 m
Distribution : eaux tropicales et tempérées
Nom scientifique : *Makaira nigricans*

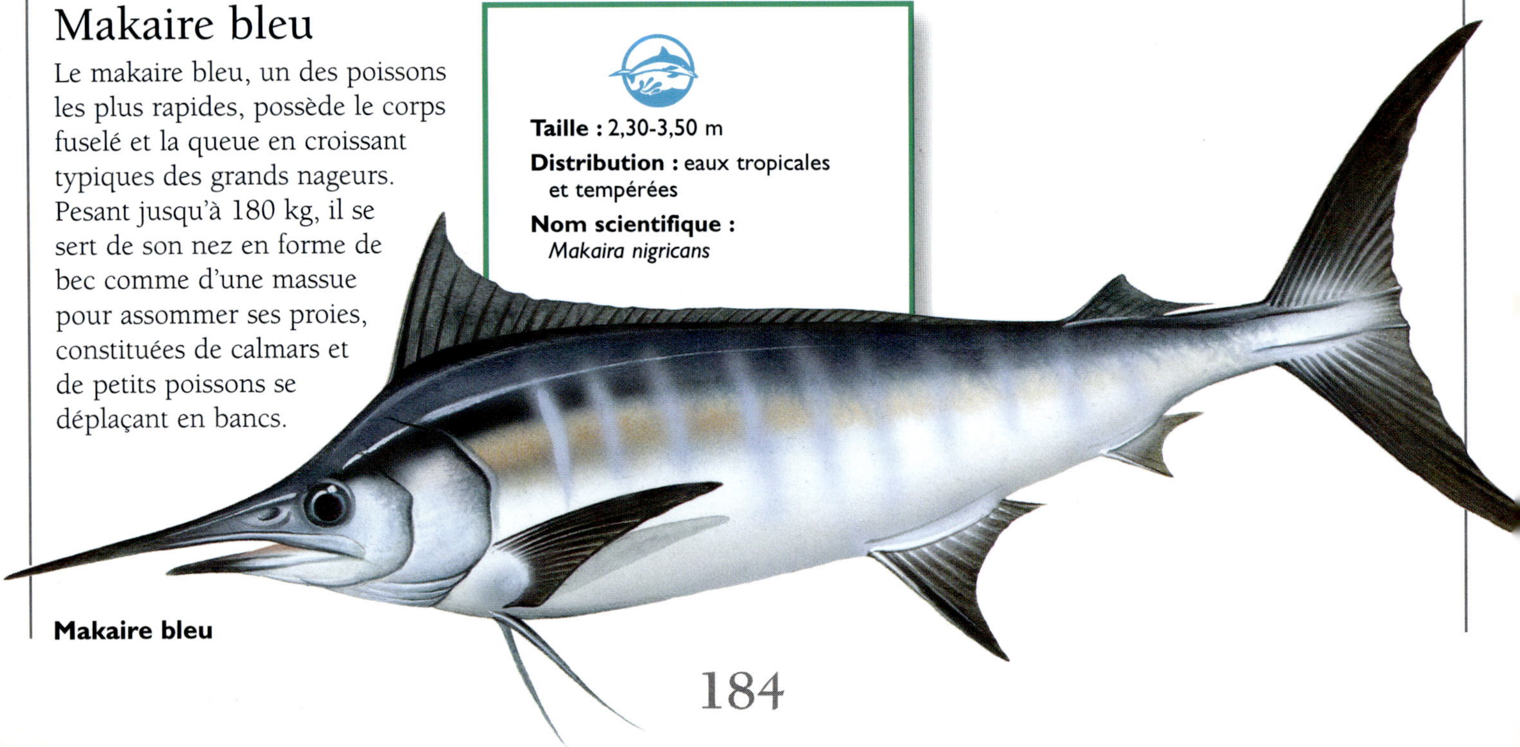

Makaire bleu

Maquereau

Taille : 40-65 cm
Distribution : Atlantique, Méditerranée
Nom scientifique : *Scomber scombrus*

Maquereau

Les maquereaux se déplacent en bancs importants et migrent chaque année vers le nord, au printemps ou en été, pour se reproduire. La femelle peut pondre jusqu'à quatre ou cinq cent mille œufs, qui flottent dans l'eau jusqu'à leur éclosion, environ 4 jours plus tard. Les jeunes se nourrissent de plancton, les adultes, de petits poissons et de crustacés.

Thazard bâtard

Contrairement à ses cousins les maquereaux et les thons, le thazard bâtard ne vit pas en bancs : il nage en général seul ou en petits groupes. Il a un corps plus long et plus fin que celui de la plupart des thons, et un museau allongé pourvu d'une multitude de dents puissantes. Nageur rapide, il peut atteindre 66 km/h lorsqu'il poursuit ses proies.

Thazard bâtard

Taille : jusqu'à 2 m
Distribution : eaux tropicales
Nom scientifique : *Acanthocybium solandri*

Espadon

Ce prédateur actif et rapide est doté d'un corps fuselé et d'une nageoire dorsale en faucille. Il se nourrit de petits poissons et de calmars, et agite parfois son rostre démesuré au milieu des bancs de poissons pour les assommer. Les jeunes sont dépourvus de ce rostre, qui se développe avec l'âge.

Taille : 2-5 m
Distribution : eaux tropicales et tempérées
Nom scientifique : *Xiphias gladius*

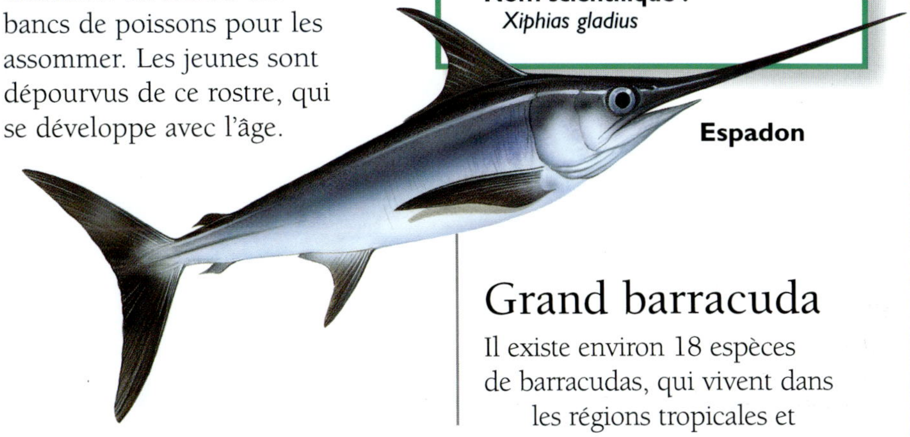

Espadon

Grand barracuda

Il existe environ 18 espèces de barracudas, qui vivent dans les régions tropicales et tempérées. Ce poisson se reconnaît à son corps allongé et à sa grande bouche pourvue de dents pointues. Redoutable prédateur des récifs coralliens, il peut être dangereux pour l'homme s'il est dérangé. Les jeunes nagent parfois en bancs, mais les adultes chassent seuls.

Taille : jusqu'à 1,80 m
Distribution : monde entier
Nom scientifique : *Sphyraena barracuda*

Grand barracuda

Voilier de l'Atlantique

Il se distingue par sa grande nageoire dorsale en forme de voile et son bec en épée. Rapide et vorace, il se nourrit de poissons et de calmars. La femelle pond plusieurs millions d'œufs, qui flottent près de la surface jusqu'à leur éclosion.

Taille : 3,50 m
Distribution : eaux tropicales et tempérées
Nom scientifique : *Istiophorus platypterus*

Voilier de l'Atlantique

Poissons volants, lanternes et lézards

Les poissons volants appartiennent à un grand groupe de poissons, qui vivent presque tous en mer. La plupart peuvent effectuer de véritables bonds au-dessus de la surface de l'eau à l'aide de leurs nageoires pectorales, et planer sur de courtes distances.

Les poissons-lanternes sont répandus dans tous les océans, de l'Arctique à l'Antarctique. Ils portent des organes luminescents sur le corps.

Le poisson-lézard et ses cousins affectionnent les eaux côtières peu profondes.

Demi-bec nain

Ce petit poisson élancé se nourrit de larves de moustiques. Agressifs, les mâles utilisent leurs longues mâchoires pour se livrer combat les uns les autres.

Demi-bec nain

Taille : 7 cm
Distribution : Thaïlande, Malaisie
Nom scientifique : *Dermogenys pusillus*

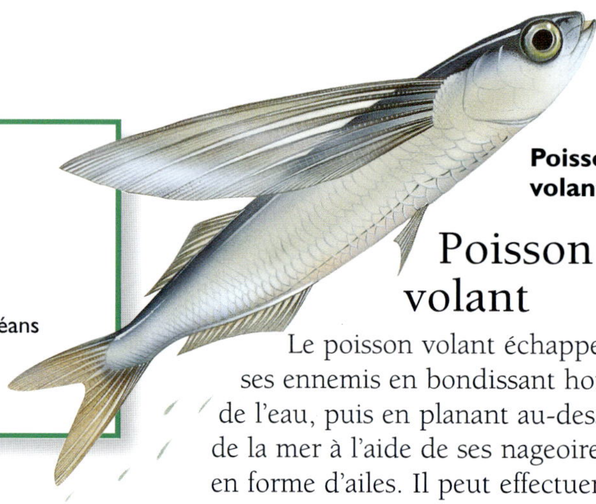

Poisson volant

Taille : 30 cm
Distribution : tous les océans
Nom scientifique : *Exocetus volitans*

Poisson volant

Le poisson volant échappe à ses ennemis en bondissant hors de l'eau, puis en planant au-dessus de la mer à l'aide de ses nageoires en forme d'ailes. Il peut effectuer un vol plané sur une distance de 90 m à 1,50 m au-dessus de la surface.

Poisson-lanterne

Ce poisson possède des plaques lumineuses dont la disposition varie chez le mâle et la femelle. Grâce à ces organes, il repère plus facilement ses proies dans les ténèbres des fonds marins et peut aussi échapper à ses prédateurs, qui ne distinguent pas bien sa silhouette. Il se nourrit de zooplancton.

Taille : 10 cm
Distribution : Atlantique nord, Méditerranée
Nom scientifique : *Myctophum punctatum*

Poisson-lanterne

Taille : 45 cm
Distribution : Atlantique
Nom scientifique : *Hemiramphus brasiliensis*

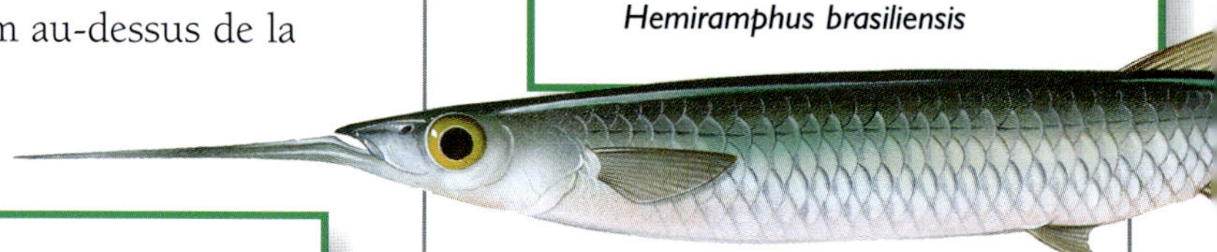

Demi-bec brésilien

Demi-bec brésilien

Ce demi-bec ne bondit pas en l'air, mais peut voler au ras de l'eau. Il se déplace en bancs à la recherche d'algues et de petits poissons, et s'aide parfois de sa longue mâchoire inférieure pour engloutir des proies à la surface de l'eau.

Poisson-lézard rouge

Taille : 32 cm
Distribution : Atlantique
Nom scientifique :
Synodus synodus

Poisson-lézard rouge

Il est doté de nageoires pelviennes très longues, sur lesquelles il prend appui lorsqu'il se tient sur le fond. Redoutable prédateur, il chasse à l'affût et bondit brutalement sur sa proie, qu'il saisit entre ses dents acérées.

Harpadon

Ce poisson au corps allongé possède d'énormes mâchoires pourvues de dents recourbées très acérées. On le rencontre souvent à l'embouchure des fleuves, où il trouve les petits poissons et les crustacés dont il se nourrit.

Orphie naine

Taille : 5 cm
Distribution : Amérique du Sud
Nom scientifique :
Belonion apodion

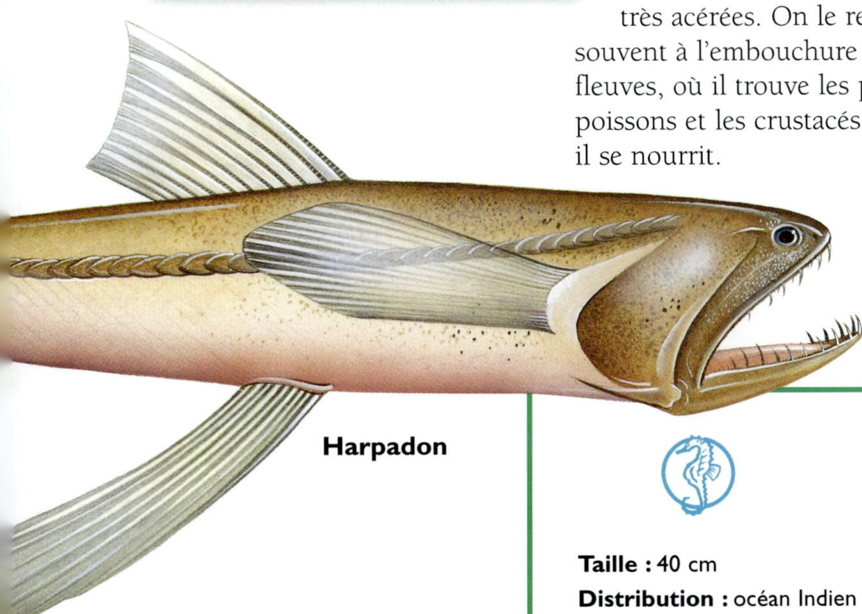

Harpadon

Taille : 40 cm
Distribution : océan Indien
Nom scientifique :
Harpadon nehereus

Orphie naine

Ce minuscule poisson d'eau douce a un corps filiforme, avec de petites nageoires près de la queue. Il utilise sa mâchoire inférieure très allongée pour aspirer du plancton animal.

Orphie

Taille : 94 cm
Distribution : Atlantique nord, Méditerranée, mer Noire
Nom scientifique :
Belone belone

Balaou

Le balaou nage en bancs près de la surface, en quête de petits poissons et de crustacés. Chez les adultes, la mâchoire inférieure dépasse nettement la mâchoire supérieure. Lorsqu'il est poursuivi, le balaou saute facilement hors de l'eau.

Taille : 40-50 cm
Distribution : Atlantique nord, Méditerranée
Nom scientifique :
Scomberesox saurus

Orphie

Cette orphie possède de longues mâchoires garnies de dents très pointues. C'est un prédateur actif, qui mange des petits poissons et des crustacés. Elle fraie dans les eaux côtières, déposant des œufs ronds qui se fixent aux débris flottants ou aux algues.

Balaou

Petits prêtres, guppys, poissons arc-en-ciel...

Les cyprinodontes constituent un groupe de plus de 800 espèces, parmi lesquelles on trouve des poissons d'eau douce comme les guppys. Ils nagent généralement en surface, en quête d'insectes et de débris végétaux tombés dans l'eau. Très adaptables, ils comptent parmi les rares espèces capables de survivre dans des eaux stagnantes ou à faible courant.

La famille des athérinidés (ou prêtres) appartient à un groupe rassemblant plus de 280 espèces, dont les poissons arc-en-ciel. La plupart se nourrissent de zooplancton et vivent en bancs importants dans les lacs, les estuaires et les eaux côtières peu profondes.

Poisson arc-en-ciel à taches pourpres

Ce poisson très coloré est l'une des quelque 50 espèces de poissons arc-en-ciel d'Australie et de Nouvelle-Guinée. Il fraie en été, et ses œufs munis de filaments se fixent aux plantes aquatiques.

Poisson arc-en-ciel à taches pourpres

Taille : 9 cm
Distribution : Australie, Nouvelle-Guinée
Nom scientifique : *Melanotaenia fluviatilis*

Petit prêtre

Petit prêtre

Ce poisson vivant en bancs est doté d'un corps allongé et mince portant deux nageoires dorsales très espacées. Le zooplancton constitue son ordinaire, mais il est aussi friand de petits poissons. Le petit prêtre est lui-même la proie de poissons plus gros et d'oiseaux de mer tels que les sternes.

Taille : 15-20 cm
Distribution : est de l'Atlantique
Nom scientifique : *Atherina presbyter*

Grunion

Les périodes de frai sont liées à l'amplitude des marées. Par une nuit de haute marée, les grunions nagent jusqu'aux plages et déposent leurs œufs dans le sable. Ceux-ci éclosent environ 2 semaines plus tard, lors de la grande marée suivante, et les alevins sont alors entraînés dans la mer.

Taille : 18 cm
Distribution : Pacifique
Nom scientifique : *Leuresthes tenuis*

Grunion

Athérine

Le jour, ce petit poisson paraît transparent, avec une fine bande argentée sur les flancs. La nuit, sa livrée s'assombrit. Les athérines sont des poissons communs qui nagent en vastes bancs. Leurs œufs sont pourvus de minuscules filaments grâce auxquels ils se fixent aux plantes pendant leur développement.

Athérine

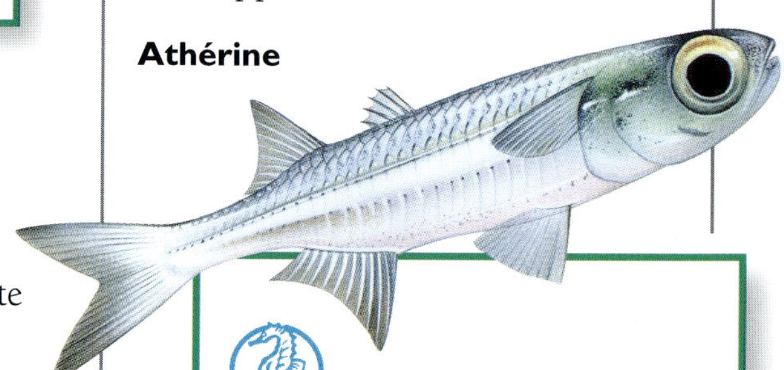

Taille : 13 cm
Distribution : nord-ouest de l'Atlantique
Nom scientifique : *Atherinomorus stipes*

Poisson-lézard rouge

Taille : 32 cm
Distribution : Atlantique
Nom scientifique : *Synodus synodus*

Poisson-lézard rouge

Il est doté de nageoires pelviennes très longues, sur lesquelles il prend appui lorsqu'il se tient sur le fond. Redoutable prédateur, il chasse à l'affût et bondit brutalement sur sa proie, qu'il saisit entre ses dents acérées.

Harpadon

Ce poisson au corps allongé possède d'énormes mâchoires pourvues de dents recourbées très acérées. On le rencontre souvent à l'embouchure des fleuves, où il trouve les petits poissons et les crustacés dont il se nourrit.

Orphie naine

Taille : 5 cm
Distribution : Amérique du Sud
Nom scientifique : *Belonion apodion*

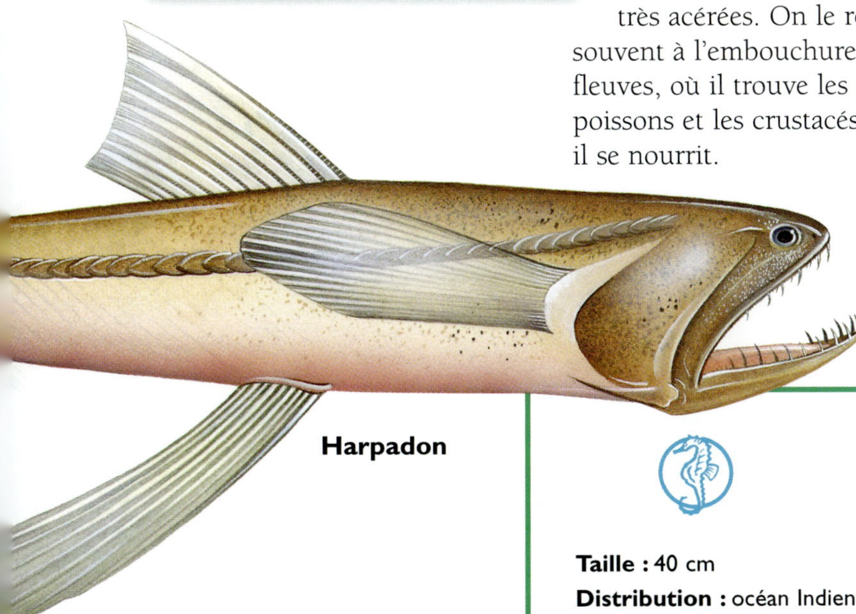

Harpadon

Taille : 40 cm
Distribution : océan Indien
Nom scientifique : *Harpadon nehereus*

Orphie naine

Ce minuscule poisson d'eau douce a un corps filiforme, avec de petites nageoires près de la queue. Il utilise sa mâchoire inférieure très allongée pour aspirer du plancton animal.

Orphie

Taille : 94 cm
Distribution : Atlantique nord, Méditerranée, mer Noire
Nom scientifique : *Belone belone*

Balaou

Le balaou nage en bancs près de la surface, en quête de petits poissons et de crustacés. Chez les adultes, la mâchoire inférieure dépasse nettement la mâchoire supérieure. Lorsqu'il est poursuivi, le balaou saute facilement hors de l'eau.

Taille : 40-50 cm
Distribution : Atlantique nord, Méditerranée
Nom scientifique : *Scomberesox saurus*

Orphie

Cette orphie possède de longues mâchoires garnies de dents très pointues. C'est un prédateur actif, qui mange des petits poissons et des crustacés. Elle fraie dans les eaux côtières, déposant des œufs ronds qui se fixent aux débris flottants ou aux algues.

Balaou

Petits prêtres, guppys, poissons arc-en-ciel…

Les cyprinodontes constituent un groupe de plus de 800 espèces, parmi lesquelles on trouve des poissons d'eau douce comme les guppys. Ils nagent généralement en surface, en quête d'insectes et de débris végétaux tombés dans l'eau. Très adaptables, ils comptent parmi les rares espèces capables de survivre dans des eaux stagnantes ou à faible courant.

La famille des athérinidés (ou prêtres) appartient à un groupe rassemblant plus de 280 espèces, dont les poissons arc-en-ciel. La plupart se nourrissent de zooplancton et vivent en bancs importants dans les lacs, les estuaires et les eaux côtières peu profondes.

Poisson arc-en-ciel à taches pourpres

Ce poisson très coloré est l'une des quelque 50 espèces de poissons arc-en-ciel d'Australie et de Nouvelle-Guinée. Il fraie en été, et ses œufs munis de filaments se fixent aux plantes aquatiques.

Poisson arc-en-ciel à taches pourpres

Taille : 9 cm
Distribution : Australie, Nouvelle-Guinée
Nom scientifique : *Melanotaenia fluviatilis*

Petit prêtre

Petit prêtre

Ce poisson vivant en bancs est doté d'un corps allongé et mince portant deux nageoires dorsales très espacées. Le zooplancton constitue son ordinaire, mais il est aussi friand de petits poissons. Le petit prêtre est lui-même la proie de poissons plus gros et d'oiseaux de mer tels que les sternes.

Taille : 15-20 cm
Distribution : est de l'Atlantique
Nom scientifique : *Atherina presbyter*

Athérine

Le jour, ce petit poisson paraît transparent, avec une fine bande argentée sur les flancs. La nuit, sa livrée s'assombrit. Les athérines sont des poissons communs qui nagent en vastes bancs. Leurs œufs sont pourvus de minuscules filaments grâce auxquels ils se fixent aux plantes pendant leur développement.

Athérine

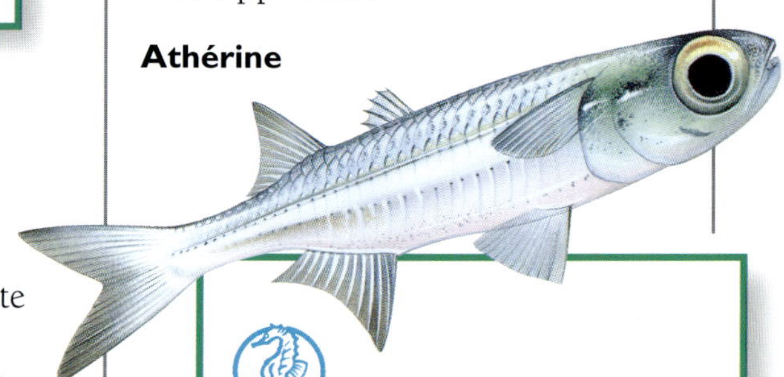

Taille : 13 cm
Distribution : nord-ouest de l'Atlantique
Nom scientifique : *Atherinomorus stipes*

Grunion

Les périodes de frai sont liées à l'amplitude des marées. Par une nuit de haute marée, les grunions nagent jusqu'aux plages et déposent leurs œufs dans le sable. Ceux-ci éclosent environ 2 semaines plus tard, lors de la grande marée suivante, et les alevins sont alors entraînés dans la mer.

Taille : 18 cm
Distribution : Pacifique
Nom scientifique : *Leuresthes tenuis*

Grunion

Quatre-yeux

Taille : 30 cm
Distribution : Amérique centrale, nord de l'Amérique du Sud
Nom scientifique : *Anableps anableps*

Quatre-yeux

Ce poisson doit son nom à la structure originale de ses yeux, divisés en deux moitiés par une cloison horizontale. La moitié supérieure lui permet de voir à la surface, tandis que la moitié inférieure lui sert à voir sous l'eau. Lorsqu'il nage en surface, l'eau arrivant juste au niveau de la cloison, il peut guetter ses proies à la fois dans l'air et sous l'eau.

Cyprinodon du cap Lopez

Le mâle se distingue par sa livrée vivement colorée et ses grandes nageoires pointues. La femelle est plus terne et pourvue de nageoires plus petites. Elle enfouit ses œufs dans la vase ; en période de sécheresse, le développement des œufs s'interrompt pour reprendre dès le retour de la pluie.

Taille : 6 cm
Distribution : Afrique
Nom scientifique : *Aphyosemion australe*

Cyprinodon du cap Lopez

Taille : 7,5 cm
Distribution : côtes des États-Unis
Nom scientifique : *Cyprinodon variegatus*

Cyprinodon à tête de mouton

Si, en temps normal, le mâle et la femelle sont semblables, en période de reproduction le mâle arbore une livrée plus colorée. La femelle dépose le frai en plusieurs fois, et le mâle le féconde au fur et à mesure. Les œufs portent des filaments collants qui leur permettent de rester fixés les uns aux autres et d'adhérer aux plantes.

Cyprinodon à tête de mouton

Killy commun

Ce petit poisson, adapté aussi bien à l'eau douce qu'à l'eau de mer, mange toutes sortes de plantes et d'animaux. Il se reproduit au printemps, en eau peu profonde. Le mâle poursuit la femelle, puis l'étreint avec ses nageoires de façon à féconder le frai pendant qu'elle le dépose. Les œufs forment une grappe qui coule sur le fond.

Taille : 10-15 cm
Distribution : littoral nord-américain
Nom scientifique : *Fundulus heteroclitus*

Killy commun

Guppy

Le guppy est un poisson très utile, car il se nourrit de larves de moustiques. Il apprécie également les larves d'autres insectes, les petits crustacés, ainsi que les œufs et les alevins de poissons. Les couleurs vives du mâle font du guppy un poisson d'aquarium populaire.

Taille : 6 cm
Distribution : nord de l'Amérique du Sud
Nom scientifique : *Poecilia reticulata*

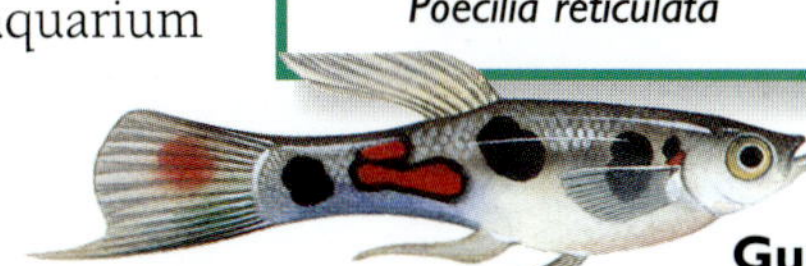

Guppy

Régalecs, lampris, saint-pierre...

Ce sont tous des poissons de mer. Les régalecs (rubans de mer) et les lampris appartiennent au groupe des lampridiformes. Les pommes de pin, les poissons-écureuils, les poissons à barbe et les empereurs sont tous dotés de nageoires épineuses. Le saint-pierre vit dans les profondeurs, comme le poisson grande gueule abyssal.

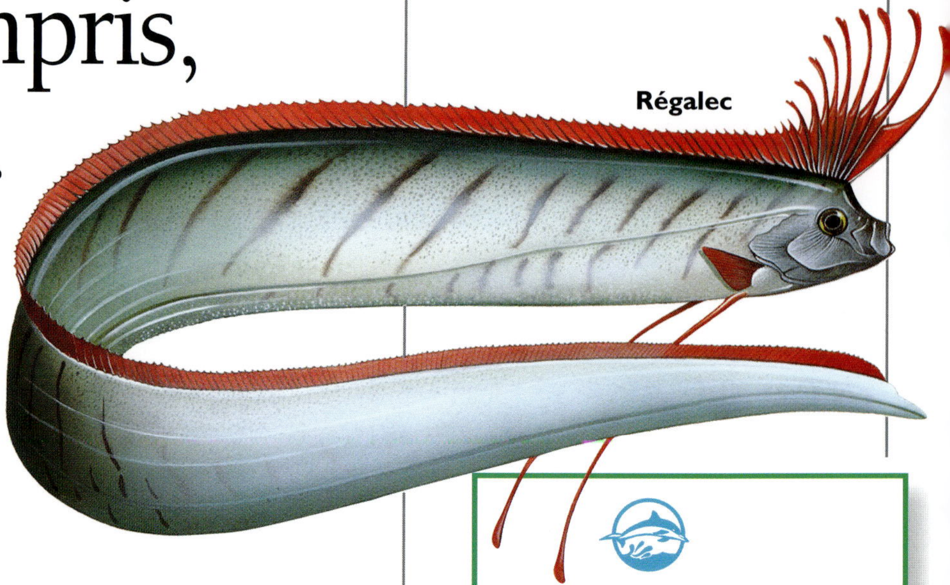

Régalec

Taille : 7 m
Distribution : Atlantique, Pacifique, océan Indien, eaux tempérées et tropicales
Nom scientifique : *Regalecus glesne*

Régalec

Son long corps en forme de ruban est parcouru sur presque toute sa longueur par la nageoire dorsale. Le régalec nage en ondulant à la manière d'un serpent, et serait à l'origine de récits évoquant les « serpents de mer ». Il se nourrit surtout de petits crustacés.

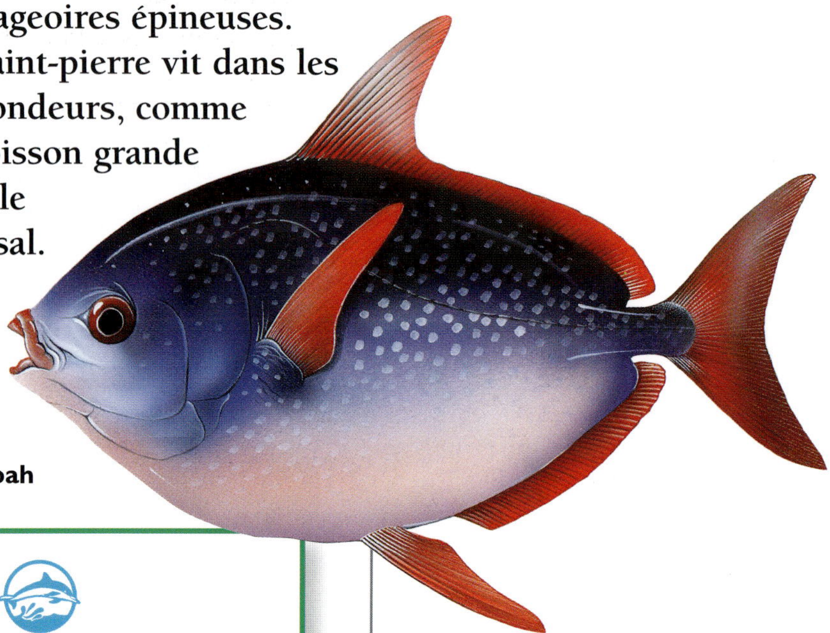

Opah

Taille : 1,50 m
Distribution : monde entier, excepté l'Antarctique
Nom scientifique : *Lampris guttatus*

Opah

Ce poisson est un prédateur efficace, friand de calmars et de poissons tels que le merlan et le colin. Il a un grand corps arrondi marqué de pois blancs et des nageoires rouge vif. Il pèse jusqu'à 73 kg.

Taille : 30 cm
Distribution : Atlantique
Nom scientifique : *Holocentrus ascensionis*

Marignan coq

Ce poisson-écureuil passe ses journées dissimulé dans les anfractuosités des récifs coralliens, attendant la nuit pour chasser les petits crustacés et autres proies dont il se nourrit. Ses grands yeux lui permettent de voir dans l'obscurité. Le marignan coq émet toute une gamme de sons en faisant vibrer sa vessie natatoire (une poche remplie de gaz située dans le ventre) au moyen de muscles spéciaux.

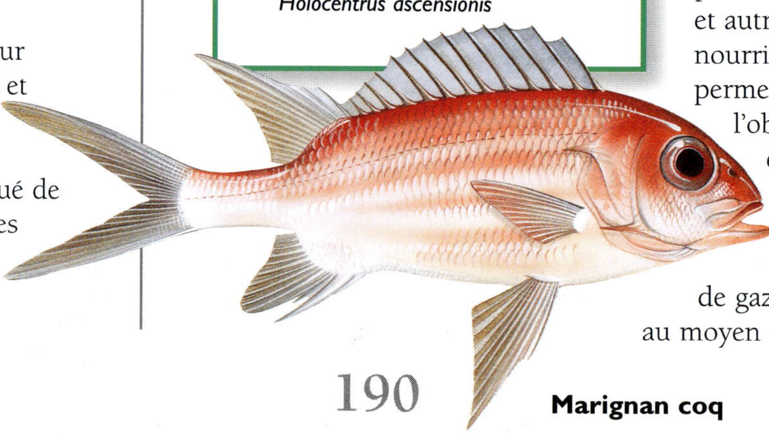

Marignan coq

Taille : 13 cm
Distribution : océan Indien, Pacifique
Nom scientifique : *Monocentris japonicus*

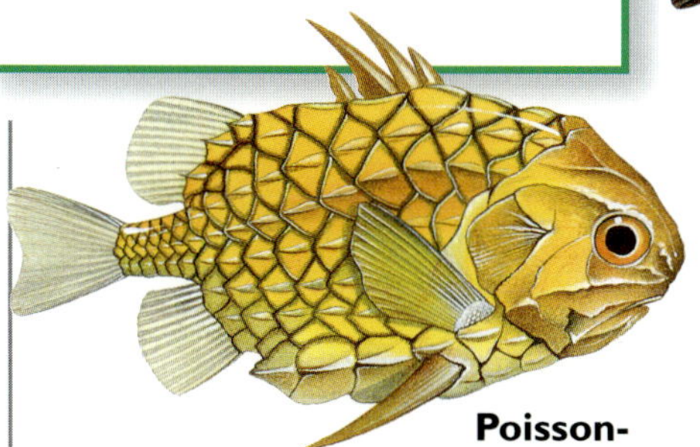

Poisson-pomme de pin japonais

Poisson-pomme de pin japonais

Son corps est recouvert de grandes plaques dures qui forment comme une armure. Ses nageoires dorsale et pelvienne portent des grosses épines, et sa mâchoire inférieure est dotée de deux organes lumineux. Il vit en bancs, près du fond.

Poisson grande gueule abyssal

Ce prédateur des abysses capture ses proies dans ses grandes mâchoires garnies d'une multitude de dents minuscules. Il porte des organes luminescents à la base des nageoires dorsale et anale.

Taille : 14 cm
Distribution : océan Indien
Nom scientifique : *Cetomimus indagator*

Poisson grande gueule abyssal

Poisson à barbe

Taille : 25 cm
Distribution : eaux tropicales
Nom scientifique : *Polymixia nobilis*

Poisson à barbe

Il doit son nom aux deux longs barbillons insérés sous son menton. Ces « moustaches » sensorielles l'aident sans doute à détecter sa pitance dans les fonds marins où il vit, entre 200 et 700 m de profondeur.

Empereur

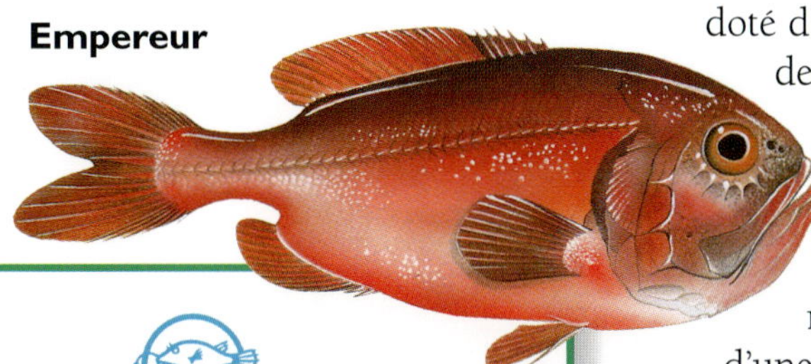

Taille : 30 cm
Distribution : Atlantique nord
Nom scientifique : *Hoplostethus atlanticus*

Empereur

Ce poisson très coloré est doté d'une grosse tête. Il porte des épines acérées devant la nageoire dorsale et sur le ventre. Sa grande bouche est presque verticale, et ses mâchoires sont garnies d'une multitude de dents minuscules. On connaît mal les mœurs de l'empereur, qui se nourrit sans doute de petits crustacés.

Saint-pierre

Il porte neuf ou dix grosses épines devant la nageoire dorsale et trois ou quatre sur le ventre, devant la nageoire anale. C'est un nageur peu rapide, qui a recours à la ruse pour attraper ses victimes : il s'approche lentement, puis les happe d'un coup dans son énorme bouche. Petits poissons et crustacés constituent son ordinaire.

Saint-pierre

Taille : 40-65 cm
Distribution : est de l'Atlantique, Méditerranée
Nom scientifique : *Zeus faber*

Hippocampes, poissons à joues cuirassées…

Les hippocampes appartiennent à un ordre comptant plus de 260 poissons, qui comprend aussi les poissons-trompettes, les fistulaires et les épinoches. Le poisson-pierre verruqueux, la rascasse volante, le trigle américain et le chaboisseau sont des poissons à joues cuirassées, un ordre qui rassemble près de 1 300 espèces, presque toutes marines.

Le grondin volant est classé dans l'ordre des rougets volants, qui ne compte que sept espèces de poissons marins.

Dragon de mer

Cet étrange poisson de la famille des hippocampes est pourvu de nombreux lobes de peau semblables à des feuilles, qui lui permettent de se camoufler dans les algues. Le mâle porte les œufs pondus par sa compagne sur une membrane de peau qu'il a sous la queue.

Dragon de mer

Taille : 45 cm
Distribution : littoral du sud de l'Australie
Nom scientifique : *Phyllopteryx taeniolatus*

Hippocampe nain

Ce curieux poisson se déplace en étirant doucement son corps et en agitant sa minuscule nageoire dorsale. Il enroule parfois sa queue autour des algues pour s'y fixer. À la saison des amours, la femelle pond une cinquantaine d'œufs puis les introduit dans une poche ventrale du mâle, qui les incube.

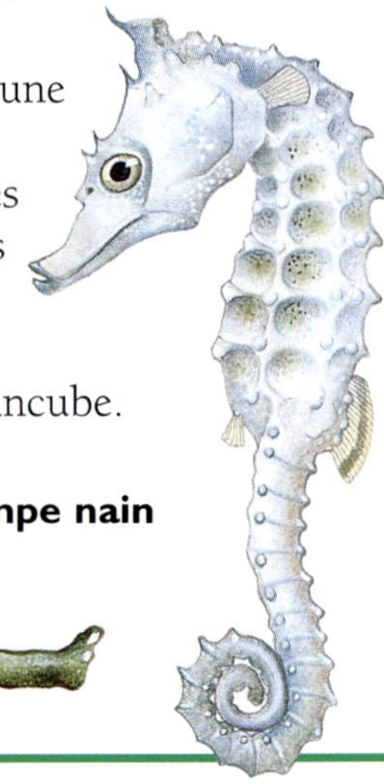

Hippocampe nain

Taille : 4 cm
Distribution : ouest de l'Atlantique, mer des Caraïbes
Nom scientifique : *Hippocampus zosterae*

Épinoche à trois épines

À la saison du frai, le mâle arbore un abdomen rouge vif. Il construit un nid en assemblant des débris végétaux avec du mucus, puis il essaie d'attirer une femelle pour qu'elle y ponde. Il féconde alors les œufs et en prend soin jusqu'à leur éclosion, environ 3 semaines plus tard.

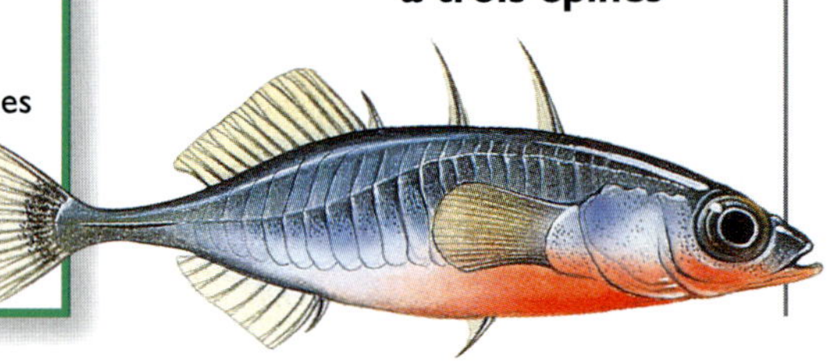

Épinoche à trois épines

Taille : 5-10 cm
Distribution : côtes et eaux douces de l'Amérique du Nord
Nom scientifique : *Gasterosteus aculeatus*

Rascasse volante

Taille : 38 cm
Distribution : océan Indien, Pacifique
Nom scientifique : *Pterois volitans*

Rascasse volante

Avec sa livrée colorée et ses nageoires en éventail, ce poisson est des plus étranges. Les aiguillons venimeux de sa nageoire dorsale peuvent infliger de sévères blessures à l'homme. Ils protègent efficacement la rascasse contre ses ennemis, mais elle ne s'en sert pas pour attraper ses proies.

Poisson-pierre verruqueux

Sa livrée mouchetée et sa forme irrégulière le rendent presque invisible lorsqu'il est à moitié enfoui dans les cailloux du fond de la mer. Les épines acérées de sa nageoire dorsale sont reliées à des glandes qui sécrètent un venin mortel, y compris pour l'homme.

Poisson-pierre verruqueux

Taille : 30 cm
Distribution : Pacifique, océan Indien
Nom scientifique : *Synanceia verrucosa*

Chaboisseau de mer commun

Appelé aussi « scorpion de mer », ce poisson porte des épines à côté des branchies et le long des flancs. Il vit près du fond, où il se nourrit de crustacés, de vers et de petits poissons.

Taille : 25-60 cm
Distribution : Atlantique nord
Nom scientifique : *Myoxocephalus scorpius*

Chaboisseau de mer commun

Trigle américain

Il passe le plus clair de son temps sur le fond de la mer, où il « marche » sur ses nageoires pectorales. Il utilise les trois premiers rayons de ces nageoires comme organes tactiles pour repérer ses proies. S'il se sent menacé, il s'enterre dans le sable, en ne laissant dépasser que ses yeux.

Taille : 40 cm
Distribution : ouest de l'Atlantique
Nom scientifique : *Prionotus carolinus*

Trigle américain

Grondin volant

Ce poisson utilise ses longues nageoires pelviennes en forme d'ailes pour « marcher » sur le fond à la recherche de crustacés. Lorsqu'il se sent menacé, il déploie largement ses nageoires, exhibant leurs taches bleues.

Taille : 30-40 cm
Distribution : ouest de l'Atlantique, Méditerranée
Nom scientifique : *Dactylopterus volitans*

Grondin volant

Poissons plats

Ils constituent un groupe d'environ 570 espèces qui vivent quasiment toutes dans la mer. À la naissance, les jeunes subissent une métamorphose au cours de laquelle leur corps s'aplatit, tandis que l'un de leurs yeux rejoint l'autre sur la face opposée, dite « oculée » (par opposition à la face aveugle). Selon les espèces, les yeux se rassemblent sur le côté droit ou sur le côté gauche.

Turbot

Doté d'un corps presque circulaire de couleur variable, le turbot porte habituellement des mouchetures qui lui permettent de se dissimuler sur le fond. Les adultes mangent surtout des poissons, tandis que les jeunes se contentent de petits crustacés. Le turbot fraie au printemps et en été : la femelle pond alors jusqu'à dix millions d'œufs.

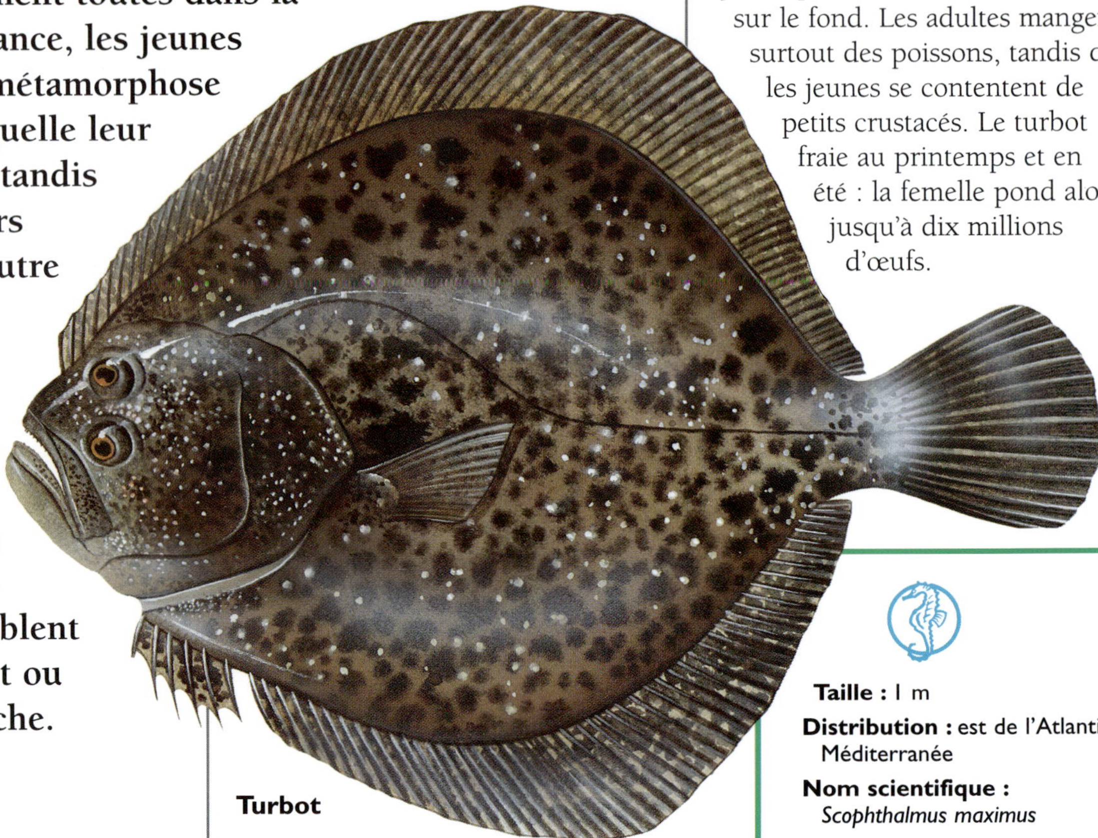

Turbot

Taille : 1 m
Distribution : est de l'Atlantique, Méditerranée
Nom scientifique : *Scophthalmus maximus*

Turbot tropical

Son corps est moins aplati que celui de la plupart des poissons plats. Les yeux se regroupent soit du côté droit, soit du côté gauche. Comme tous les poissons plats, il vit sur le fond de la mer, mais il lui arrive de s'aventurer à moyenne profondeur en quête de proies.

Turbot de Californie

Taille : 1,50 m
Distribution : Pacifique
Nom scientifique : *Paralichthys californicus*

Turbot tropical

Taille : jusqu'à 60 cm
Distribution : mer Rouge, océan Indien, ouest du Pacifique
Nom scientifique : *Psettodes erumei*

Turbot de Californie

Il se distingue par sa grande bouche aux dents pointues et robustes. Son régime alimentaire se compose de poissons, et il est lui-même la proie d'animaux tels que les raies ou les otaries. Un grand sujet peut peser jusqu'à 32 kg.

Cardeau d'été

Taille : jusqu'à 1 m
Distribution : ouest de l'Atlantique
Nom scientifique : *Paralichthys dentatus*

Cardeau d'été

Ce poisson au corps élancé est capable de changer de couleur pour se fondre dans son environnement. Friand de crustacés, de mollusques et de poissons, il n'hésite pas à remonter jusqu'à la surface pour en attraper. Alors qu'il est bon nageur, le cardeau d'été passe presque toute son existence à moitié enfoui dans le fond.

Plie

La face supérieure de la plie est brune avec des taches orange. Les yeux sont en général regroupés sur le côté droit du poisson. La plie fraie au début du printemps. Les larves vivent près de la surface pendant 6 semaines, puis vont s'installer sur le fond. C'est un des poissons plats les plus consommés.

Plie

Taille : 50-90 cm
Distribution : est de l'Atlantique, Méditerranée
Nom scientifique : *Pleuronectes platessa*

Sole commune

Active la nuit, la sole passe ses journées enfouie dans le sable ou la vase. Elle fraie en eau peu profonde, laissant ses œufs flotter à la surface jusqu'à leur éclosion. Les larves descendent sur le fond lorsqu'elles mesurent un peu plus de 1 cm.

Sole commune

Taille : 30-60 cm
Distribution : est de l'Atlantique, Méditerranée
Nom scientifique : *Solea solea*

Taille : 20 cm
Distribution : ouest de l'Atlantique
Nom scientifique : *Symphurus plagusia*

Sole nue

Taille : jusqu'à 23 cm
Distribution : nord-ouest de l'Atlantique
Nom scientifique : *Gymnachirus melas*

Sole nue

Cette sole a le corps dépourvu d'écailles et la face supérieure zébrée de bandes foncées. Sa face aveugle est blanchâtre. En général, elle a les deux yeux regroupés sur le côté droit, et sa petite bouche est également tordue vers la droite. Elle passe presque toute sa vie sur le fond, mais c'est un prédateur actif, capable de nager rapidement en cas de besoin.

Plagusie

Le corps de ce poisson est effilé vers l'arrière et se termine en pointe. Les nageoires dorsale, anale et caudale l'entourent en continuité. Les deux yeux se trouvent à gauche de la tête, et la petite bouche est tordue vers le côté gauche. Comme tous les poissons plats, la plagusie vit sur le fond, où elle se nourrit de petits invertébrés (vers, crustacés).

Plagusie

Balistes, dipneustes, cœlacanthes...

Les balistes appartiennent à un groupe d'environ 340 espèces, caractérisées par un corps le plus souvent arrondi ou en forme de boîte. Les dipneustes sont pourvus d'organes respiratoires semblables à des poumons, qu'ils utilisent pour inspirer de l'air à la surface de l'eau, car leurs branchies sont réduites. Apparu il y a plusieurs millions d'années, le cœlacanthe est le seul représentant vivant d'une lignée de poissons primitifs.

Poisson-lime gribouillé

Ce poisson proche des balistes porte une longue épine sur le dos. Il se nourrit d'algues et d'invertébrés, qu'il déniche en fouillant le fond avec son nez. Il se tient souvent caché dans les zostères, camouflé par sa livrée verdâtre.

Poisson-lime gribouillé

Taille : 90 cm
Distribution : eaux tropicales de l'Atlantique, du Pacifique et de l'océan Indien
Nom scientifique : *Aluterus scriptus*

Poisson-porc-épic

Il est couvert d'épines acérées qui, au repos, sont rabattues sur son corps. Lorsqu'il se sent menacé, il se gonfle d'eau de façon à les hérisser, ce qui lui permet d'échapper aux prédateurs. Les deux dents qu'il porte à chaque mâchoire ont fusionné en un bec aiguisé qu'il utilise pour broyer la coquille ou la carapace des mollusques et des crabes.

Taille : 90 cm
Distribution : eaux tropicales du Pacifique, de l'océan Indien et de l'Atlantique
Nom scientifique : *Diodon hystrix*

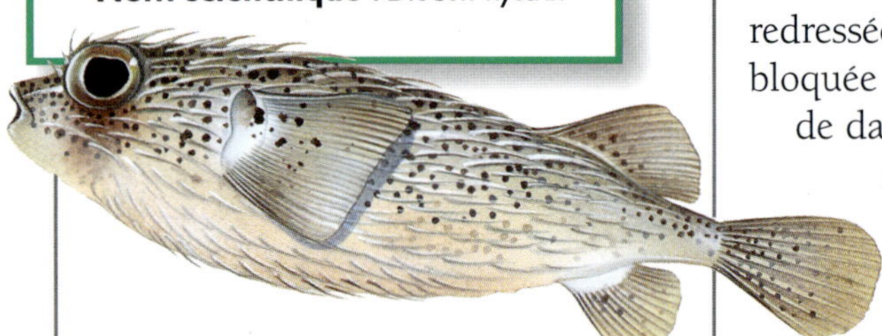

Poisson-porc-épic

Taille : 56 cm
Distribution : ouest de l'Atlantique, mer des Caraïbes
Nom scientifique : *Balistes vetula*

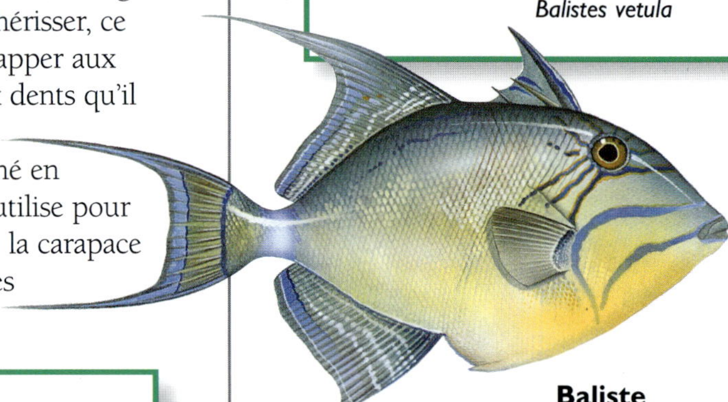

Baliste royal

Baliste royal

Il se distingue par la structure particulière de ses trois épines dorsales : lorsqu'elle est redressée, la première est bloquée par la deuxième. En cas de danger, le baliste peut ainsi se coincer dans une crevasse, dont il devient très difficile à déloger. Il apprécie les petits invertébrés et les oursins.

Poisson-coffre à taches bleues

Comme tous les poissons-coffres, il a le corps couvert d'une carapace de plaques osseuses qui ne laisse à découvert que sa bouche, ses yeux, ses nageoires et ses ouïes. Cette armure le protège contre ses ennemis. Les invertébrés vivant sur le fond constituent sa principale nourriture.

Poisson-coffre à taches bleues

Taille : 46 cm
Distribution : océan Indien, Pacifique
Nom scientifique : *Ostracion tuberculatus*

Taille : 15 cm

Distribution : Inde, Birmanie, Malaisie

Nom scientifique : *Tetraodon cutcutia*

Poisson-globe

Poisson-globe

Quand il se sent menacé, il se gonfle comme un ballon afin d'empêcher les prédateurs de l'avaler. Nombre de poissons-globes constituent des mets appréciés, même si certaines parties de leur corps sont toxiques.

Cœlacanthe

On croyait les cœlacanthes éteints depuis des millions d'années jusqu'au jour de 1938 où l'on en découvrit un au large des côtes de l'Afrique du Sud. Doté d'un corps trapu, le cœlacanthe se distingue par la présence de lobes de chair à la base de toutes les nageoires, sauf la première dorsale. Il présente plus d'affinités avec les amphibiens que toute autre espèce actuelle.

Cœlacanthe

Taille : 1,20-1,60 m

Distribution : océan Indien, au large des Comores

Nom scientifique : *Latimeria chalumnae*

Poisson-lune

Proche des balistes, le poisson-lune ne ressemble à aucun autre poisson. Son corps est presque circulaire, et sa queue se réduit à une curieuse frange ondulée. Malgré sa grande taille, il a une petite bouche en bec et mange surtout du zooplancton et des petites méduses.

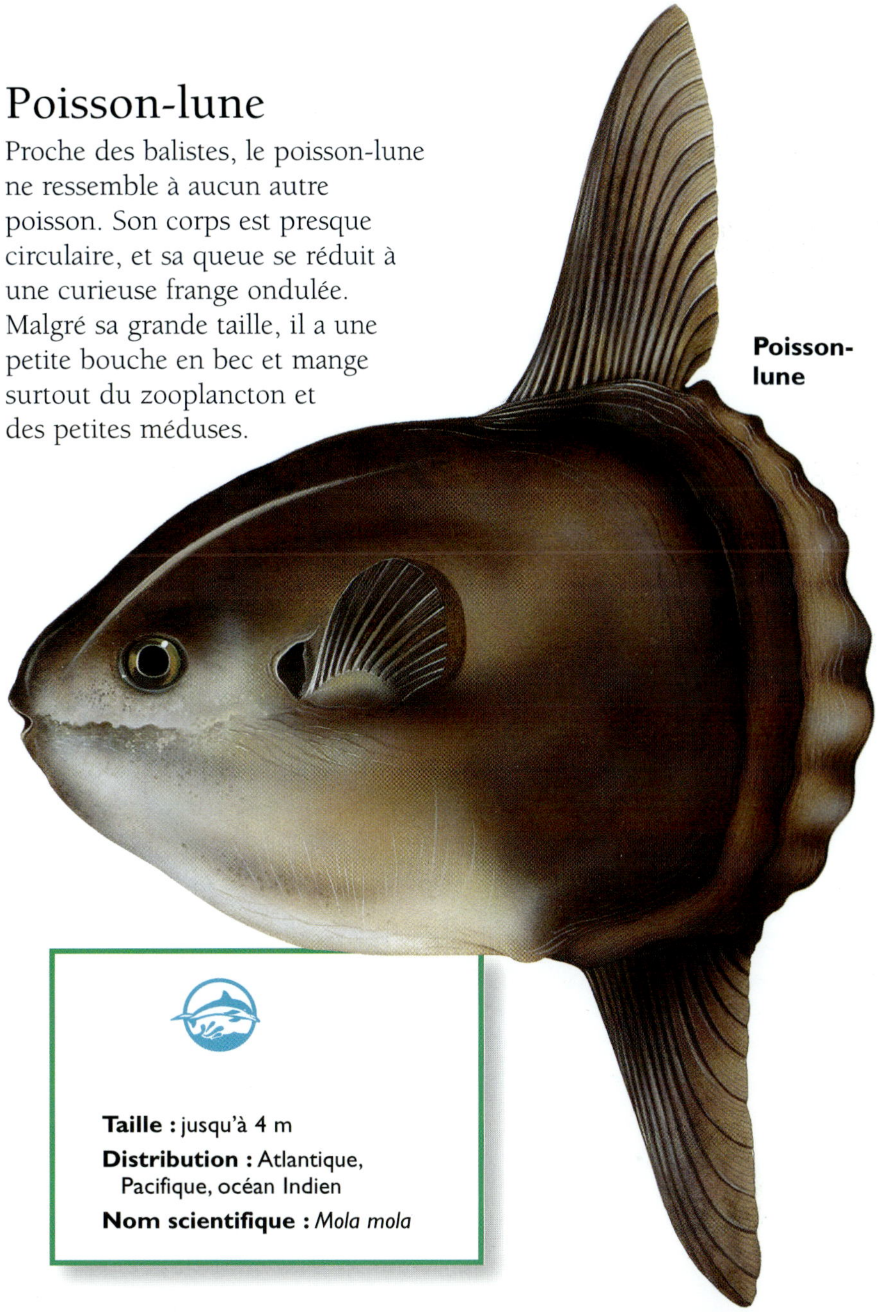

Poisson-lune

Taille : jusqu'à 4 m

Distribution : Atlantique, Pacifique, océan Indien

Nom scientifique : *Mola mola*

Lépidosirène

Ce dipneuste vit dans des marécages qui s'assèchent pendant une partie de l'année. À cette période, il s'enfouit dans un terrier qu'il creuse dans la vase et respire de l'air par la bouche grâce à ses organes pulmonés. Au retour de la pluie, il sort de son terrier.

Taille : 1,25 m

Distribution : centre de l'Amérique du Sud

Nom scientifique : *Lepidosiren paradoxa*

Lépidosirène

Les animaux s'entraident

Il arrive que deux animaux d'espèces différentes entretiennent des liens étroits pour leur plus grand bénéfice mutuel. Certains poissons, par exemple, se nourrissent des minuscules débris qui encombrent les écailles de poissons plus gros. Les premiers se régalent, tandis que les seconds sont débarrassés de leurs parasites. Il en va de même pour le pique-bœuf ou le héron garde-bœuf, qui se perchent sur les bœufs, les buffles ou les éléphants et détruisent leurs hôtes indésirables.

L'**indicateur** (ci-dessus) se nourrit de cire et de larves d'abeilles, mais n'est pas capable d'accéder par lui-même aux ruches. Aussi indique-t-il leur emplacement à d'autres animaux consommateurs de miel, comme le **ratel** (ci-dessous), qui les font tomber et les ouvrent. Le butin est ensuite partagé.

Lorsqu'on caresse l'extrémité postérieure de leur abdomen, les **pucerons** produisent une substance sucrée appelée miellat dont raffolent les **fourmis**. Voilà pourquoi les fourmis veillent sur les pucerons et les protègent des autres insectes.

Le **poisson-clown** échappe à ses ennemis en se cachant entre les tentacules venimeux des **anémones de mer**, auxquelles il est lui-même insensible. De ce fait, il attire près des anémones d'autres poissons, dont ces dernières se nourrissent.

Les **pique-bœufs** picorent les tiques qui pullulent sur le cuir des **buffles**. Tout en se régalant, les oiseaux débarrassent ainsi les bovidés de leurs parasites.

Les insectes et autres invertébrés

Les insectes sont de loin les animaux les plus nombreux sur la Terre. Sur le million et demi d'espèces animales identifiées dans le monde, un million sont des insectes, et les spécialistes estiment qu'il reste encore trente fois plus d'espèces à découvrir. Les arachnides regroupent plus de 75 000 espèces, dont les araignées constituent le groupe principal. On les trouve dans le monde entier et dans tous les habitats.

Les insectes et les araignées ne sont pas les seuls invertébrés. Il en existe bien d'autres groupes, vivant sur terre (vers, mollusques, mille-pattes...) ou dans la mer (crustacés...). Le milieu aquatique accueille une étonnante gamme de 160 000 espèces d'invertébrés au moins, parmi lesquelles les éponges, les palourdes, les moules, les méduses et les crabes.

Une **chrysomèle** installée sur une feuille : ces insectes se nourrissent des feuilles et des fleurs de plusieurs plantes, et leur larve s'attaque parfois aux racines. Ce sont souvent des fléaux pour l'agriculture.

Escargot de jardin

Qu'est ce qu'un invertébré ?

Un invertébré est un animal qui n'a pas de colonne vertébrale ni d'autres os internes. Les insectes, les araignées, les mollusques et les crustacés appartiennent à ce groupe. Leur mode de vie, leur régime alimentaire et leur habitat sont très diversifiés. Ils vivent sur terre, dans la mer ou dans l'eau douce, et de nombreux insectes savent voler.

Arthropodes

Les arthropodes forment la plus grande famille d'invertébrés, puisqu'ils comprennent aussi bien les insectes que les araignées et les crustacés. Leur résistance est liée à une caractéristique anatomique : ils sont dotés d'un squelette externe coriace, appelé « exosquelette », qui protège leur corps des agressions extérieures.

QUELQUES EXEMPLES D'ARTHROPODES

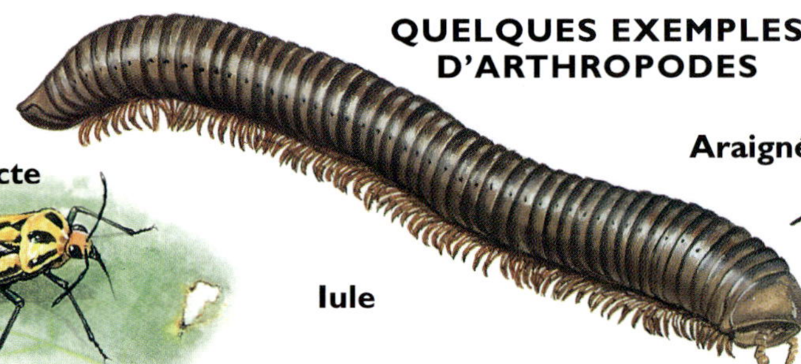

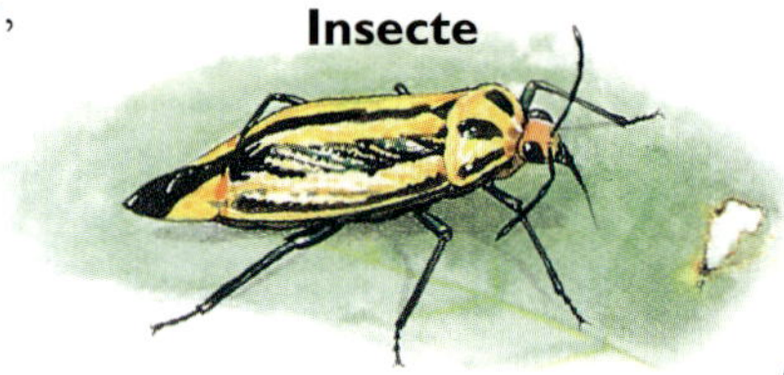

Les insectes

Le corps d'un insecte est divisé en trois parties : la tête, le thorax et l'abdomen. Sur la tête se trouvent les yeux, une paire d'antennes sensorielles et les pièces buccales. Sur le thorax sont fixées trois paires de pattes ainsi que, en général, deux paires d'ailes.

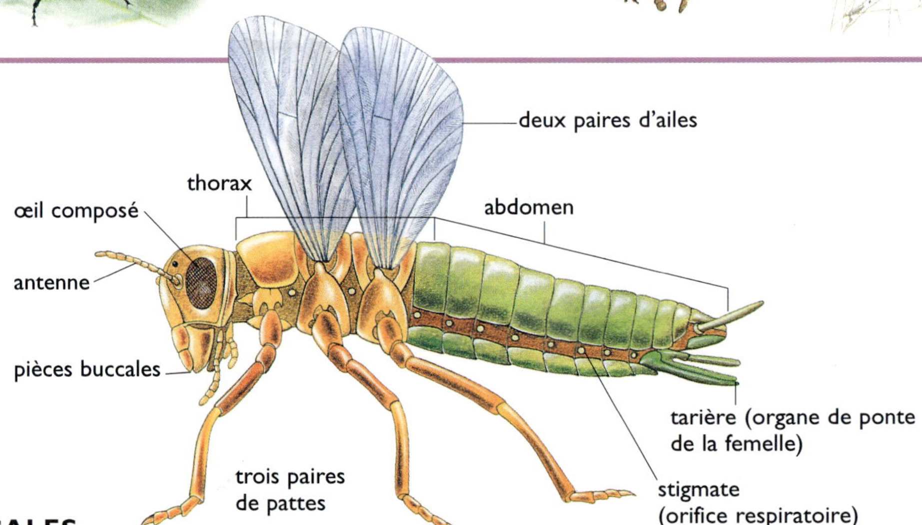

DIFFÉRENTES PIÈCES BUCCALES

Mouche domestique
appareil lécheur-suceur pour les liquides

Papillon
longue trompe pour aspirer le nectar

Coléoptère
puissantes mâchoires pour dépecer les proies

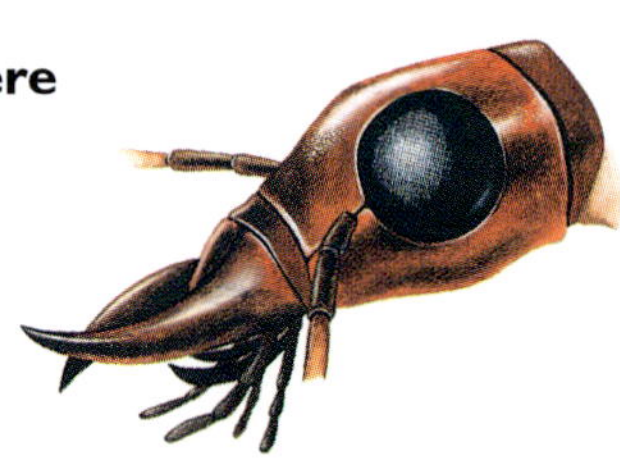

Moustique
tube pour piquer et aspirer le sang

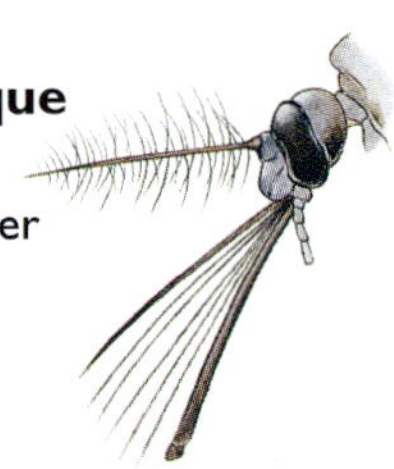

Les araignées

Une araignée typique est composée de deux parties : le céphalothorax, structure unique formée par la tête et le thorax ; et l'abdomen, relié au céphalothorax par une taille fine. À l'extrémité de l'abdomen se trouvent les filières, par où est émise la soie. Les araignées ont quatre paires de pattes, chacune divisée en segments et terminée par deux ou trois griffes.

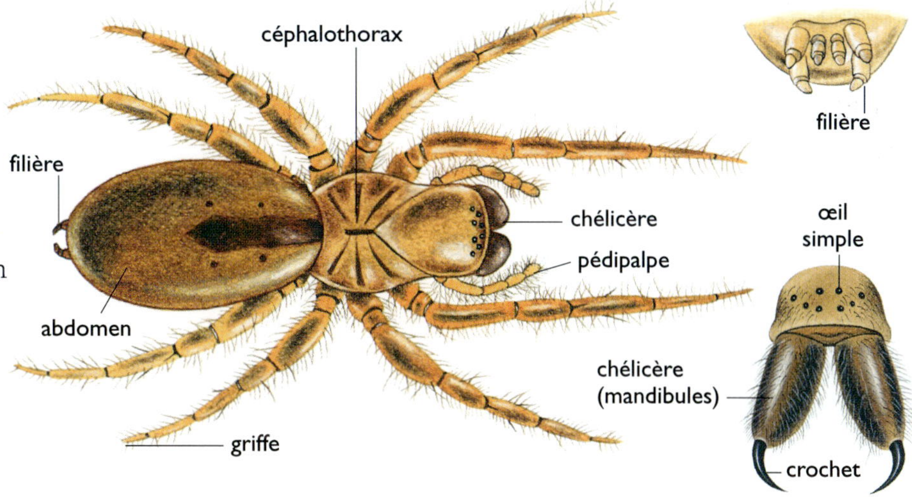

Les autres familles d'invertébrés

Les mollusques

Les trois principales familles sont les gastéropodes (escargots, patelles...), les bivalves (palourdes, coquilles Saint-Jacques, moules...) et les céphalopodes (calmars, pieuvres, nautiles...).

Nautile

Les cténaires

Le corps du cténaire est constitué d'une poche tapissée de huit rangées de poils disposées en longueur. Pour avancer, l'animal agite ses poils dans l'eau.

Cténaire

Les échinodermes

Ce sont les ophiures, les étoiles de mer, les concombres de mer, les oursins et dollars des sables. Ils se déplacent presque tous sur des sortes de pieds tubulaires.

Oursin

Sangsue médicinale

Les annélides

Cette famille de vers comprend environ 11 500 espèces qui vivent dans l'eau et sur terre. Leur corps est segmenté.

Les cnidaires

Les méduses, les anémones de mer et les coraux appartiennent à cette famille. Leur corps est le plus souvent tubulaire, avec une bouche centrale entourée de tentacules.

Pélagie

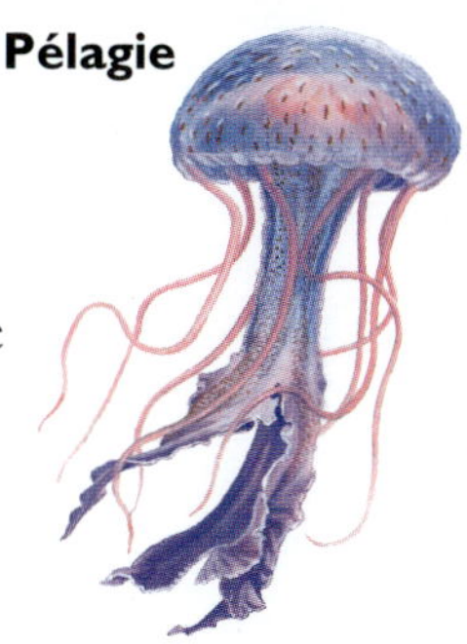

Les brachiopodes

Cette famille, apparue il y a 600 millions d'années, comprend 260 espèces. Toutes ont une coquille supérieure et une inférieure.

Térébratule

Les éponges

Les éponges sont les animaux multicellulaires les plus primitifs. Elles ont des formes diverses : coupelle, tube, vase, masse arrondie. Des cellules spéciales filtrent des particules d'aliments dans l'eau.

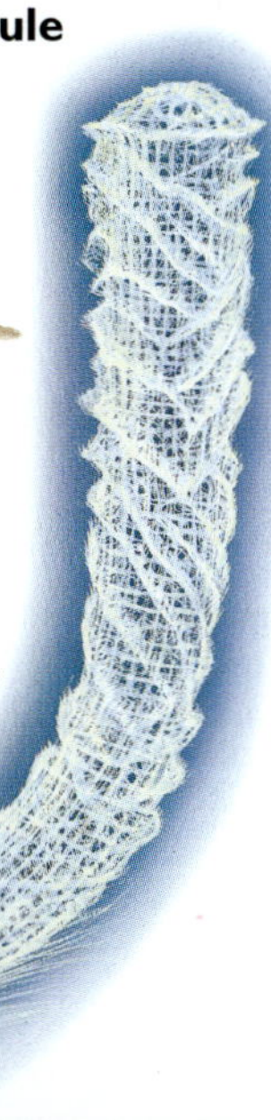

Éponge

Blattes, perce-oreilles, criquets, sauterelles...

Bien qu'ils ne soient pas de proches parents, ces insectes présentent quelques caractères communs : de puissantes mandibules pour mâcher, une tête mobile et, souvent, de larges ailes postérieures.

Parmi eux, on trouve les plus anciennes familles d'insectes (les blattes, par exemple, apparues il y a 350 millions d'années). Beaucoup vivent dans un environnement humain, certains même sont les hôtes indésirables de nos maisons.

Blattes, perce-oreilles et poissons d'argent

Les blattes vivent dans toutes sortes d'habitat, des montagnes jusqu'aux forêts tropicales, et on les rencontre souvent dans nos maisons. Les perce-oreilles sont considérés comme des insectes nuisibles, car ils mangent les plantes et les fleurs des jardins. Familier de nos maisons, le poisson d'argent, thysanoure aptère (dépourvu d'ailes), est plus discret.

Poisson d'argent

Le plus connu des thysanoures vit dans les coins sombres des bâtiments, se nourrissant de papier et de restes alimentaires. Son corps effilé est couvert d'écailles.

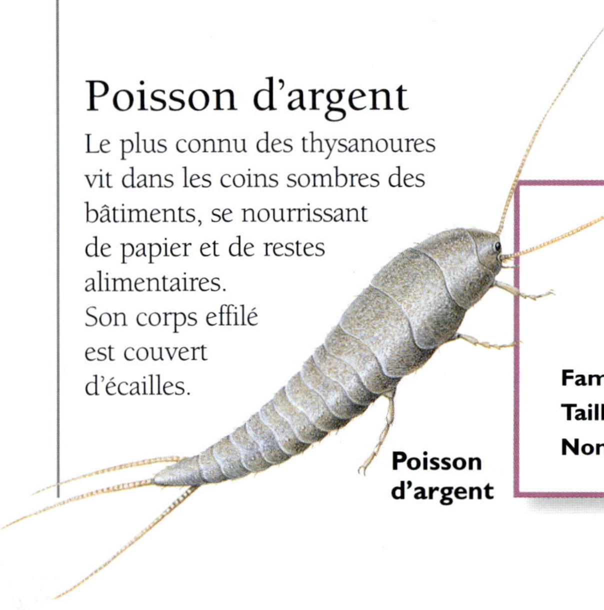

Poisson d'argent

Famille : *Lepismatidae*
Taille : 0,8-1,9 cm
Nombre d'espèces : 200

Thermobie

La thermobie vit le plus souvent dans les bâtiments près des sources de chaleur, comme les fours ou les chaudières. Elle court vite, en cherchant frénétiquement des miettes et des restes de nourriture.

Thermobie

Famille : *Lepismatidae*
Taille : 0,8-1,9 cm
Nombre d'espèces : 200

Famille : *Forficulidae*
Taille : 0,9-2,5 cm
Nombre d'espèces : 450

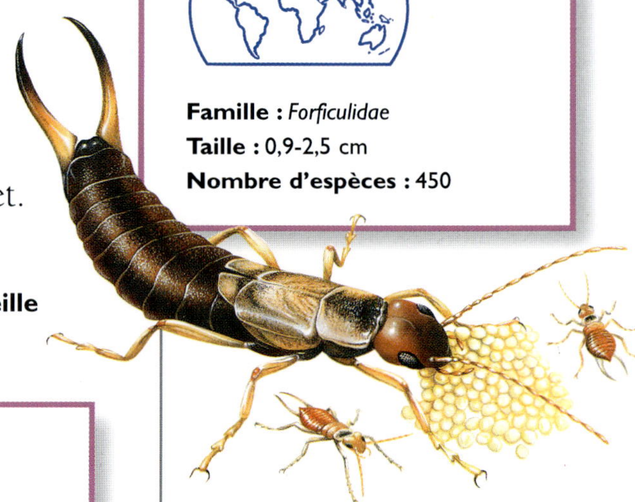

Perce-oreille commun

Perce-oreille commun

Fait rare chez un insecte, la femelle s'occupe de ses petits jusqu'à ce qu'ils soient autonomes.

Blatte germanique

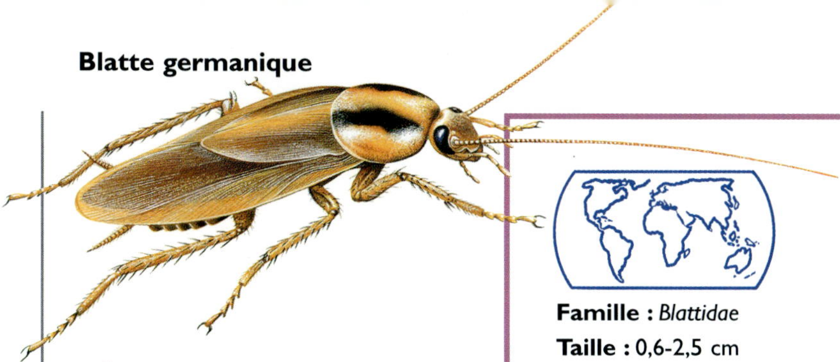

Famille : *Blattidae*
Taille : 0,6-2,5 cm
Nombre d'espèces : 1750

Blatte germanique

On trouve ces insectes partout dans le monde, en général dans les bâtiments. Ils sont rapides et, grâce à leur corps aplati, se faufilent facilement dans les fentes ou sous les parquets.

Perce-oreille des plages

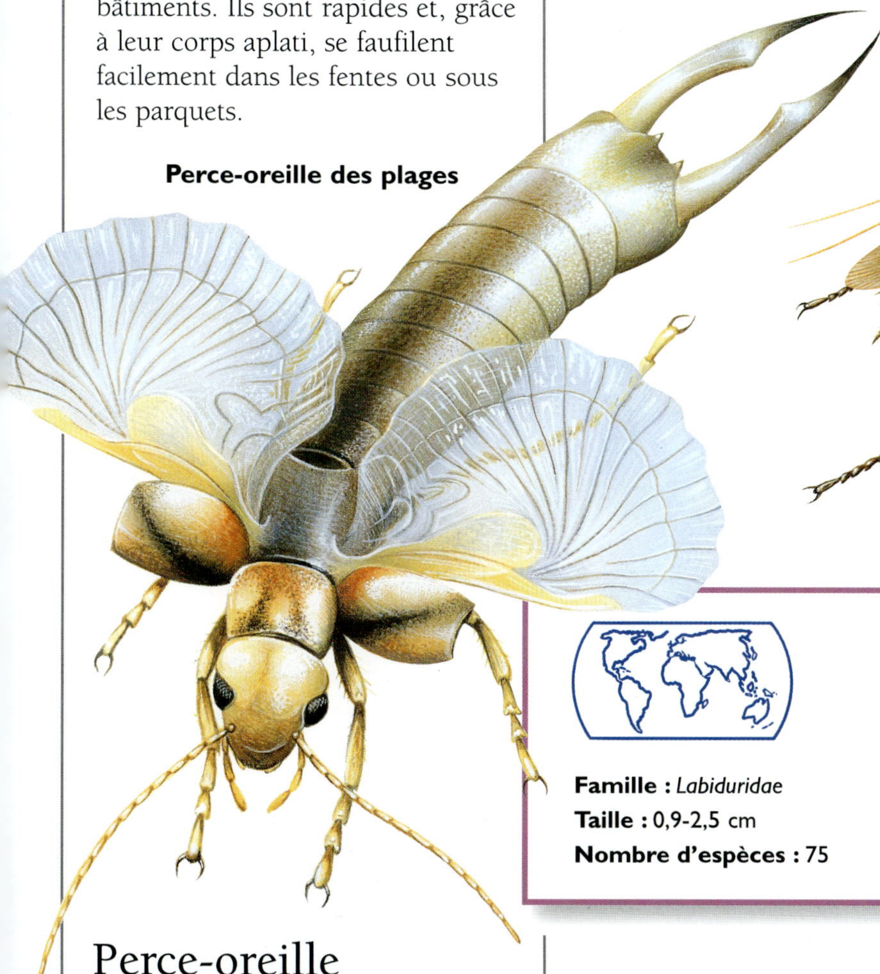

Famille : *Labiduridae*
Taille : 0,9-2,5 cm
Nombre d'espèces : 75

Perce-oreille des plages

Ce perce-oreille a des rayures sombres sur le thorax. Comme tous les perce-oreilles, il reste à l'abri pendant le jour et chasse des insectes la nuit. En cas d'attaque, il lance un jet d'une sécrétion fétide produite par des glandes abdominales. Ses ailes postérieures en demi-cercle doivent être repliées de nombreuses fois pour pouvoir rentrer sous les élytres (ailes antérieures dures).

Blatte américaine

Communes dans les bâtiments, ces blattes se cachent le jour et se nourrissent de tout ce qu'elles trouvent la nuit. La femelle pond ses œufs dans une enveloppe (l'oothèque) accrochée à son corps, qu'elle dépose en sécurité dans un endroit sombre juste avant l'éclosion.

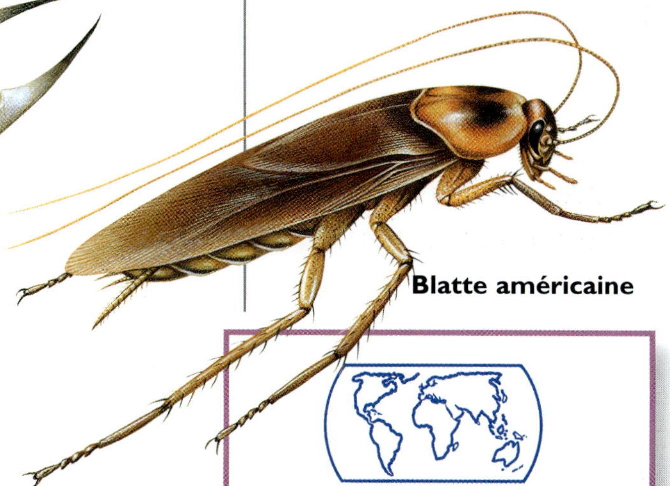

Blatte américaine

Famille : *Blattidae*
Taille : 1,9-5 cm
Nombre d'espèces : 600

Blatte siffleuse de Madagascar

Pour éloigner leurs ennemis, ces grandes blattes dépourvues d'ailes produisent des sifflements avec leurs stigmates (ouvertures latérales des tubes respiratoires). Le sifflement du mâle, plus doux, vise à attirer les femelles.

Blatte siffleuse de Madagascar

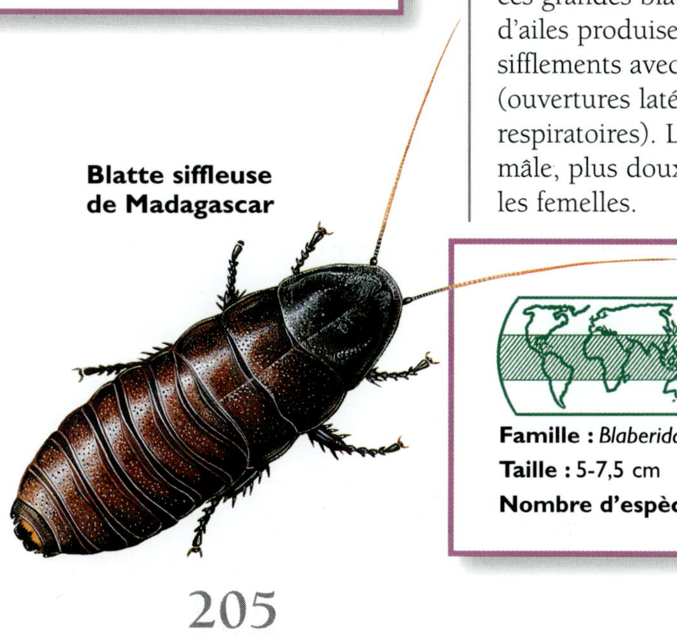

Famille : *Blaberidae*
Taille : 5-7,5 cm
Nombre d'espèces : 1000

Criquets, sauterelles, phasmes…

Les criquets et les sauterelles sont des insectes que l'on entend plus qu'on ne les voit. Leur chant est généralement émis par le mâle au moment de la reproduction. Il est produit par le frottement de certaines parties de leurs ailes ou de leurs pattes.

Les phyllies et les phasmes (insectes-bâtons) sont connus pour leur habileté à se dissimuler en imitant les brindilles et les feuilles.

Sauterelle verte

Les sauterelles sont caractérisées par de longues antennes. Elles se nourrissent de plantes, mais capturent parfois des petits insectes. Souvent vertes, elles sont difficiles à distinguer dans les herbes, les arbres et les arbustes où elles vivent.

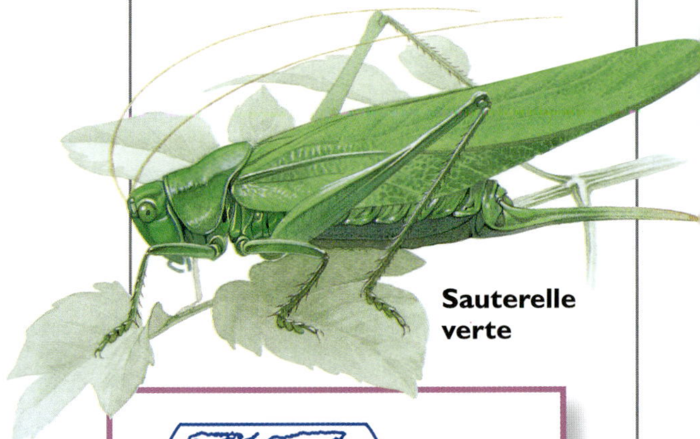

Sauterelle verte

Famille : *Tettigoniidae*
Taille : 1,2-7,5 cm
Nombre d'espèces : 5 000

Criquet migrateur

Les criquets migrateurs sont parmi les insectes les plus dévastateurs. Ils se déplacent en nuages, détruisant les récoltes et dévorant tout sur leur passage. Un seul nuage peut compter jusqu'à 50 milliards d'insectes.

Famille : *Acrididae*
Taille : 1,2-7,5 cm
Nombre d'espèces : 9 000

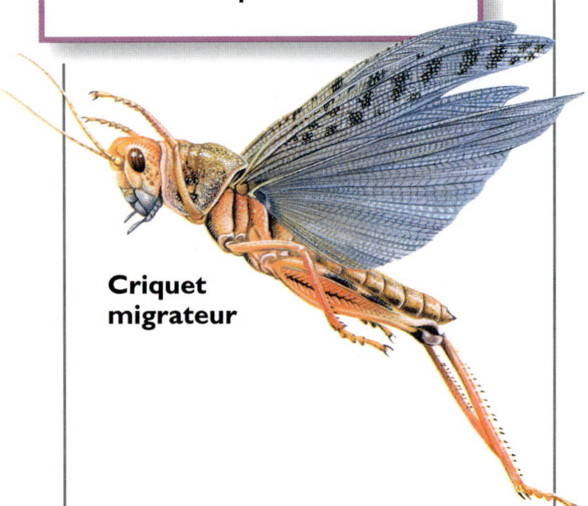

Criquet migrateur

Criquet commun

Les criquets sont dotés de puissantes pattes arrière qui les propulsent à une distance équivalant à 200 fois leur taille.

Criquet commun

Famille : *Acrididae*
Taille : 1,2-7,5 cm
Nombre d'espèces : 9 000

Phyllie

Phyllie

Cet insecte, qui vit dans les régions tropicales d'Asie et d'Australie, est une réplique parfaite de la feuille sur laquelle il vit, nervures comprises. Et ses œufs ressemblent aux graines de la plante !

Famille : *Phyllidae*
Taille : 5-10 cm
Nombre d'espèces : 50

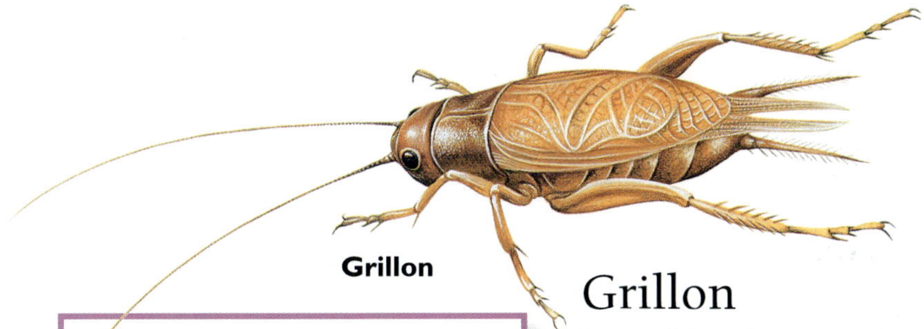

Grillon

Grillon

Lorsqu'ils « chantent », les grillons produisent des stridulations en frottant certaines parties de leurs ailes antérieures. Leur corps (en général vert, brun ou noir) est large, et leur abdomen se termine par des appendices (cerques) bien développés.

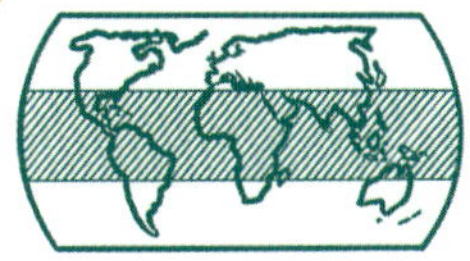

Famille : *Gryllidae*
Taille : 0,9-2,5 cm
Nombre d'espèces : 2 000

Courtilière

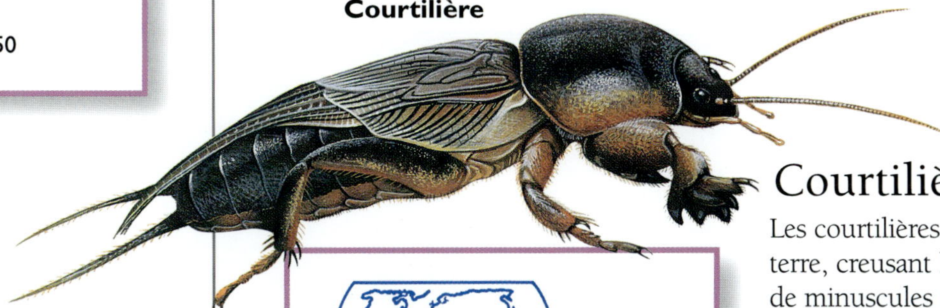

Courtilière

Les courtilières vivent sous terre, creusant le sol comme de minuscules taupes avec leurs larges pattes antérieures. Leur corps est protégé par une fine couche de soie. Se nourrissant surtout de racines, elles endommagent souvent les cultures. Elles capturent aussi des insectes et des larves.

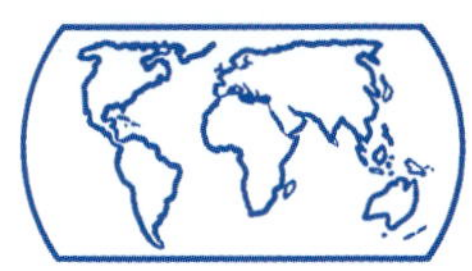

Famille : *Gryllotalpidae*
Taille : 2-5 cm
Nombre d'espèces : 60

Sauterelle-feuille

Grâce à ses ailes semblables à des feuilles, cet insecte se camoufle dans les plantes. Avec sa tarière (organe de ponte) en forme de couteau, la femelle découpe une fente dans les tiges des plantes pour y introduire ses œufs.

Sauterelle-feuille

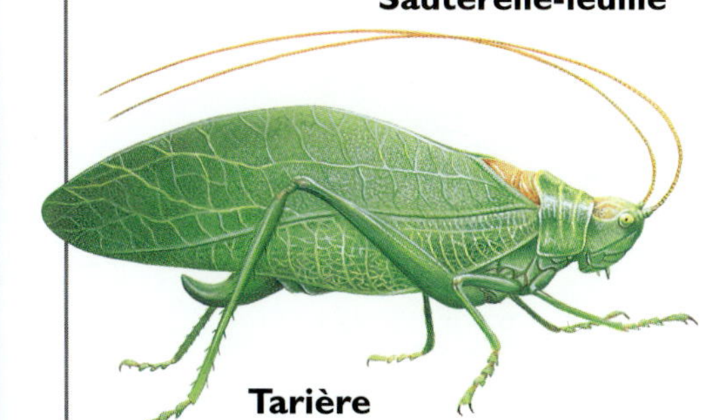

Tarière

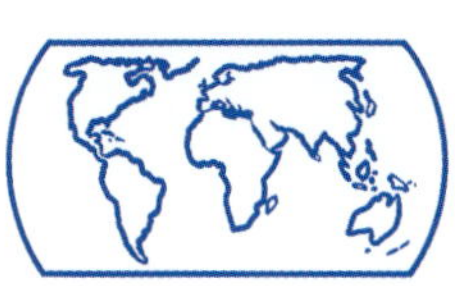

Famille : *Tettigoniidae*
Taille : 1,2-7,5 cm
Nombre d'espèces : 5 000

Phasme

Avec son corps effilé vert ou brun, le phasme ressemble tellement à une brindille qu'il est difficile à distinguer, même pour des oiseaux affamés ! Le jour, il s'accroche à une plante en laissant ses pattes longues et fines remuer dans la brise. La nuit, il se déplace en mangeant des feuilles.

Famille : *Phasmatidae*
Taille : jusqu'à 30 cm
Nombre d'espèces : 2 000

Phasme

Mantes, libellules, fourmilions...

Ces insectes sont des chasseurs redoutables. Les mantes sont dotées de longues pattes antérieures qu'elles projettent à la vitesse de l'éclair pour se saisir de leur proie. Les libellules, dont le vol est l'un des plus rapides chez les insectes, happent leurs proies en vol ou, parfois, les attrapent sur des feuilles. Les chrysopes, les fourmilions, les raphidies et les mantispes ont des ailes dotées de très nombreuses nervures. Leurs larves se nourrissent d'autres petits organismes qu'elles capturent à l'aide de leurs puissantes mandibules.

Mante d'Angola

Camouflée sur des branches couvertes de lichen, cette mante reste immobile, à l'affût, puis s'élance en une fraction de seconde pour se saisir d'une proie. À l'éclosion, les jeunes sont de minuscules répliques des adultes. Ils chassent dès leur naissance.

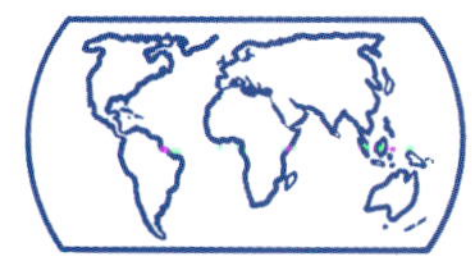

Famille : *Mantidae*
Taille : 1,2-15 cm
Nombre d'espèces : 1 400

Mante d'Angola

Mante religieuse

Pourvues de multiples épines, les puissantes pattes antérieures de la mante religieuse lui permettent de maintenir les proies qui se débattent pendant qu'elle les mange. La femelle est plus grande que le mâle, qu'elle attaque et dévore parfois pendant l'accouplement.

Famille : *Mantidae*
Taille : 1,2-15 cm
Nombre d'espèces : 1 400

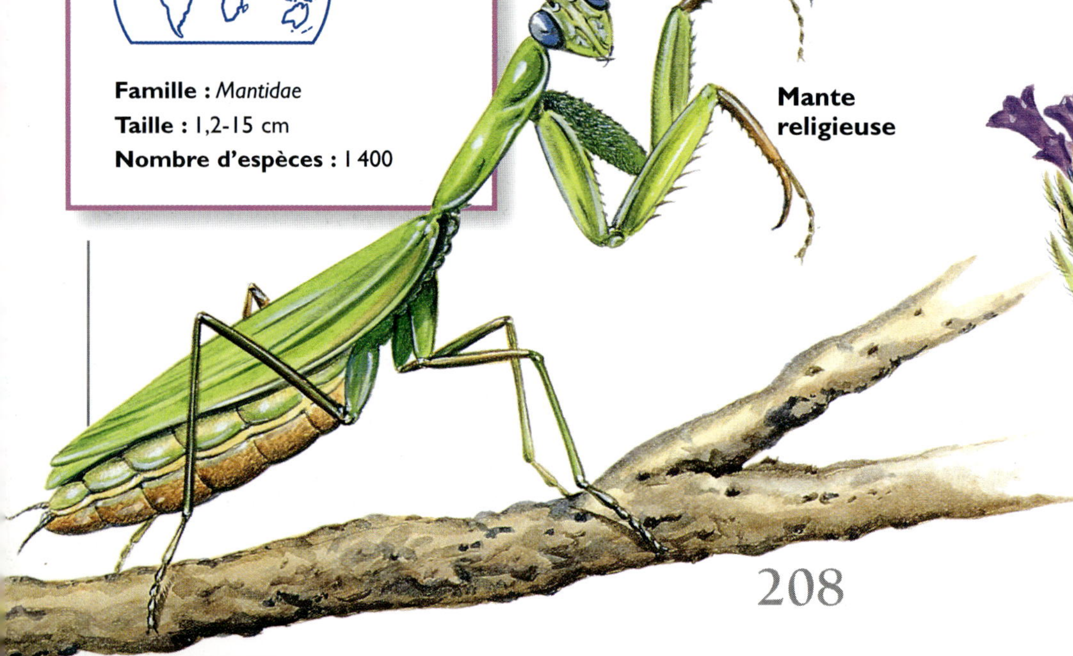

Mante religieuse

Mante-fleur

Certaines mantes adoptent les couleurs des fleurs sur lesquelles elles se posent. Elles se dissimulent ainsi aux yeux de leurs proies comme à ceux de leurs ennemis. Les mantes chassent d'autres insectes, et parfois des grenouilles ou de petits lézards.

Mante-fleur

Famille : *Mantidae*
Taille : 1,2-15 cm
Nombre d'espèces : 1 400

Famille : *Perlidae*
Taille : 0,9-4 cm
Nombre d'espèces : 350

Perle commune

Les larves vivent dans les torrents, où elles se nourrissent de plantes et d'insectes. La surface de leur corps absorbe de l'oxygène, mais elles peuvent respirer dans l'eau grâce à des branchies, situées derrière les deux premières paires de pattes. Les adultes volent mal et demeurent la plupart du temps sur des rochers. Les perles ne vivent que 1 ou 2 semaines, sans se nourrir.

Perle commune

Famille : *Raphididae*
Taille : 0,6-2,5 cm
Nombre d'espèces : 85

Raphidie

Pour repérer ses proies, la raphidie dresse son très long cou. Les adultes, mais aussi les jeunes, sont des prédateurs d'insectes tels les pucerons et les chenilles.

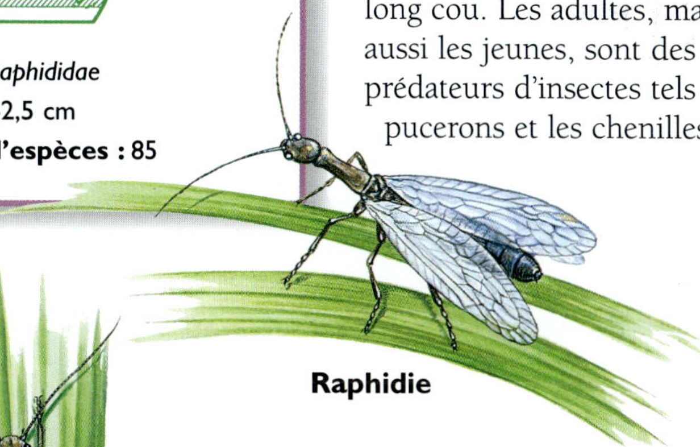

Raphidie

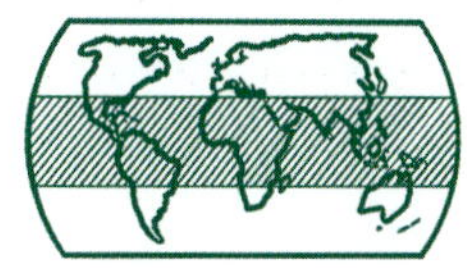

Famille : *Myrmeleonidae*
Taille : 0,9-5 cm
Nombre d'espèces : 1 000

Mantispe

Cet insecte, apparenté au chrysope, ressemble à une petite mante religieuse et capture ses proies de la même façon. Les jeunes de quelques espèces creusent les nids de guêpes ou d'abeilles pour manger les larves qui s'y trouvent. D'autres se nourrissent d'œufs d'araignées.

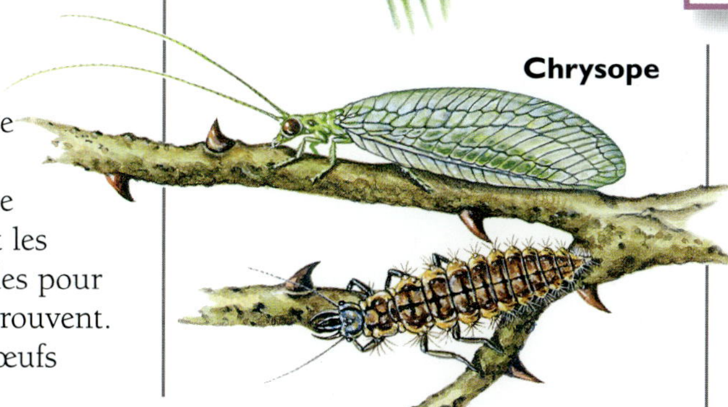

Chrysope

Fourmilion

larve

Famille : *Mantispidae*
Taille : 0,3-2,5 cm
Nombre d'espèces : 350

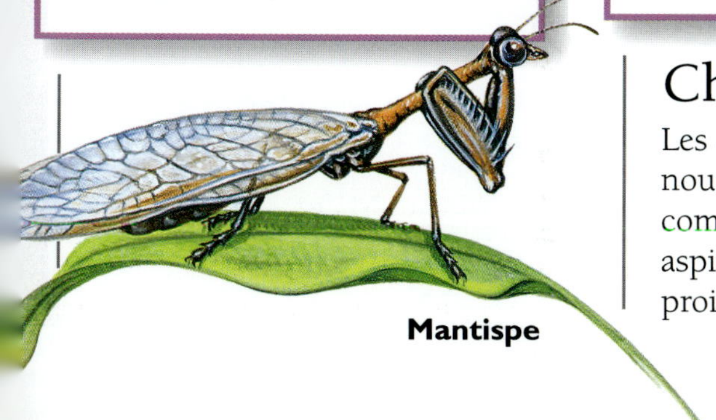

Mantispe

Famille : *Chrysopidae*
Taille : 0,9-1,9 cm
Nombre d'espèces : 1 600

Chrysope

Les adultes et les larves se nourrissent de petits insectes, comme les pucerons. La larve aspire la substance du corps de ses proies avec ses pièces buccales.

Fourmilion

L'adulte ressemble à une demoiselle, mais ses antennes sont plus longues et leur extrémité est épaisse. La larve chasse les fourmis (d'où le nom de cet insecte) : elle creuse un trou dans le sable et, lorsqu'une fourmi approche, elle projette du sable pour faire tomber sa proie dans le trou.

Cordulégastre

Les cordulégastres sont de grandes libellules que l'on voit souvent aux abords des torrents dans les régions boisées. Ils sont généralement bruns, avec de grands yeux presque joints, qui se touchent chez certaines espèces. La tête et le thorax de la nymphe sont couverts de soies. Les larves sont grandes et velues. Elles vivent sous l'eau et se nourrissent d'insectes ou de têtards.

Cordulégastre

Famille : *Cordulegastridae*
Taille : 6-8,5 cm
Nombre d'espèces : 75

Famille : *Lestidae*
Taille : 3-5 cm
Nombre d'espèces : 200

Demoiselle agrion

Demoiselle agrion

Au repos, ces insectes ont les ailes légèrement écartées. Les demoiselles vivent autour des bassins et des marécages, où elles capturent des insectes tels que de petites mouches.

Gomphe

Cette libellule attend ses proies en haut d'un perchoir. Dès qu'il en repère une, le gomphe fonce dessus pour s'en emparer puis regagne son perchoir.

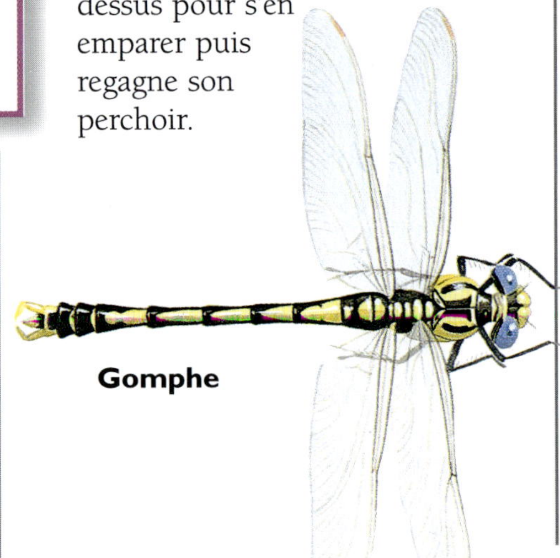

Gomphe

Famille : *Gomphidae*
Taille : 5-7,5 cm
Nombre d'espèces : 875

Famille : *Coenagrionidae*
Taille : 2,5-5 cm
Nombre d'espèces : 1 000

Éphémère

Après l'état larvaire, l'insecte devenu adulte ne vit qu'une seule journée, le temps de s'accoupler et de pondre ses œufs.

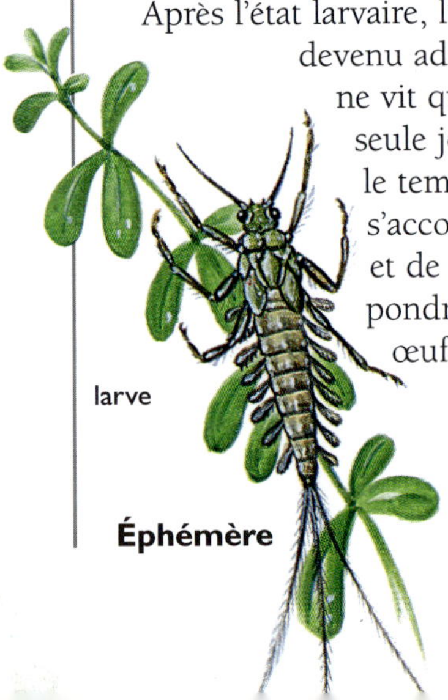

larve

Éphémère

adulte

Famille : *Baetidae*
Taille : 0,9-1 cm
Nombre d'espèces : 800

Demoiselle aux ailes étroites

Le mâle a un corps effilé, habituellement plus vivement coloré que celui de la femelle. La larve, comme celles de toutes les demoiselles, vit dans l'eau et capture de petits insectes.

Demoiselle aux ailes étroites

Famille : *Libellulidae*
Taille : 2-10 cm
Nombre d'espèces : 1 250

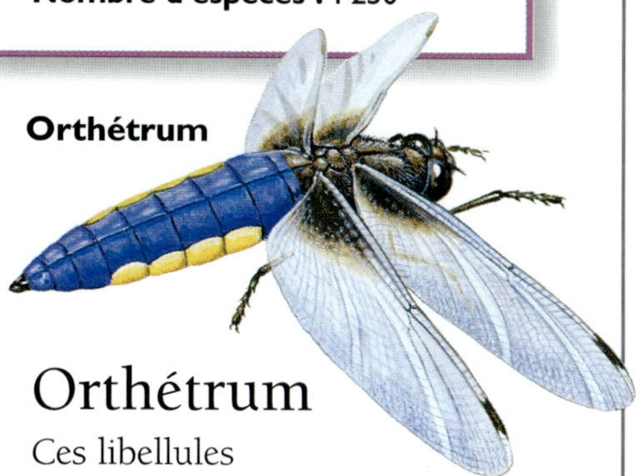

Orthétrum

Orthétrum

Ces libellules ressemblent aux demoiselles, mais leur corps est plus large et plus aplati. Leur envergure peut atteindre 10 cm. Elles vivent près des étangs et des marais.

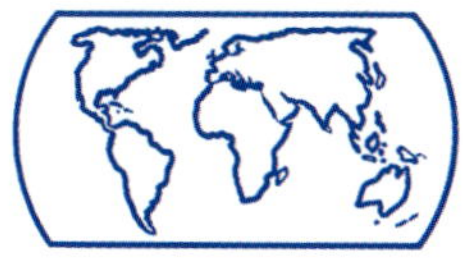

Famille : *Libellulidae*
Taille : 2-6 cm
Nombre d'espèces : 1 250

Sympétrum

Ces libellules pondent leurs œufs dans l'eau ou sur les rives. Les larves, également appelées « naïades », sont assez différentes des adultes. Elles vivent dans l'eau, où elles se nourrissent surtout de têtards.

Sympétrum

Famille : *Panorpidae*
Taille : 1,2-2 cm
Nombre d'espèces : 400

Panorpe

La queue recourbée du mâle de cet insecte ressemble au dard d'un scorpion. Les adultes ont deux paires d'ailes et de longues pattes fines. Ils se nourrissent de nectar ainsi que d'insectes.

Panorpe

Famille : *Aeschnidae*
Taille : 6-12 cm
Nombre d'espèces : 1 000

Æschne

Les æschnes sont parmi les libellules les plus grandes et les plus rapides. Lorsqu'elle chasse, l'æschne vole les pattes en avant, prête à saisir toute proie qui se présenterait. Le mâle surveille et défend son territoire. Les femelles peuvent y pénétrer, mais les autres mâles en sont chassés.

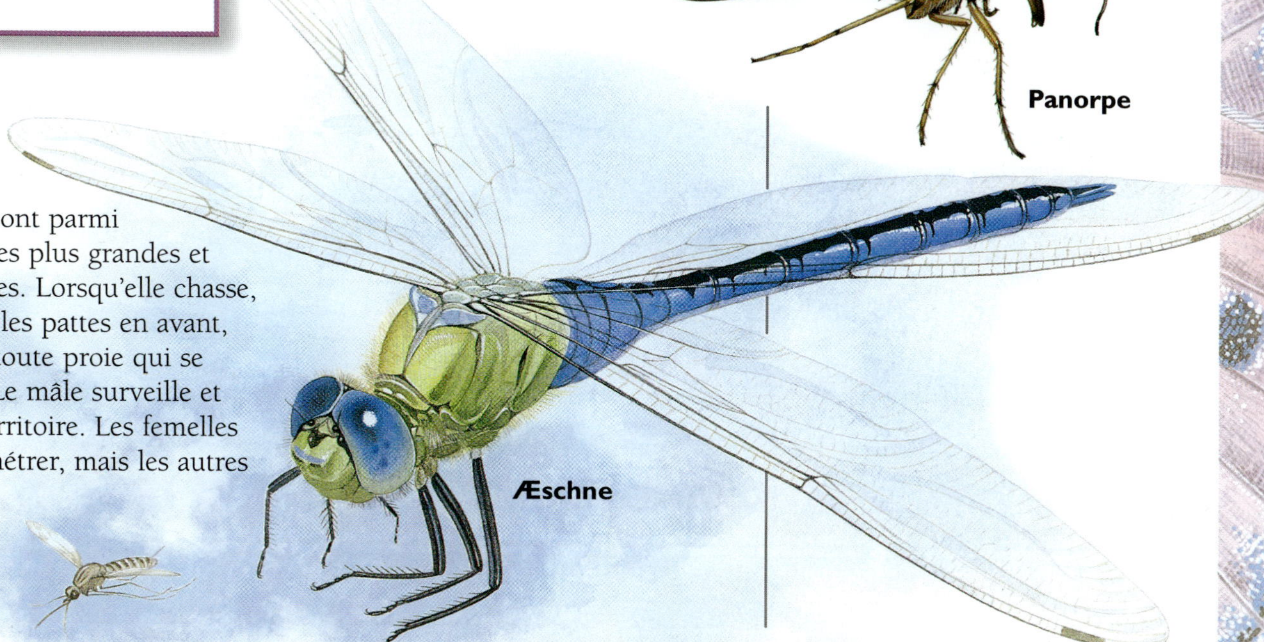

Æschne

Hémiptères, puces, poux et coléoptères

Les hémiptères forment un groupe très varié, comprenant les cigales et les punaises. Les puces et les poux sont des parasites qui se nourrissent du sang, de la peau, des plumes ou des poils des animaux. Les coléoptères à eux seuls représentent 40 % des insectes identifiés. Une des raisons de leur succès est leur capacité d'adaptation à n'importe quel régime alimentaire.

Membracide

De nombreux membracides ont sur le thorax des excroissances qui les font ressembler à des épines de plantes. Ils se nourrissent essentiellement de sève de végétaux.

Membracide

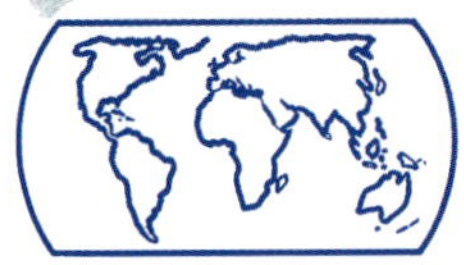

Famille : *Membracidae*
Taille : 0,6-1,2 cm
Nombre d'espèces : 2 500

Hémiptères, puces et poux

Les hémiptères sont dotés de pièces buccales qui leur permettent de percer les végétaux ou la peau et d'aspirer la sève ou le sang. Les puces et les poux sont des aphaniptères, des insectes dépouvus d'ailes. Les puces ont des pattes puissantes qui leur permettent de sauter sur les hôtes qu'elles parasitent. Les poux parasitent les oiseaux et les mammifères.

Puceron

Ces petits insectes fragiles sont bien connus des jardiniers, car ils causent des dégâts en aspirant la sève des feuilles et des tiges des plantes. Ils se reproduisent vite, mais beaucoup sont détruits par des prédateurs (coccinelles…).

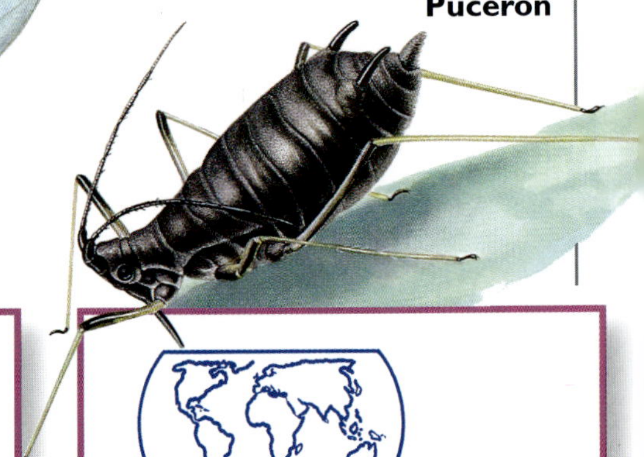

Puceron

Famille : *Aphididae*
Taille : jusqu'à 0,9 cm
Nombre d'espèces : 4 100

Cigale

Les mâles émettent un chant caractéristique qui est produit par des organes spécialisés, les cymbales, situés sur l'abdomen et actionnés par un muscle particulier qui les fait vibrer. La femelle pond généralement ses œufs dans la fente d'une branche qu'elle a entaillée. La larve vit sous terre et se nourrit de racines.

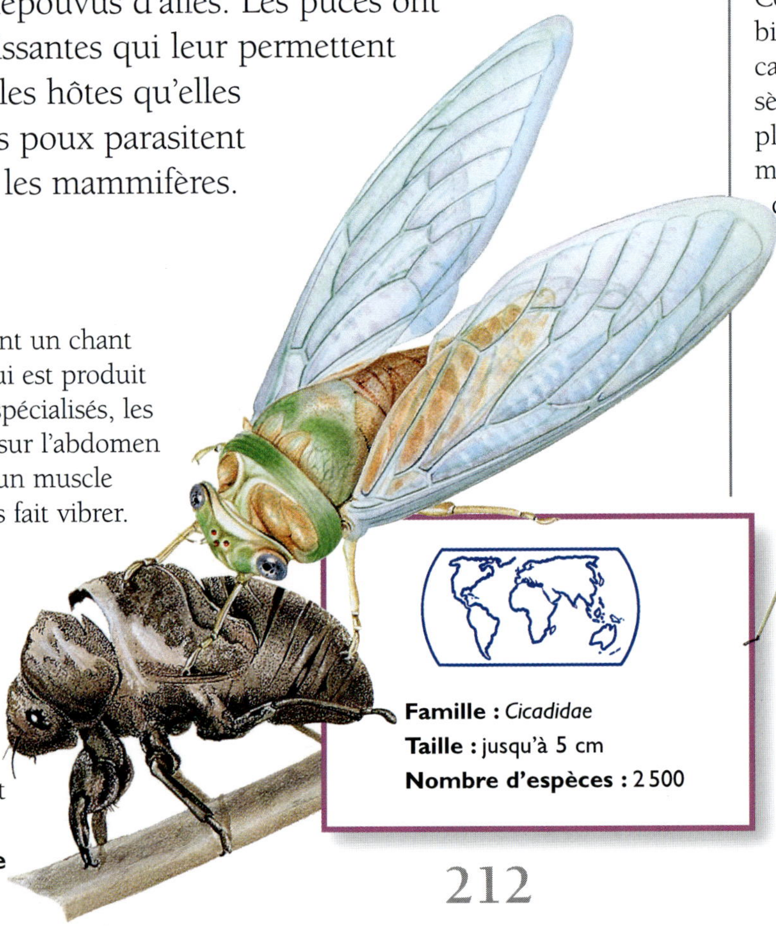

Cigale

Famille : *Cicadidae*
Taille : jusqu'à 5 cm
Nombre d'espèces : 2 500

Punaise des bois

Famille : *Pentatomidae*

Taille : 0,6-2 cm

Nombre d'espèces : 5 250

Punaise des bois

Ces punaises sont surnommées « punaises puantes » à cause de la sécrétion nauséabonde qu'elles projettent lorsqu'elles se sentent menacées. Leurs pièces buccales forment une pointe (le rostre) semblable à un bec, qui leur permet de percer la surface des plantes ou la peau des animaux pour en aspirer la sève ou le sang.

Punaise des plantes

Cette punaise appartient à une grande famille, celle des miridés ou punaises dites « vraies ». Elle mange des feuilles, des graines et des fruits et peut être très nuisible aux cultures (luzerne, notamment). Certaines espèces de miridés sont en revanche les bienvenues chez les fermiers, car elles se nourrissent de pucerons. Les miridés sont souvent colorés.

Punaise des plantes

Famille : *Miridae*

Taille : 0,3-1,9 cm

Nombre d'espèces : 7 000

Pou de tête

Le pou de tête vit sur la tête des hommes, se nourrissant du sang du cuir chevelu, qu'il aspire. Il s'agrippe aux cheveux avec ses pattes et ses griffes et y colle ses œufs.

Pou de tête

Famille : *Pediculidae*

Taille : 0,15-0,3 cm

Nombre d'espèces : 2

Cercope

Comme de minuscules grenouilles, les cercopes sautillent sur les plantes dont ils se nourrissent. Ils pondent leurs œufs sur les tiges. Lorsque la larve éclôt, elle s'enrobe d'une substance mousseuse produite par ses glandes abdominales ; à l'air, ce mélange forme une écume, le « crachat de coucou », qui la dissimule à ses ennemis.

Punaise de lit

Ces insectes se cachent le jour et se nourrissent la nuit du sang des oiseaux et des mammifères, dont l'homme. Ils ne vivent pas sur leur hôte, mais dans leur nid ou leurs recoins familiers, cachés dans des interstices. Les adultes peuvent survivre plusieurs semaines sans manger.

Punaise de lit

Famille : *Cimicidae*

Taille : jusqu'à 0,6 cm

Nombre d'espèces : 90

Famille : *Cercopidae*

Taille : 0,3-1,2 cm

Nombre d'espèces : 1 400

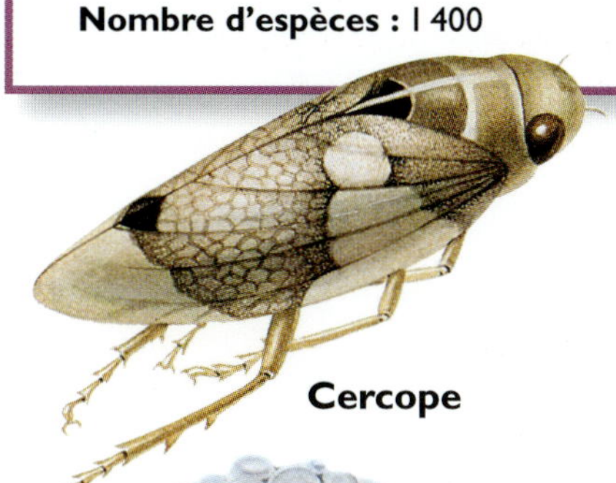

Cercope

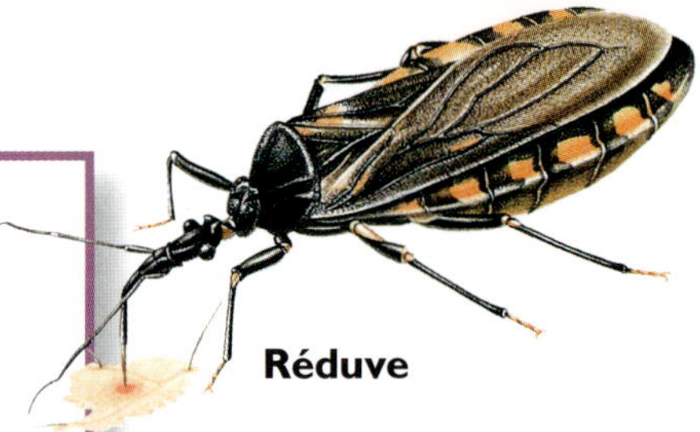

Famille : *Reduviidae*
Taille : 1,2-5 cm
Nombre d'espèces : 5 500

Réduve

Réduve

Ces punaises se nourrissent d'autres insectes (chenilles, coléoptères, abeilles...). Lorsque le réduve s'est emparé de sa victime, il lui injecte une sorte de salive paralysante puis aspire la substance de son corps. Certains réduves s'attaquent également à de gros mammifères (dont les humains) pour se nourrir de leur sang. Leurs morsures sont douloureuses et peuvent parfois transmettre des maladies graves.

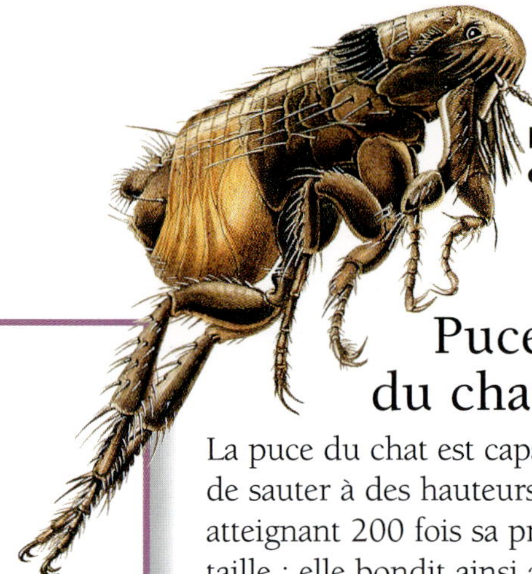

Puce du chat

Famille : *Pulicidae*
Taille : jusqu'à 0,6 cm
Nombre d'espèces : 200

Puce du chat

La puce du chat est capable de sauter à des hauteurs atteignant 200 fois sa propre taille ; elle bondit ainsi aisément sur les chats pour se nourrir de leur sang. Elle s'ancre dans la fourrure de son hôte grâce au peigne épineux situé sur sa tête. La puce utilise aussi ses griffes en crochets pour s'agripper à la peau. La femelle pond ses œufs dans le nid ou la litière de l'animal parasité.

Famille : *Psocidae*
Taille : 0,15-0,6 cm
Nombre d'espèces : 500

Chique

Comme les autres puces, la chique se nourrit du sang des animaux. Sa piqûre provoque une réaction de la peau, qui gonfle et enferme l'insecte. La femelle pond ses œufs dans ce repli.

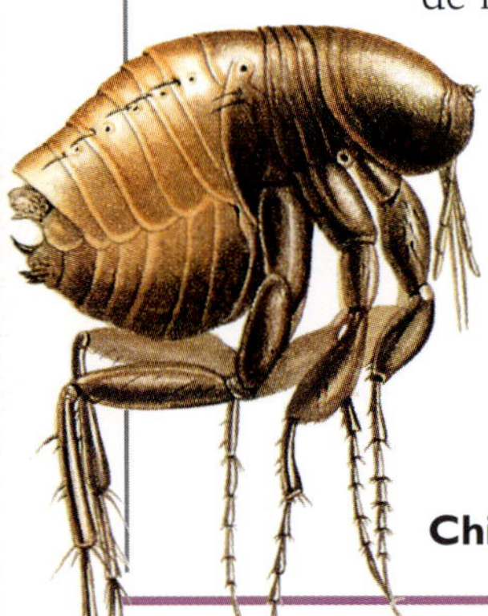

Chique

Famille : *Tungidae*
Taille : 0,3-0,6 cm
Nombre d'espèces : 20

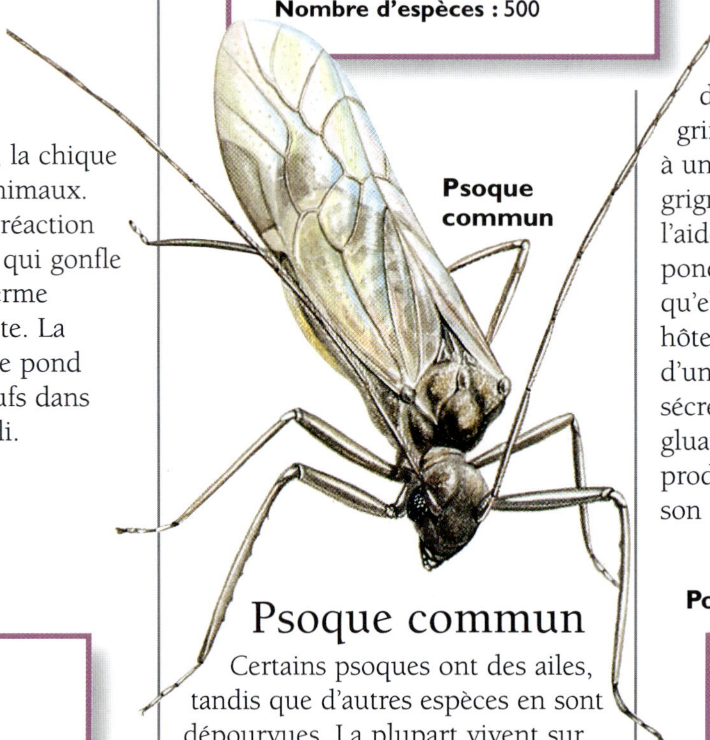

Psoque commun

Psoque commun

Certains psoques ont des ailes, tandis que d'autres espèces en sont dépourvues. La plupart vivent sur ou sous l'écorce des arbres, et se nourrissent de lichen et d'algues. Quelques espèces, comme le pou des livres, vivent dans les maisons, où elles s'attaquent aux moisissures et aux réserves alimentaires.

Pou des oiseaux

Ce parasite des oiseaux est un insecte broyeur. Chacune de ses pattes est munie de deux griffes avec lesquelles il s'accroche à une plume. Ensuite, le pou grignote des fragments de plume à l'aide de ses mandibules. La femelle pond jusqu'à cent œufs, qu'elle colle sur son hôte au moyen d'une sécrétion gluante produite par son corps.

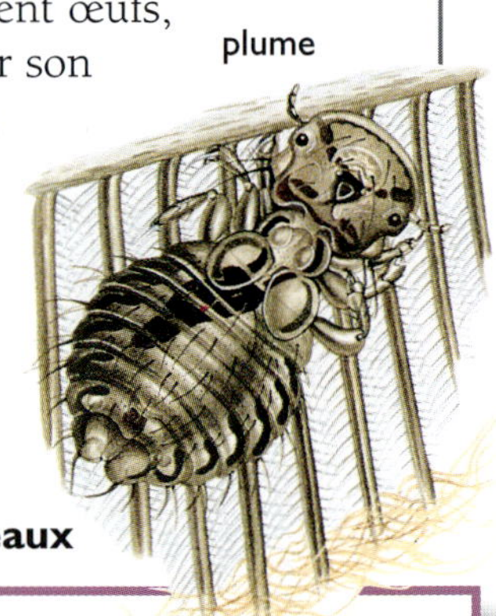

Pou des oiseaux

Famille : *Philopteridae*
Taille : 0,15 cm
Nombre d'espèces : 2 700

Les coléoptères

On connaît plus de 300 000 espèces de coléoptères, mais il en existe certainement beaucoup d'autres qui ne sont pas identifiées. Ces insectes ont colonisé presque tous les types d'habitat, des terres polaires aux forêts tropicales, et se nourrissent de toutes sortes d'aliments avec leurs puissantes pièces buccales broyeuses. Ils sont caractérisés par deux paires d'ailes. Les ailes antérieures, appelées « élytres », sont épaisses et coriaces. Au repos, les ailes postérieures, plus fines, sont repliées sous les élytres.

Goliath

Famille : *Scarabaeidae*
Taille : 1,8-12,5 cm
Nombre d'espèces : 20 000

Goliath

Coléoptère africain, le goliath est l'un des insectes les plus grands et les plus lourds qui existe. La femelle est plus petite et moins vivement colorée que le mâle. Excellents grimpeurs dotés de pattes antérieures puissantes, les goliaths se hissent dans les arbres à la recherche de sève et de fruits.

Famille : *Staphylinidae*
Taille : jusqu'à 4 cm
Nombre d'espèces : 27 000

Staphylin

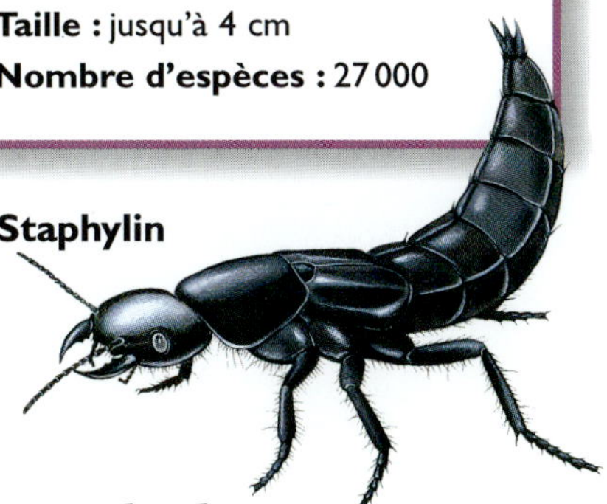

Staphylin

Le staphylin a un corps allongé, et seule une petite partie de l'abdomen est recouverte par de courts élytres. Lorsqu'il est dérangé, il redresse l'extrémité de l'abdomen, à la manière d'un scorpion. L'adulte comme la larve se nourrissent d'insectes et de vers.

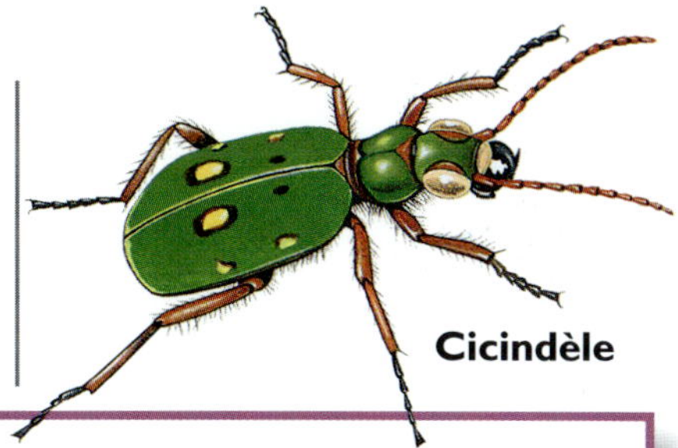

Cicindèle

Famille : *Cicindelidae*
Taille : 0,6-2,5 cm
Nombre d'espèces : 2 000

Cicindèle

Doté de longues pattes, cet insecte coloré court très vite à la poursuite de petits insectes qu'il saisit entre ses puissantes mandibules. La femelle pond ses œufs dans le sable. À l'éclosion, les larves creusent des terriers où elles se cachent pour tendre des pièges à leurs proies.

Gyrin

Ces coléoptères aux reflets métallisés nagent à la surface des mares et des ruisseaux, se nourrissant d'insectes tombés à l'eau. Ils ont des yeux divisés, qui leur permettent de voir sous l'eau et hors de l'eau en même temps. Les larves mangent des insectes et d'autres invertébrés, comme des escargots.

Famille : *Gyrinidae*
Taille : 0,3-1,5 cm
Nombre d'espèces : 750

Gyrin

Les lucanes

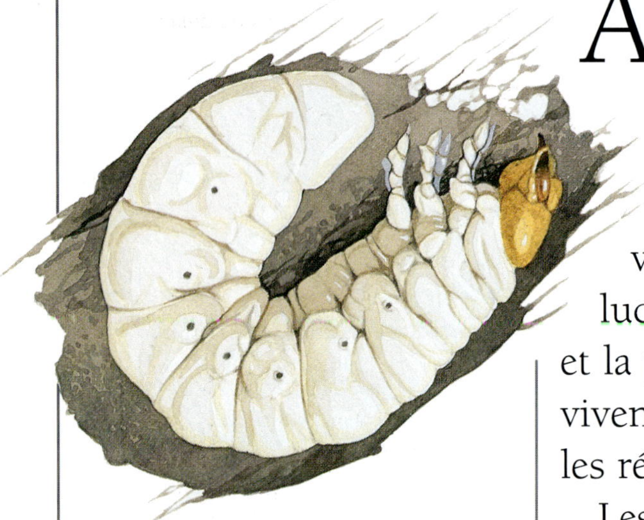

Avec leur grosse tête et leurs mandibules massives, les lucanes mâles sont des insectes très spectaculaires. Mais, malgré leur apparence effrayante, ils sont inoffensifs. Ils se nourrissent de sève et d'autres sécrétions végétales. Il existe environ 1 250 espèces de lucanes : les plus gros mesurent jusqu'à 10 cm, et la plupart sont noirs ou bruns. Les lucanes vivent dans les forêts et sont très répandus dans les régions tropicales.

Les mandibules de certains mâles ont la forme de bois de cerfs, ce qui vaut à l'insecte son nom usuel de cerf-volant, et, comme ceux-ci, les lucanes se livrent de violents combats pour se disputer les femelles. Ils ne mordent pas, mais peuvent abîmer les élytres de leur adversaire. C'est en général le mâle doté des plus grandes mandibules qui remporte la bataille.

Les femelles pondent leurs œufs dans des interstices de souches ou de bois mort. Lorsque les larves éclosent, elles se nourrissent du bois pourrissant.

Larve et nymphe

Lors de l'éclosion, la larve a une forme de C. Elle passe son temps à manger et grandit très vite. Pendant sa croissance, elle mue plusieurs fois : elle perd alors sa peau, devenue trop petite pour sa taille. Lorsque la larve arrive à maturité, elle devient une nymphe – stade durant lequel l'insecte se transforme en adulte. Lorsque le processus est terminé, un lucane adulte, ailé, apparaît.

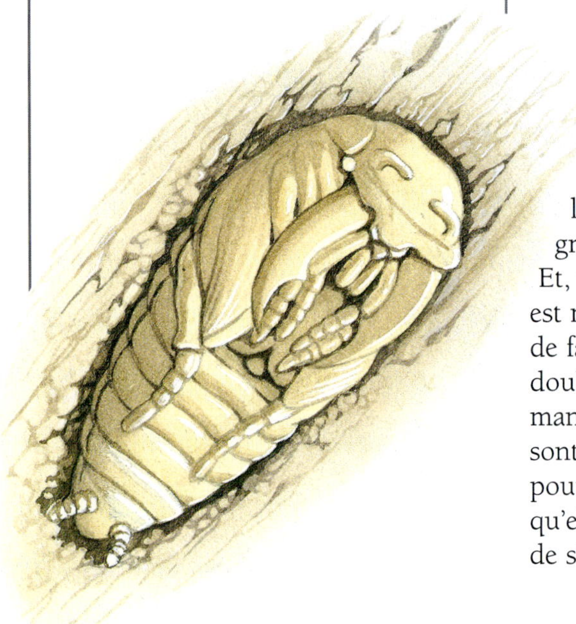

Femelle

Plus petite que le mâle, la femelle n'a pas de grandes mandibules. Et, pourtant, lorsqu'elle est menacée, elle pince de façon bien plus douloureuse. Les mandibules du mâle sont si spécialisées pour le combat qu'elles ne lui permettent ni de s'alimenter ni de mordre.

Ce magnifique **lucane,** élytres relevés, s'apprête à s'envoler. Lorsque l'insecte ne vole pas, les élytres sont repliés et protègent les ailes postérieures, fines et délicates.

Position dangereuse

Un lucane qui se retrouve sur le dos au cours d'un combat peut difficilement se remettre d'aplomb. Dans une telle position, il est très facile pour un prédateur, un oiseau par exemple, de l'attraper.

Combat

Les rencontres entre lucanes ont souvent lieu sur une branche. Au cours de la lutte, chaque combattant cherche à bloquer l'autre entre ses mandibules, dont la forme est adaptée au tour de thorax de l'adversaire. Lorsque l'un d'eux réussit à s'emparer de l'autre, il le soulève et essaie de le jeter au bas de la branche.

Dytique

Les dytiques vivent dans les étangs et les lacs. Ils nagent en se servant de leurs pattes arrière, qui font office de rames. Ils sont capables de plonger longtemps sous l'eau grâce aux réserves d'air piégées sous leurs élytres. Les adultes et les larves sont des prédateurs.

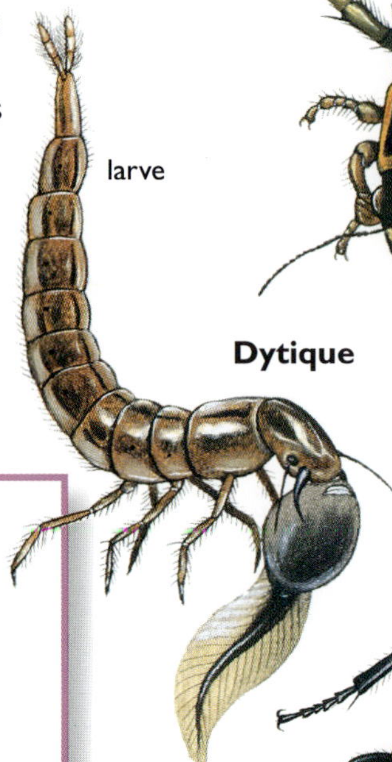

larve

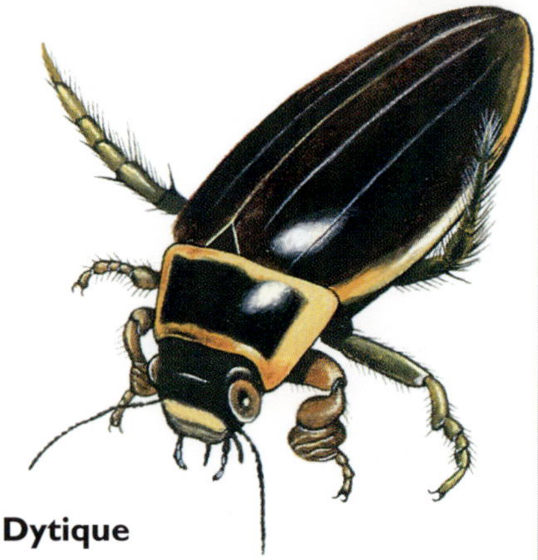

Dytique

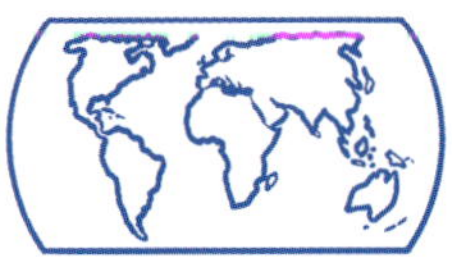

Famille : *Dytiscidae*
Taille : 0,15-4 cm
Nombre d'espèces : 3 500

Nécrophore

Les adultes, richement colorés, et leurs larves se nourrissent d'animaux morts (souris ou oiseaux par exemple). Certains nécrophores creusent sous la charogne pour l'enterrer et pondent ensuite leurs œufs dans l'animal en décomposition, de façon à assurer une réserve de nourriture à leurs petits après l'éclosion.

Famille : *Silphidae*
Taille : jusqu'à 4 cm
Nombre d'espèces : 250

Nécrophore

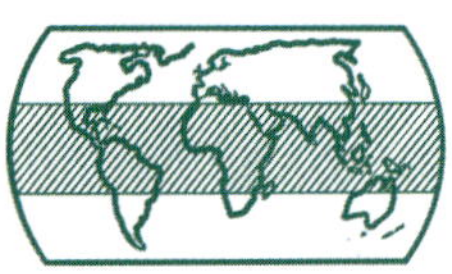

Famille : *Buprestidae*
Taille : 2-6 cm
Nombre d'espèces : 14 000

Bupreste

Bupreste

Avec leurs coloris métallisés, les buprestes ressemblent à de petits bijoux. Ils vivent dans les forêts tropicales, où ils se nourrissent de nectar de fleurs et de feuilles. Les larves s'alimentent en creusant le bois mort ou sur pied, et causent parfois d'importants dégâts.

Famille : *Cerambycidae*
Taille : jusqu'à 18 cm, antennes comprises
Nombre d'espèces : 25 000

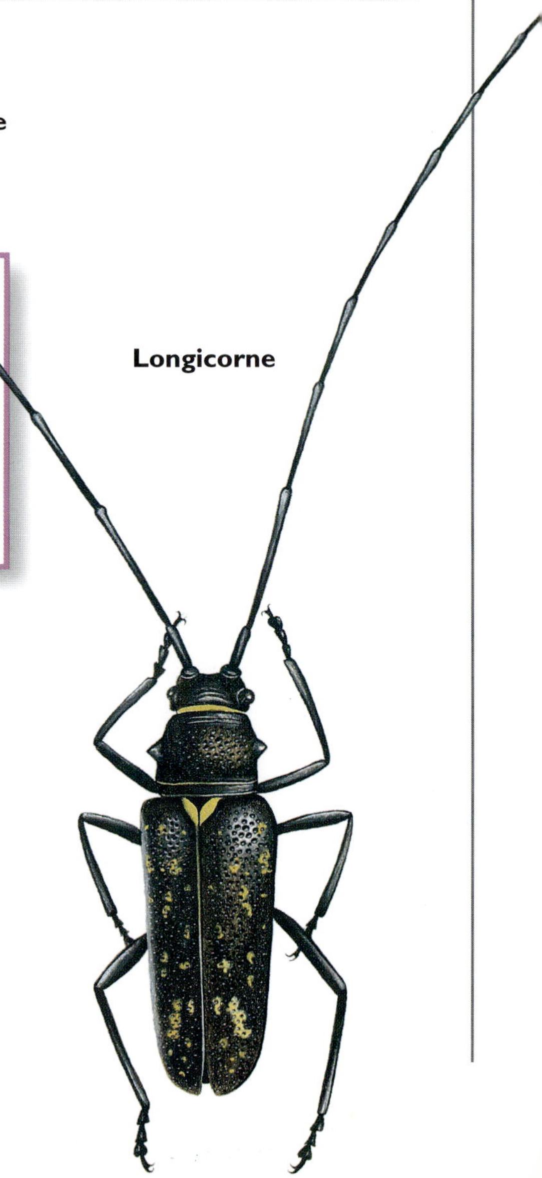

Longicorne

Longicorne

Les antennes de ce coléoptère sont très longues (trois fois la longueur du corps), d'où son nom. Les adultes se nourrissent surtout de feuilles, de racines et de pollen. Pendant que le mâle monte la garde, la femelle pond ses œufs dans des fentes des arbres ou des souches mortes. Lorsque la larve éclôt, elle se nourrit du bois, creusant de véritables tunnels dans les arbres et le bois coupé.

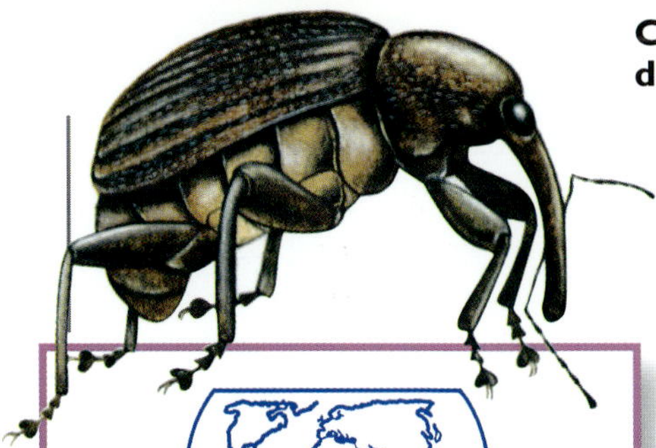

Charançon du coton

Famille : *Curculionidae*
Taille : 0,15-4 cm
Nombre d'espèces : 40 000

Charançon du coton

Les charançons, qui se nourrissent de plantes, causent parfois de gros dégâts dans les cultures. Le charançon du coton utilise son long rostre pour creuser les graines et les boutons des cotonniers. La femelle pond ses œufs dans des trous creusés à l'intérieur de ces mêmes graines.

Ténébrion

Familiers des régions sèches, où ils se tapissent sous les pierres, les ténébrions partent chercher leur nourriture (bois en décomposition, larves d'insectes, céréales...) la nuit. Certaines espèces du désert ont de longues pattes qui leur permettent de se déplacer rapidement, le jour, d'un point d'ombre à un autre.

Famille : *Tenebrionidae*
Taille : 2-4,5 cm
Nombre d'espèces : 15 000

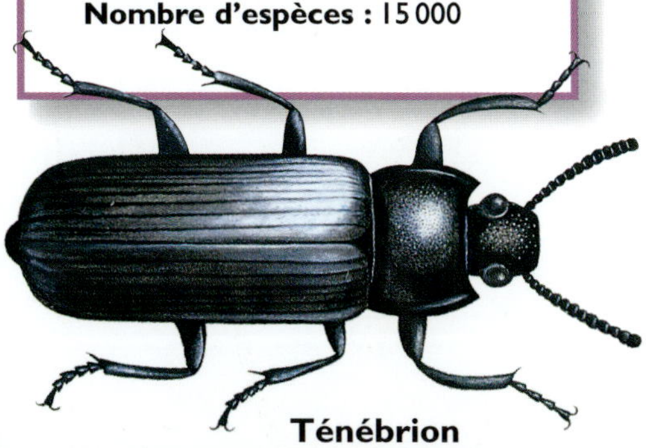

Ténébrion

Coccinelle

Les adultes comme les larves se nourrissent de pucerons. Sans les coccinelles, les pucerons deviendraient vite un sérieux problème pour les agriculteurs et les jardiniers, car ils prélèvent la sève des plantes. Les coloris vifs des coccinelles avertissent les éventuels prédateurs de leur goût déplaisant, voire toxique. Les coccinelles hibernent souvent à l'abri de souches, d'écorce, de piles de feuilles, ou dans des greniers.

Coccinelle

Famille : *Coccinellidae*
Taille : jusqu'à 0,9 cm
Nombre d'espèces : 5 000

Ver luisant

Des organes situés à l'extrémité de l'abdomen des vers luisants émettent une lumière jaune-vert. Chaque espèce émet une lumière particulière pour attirer des partenaires de sa propre espèce. Les mâles ont des ailes, mais les femelles, qui ressemblent à des larves, sont souvent aptères.

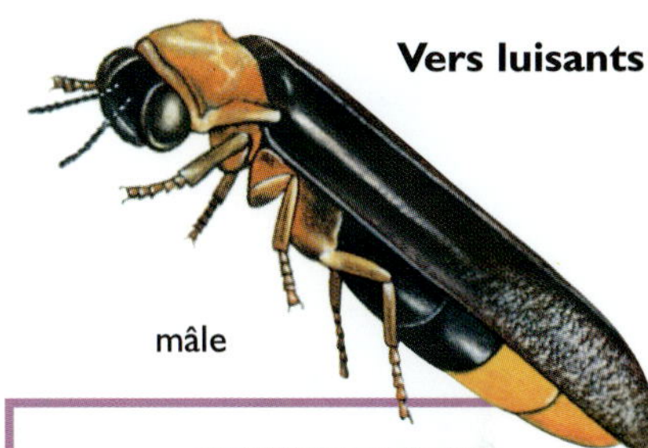

Vers luisants

mâle

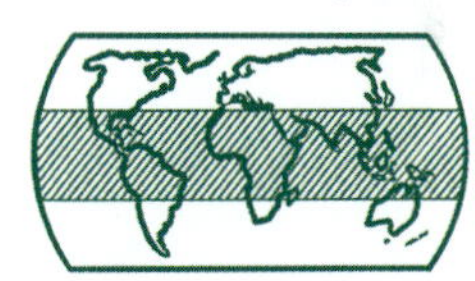

Famille : *Lampyridae*
Taille : jusqu'à 2,5 cm
Nombre d'espèces : 2 000

Taupin

Lorsqu'il se retrouve sur le dos, le taupin se projette en l'air jusqu'à 30 cm en faisant entendre un déclic sonore, puis retombe sur ses pattes. L'adulte se nourrit de plantes et vit au sol ou dans du bois pourrissant. La larve mange des racines et des graines.

Taupin

Famille : *Elateridae*
Taille : jusqu'à 6 cm
Nombre d'espèces : 8 500

Mouches et papillons

Les mouches ont la réputation d'être sales et porteuses de maladies, mais elles ont aussi leur utilité. Elles assurent la pollinisation des plantes qu'elles visitent, représentent une source de nourriture pour de nombreux animaux (les oiseaux surtout) et contribuent à la disparition des déchets.

Les papillons sont des insectes bien plus attrayants. Eux aussi transportent le pollen en voletant d'une fleur à une autre pour butiner le nectar.

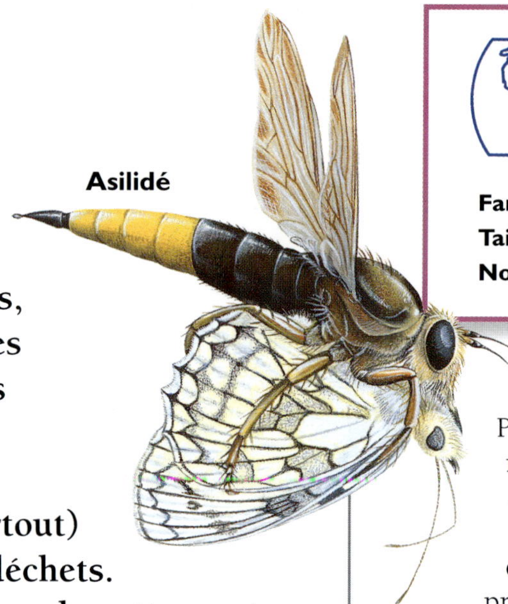

Asilidé

Famille : *Asilidae*
Taille : 0,6-4,5 cm
Nombre d'espèces : 5 000

Asilidé

Prédateur au vol très rapide, l'asilidé chasse et attrape les autres insectes en vol ou en bondissant dessus au sol. Il saisit ses proies de ses puissantes pattes, puis aspire la substance de sa victime grâce à ses pièces buccales pointues. La larve vit au sol ou dans du bois en putréfaction, se nourrissant des larves d'autres insectes.

Les mouches

Avec plus de 90 000 espèces identifiées, les mouches forment un vaste groupe d'insectes. Elles ont colonisé quasiment toute la planète – le moucheron est d'ailleurs l'une des rares espèces terrestres à vivre en Antarctique. Les mouches n'ont qu'une paire d'ailes ; leurs ailes postérieures, atrophiées, font office de balancier assurant l'équilibre en vol. La plupart des mouches se nourrissent de substances liquides (nectar, sève de plantes, sucs de végétaux en décomposition). Certaines espèces, comme les moustiques, aspirent le sang des animaux.

Chironome

Ce minuscule moucheron forme avec ses congénères de gigantesques essaims que l'on voit, habituellement dans la soirée, aux abords des plans d'eau et des ruisseaux. La larve vit dans l'humidité ou dans l'eau et se nourrit de plantes ou d'algues.

Chironome

Famille : *Chironomidae*
Taille : 0,15-0,9 cm
Nombre d'espèces : 5 000

Taon

Les taons ont de grands yeux irisés. Le mâle se nourrit de nectar, mais la femelle aspire le sang des mammifères, dont les humains. La piqûre du taon est parfois très douloureuse, et cet insecte peut transmette des maladies comme l'anthrax.

Famille : *Tabanidae*
Taille : 0,6-2,5 cm
Nombre d'espèces : 4 100

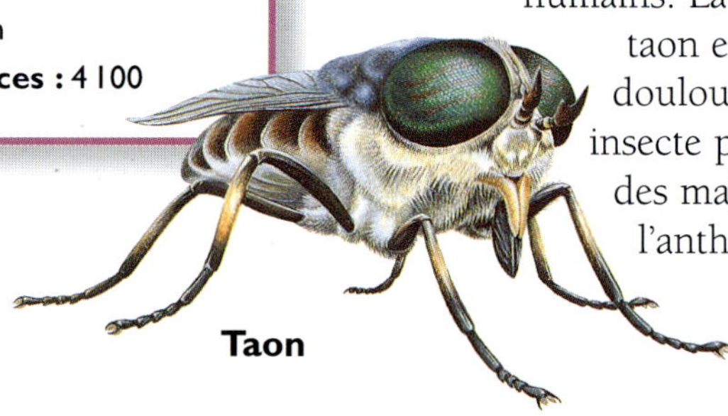

Taon

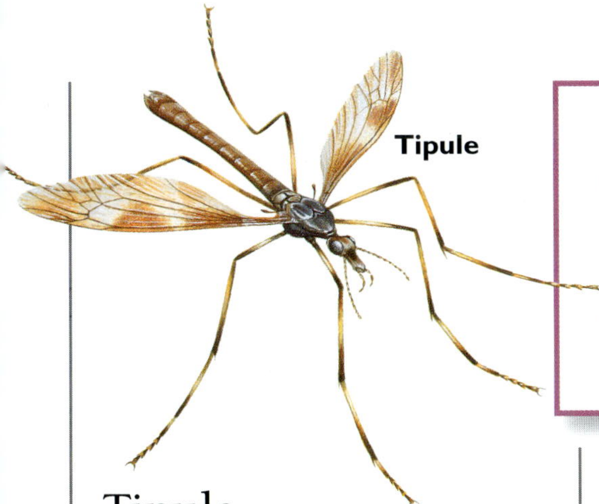

Famille : *Tipulidae*
Taille : 0,6-10 cm
Nombre d'espèces : 15 000

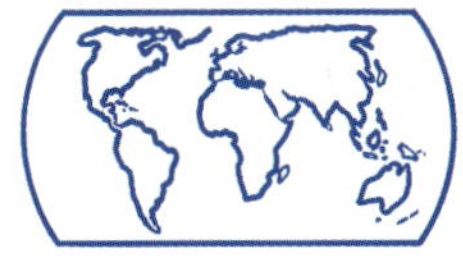

Famille : *Calliphoridae*
Taille : 0,6-1,5 cm
Nombre d'espèces : 1 500

Tipule

Avec ses longues pattes, la tipule ressemble à un moustique, mais elle ne pique pas et ne suce pas le sang. Les plus grandes espèces ont une envergure de 10 cm. La plupart des adultes ne vivent que quelques jours et ne se nourrissent sans doute pas. Les larves mangent des plantes en décomposition et, chez certaines espèces, des invertébrés.

Syrphe

L'adulte se nourrit de pollen et de nectar de fleurs. Il est capable d'accomplir d'impressionnantes prouesses aériennes, y compris de voler en arrière. De nombreuses espèces très colorées ressemblent à des guêpes ou à des abeilles, mais elles ne piquent pas. Certaines larves chassent des insectes (pucerons), d'autres mangent des plantes ou bien parasitent les nids d'abeilles ou de guêpes pour consommer leurs larves.

Famille : *Syrphidae*
Taille : 0,6-3 cm
Nombre d'espèces : 6 000

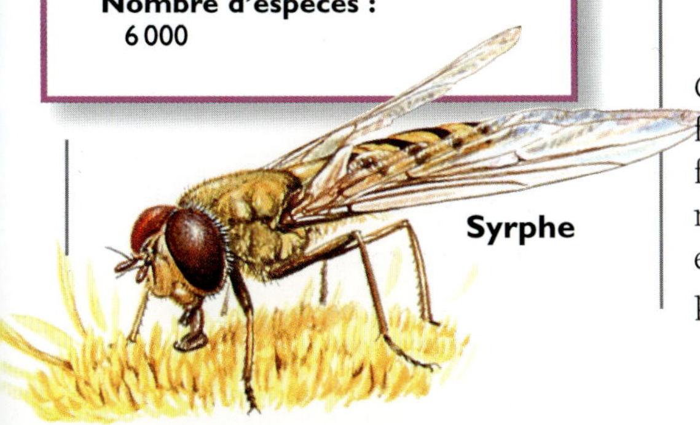

Mouche à viande

La plupart des espèces sont bleu ou vert métallique. Les adultes se nourrissent de pollen et de nectar tout autant que des sucs de matières en décomposition. Les femelles pondent leurs œufs dans des charognes ou dans du fumier pour assurer une réserve de nourriture aux larves, appelées « magots ».

Famille : *Tephritidae*
Taille : 0,3-0,9 cm
Nombre d'espèces : 4 500

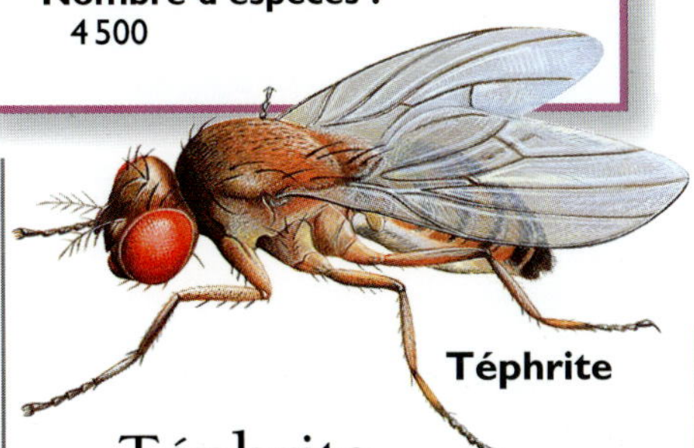

Téphrite

Ces « mouches du chardon » sont familières autour des fleurs et des fruits très mûrs. Les larves se nourrissent de matières végétales, et sont parfois de véritables fléaux pour les cultures.

Mouche domestique

Très courante, cette mouche suce les substances liquides des matières en décomposition, ainsi que des fruits et des plantes. Elle peut transporter et transmettre des microbes.

Famille : *Muscidae*
Taille : 0,3-1,2 cm
Nombre d'espèces : 3 000

Les papillons

Dans toutes les régions du monde où poussent des plantes, on trouve des papillons, soit diurnes (papillons de jour), soir nocturnes (papillons de nuit). Regroupés sous le nom de lépidoptères, ils sont divisés en 150 000 espèces.

Les jeunes, appelés « chenilles », passent la plus grande partie de leur vie à se nourrir. Une fois leur taille maximale atteinte, ils deviennent des nymphes. C'est durant ce stade que se déroule la métamorphose en papillon. Les phryganes ressemblent à des papillons, mais appartiennent à un ordre à part : celui des trichoptères.

Mite des vêtements

La chenille de la mite se nourrit de poils et de plumes dans les nids ou abris des animaux, ainsi que des corps desséchés de petits mammifères et d'oiseaux morts. Elle s'attaque aussi à nos garde-robes, recherchant les vêtements faits de laine animale : peu d'espèces sont capables de digérer une telle nourriture ! L'adulte est petit et brunâtre, avec des ailes étroites soigneusement repliées sur le corps lorsqu'il est au repos. Il ne se nourrit généralement pas.

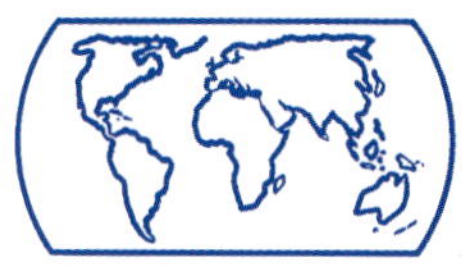

Famille : *Tineidae*
Taille : envergure 0,6-2 cm
Nombre d'espèces : 2 500

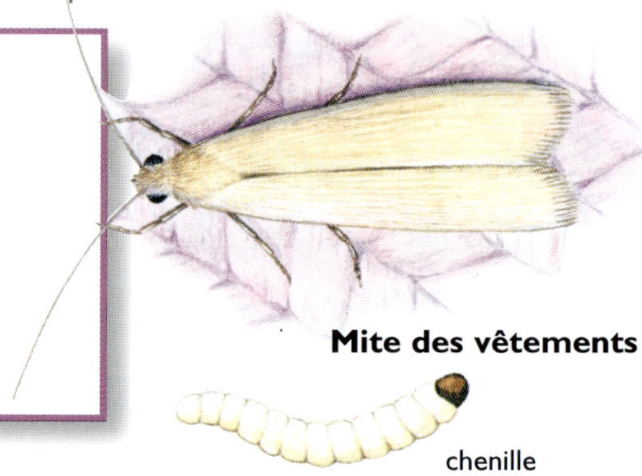

Phalène du groseillier

Ce papillon de nuit a un corps frêle et des ailes fragiles qu'il étale à plat lorsqu'il est au repos. Pour avancer, la chenille ramène l'extrémité arrière de son corps vers l'avant en formant comme une boucle. Elle se nourrit de feuilles et cause parfois d'importants dégâts dans les arbres.

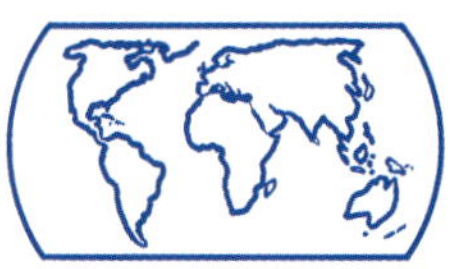

Famille : *Geometridae*
Taille : envergure 1,2-4 cm
Nombre d'espèces : 18 000

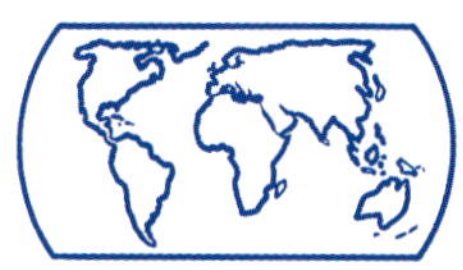

Famille : *Sphingidae*
Taille : envergure 3-15 cm
Nombre d'espèces : 1 200

Morosphinx

Ce papillon se nourrit de nectar de fleurs en plongeant sa trompe (qui porte le nom de « proboscis ») profondément à l'intérieur de celles-ci. Lorsqu'il butine, il fait du surplace et produit un bourdonnement avec les ailes, à la manière d'un oiseau-mouche.

Atlas

Atlas

Ces papillons de nuit richement colorés sont parmi les plus grands du monde. Leurs larges ailes sont souvent partiellement dépourvues d'écailles, ce qui laisse des zones transparentes. Les antennes du mâle captent les signaux olfactifs envoyés par la femelle lorsqu'elle recherche un partenaire. Les adultes ne se nourrissent généralement pas durant leur courte vie.

Famille : *Saturniidae*
Taille : envergure 2,5-25 cm
Nombre d'espèces : 1 100

Noctuelle du coton

La noctuelle appartient à une importante famille de papillons, dont la plupart volent de nuit et ont des couleurs ternes. La chenille se nourrit de graines de coton et cause parfois des dégâts.

Noctuelle du coton

Famille : *Noctuidae*
Taille : envergure 1,2-7,5 cm
Nombre d'espèces : 25 000

Famille : *Phryganeidae*
Taille : envergure 1,2-2,5 cm
Nombre d'espèces : 500

larve

Phrygane

Phrygane

La phrygane n'est pas un papillon. Elle appartient au groupe des trichoptères. Elle est couverte de poils, et non d'écailles comme les papillons. La larve, qui ressemble à une chenille, est aquatique ; elle vit et se transforme en nymphe sous l'eau dans des cocons de feuilles, de cailloux ou de brindilles.

Arctiide

Les adultes et les chenilles présentent des dessins voyants qui indiquent aux insectivores que l'arctiide a un goût déplaisant. La chenille se nourrit de plantes qui sont vénéneuses pour les vertébrés, et elle stocke le poison de ces plantes dans son organisme pour se protéger des prédateurs.

Famille : *Arctiidae*
Taille : envergure 2-7 cm
Nombre d'espèces : 2 500

Arctiide

Isabelle

L'isabelle est un papillon de nuit qui vit dans les forêts. Sa chenille se nourrit de feuilles de noyer et de bouleau. Elle se transforme en nymphe dans un cocon à même le sol.

Famille : *Saturniidae*
Taille : envergure 2,5-25 cm
Nombre d'espèces : 18 000

Isabelle

Les sphinx

Ces papillons sont de puissants voiliers. Ils peuvent faire du surplace devant les fleurs qu'ils butinent en battant très vite des ailes comme le font les oiseaux-mouches. Les sphinx se nourrissent de substances liquides, de nectar de fleurs surtout, qu'ils aspirent à l'aide de leur trompe spéciale appelée « proboscis ». Cette dernière est particulièrement longue, ce qui permet aux papillons de sucer le nectar de fleurs très profondes. Creuse comme une paille, elle est enroulée sous la tête du sphinx lorsqu'il est au repos.

Il existe environ 1 200 espèces de sphinx, dont certains peuvent atteindre 15 cm d'envergure. La plupart ont un corps relativement gros et des ailes antérieures longues et étroites. La chenille, grosse et lisse, porte une sorte de « corne » au bout de l'abdomen.

Sphinx gazé

Ce sphinx plonge sa trompe au plus profond des fleurs. Avec son gros corps rayé et les grandes zones transparentes de ses ailes, ce papillon aux mœurs diurnes ressemble étonnamment à un bourdon volant parmi les plantes.

Sphinx du peuplier

La couleur et la forme irrégulière des ailes de ce papillon de nuit contribuent à le dissimuler lorsqu'il est posé sur l'écorce des arbres le jour. Sa chenille se nourrit de feuilles.

De l'œuf à la nymphe

À peine sortie de son œuf, la chenille commence à manger, dévorant les plantes avec ses puissantes mandibules. Elle grandit vite et mue plusieurs fois lors de sa croissance. À maturité, elle se transforme en nymphe au sol dans un cocon de soie.

Sphinx du laurier-rose

La chenille de ce papillon de nuit se nourrit des feuilles de plantes comme le laurier-rose et atteint 15 cm de long. Le corps de la chenille présente de grands dessins en forme d'œil (ocelles) qui peuvent laisser croire aux prédateurs qu'ils ont affaire à un animal bien plus gros.

Un **sphinx du troène** se pose sur une fleur pour sucer le nectar avec sa trompe. La chenille se nourrit de feuilles de troène, de lilas et de frêne.

Sphinx phœnix

Ce sphinx visite les fleurs la nuit pour se nourrir. Comme chez la plupart des papillons nocturnes, les antennes sont aussi sensibles à l'odorat qu'au toucher. Elles peuvent capter les odeurs les plus ténues, ce qui aide le papillon à trouver les fleurs dans l'obscurité.

Porte-queue

Porte-queue

Ce magnifique papillon de jour est l'un des insectes les plus menacés du Brésil. L'assèchement de son habitat boisé et marécageux pour construire des habitations et des usines, ou pour installer des plantations de bananiers, a provoqué sa disparition dans de nombreux endroits. Il est même menacé d'extinction dans les dix régions où on le trouve encore. Des spécialistes espèrent pouvoir en capturer quelques spécimens pour établir de nouvelles colonies dans des zones plus sûres.

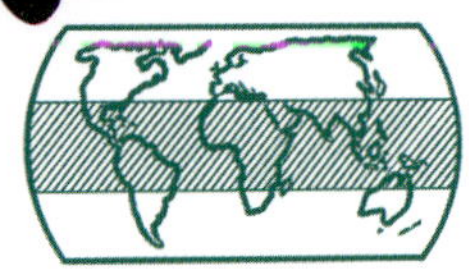

Famille : *Papilionidae*
Taille : envergure 5-25 cm
Nombre d'espèces : 700

Morpho

Le morpho, vivement coloré de bleu, habite les forêts tropicales humides d'Amérique du Sud. Le magnifique aspect irisé de ses ailes est dû à la structure des écailles, qui reflètent la lumière. Seul le mâle possède cette brillante coloration, la femelle est plus terne. Comme tous les nymphalidés, le morpho ne se déplace que sur quatre pattes. Une paire de pattes antérieures a été modifiée en organe sensoriel.

Morpho

Famille : *Nymphalidae*
Taille : envergure 2,5-11 cm
Nombre d'espèces : 3 500

Ornithoptère de Cairns

Les ornithoptères ne vivent que dans le Sud-Est asiatique et dans le nord de l'Australie. Les femelles sont plus grandes que les mâles, mais ces derniers sont plus colorés. Les ornithoptères sont prisés des collectionneurs en raison de leur grande taille, et de nombreuses espèces sont devenues rares. Les adultes se nourrissent de nectar, et les chenilles mangent les feuilles de plantes qui sont vénéneuses pour la plupart des animaux.

Machaon

Ce papillon de jour se reconnaît à l'extension en forme de queue de ses ailes postérieures. Les adultes se nourrissent de nectar de fleurs, tandis que les chenilles mangent les feuilles d'arbres tels que le frêne et le laurier-sauce.

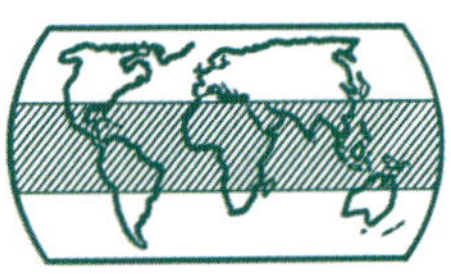

Famille : *Papilionidae*
Taille : envergure 5-25 cm
Nombre d'espèces : 700

Machaon

Ornithoptère de Cairns

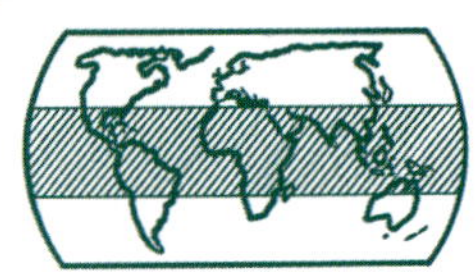

Famille : *Papilionidae*
Taille : envergure 5-25 cm
Nombre d'espèces : 700

chenille

Cuivré

Famille : *Lycaenidae*
Taille : envergure 2,5-5 cm
Nombre d'espèces : 6 000

Cuivré

Les ailes de ces petits papillons sont très colorées et parfois irisées. Lorsqu'il est au repos ou qu'il butine une fleur, l'insecte redresse ses ailes à la verticale sur son dos. La chenille ressemble à une limace. Elle se nourrit des feuilles de plantes comme la patience et l'oseille.

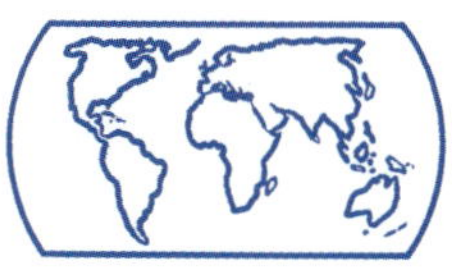

Famille : *Nymphalidae*
Taille : envergure 2,5-11 cm
Nombre d'espèces : 3 500

Monarque

Chaque automne, des millions de monarques quittent le Canada pour le Mexique, franchissant environ 3 200 km. Au printemps suivant, les papillons regagnent le Nord pour pondre leurs œufs. La chenille se nourrit de feuilles et de bourgeons d'asclépiade.

Monarque

Piéride du chou

Les piérides sont des papillons très répandus. Leurs pattes antérieures sont entièrement développées et l'insecte s'en sert pour marcher. L'adulte se nourrit de nectar et la chenille, de chou ou d'autres végétaux ; cette dernière cause parfois de gros dégâts dans les cultures.

Piéride du chou

chenille

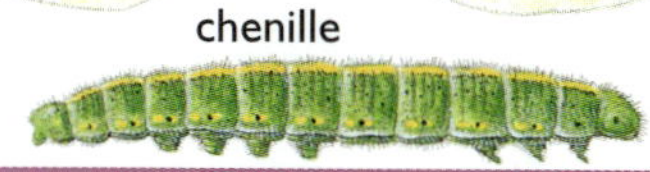

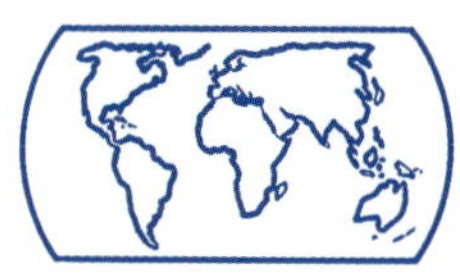

Famille : *Pieridae*
Taille : envergure 0,9-7 cm
Nombre d'espèces : 1 300

Ornithoptère de la reine Alexandra

mâle

Ornithoptère de la reine Alexandra

La femelle de ce papillon est très grande, ce qui explique qu'elle soit très recherchée par les collectionneurs. La création de parcs naturels et le développement du tourisme devraient permettre de protéger l'espèce. Certains ornithoptères sont désormais élevés spécifiquement pour le commerce.

Famille : *Papilionidae*
Taille : envergure 5-25 cm
Nombre d'espèces : 700

Abeilles, guêpes, fourmis et termites

Abeille coupeuse de feuilles

Les abeilles, les guêpes et les fourmis appartiennent à un vaste groupe d'insectes appelés hyménoptères. Bien que très différents en apparence, les hyménoptères ont tous une « taille » entre le thorax et l'abdomen, des pièces buccales broyeuses et des organes spéciaux pour aspirer le suc des plantes. Certaines espèces ont des ailes, d'autres non. Les fourmis et certaines abeilles et guêpes vivent en colonies dans des nids élaborés.

Les termites ne sont pas des hyménoptères, mais ils vivent également en gigantesques colonies. Leurs nids forment parfois de gros monticules, les termitières.

Famille : *Megachilidae*
Taille : 0,9-2 cm
Nombre d'espèces : 3 000

Abeille coupeuse de feuilles

Avec ses mandibules, elle découpe des morceaux de feuilles circulaires destinés à tapisser les cellules qui abriteront ses œufs. Elle y dépose ensuite des réserves de nectar et de pollen, puis pond un œuf dans chaque cellule.

Les abeilles

Les abeilles ont deux paires d'ailes et le corps couvert de poils. Les individus de certaines espèces, comme la coupeuse de feuilles, vivent seuls. D'autres, comme l'abeille domestique et le bourdon, qui sont les seules espèces à produire du miel, vivent en colonies de milliers d'individus. Au total, il existe 22 000 espèces d'abeilles.

Bourdon

Les bourdons sont de gros insectes velus, souvent noirs avec des dessins jaunes. Au printemps, les reines (seules à survivre à l'hiver) cherchent des lieux de nidification sous terre. Chaque reine récolte du pollen et du nectar pour fabriquer des boulettes de pollen. Puis elle pond des œufs, et les larves qui éclosent se nourrissent de cette substance. Les larves se transforment en adultes ouvrières et prennent en charge le travail de la colonie pendant que la reine continue à pondre des œufs.

Bourdon

Famille : *Apidae*
Taille : 0,3-2,5 cm
Nombre d'espèces : 1 000

Abeille maçonne

Famille : *Colletidae*
Taille : 0,3-2 cm
Nombre d'espèces : 6 000

Abeille maçonne

Ces abeilles vivent sous la terre dans des terriers aux tunnels multiples. Elles tapissent les tunnels d'une sécrétion provenant de leurs glandes abdominales, qui devient imperméable en séchant. Les cellules des larves sont fabriquées dans ces tunnels.

Famille : *Andrenidae*
Taille : 0,3-2 cm
Nombre d'espèces : 4 000

Abeille mineuse

Abeille mineuse

Ces abeilles construisent des tunnels dans le sol. Elles creusent chacun un nid, puis disposent du nectar et du pollen dedans pour nourrir leurs petits. Elles vivent souvent proches les unes des autres.

Abeille des orchidées

La plupart de ces abeilles vivent dans les régions tropicales et sont vivement colorées. Le nectar des orchidées attire le mâle, qui, en pollinisant les fleurs, récolte au passage des parfums qui servent à ses parades nuptiales.

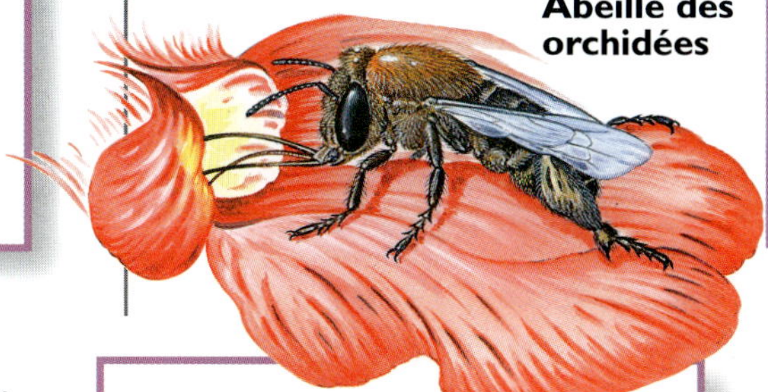

Abeille des orchidées

Famille : *Apidae*
Taille : 0,3-2,5 cm
Nombre d'espèces : 1 000

Abeille sans dard

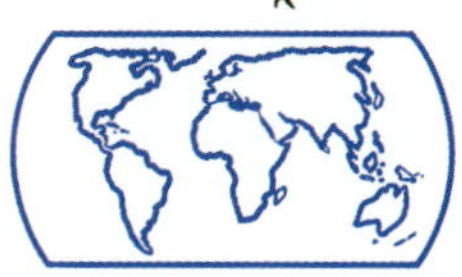

Famille : *Apidae*
Taille : 0,3-2,5 cm
Nombre d'espèces : 1 000

Abeille sans dard

Comme son nom l'indique, cette abeille ne pique pas, mais elle mord avec ses puissantes mandibules. Elle vit en colonies et fabrique son nid sous terre, dans un tronc d'arbre ou parfois dans une termitière abandonnée.

Abeille charpentière

Famille : *Apidae*
Taille : 0,3-2,5 cm
Nombre d'espèces : 1 000

Abeille charpentière

La femelle creuse des tunnels puis fabrique une rangée de cellules qu'elle remplit de pollen et de nectar. Elle pond un œuf dans chaque cellule et reste à proximité pour protéger son nid des prédateurs.

Abeille-coucou

Cette abeille pond ses œufs dans le nid d'autres abeilles qui ont déjà préparé des réserves de nourriture. L'œuf de l'abeille-coucou éclôt le premier et la larve engloutit les réserves destinées à ses hôtes.

Abeille-coucou

Famille : *Anthophoridae*
Taille : 0,9-1,2 cm
Nombre d'espèces : 4 200

Les guêpes

Les guêpes nourrissent leurs jeunes avec des insectes tels que les chenilles, qui font d'énormes dégâts dans les jardins et les cultures. Sans elles, il y aurait donc beaucoup plus d'insectes nuisibles ! Les guêpes adultes se nourrissent surtout de nectar et de jus de fruits mûrs.

Les individus de nombreuses espèces sont solitaires et fabriquent leur propre nid. Les guêpes communes et les frelons, eux, forment des colonies et construisent de vastes nids. Ils ne font pas de réserves de nourriture, et l'ensemble de la colonie, sauf la reine, meurt en hiver.

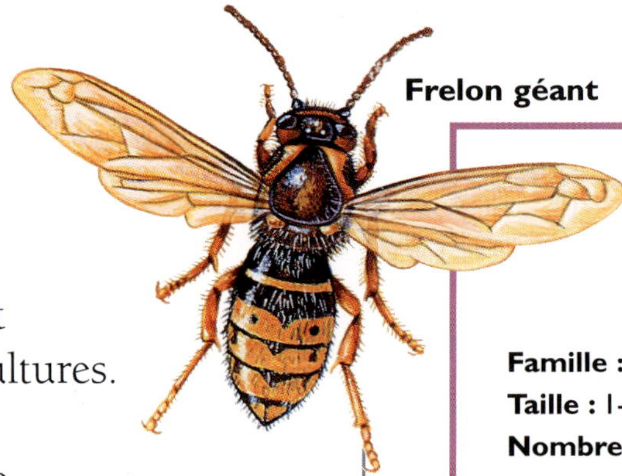

Famille : *Vespidae*
Taille : 1-3 cm
Nombre d'espèces : 3 800

Frelon géant

Ces frelons vivent en colonies dans des nids construits avec des fibres de bois malaxées. Le nid est généralement situé dans un arbre, parfois dans un vieil immeuble. Les adultes, qui peuvent atteindre 3 cm, capturent des insectes pour nourrir les larves.

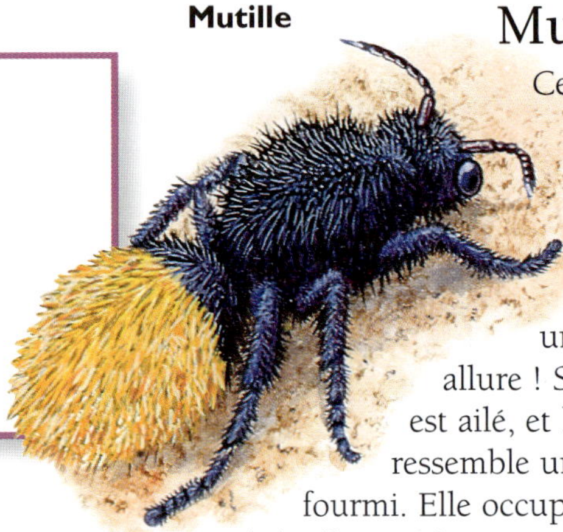

Famille : *Mutillidae*
Taille : 0,6-2,5 cm
Nombre d'espèces : 5 000

Mutille

Ces guêpes couvertes d'une épaisse couche de poils ont une étrange allure ! Seul le mâle est ailé, et la femelle ressemble un peu à une fourmi. Elle occupe les nids d'abeilles ou d'autres espèces de guêpes et pond ses œufs sur leurs larves. Lorsque les larves de la mutille éclosent, elles dévorent les petits de l'abeille ou de la guêpe-hôte.

Cynips du chêne

Ces minuscules guêpes pondent leurs œufs sur certaines espèces de plantes. Pour des raisons encore inconnues, la plante-hôte développe autour de l'œuf une excroissance, la galle. Lorsque la larve éclôt, elle se nourrit de la galle.

Famille : *Cynipidae*
Taille : 0,15-0,9 cm
Nombre d'espèces : 1 250

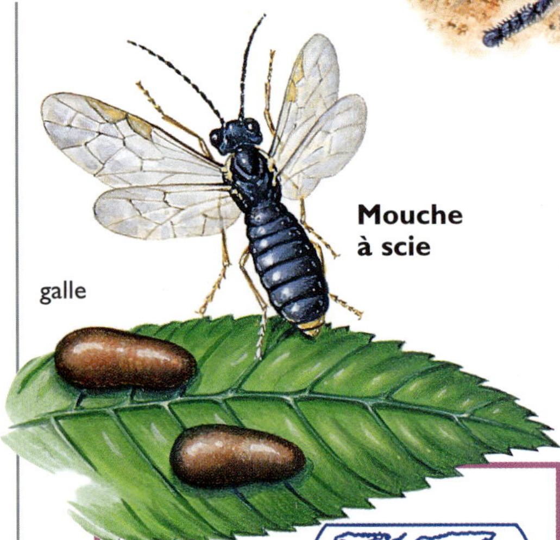

Famille : *Tenthredinidae*
Taille : 0,3-2 cm
Nombre d'espèces : 4 000

Mouche à scie

La mouche à scie est apparentée aux guêpes. La femelle fait des entailles dans les tiges et les feuilles des plantes avec sa tarière en dents de scie, pour y pondre ses œufs. Des excroissances rouges appelées galles se forment alors et, lorsqu'elles éclosent, les larves se nourrissent de leur contenu.

Poliste

Famille : *Vespidae*
Taille : 1-3 cm
Nombre d'espèces : 3 800

Poliste

Pour construire son nid, le poliste malaxe du bois avec de la salive. La femelle pond ses œufs dans des cellules et d'autres femelles se joignent à elle pour nourrir les larves avec des insectes. Un nid est composé d'environ 20 guêpes.

Pompile

Famille : *Pompilidae*
Taille : 0,9-5 cm
Nombre d'espèces : 4 000

Pompile

Les adultes se nourrissent de nectar et les femelles capturent des araignées pour les larves. Elles paralysent leur proie avec leur dard, puis la placent dans un terrier avec un œuf et scellent l'entrée avec de la boue. Lorsque la larve éclôt, elle se nourrit de l'araignée.

Ichneumon

Famille : *Ichneumonidae*
Taille : 0,3-5 cm
Nombre d'espèces : 20 000

Ichneumon

La femelle de l'ichneumon transperce le bois pour atteindre les nids des larves d'autres insectes qui y vivent, comme les mouches à scie. Elle y pond ses œufs grâce à sa tarière en forme de tube et, à l'éclosion, les larves d'ichneumon mangent les larves-hôtes.

Guêpe maçonne

Ces guêpes solitaires se nourrissent d'autres insectes et de nectar. La femelle fabrique un nid avec de la boue humide. Elle dépose un œuf et quelques insectes paralysés dans chaque cellule pour que ses petits aient à manger après l'éclosion.

Famille : *Vespidae*
Taille : 1-3 cm
Nombre d'espèces : 3 800

Guêpe commune

Cette guêpe se nourrit de nectar et d'autres substances sucrées (fruits mûrs…). Elle capture des insectes pour ses jeunes. Les guêpes sont connues pour leurs piqûres. Le dard pointu situé à l'extrémité de l'abdomen est relié à une poche à venin. La guêpe s'en sert pour tuer ses proies et pour se défendre contre ses ennemis, dont les humains.

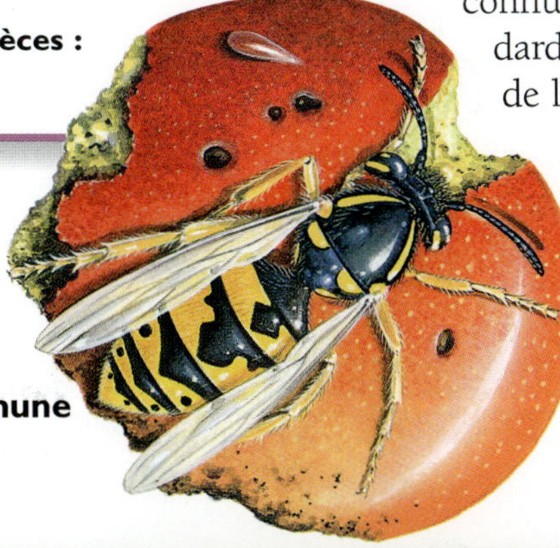

Guêpe commune

Famille : *Sphecidae*
Taille : 0,9-5 cm
Nombre d'espèces : 8 000

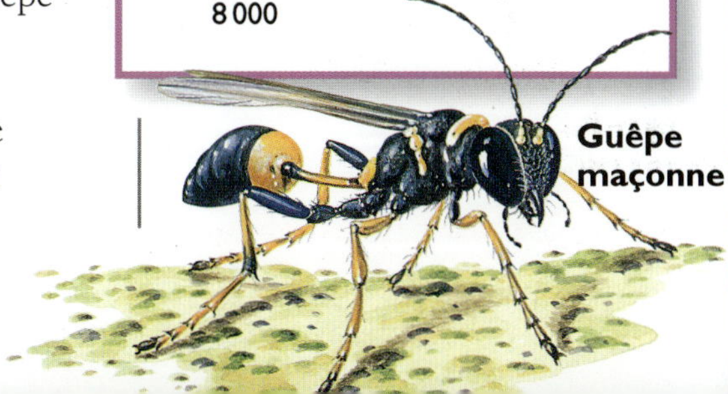

Guêpe maçonne

L'abeille domestique

L'abeille domestique, ou mellifère, est probablement la plus connue des abeilles. Elle assure la pollinisation d'innombrables plantes sauvages ou cultivées, et produit de grandes quantités de miel et de cire. Elle vit en vastes colonies de milliers d'individus ayant une organisation sociale complexe. Chaque colonie a sa reine, une abeille plus grosse que les autres qui est chargée de la ponte. La plupart des membres de la colonie sont des ouvrières femelles, qui s'occupent des petits, construisent et réparent le nid, récoltent de la nourriture, mais ne pondent pas.

Les mâles ne sont présents dans la colonie qu'à certaines époques de l'année. Ils ne travaillent pas, et leur seule utilité est de s'accoupler avec de nouvelles reines. Le nid est construit dans un arbre creux ou dans une ruche installée par un apiculteur. Il est composé de rayons de cellules hexagonales (à six côtés) contenant aussi bien des œufs et des larves que des réserves de pollen et de miel.

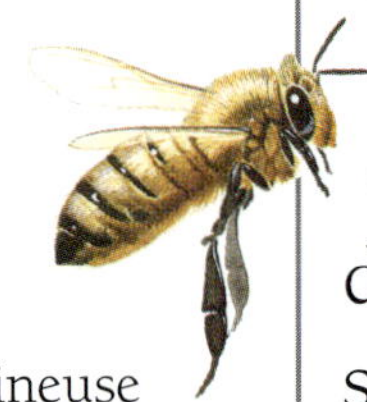

Ouvrières

Une ouvrière ne vit que 6 semaines environ. Durant la première semaine de sa vie d'adulte, elle s'occupe des œufs et des larves de la colonie. Puis elle construit des cellules et entretient le nid. Pour finir, elle devient une butineuse qui ramène du nectar et du pollen au nid.

La cellule royale

Des cellules destinées aux futures reines sont suspendues sur les rebords des rayons. Les larves des cellules royales sont nourries de gelée royale pendant quelques jours, puis elles reçoivent du pollen et du nectar.

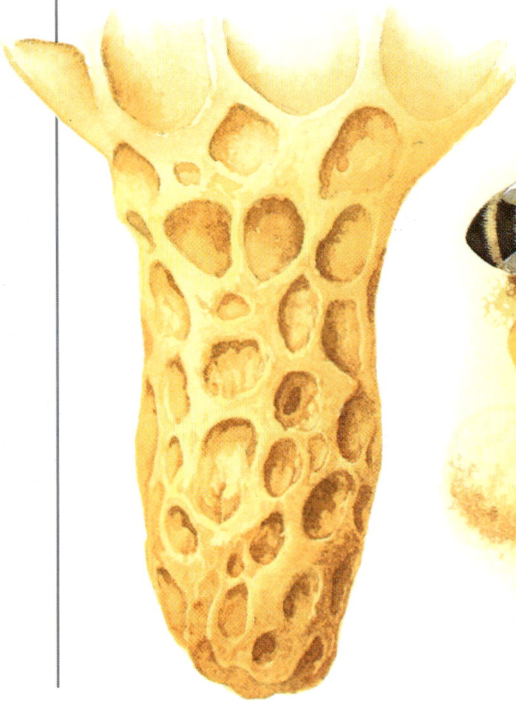

Des ouvrières affairées

Les ouvrières sont toujours au travail. Lorsqu'une abeille butineuse revient chargée de pollen et de nectar, les autres abeilles l'entourent pour la décharger. Les ouvrières construisent les cellules avec la cire que produisent leurs glandes cirières. Elles pétrissent la cire avec leurs pièces buccales pour la ramollir et la travailler plus facilement.

Un équipement intégré

L'ouvrière porte sur le corps les outils dont elle a besoin. Sur chaque patte avant, de longs poils servent à ôter le pollen du corps et une encoche spéciale permet de nettoyer les antennes. Sur les pattes du milieu, des brosses de poils sont utilisées pour récupérer le pollen des pattes et une épine recueille la cire qui sort des glandes cirières. Chaque patte arrière est dotée d'une corbeille à pollen, une zone tapissée de poils destinée au transport du pollen.

Une **ouvrière** revient d'une tournée de récolte avec ses corbeilles bien garnies de pollen jaune d'or. D'autres ouvrières l'entourent pour l'aider à décharger le pollen et à l'entasser dans les cellules.

Les fourmis et termites

Les fourmis vivent en colonies de milliers d'individus. La plupart construisent une fourmilière faite de tunnels entremêlés dans du bois mort ou sous terre. Chaque colonie comprend au moins une reine, qui pond tous les œufs. Les ouvrières récoltent la nourriture, s'occupent des œufs et des petits et entretiennent la fourmilière. Bien que leurs mœurs soient semblables, les termites ne sont pas apparentés aux fourmis. Ils construisent de grandes termitières dotées de chambres spéciales pour les œufs, pour les jeunes et pour les réserves de nourriture.

Fourmi de feu

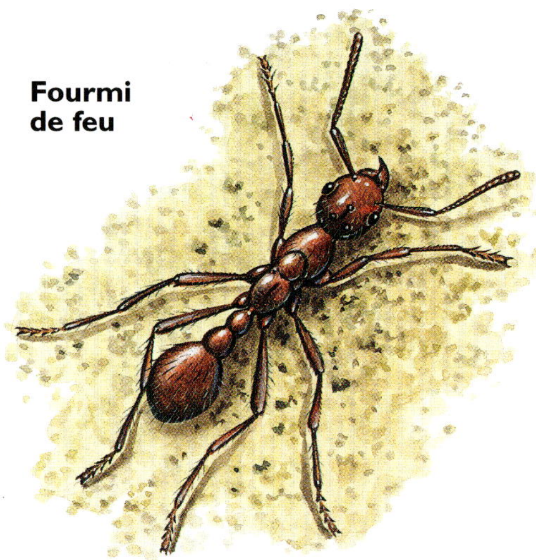

Fourmi de feu

Ces fourmis chassent d'autres insectes qu'elles tuent en les piquant (leur piqûre est très douloureuse, y compris pour les humains), mais se nourrissent aussi de graines, de fruits et de fleurs. Elles construisent leur nid au sol, parfois sous une bûche ou un caillou.

Famille : *Formicidae*
Taille : 0,15-2,5 cm
Nombre d'espèces : 8 800

Fourmi légionnaire

Ces fourmis ne construisent pas de nid permanent. Elles se déplacent à la recherche de proies (insectes et autres petits animaux) et « campent » régulièrement pour pondre des œufs. Elles restent alors sur place pendant la croissance des jeunes. Pour protéger les petits et la reine, les ouvrières se serrent les unes contre les autres de façon à former un nid temporaire.

Famille : *Formicidae*
Taille : 0,15-2,5 cm
Nombre d'espèces : 8 800

Fourmi légionnaire

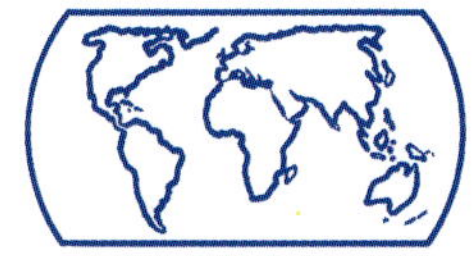

Famille : *Formicidae*
Taille : 0,15-2,5 cm
Nombre d'espèces : 8 800

Fourmi rouge

Fourmi rouge

Les fourmis rouges se nourrissent de nectar, mais surtout du miellat des pucerons, une substance sucrée produite par le système digestif de ces minuscules insectes. La fourmi caresse le puceron pour l'encourager à sécréter le miellat.

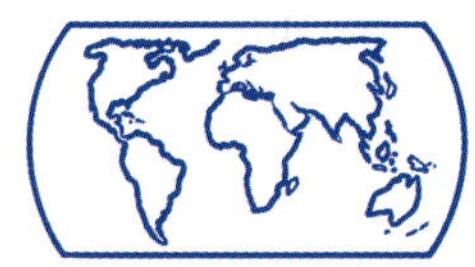

Famille : *Formicidae*
Taille : 0,15-2,5 cm
Nombre d'espèces : 8 800

Fourmi moissonneuse

Fourmi moissonneuse

Ces fourmis mangent des graines et des céréales. Si elles en trouvent en grande quantité, elles laissent une trace odorante pour guider le reste de la colonie. En période d'abondance, elles font des réserves dans des chambres spéciales.

Fourmi des bois

Fourmi des bois

Ces fourmis font leur nid dans des constructions ou des poteaux en bois, ou bien dans des souches en décomposition. Elles peuvent causer de sérieux dégâts. La reine pond tous les œufs de la colonie. Les ouvrières retirent les œufs au fur et à mesure de la ponte et les emportent dans des « couveuses ».

Famille : *Formicidae*
Taille : 0,15-2,5 cm
Nombre d'espèces : 8 800

Fourmi champignonniste

Ces fourmis cultivent elles-mêmes leur nourriture. Elles découpent des bouts de feuilles avec leurs mandibules et les transportent jusqu'à leur nid. Les feuilles sont alors mâchées et mélangées aux déjections. C'est sur ce «compost» que poussent les champignons dont se nourrissent les fourmis.

Famille : *Formicidae*
Taille : 0,15-2,5 cm
Nombre d'espèces : 8 800

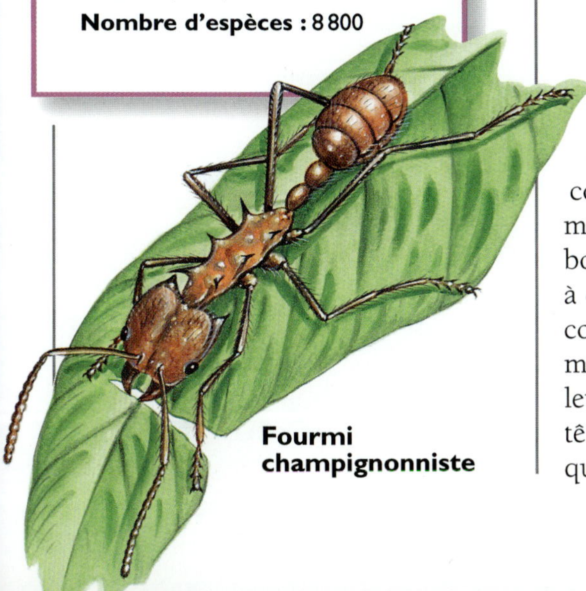

Fourmi champignonniste

Termite tropical

La plupart des sociétés de termites ont une caste de soldats pour se défendre contre les ennemis (des fourmis, par exemple) qui s'attaquent au nid. Les soldats de cette espèce projettent sur leurs agresseurs une sécrétion collante et fétide.

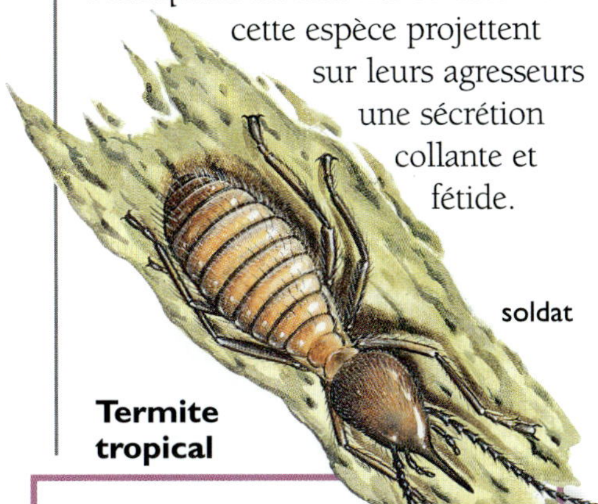

Termite tropical

Famille : *Termitidae*
Taille : jusqu'à 6 cm
Nombre d'espèces : 1 650

Termite à cou jaune

Ces termites attaquent les constructions en bois, les meubles et même les stocks de bois de coupe. Ils parviennent à digérer cette nourriture coriace grâce à des organismes microscopiques que contiennent leurs viscères. Les soldats ont une tête et des mandibules plus grosses que celles des autres termites.

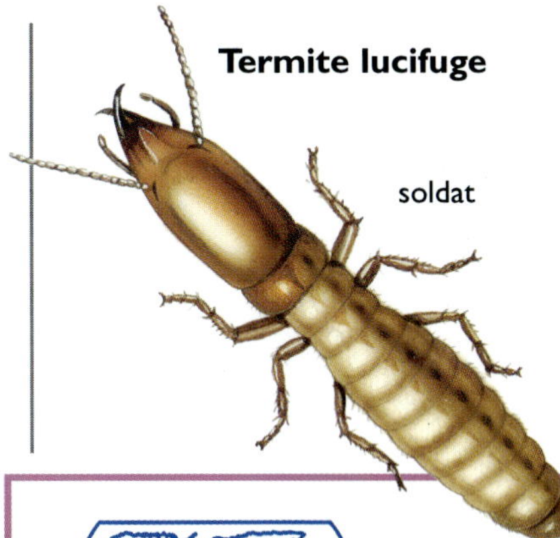

Termite lucifuge

Famille : *Rhinotermitidae*
Taille : 0,6-0,9 cm
Nombre d'espèces : 200

Termite lucifuge

Ces termites évitent la lumière et vivent dans des nids souterrains. Ils habitent dans les forêts des régions chaudes, où ils se nourrissent de bois, mais aussi de racines en décomposition.

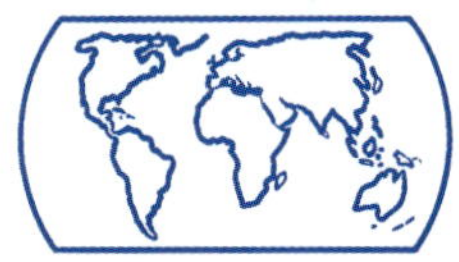

Famille : *Calotermitidae*
Taille : jusqu'à 2,5 cm
Nombre d'espèces : 8 800

Termite à cou jaune

Araignées, scorpions et autres arachnides

Les araignées, les scorpions, les tiques et les acariens ne sont pas des insectes. Ils appartiennent à un groupe à part d'invertébrés, les arachnides. Apparus il y a au moins 400 millions d'années, ceux-ci présentent une grande diversité de formes, mais ils sont dotés de quatre paires de pattes et n'ont ni ailes ni antennes. La plupart des arachnides vivent au sol et sont des prédateurs.

Les araignées

La majorité des araignées est totalement inoffensive. Seules quelques-unes, comme certaines mygales, ont une morsure venimeuse, dangereuse pour l'homme. Les araignées sont des animaux très utiles, car elles régulent la population d'insectes (elles se nourrissent principalement de petits insectes).

Toutes les espèces ont dans l'abdomen des glandes qui produisent de la soie (glandes séricigènes), mais les araignées ne fabriquent pas toutes des toiles. Certaines tapissent leur terrier de soie et d'autres fabriquent des pièges en soie qu'elles fixent sur leurs pattes pour emprisonner les proies. Certaines jeunes araignées utilisent des longs fils de soie comme parachute pour s'envoler vers de nouveaux territoires.

Araignée sauteuse

Cette araignée repère ses proies grâce à sa vue perçante. Avant de bondir dessus pour s'en emparer, elle attache un fil de soie à son support pour retrouver facilement sa cachette de départ.

Araignée sauteuse

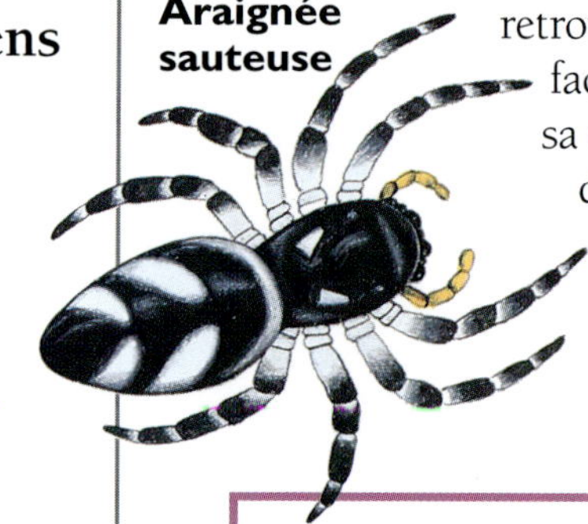

Famille : *Salticidae*
Taille : 0,3-1,5 cm
Nombre d'espèces : 4 000

Veuve noire

La femelle envoie des fils de soie au-dessus de ses proies, qu'elle piège ainsi dans sa toile. Sa morsure est venimeuse. Une goutte de son venin est plus toxique que la même quantité de celui d'un serpent à sonnettes. Le mâle ne mord pas.

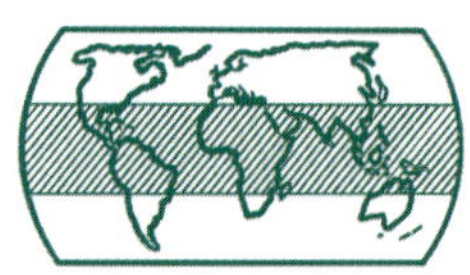

Famille : *Theridiidae*
Taille : jusqu'à 1,2 cm
Nombre d'espèces : 2 500

Veuve noire

Araignée-loup

Excellentes chasseuses dotées d'une très bonne vue, les araignées-loups rampent vers leurs proies et les capturent par surprise en se jetant sur elles. La plupart ne fabriquent pas de toile.

Famille : *Lycosidae*
Taille : 0,3-4 cm
Nombre d'espèces : 2 500

Araignée-loup

Famille : *Ctenizidae*
Taille : 0,9-5 cm
Nombre d'espèces : 700

Cténize

Mygale mexicaine

Famille : *Theraphosidae*
Taille : jusqu'à 9 cm, sans les pattes
Nombre d'espèces : 300

Cténize

Un opercule ferme le haut du terrier de la cténize. L'araignée attend sa proie dans le terrier. Lorsqu'elle perçoit les vibrations d'un insecte, elle surgit par l'opercule, capture sa proie et l'entraîne dans son terrier.

Araignée-crabe

Cette araignée se déplace de côté comme un crabe. Elle ne fabrique pas de toile, mais le mâle se sert parfois de sa soie pour enlacer la femelle avant l'accouplement. Certaines espèces sont brun foncé ou noires, mais celles qui attendent leurs proies aux aguets sur des fleurs sont vivement colorées et assorties à leur fleur-hôte.

Araignée-crabe

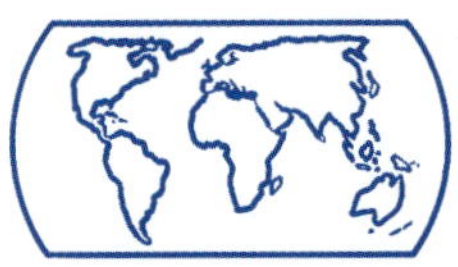

Famille : *Thomisidae*
Taille : 0,15-0,9 cm
Nombre d'espèces : 3 000

Mygale mexicaine

Les mygales font partie des plus grandes araignées. La plupart se cachent le jour et sortent la nuit pour chasser des insectes et des petits animaux, qu'elles tuent de leur morsure venimeuse. Inoffensives pour les humains, elles sont à la mode comme « animaux de compagnie ». Dans certains pays, les populations locales les capturent pour les vendre, à tel point qu'elles pourraient devenir rares à l'état sauvage.

Araignée de lichen

Avec sa coloration mouchetée, cette araignée est bien dissimulée sur les écorces couvertes de lichen. Si l'araignée sent la présence d'un ennemi dans les parages, elle s'aplatit contre l'écorce et devient ainsi très difficile à distinguer.

Araignée cracheuse

Cette araignée crache sur sa victime deux jets d'une substance collante produite par des glandes situées près de sa bouche. Ces jets retombent en zigzag sur la proie, qu'ils paralysent au sol. L'araignée la mord alors pour la tuer.

Araignée de lichen

Famille : *Sparassidae*
Taille : 0,9-3 cm
Nombre d'espèces : 1 000

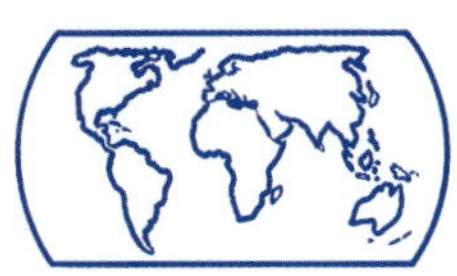

Famille : *Scytodidae*
Taille : 0,9 cm
Nombre d'espèces : 200

Araignée cracheuse

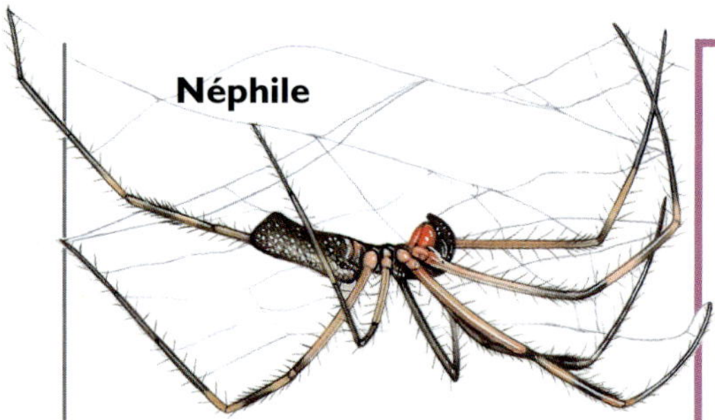

Néphile

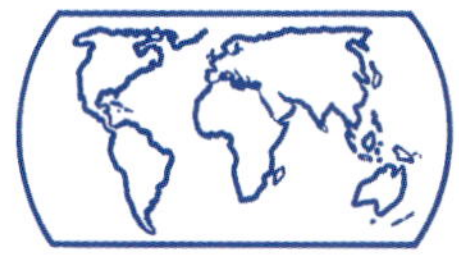

Famille : *Araneidae*
Taille : 0,15-3 cm
Nombre d'espèces : 2 500

Néphile

La femelle est huit ou neuf fois plus longue que le mâle et pèse près de 100 fois plus. Si étonnant que cela puisse paraître, la taille du mâle est un avantage lorsqu'il approche la femelle pour l'accouplement. Comme tous les minuscules insectes qui se prennent dans sa toile, le mâle est trop petit pour que la femelle prenne la peine de l'attaquer.

Tégénaire

Cette araignée a de longues pattes couvertes de poils drus. Elle fabrique une grande toile en forme de nappe dans les coins tranquilles des maisons, des garages ou d'autres abris, puis attend dessous. Dès qu'une proie se prend dans les fils collants, elle la dégage et la mange.

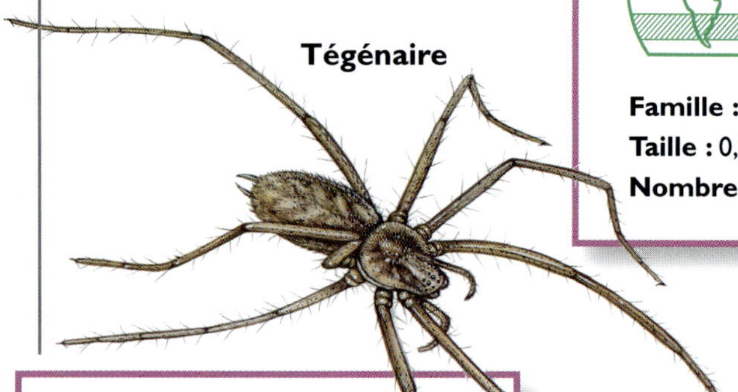

Tégénaire

Famille : *Agelenidae*
Taille : 0,15-2 cm
Nombre d'espèces : 1 000

Atypide

Cette araignée fabrique une toile tubulaire dans le sol. Le haut du tube, camouflé par des feuilles, dépasse du trou. Lorsqu'un insecte se pose sur le tube, l'araignée le saisit avec ses chélicères à travers les parois et le tire dans le terrier.

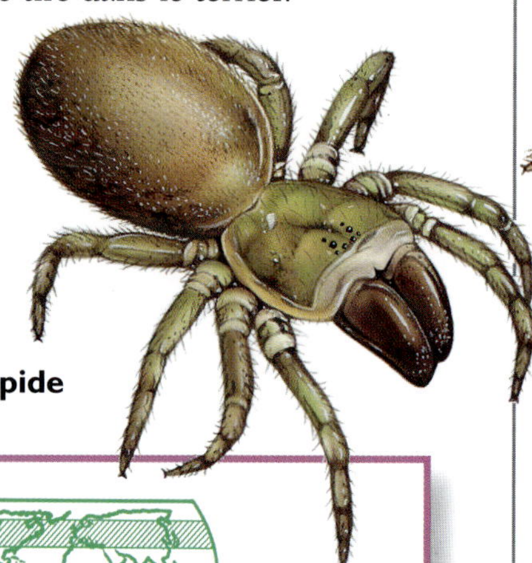

Atypide

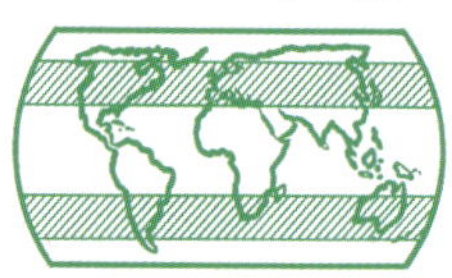

Famille : *Atypidae*
Taille : 0,9-3 cm
Nombre d'espèces : environ 100

Diplure

Cette araignée fabrique une toile en forme d'entonnoir qui mène à un terrier souterrain. Si un animal (insecte, grenouille, lézard...) marche sur la toile, l'araignée perçoit les vibrations et se précipite pour le tuer. Sa morsure est très venimeuse.

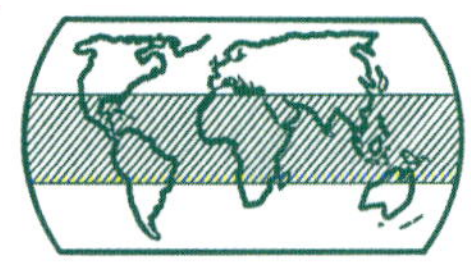

Famille : *Dipluridae*
Taille : environ 3 cm
Nombre d'espèces : environ 100

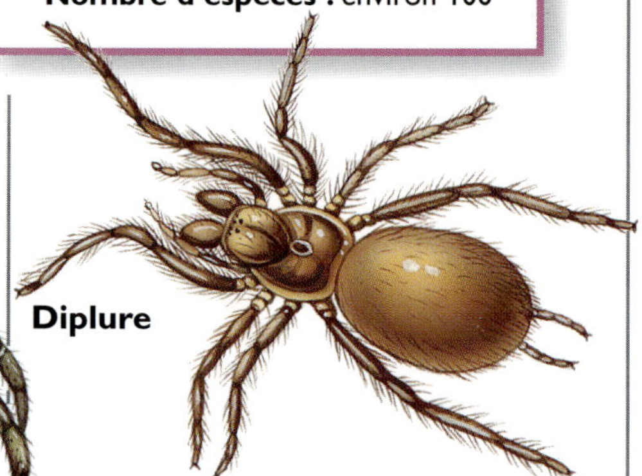

Diplure

Dysdère safrané

Cette espèce n'a que 6 yeux (les araignées en ont généralement 8). Elle passe la journée cachée sous des pierres et sort la nuit pour chasser des cloportes. Ces derniers ont de solides squelettes externes, mais l'araignée parvient à les percer avec ses chélicères acérés.

Famille : *Dysderidae*
Taille : 2 cm
Nombre d'espèces : environ 500

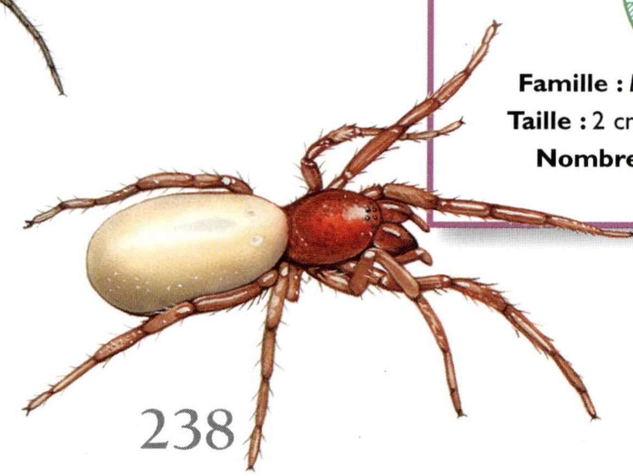

Dysdère safrané

Famille : *Araneidae*
Taille : 0,15-3 cm
Nombre d'espèces : 2 500

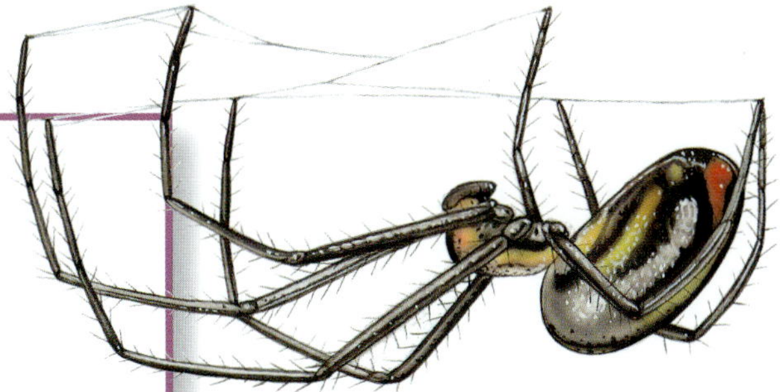

Araignée tête-de-mort

Famille : *Pisauridae*
Taille : 0,6-2,5 cm
Nombre d'espèces : 400

Araignée tête-de-mort

Cette araignée ne fabrique pas de toile. Elle se pose sur une branche et attrape les papillons de nuit qui l'approchent avec ses puissantes pattes avant. On pense qu'elle dégage une odeur qui attire les papillons.

Argyronète

C'est la seule araignée qui passe sa vie dans l'eau, à l'intérieur de bulles sous-marines qu'elle fabrique et dans lesquelles elle peut respirer. Elle commence par tisser une toile en forme de cloche qu'elle attache à des plantes aquatiques, puis elle la remplit de bulles d'air ramenées de la surface et s'installe pour attendre ses proies. Dès qu'elle en voit une, elle se jette dessus et la ramène sous la cloche pour la manger.

Pisaure

Les toiles des pisaures servent à protéger leurs petits, et non à piéger des proies. La femelle entoure ses œufs d'un grand cocon sphérique qu'elle transporte sous elle jusqu'à l'éclosion. Fait étonnant : avant l'accouplement, le mâle présente à la femelle une mouche enveloppée dans de la soie.

Pisaure

Oxyope

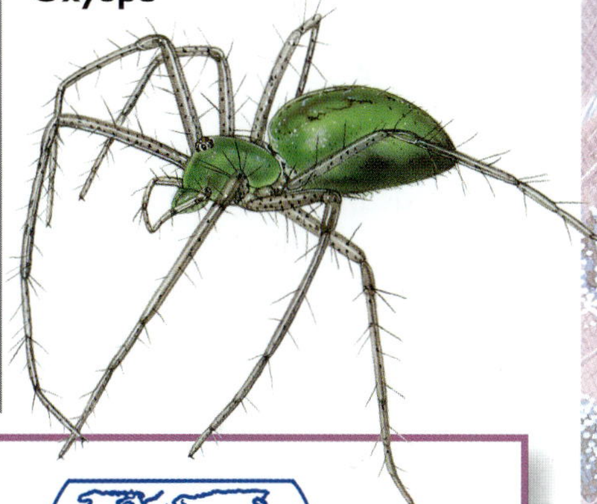

Famille : *Agelenidae*
Taille : 0,15-2 cm
Nombre d'espèces : 1 000

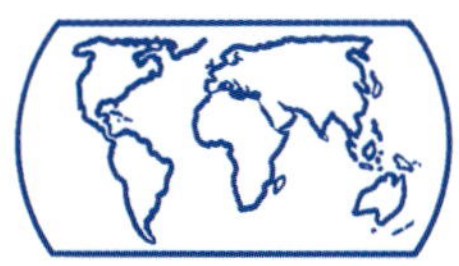

Famille : *Oxyopidae*
Taille : 0,3-1,5 cm
Nombre d'espèces : 500

Oxyope

Cette araignée très vive ne fabrique pas de toile. Camouflée dans la végétation grâce à sa couleur verte, elle repère ses proies sur les plantes grâce à son excellente vue et les attrape en sautant de feuille en feuille. La femelle tisse pour ses œufs un cocon de soie qu'elle suspend au sommet d'une plante.

Argyronète

Les araignées orbitèles

Très peu d'animaux construisent des pièges pour attraper leurs proies. Les araignées orbitèles, qui tissent des toiles en forme de cercle (toiles orbiculaires), sont sans doute les plus connues, car elles vivent fréquemment dans les maisons et les jardins. Il en existe plus de 2 500 espèces, réparties dans le monde entier.

Les araignées fabriquent leur toile avec divers types de soie qu'elles émettent par des organes en forme de tube appelés « filières ». Lorsqu'elle sort, la soie est liquide ; elle se transforme ensuite soit en un fil sec et très dur, soit en un fil collant, destiné au centre de la toile. Une fois la toile terminée, l'araignée attend près du centre ou se dissimule à proximité. Elle est reliée à la toile par un fil avertisseur qui lui transmet chaque mouvement. Dès qu'une proie est prise dans la partie collante, l'araignée se précipite sur elle.

Rétiaire

Cette araignée fabrique un petit filet résistant avec des fils collants disposés sur un cadre de soies sèches. Lorsque le piège est prêt, elle se suspend à une brindille par plusieurs fils et étire son filet entre ses quatre pattes antérieures. Dès qu'un insecte approche, elle tend le filet afin que sa proie se jette dedans. Elle enveloppe alors sa victime dans le filet et l'emporte pour la dévorer.

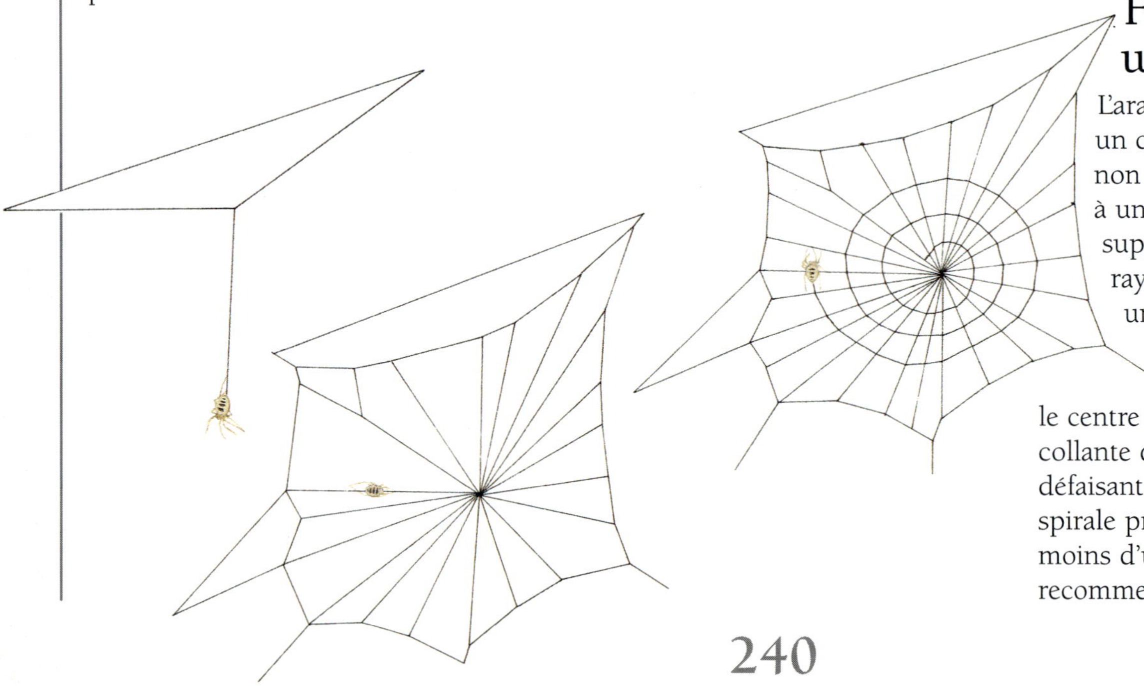

Fabriquer une toile

L'araignée commence par faire un cadre de fils résistants et non collants, qu'elle attache à une plante ou à tout autre support. Puis elle ajoute des rayons et tisse vers l'extérieur une spirale provisoire. Une fois sa toile bien fixée, l'araignée revient vers le centre en tissant la spirale collante qui piégera la victime, défaisant par la même occasion la spirale provisoire. L'opération prend moins d'une heure et l'araignée recommence parfois chaque nuit.

Araignée à nappe

Cette araignée tisse un autre type de piège. Elle fabrique une toile plate comme une nappe d'un diamètre de 30 cm environ, et se place à l'affût au-dessous. Au-dessus, de nombreux petits fils maintiennent la toile. Lorsqu'un insecte bute dans ces fils, il tombe sur la toile bien horizontale : l'araignée le saisit alors par-dessous.

Cette **araignée orbitèle** vient d'attraper un papillon, qu'elle enveloppe dans des fils de soie pour qu'il ne puisse pas s'échapper. Elle l'emportera ensuite pour le manger dans sa cache, près de la toile.

À l'affût

Cette araignée de jardin attend qu'un insecte bute dans sa toile et se trouve piégé dans les fils collants. Les pattes de l'araignée sont munies de griffes qui lui permettent de s'agripper aux fils secs. Elles sont aussi couvertes d'une substance qui l'empêche de se faire piéger si elle touche la partie collante de sa toile.

Scorpions et autres arachnides

Les scorpions vivent dans toutes les régions chaudes. Ils ont au bout de la queue un aiguillon venimeux qui leur sert à tuer leurs proies et à se protéger de leurs prédateurs. Le venin de quelques espèces est très violent, mais la piqûre de la plupart des scorpions est comparable à celle d'une abeille. L'ordre des arachnides comprend aussi les acariens et les tiques. Les acariens mangent des œufs d'insectes ou parasitent des animaux. Les tiques se nourrissent du sang des oiseaux, des mammifères ou des reptiles.

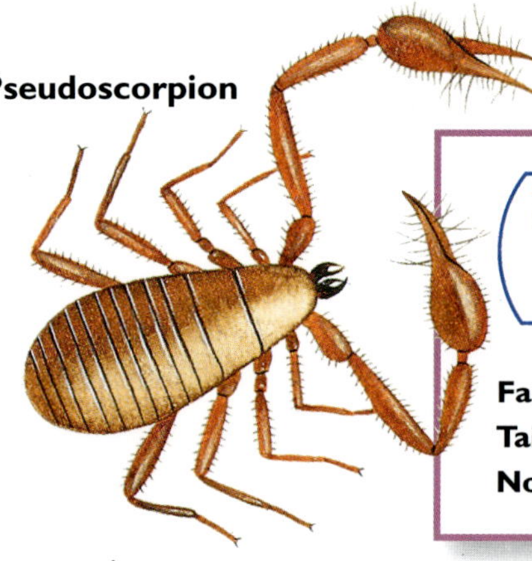

Pseudoscorpion

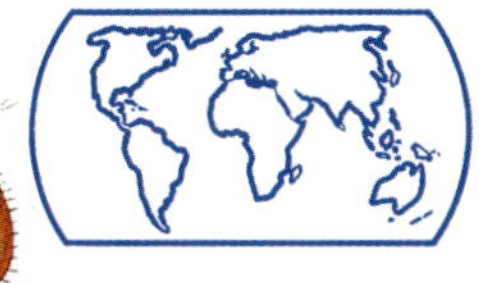

Famille : *Chernetidae*
Taille : jusqu'à 0,6 cm
Nombre d'espèces : 1 000

Pseudoscorpion

Ces minuscules cousins des scorpions n'ont pas d'aiguillon, et les glandes à venin qu'ils utilisent pour chasser leurs proies sont situées dans les pédipalpes. Ils ont des glandes productrices de soie et tissent des cocons pour hiberner.

Scorpion australien

Ce scorpion se cache sous les pierres le jour et sort la nuit pour capturer des insectes et des araignées, qu'il saisit entre ses pinces puissantes. La femelle transporte ses nouveau-nés sur le dos pendant quelques semaines, jusqu'à ce qu'ils puissent se débrouiller seuls.

Famille : *Buthidae*
Taille : 5-7 cm
Nombre d'espèces : 700

Solifuge

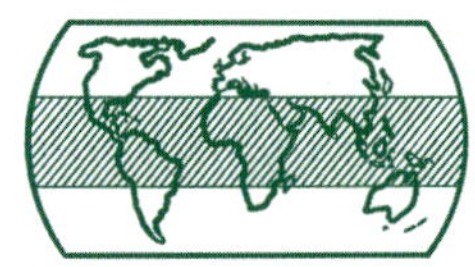

Famille : *Eremobatidae*
Taille : 1,5-4,5 cm
Nombre d'espèces : 900

Solifuge

Les solifuges sont des chasseurs rapides. Familiers des régions désertiques, ils sortent la nuit pour attraper des insectes et des petits lézards. Ils se servent de leurs pédipalpes (pattes-mâchoires) pour attraper des proies et de leurs pattes avant comme d'antennes.

Amblypyge

Cette espèce, qui appartient à un groupe voisin de celui des scorpions, a quatre paires de pattes et se sert de la première comme d'antennes. Lorsqu'il est menacé, l'amblypyge projette un liquide acide produit par des glandes situées à la base de sa queue.

Amblypyge

Famille : *Thelyphonidae*
Taille : 14,5 cm
Nombre d'espèces : 100

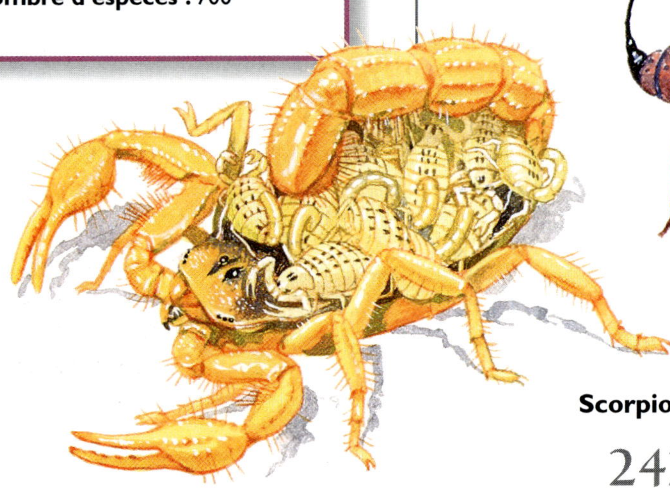

Scorpion australien

Acarien velouté

Famille : *Trombiculidae*
Taille : jusqu'à 0,5 cm
Nombre d'espèces : 200

Acarien velouté

Le corps tout rond de cet acarien est couvert d'une épaisse couche de poils soyeux. L'adulte se nourrit principalement d'œufs d'insectes. Il pond ses œufs sur le sol et, lorsque la larve éclôt, elle parasite des insectes et des araignées, dont elle aspire le sang.

Scorpion velu

Le scorpion a le corps recouvert de poils fins reliés à des terminaisons nerveuses qui lui permettent de percevoir le moindre mouvement alentour, et donc de détecter ses proies. Il immobilise sa victime entre ses pinces, puis, avant de la dévorer, il la paralyse ou la tue en lui injectant du venin. Pour cela, il projette son aiguillon vers l'avant.

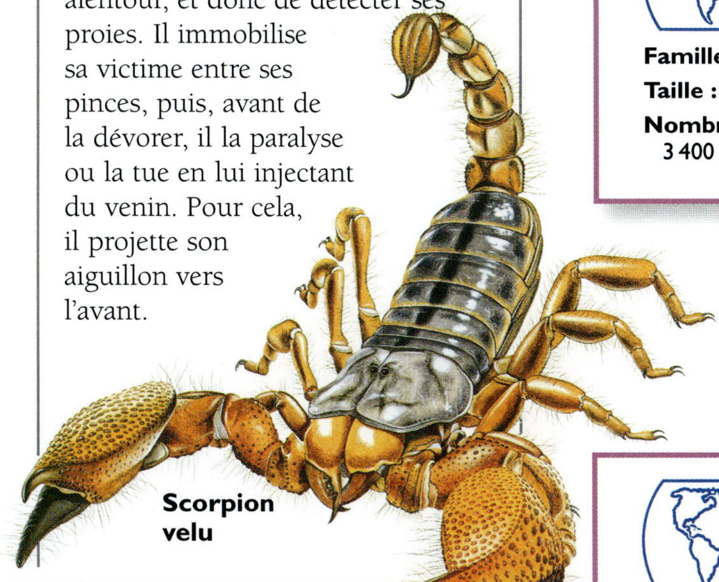

Scorpion velu

Famille : *Buthidae*
Taille : 5-7 cm
Nombre d'espèces : 700

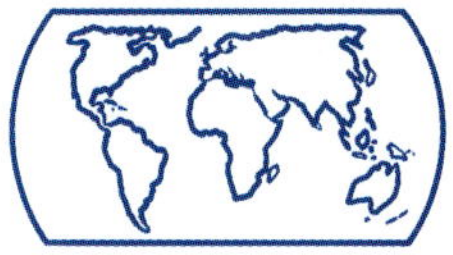

Famille : *Pyroglyphidae*
Taille : 0,25-0,5 mm
Nombre d'espèces : 20

Acarien des maisons

Ces acariens sont familiers de nos maisons. Ils se nourrissent des fragments de peau contenus dans la poussière. Leurs déjections contiennent des substances qui provoquent des réactions allergiques ou de l'asthme chez certaines personnes.

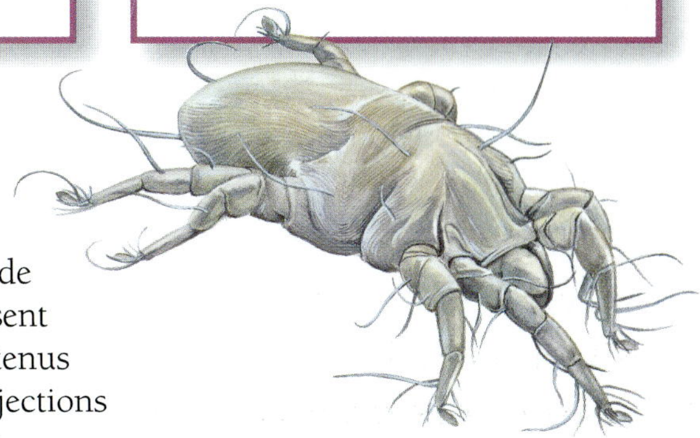

Acarien des maisons

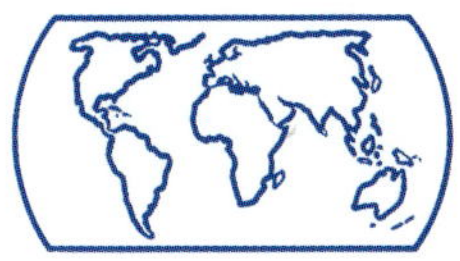

Famille : *Phalangiidae*
Taille : 0,3-2 cm
Nombre d'espèces : 3 400

Faucheux

Le faucheux (ou opilion) n'a pas la taille marquée caractéristique des araignées, auxquelles il est apparenté. Il a le corps rond et ses pattes sont très longues, surtout la deuxième paire. Plutôt actif la nuit, il chasse des insectes. La femelle pond dans le sol, et les œufs y passent l'hiver avant d'éclore au printemps.

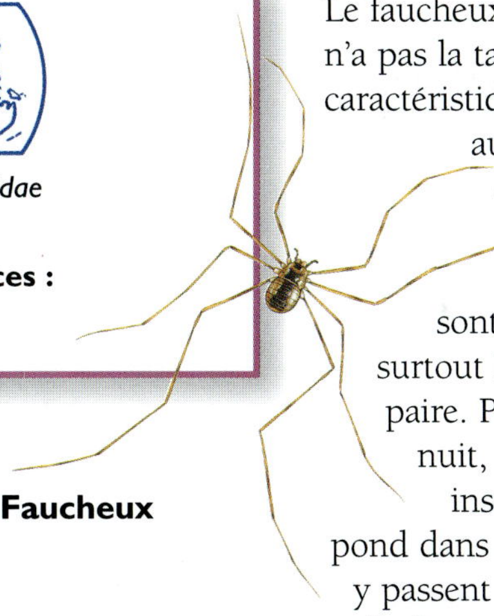

Faucheux

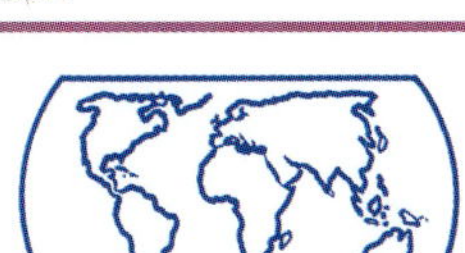

Famille : *Ixodidae*
Taille : 0,15-0,3 cm
Nombre d'espèces : 650

Tique

Les tiques sont des acariens parasites : elles vivent en se nourrissant de sang d'oiseaux, de mammifères et de reptiles. Elles restent plusieurs jours sur leur hôte, accrochées par leurs puissantes pièces buccales. Certaines espèces transmettent des maladies en injectant leur salive.

Tique

Autres invertébrés terrestres

Outre les insectes et les araignées, le monde est peuplé de nombreux invertébrés terrestres. La plupart des mollusques vivent dans la mer, mais il existe des espèces terrestres (escargots et limaces). Les cloportes sont apparentés aux crustacés, dont la majorité des espèces (crabes, crevettes...) sont aquatiques. Les vers de terre passent leur vie à creuser la terre des champs, des bois et des jardins. Tous ces animaux sont répandus dans le monde entier.

Comme les insectes et les araignées, les mille-pattes sont des arthropodes. Ils ont colonisé toute la planète, des forêts tropicales à la toundra. On peut les confondre avec des insectes, mais ils ont bien plus de pattes. Ils sont sensibles à la sécheresse et ne sortent généralement que la nuit.

Limace

La limace, qui ressemble un peu à un escargot sans coquille, est un mollusque. Comme tous les mollusques terrestres, elle fabrique une substance visqueuse qui lui permet de ne pas se dessécher et de se mouvoir plus aisément. Les traînées de bave qu'elle laisse derrière elle lui permettent de retrouver son chemin. Les limaces se nourrissent de matière organique végétale ou animale, qu'elles détectent à l'odeur.

Taille : 15 cm
Distribution : Europe, Amérique du Nord
Nom scientifique : *Arion ater*

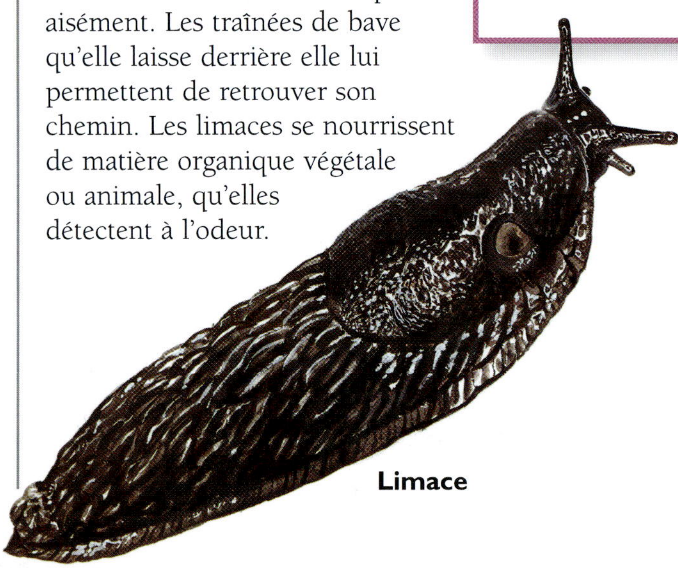

Limace

Ver de terre

Les vers de terre, qui passent la plus grande partie de leur vie sous terre, ne sortent que la nuit et lorsqu'il pleut beaucoup. Ils se nourrissent principalement de matières végétales, mais avalent aussi de la terre : ils digèrent alors ce qu'ils peuvent et excrètent le reste.

Taille : jusqu'à 30 cm
Distribution : mondiale
Nom scientifique : *Lumbricus terrestris*

Cloporte

Le cloporte est un crustacé qui s'est adapté à la vie hors de l'eau. Son corps est composé de 13 segments et de 7 paires de pattes. Le jour, il se dissimule dans des coins sombres et humides ; la nuit, il sort pour se nourrir de plantes en décomposition et de minuscules animaux morts.

Taille : 1 cm
Distribution : mondiale
Nom scientifique : *Armadillidium vulgare*

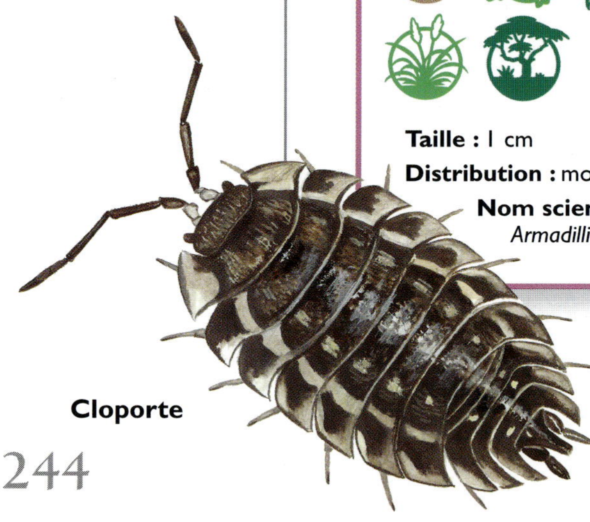

Cloporte

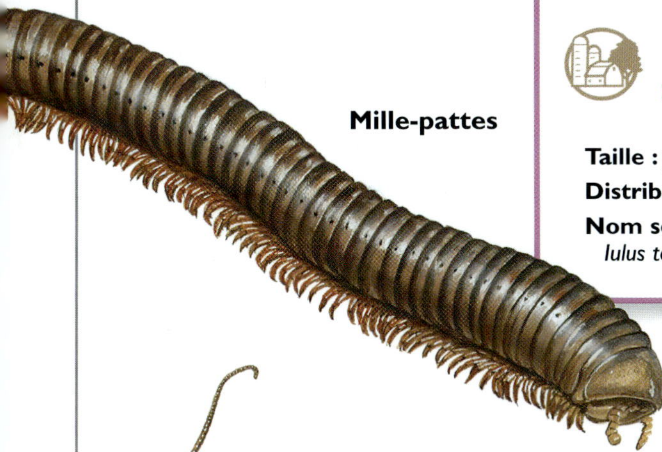

Mille-pattes

Taille : jusqu'à 9 cm
Distribution : Europe
Nom scientifique : *Iulus terrestris*

Mille-pattes

Malgré leur nom, les mille-pattes au long corps ne possèdent pas 1 000 pattes : la plupart n'en n'ont que 200. Ils se nourrissent de végétaux et vivent sous les pierres, sous l'écorce des arbres ou cachés dans des végétaux en décomposition.

Polydesme

Polydesme

Ces mille-pattes ont une carapace. Ils vivent dans les forêts tropicales humides, se nourrissant de feuilles et d'autres végétaux en décomposition sur le sol de la forêt. Ils possèdent des glandes à venin et projettent parfois ce poison pour se défendre contre leurs ennemis.

Taille : jusqu'à 13 cm
Distribution : mondiale
Nom scientifique : *Polydesmus spp.*

Lithobie

Lithobie

Le lithobie se déplace assez vite sur ses 15 paires de pattes. C'est un prédateur des araignées et des autres petites bêtes. Il saisit sa proie dans ses griffes acérées, qui peuvent injecter un violent poison paralysant.

Taille : 3 cm
Distribution : Europe
Nom scientifique : *Lithobius forficatus*

Escargot de jardin

La planète est peuplée de toutes sortes d'escargots terrestres. Ils ont tous un corps mou comme celui d'une limace et portent une coquille dure sur le dos. La plupart des escargots restent à l'intérieur de leur coquille le jour et sortent la nuit pour manger des plantes. Ils se déplacent par mouvements ondulants de leur « pied » charnu sur une couche de bave qui tapisse le dessous du corps.

Escargot de jardin

Taille : corps 9 cm
Distribution : Europe
Nom scientifique : *Helix aspersa*

Invertébrés marins

L'océan est peuplé d'une immense variété d'invertébrés (au moins 160 000 espèces), qui s'ajoutent aux milliers d'espèces de poissons. La partie la plus peuplée des océans est la surface de l'eau (jusqu'à 100 m), que pénètrent facilement les rayons du soleil et où prospèrent des plantes et des animaux microscopiques appelés « plancton ». Le plancton animal, qui dérive dans les eaux de surface, se nourrit de plantes et sert lui-même de nourriture aux gros animaux marins. C'est le début de la chaîne alimentaire des océans.

Éponges, méduses et autres invertébrés

Avec leur corps primitif, les éponges ressemblent plus à des végétaux qu'à des animaux. Leurs larves nagent librement, mais les adultes sont fixés à un rocher ou au fond de la mer. Les anémones de mer appartiennent au groupe des cnidaires, tout comme le corail et les méduses. La plupart ont un corps rudimentaire et des tentacules armés de cellules piquantes. Les cténaires sont des sortes de petites méduses translucides qui flottent à la surface de l'eau. Les brachiopodes, invertébrés à coquille, s'ancrent sur les rochers ou au fond de la mer grâce à leur pédoncule charnu.

Térébratule

La térébratule appartient au groupe des brachiopodes, dont certaines espèces sont apparues il y a 550 millions d'années. Elle est composée de deux valves et d'un petit pédoncule sur lequel elle se déplace. De sa coquille ouverte sortent des tentacules couverts de poils qui brassent l'eau pour piéger les particules de nourriture.

Taille : 3 cm
Distribution : Atlantique
Nom scientifique : *Terebratulina septentrionalis*

Térébratule

Cténaire

Le cténaire se déplace grâce à de minuscules poils disposés en rangées le long de son corps, et qui ondulent pour le propulser dans l'eau. Il se nourrit de crevettes et d'autres petits invertébrés.

Cténaire

Taille : 15 cm
Distribution : Arctique et Atlantique
Nom scientifique : *Bolinopsis infundibulum*

Éponge

Les éponges font partie des animaux les plus primitifs. Pour se nourrir, elles aspirent de l'eau dans des chambres de leur corps où les particules de nourriture sont piégées et digérées. L'eau assure aussi les échanges gazeux (oxygène, gaz carbonique).

Éponge

Taille : jusqu'à 50 cm
Distribution : mer des Caraïbes
Nom scientifique : *Callyspongia spp.*

Physalie

Physalie

La physalie est constituée d'une vésicule flottante abritant des centaines de polypes et des filaments urticants. Chaque sorte de polype effectue une tâche précise : attraper de la nourriture, produire des œufs…

Taille : ombrelle 30 cm ; tentacules 18 m
Distribution : eaux chaudes de l'Atlantique, du Pacifique et de l'océan Indien
Nom scientifique : *Physalia physalis*

Corail cerveau

Taille : jusqu'à 2 m
Distribution : eaux tropicales du Pacifique et de l'océan Indien, mer des Caraïbes
Nom scientifique : *Meandrina spp.*

Corail cerveau

Le corail cerveau se développe généralement entre 6 et 12 m de profondeur. Il forme des colonies en forme de dôme composées de minuscules anémones appelées « polypes ». Chaque polype possède un squelette calcaire qui contribue à assurer une base au récif de corail.

Pennatule

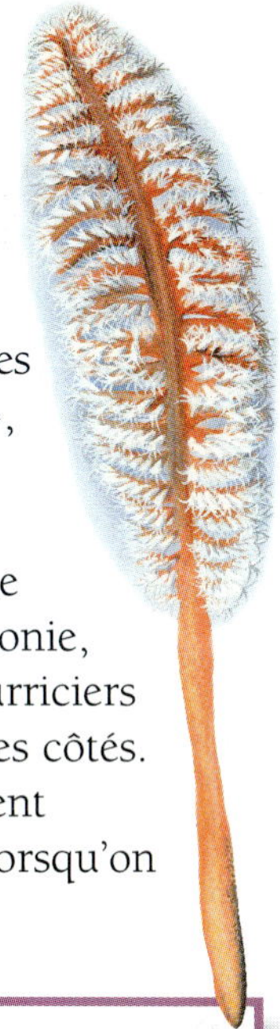

Pennatule

La pennatule, composée d'une colonie d'organismes appelés « polypes », ressemble à une plume. Un gros polype en forme de tige soutient la colonie, et des polypes nourriciers sont installés sur les côtés. La pennatule devient phosphorescente lorsqu'on la touche.

Taille : jusqu'à 38 cm
Distribution : Atlantique nord
Nom scientifique : *Pennatula phosphorea*

Anémone de mer

Malgré sa ressemblance avec une fleur, l'anémone de mer est bien un animal, qui se nourrit d'autres organismes. Elle s'accroche aux rochers par un pied-ventouse sur lequel est située la bouche, entourée des tentacules.

Anémone de mer

Taille : jusqu'à 25 cm
Distribution : côtes de l'Atlantique et du Pacifique
Nom scientifique : *Tealia spp.*

Pélagie

De nombreuses cellules piquantes sont disposées le long des tentacules de la pélagie. Ces cellules la protègent de ses ennemis et lui permettent d'attraper du plancton pour se nourrir. Très colorée, cette méduse peut être violette, jaune, rouge ou brune.

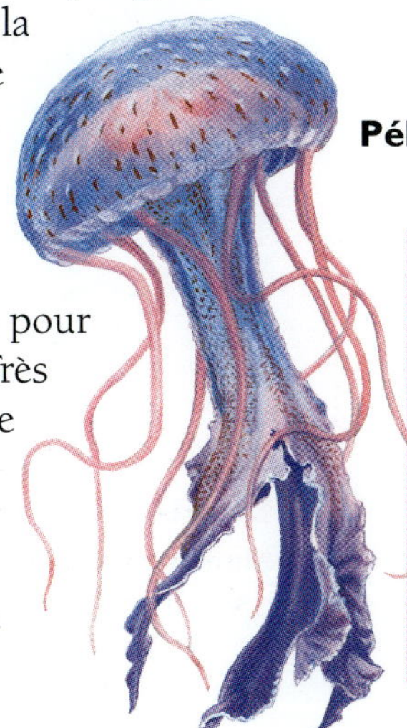

Pélagie

Taille : ombrelle 30 cm ; tentacules 90 cm
Distribution : Atlantique, Pacifique, océan Indien
Nom scientifique : *Pelagia noctiluca*

Les crustacés

Il existe environ 31 000 espèces de crustacés, dont les balanes, les crabes, les homards et les crevettes. La plupart des crustacés vivent dans la mer, mais les cloportes sont terrestres et certaines espèces, commes les écrevisses, vivent en eau douce. Une de leurs caractéristiques anatomiques est la présence d'un squelette externe (exosquelette) qui protège le corps. La tête est composée de six segments, sur lesquels on trouve deux paires d'antennes et plusieurs pièces buccales. Le thorax et l'abdomen portent des pattes ambulatoires.

Anatife

Les anatifes vivent accrochés par leur pied à n'importe quel objet flottant en pleine mer : morceau de bois, flotteur ou même bateau. Leur corps mou est enveloppé d'une coque aplatie, faite de cinq plaques qui s'ouvrent vers le haut et d'où sortent des tentacules plumeux grâce auxquels l'anatife capture des particules de nourriture dans l'eau.

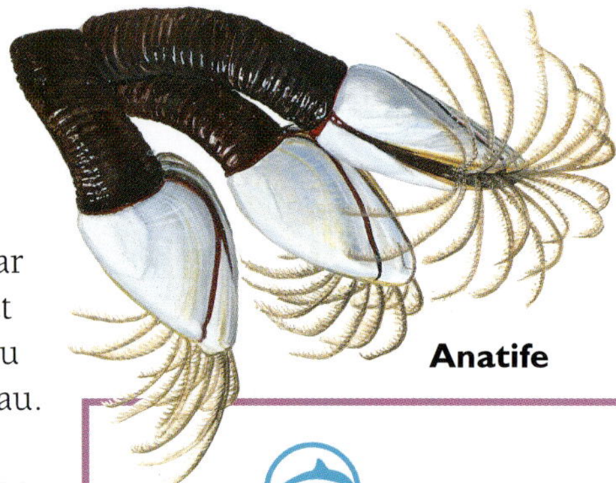

Anatife

Taille : 15 cm, pied inclus
Distribution : Atlantique, Pacifique
Nom scientifique : *Lepas anatifera*

Homard

Ce gros crustacé se cache dans des trous de rochers le jour et sort chasser la nuit. Il se sert de ses énormes pinces pour casser la coquille ou la carapace de ses proies (mollusques ou crabes) puis pour dépecer leur chair. En été, la femelle pond des milliers d'œufs qu'elle garde sous l'abdomen. Lorsqu'elles éclosent, les larves flottent à la surface durant quelques semaines ; ensuite, elles s'installent sur les fonds marins et se transforment en adultes.

Taille : 30 cm
Distribution : côtes de l'Atlantique Nord
Nom scientifique : *Homarus americanus*

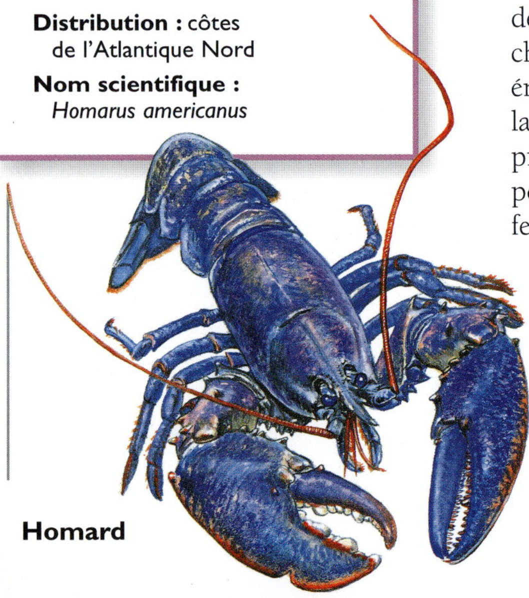

Homard

Crevette des profondeurs

Leurs antennes plus longues que leur corps permettent à ces crevettes de repérer leur nourriture (des matières organiques en décomposition) dans l'obscurité des profondeurs.

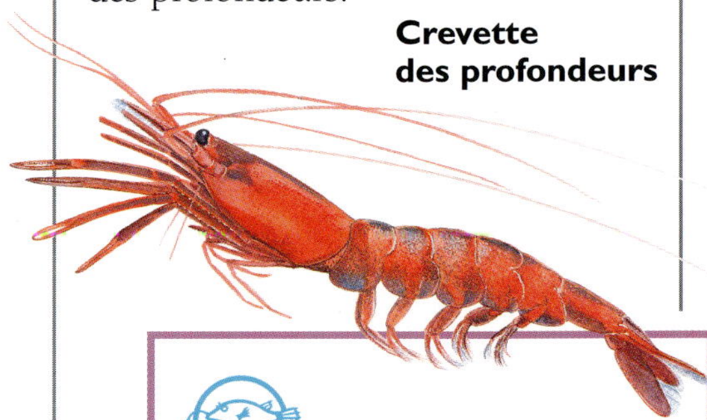

Crevette des profondeurs

Taille : 10 cm
Distribution : Atlantique
Nom scientifique : *Pasiphaea spp.*

Isopode géant de l'Antarctique

Apparenté au cloporte, l'isopode géant vit dans l'Antarctique et se nourrit de tout ce qu'il peut trouver, jusqu'aux animaux morts ou mourants.

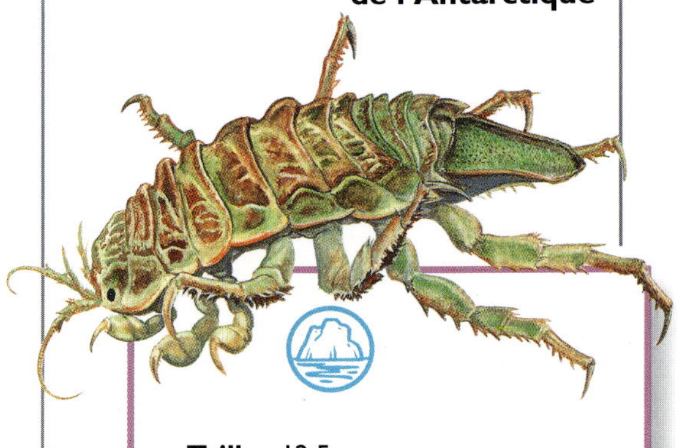

Isopode géant de l'Antarctique

Taille : 12,5 cm
Distribution : Antarctique
Nom scientifique : *Glyptonotus antarcticus*

Bernard-l'ermite

Contrairement aux autres crustacés, le bernard-l'ermite n'a pas de carapace. Pour protéger son abdomen mou, il s'introduit dans la coquille vide d'un escargot de mer. Les pinces de sa première paire de pattes lui servent à attraper ses proies.

Bernard-l'ermite

Taille : jusqu'à 10 cm
Distribution : côtes de l'Atlantique nord
Nom scientifique : *Eupagurus bernardus*

Crevette Ésope

Les crevettes ont une carapace plus fine que celle des homards ou des tourteaux. Elles utilisent les nageoires de l'abdomen pour nager, celles du thorax pour marcher ou pour attraper la nourriture.

Taille : jusqu'à 12,5 cm
Distribution : côtes de l'Atlantique nord
Nom scientifique : *Pandalus montagui*

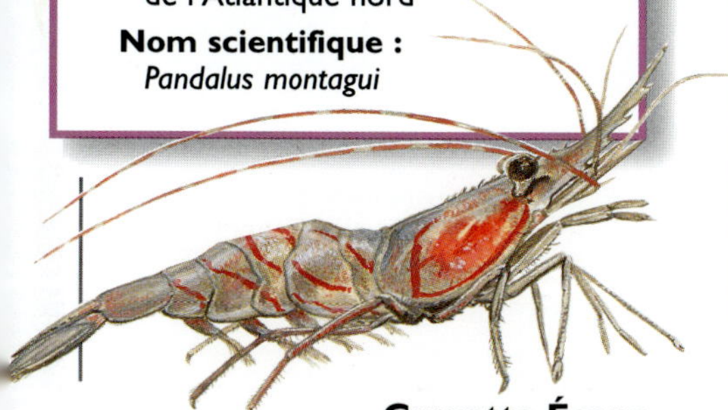

Crevette Ésope

Krill de l'Antarctique

Taille : jusqu'à 5 cm
Distribution : océans du Sud
Nom scientifique : *Euphausia superba*

Krill de l'Antarctique

Les petits crustacés qui constituent le krill se nourrissent de plancton qu'ils filtrent dans l'eau de mer. À son tour, le krill est la nourriture de nombreuses espèces, (poissons, baleines…). Une baleine bleue peut en ingurgiter 3 tonnes par jour. Il est parfois si abondant que la mer prend une couleur orangée.

Amphipode

Amphipode

Ces petits crustacés, également appelés « puces de mer », vivent sur le littoral, sous les pierres ou dans les algues. Ils se nourrissent de matière végétale ou animale microscopique. Leur abdomen est muni de trois paires de pattes sauteuses. La femelle porte ses jeunes dans une poche située sous l'abdomen.

Taille : jusqu'à 2,5 cm
Distribution : côtes de l'Atlantique et du Pacifique
Nom scientifique : *Gammarus locusta*

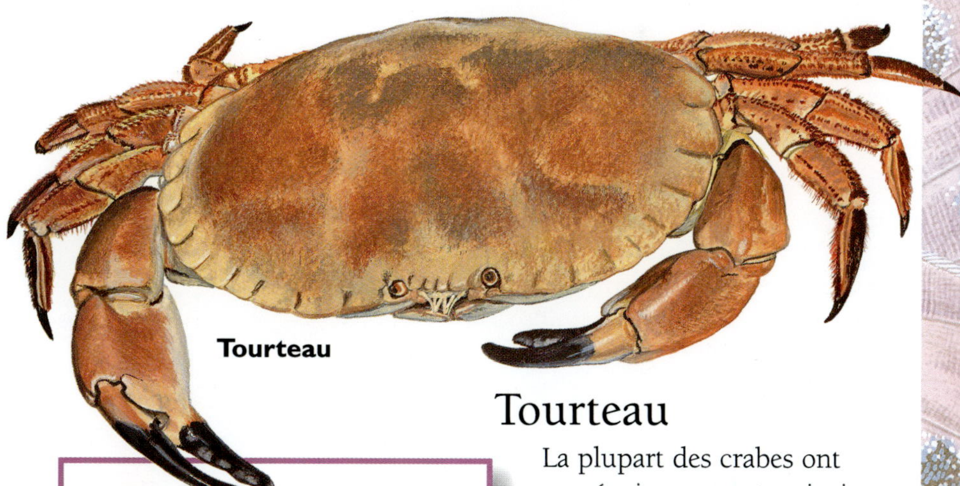

Tourteau

Tourteau

La plupart des crabes ont une épaisse carapace ainsi que cinq paires de pattes. La première paire est munie de pinces puissantes qui cassent les coquilles des proies, tandis que les autres sont plus petites. Les tourteaux vivent dans les rochers, sur le littoral.

Taille : 30 cm
Distribution : côtes de l'Atlantique nord
Nom scientifique : *Cancer spp.*

Les mollusques

Les mollusques comprennent au moins 100 000 espèces et sont divisés en trois ordres principaux : les gastéropodes (patelles, escargots...), les bivalves (palourdes, moules, coquilles Saint-Jacques...) et les céphalopodes (encornets, seiches, pieuvres...). Les limaces et quelques espèces d'escargots vivent sur la terre ferme, certains escargots et des palourdes, en eau douce, mais la majorité des mollusques sont des animaux marins. Leur corps est généralement composé de trois parties : la tête, avec la bouche et les organes sensoriels, le corps et enfin le pied, une partie charnue sur laquelle le mollusque se déplace.

Coquille Saint-Jacques

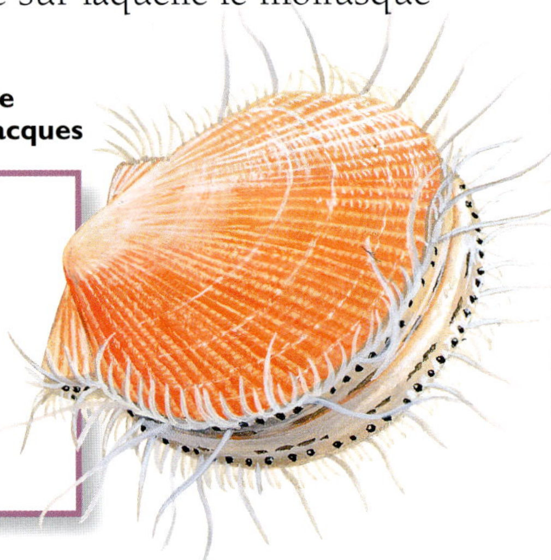

Taille : 10 cm
Distribution : Atlantique et Pacifique
Nom scientifique : *Chlamys islandicus*

Porcelaine cyprée

La porcelaine est une sorte d'escargot de mer avec une superbe coquille brillante. Le manteau (repli de peau qui sécrète la coquille) de ce mollusque peut s'étendre pour recouvrir l'extérieur de la coquille et dissimuler l'animal. L'ouverture du coquillage est bordée de 35 dents.

Porcelaine cyprée

Taille : jusqu'à 12,5 cm
Distribution : Atlantique, mer des Caraïbes
Nom scientifique : *Cypraea cervus*

Coquille Saint-Jacques

La coquille Saint-Jacques est un bivalve : deux valves protègent son corps mou. Pour se déplacer, elle ouvre et referme vivement sa coquille en expulsant un jet d'eau, qui la propulse.

Palourde

La demeure habituelle de la palourde est un terrier profond dans le rivage sablonneux ou boueux que le mollusque creuse avec son pied. Deux longs tubes s'étirent du coquillage, l'un pour absorber l'eau et la nourriture, l'autre pour rejeter l'eau.

Palourde

Taille : 15 cm
Distribution : Pacifique nord
Nom scientifique : *Saxidomus nuttalli*

Huître

L'huître est un bivalve. Son corps mou est protégé par deux coquilles dures reliées par des muscles puissants. Elle se nourrit des minuscules particules animales ou végétales qu'elle filtre dans l'eau de mer. L'eau est aspirée dans la coquille entrouverte, et la nourriture est piégée par les poils des branchies.

Taille : jusqu'à 10 cm
Distribution : côtes de l'Atlantique et du Pacifique
Nom scientifique : *Ostrea spp.*

Huître

Pieuvre

La pieuvre a un corps en forme de bourse et huit longs bras (tentacules) bordés de deux rangées de ventouses. Elle peut nager en agitant ses tentacules, mais également en recrachant de l'eau pour se propulser. Elle passe beaucoup de temps cachée dans les rochers, à l'affût de proies (palourdes, crabes, crevettes...) qu'elle saisit avec ses tentacules, puis tue ou paralyse de sa piqûre venimeuse.

Taille : jusqu'à 1 m
Distribution : côtes de l'Atlantique
Nom scientifique : *Octopus vulgaris*

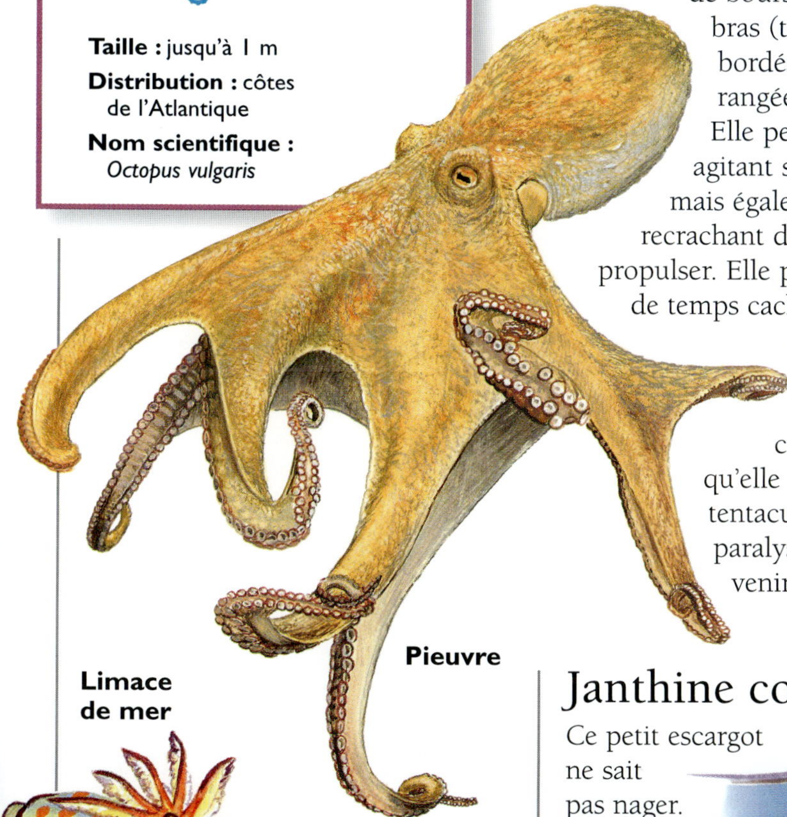

Pieuvre

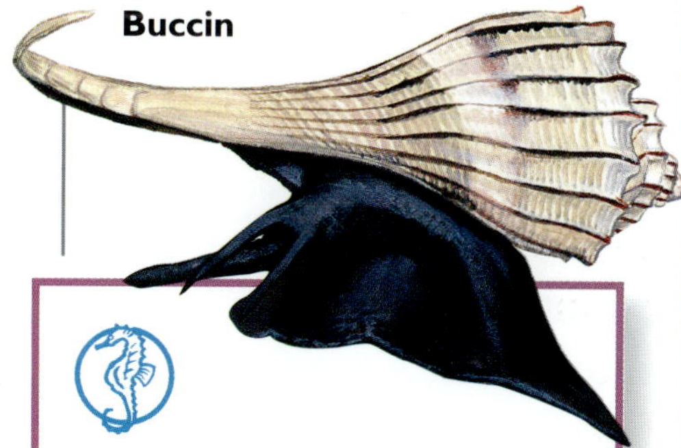

Buccin

Taille : 40 cm
Distribution : Atlantique
Nom scientifique : *Busycon contrarium*

Buccin

Ce gros buccin a une belle coquille en spirale ornée de dessins bruns. Il vit sur les fonds marins sablonneux et boueux des eaux peu profondes et se nourrit de mollusques (palourdes...) qu'il déterre dans la boue.

Limace de mer

Taille : 15 cm
Distribution : côtes du Pacifique
Nom scientifique : *Chromodoris elisabethina*

Limace de mer

Les limaces de mer sont apparentées aux escargots, mais elles n'ont pas de coquille. Elles se nourrissent surtout d'éponges. Cette espèce arbore une paire d'excroissances ressemblant à des cornes et un bouquet de branchies plumeuses sur le dos.

Janthine commune

Ce petit escargot ne sait pas nager. Il dérive à la surface de l'eau en s'accrochant à un radeau de bulles. Ces dernières proviennent d'un mucus sécrété par l'animal et qui durcit au contact de l'eau.

Janthine commune

Taille : 2,5 cm
Distribution : Atlantique, Pacifique, océan Indien
Nom scientifique : *Janthina janthina*

Calmar

Le calmar a un long corps en forme de torpille, quatre paires de bras et une paire de longs tentacules. Ses bras et l'extrémité de ses tentacules sont munis de ventouses qui lui permettent d'agripper ses proies (poissons et crustacés). Nageur rapide, le calmar se déplace à reculons en expulsant l'eau de son corps.

Taille : jusqu'à 76 cm, tentacules inclus
Distribution : Atlantique, Méditerranée
Nom scientifique : *Loligo pealii*

Calmar

Sur les rochers

Alors que la plupart des invertébrés marins nagent ou flottent librement dans l'eau, quelques espèces s'accrochent à des rochers ou à d'autres supports pour se protéger de la force des vagues. Les balanes (des crustacés qui ressemblent à des coquillages) font partie des espèces les plus répandues sur les côtes. De gigantesques colonies recouvrent complètement certains rochers, et s'accrochent parfois à des coquillages comme les moules. Les larves de balanes, elles, nagent librement et dérivent quelques semaines dans les eaux, se nourrissant de plancton. Pendant le dernier stade larvaire, chaque balane trouve un lieu pour se fixer et s'y accroche en sécrétant une substance comparable à du ciment. L'installation est définitive.

Les patelles, les bigorneaux et les chitons sont des mollusques qui s'accrochent aux pierres par un pied-ventouse tellement puissant qu'il est très difficile de les en détacher. Mais certains peuvent se déplacer pour aller se nourrir d'algues.

Bigorneau

Il existe de nombreuses espèces de bigorneaux, chacune adaptée à une zone différente du rivage. Celle-ci vit sur les pierres et les rochers.

Chiton

La coquille du chiton est composée de huit segments reliés par des muscles. Lorsqu'il se sent menacé, le chiton s'enroule sur lui-même.

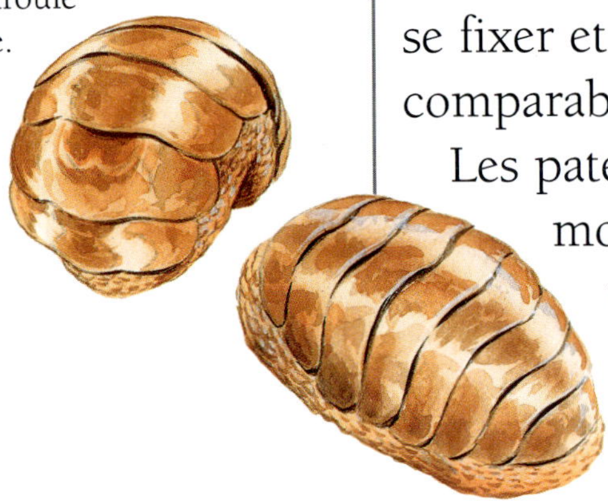

Patelle commune

En se déplaçant sur les rochers pour se nourrir, les patelles laissent une trace collante qui leur permet de retrouver leur place après chaque sortie.

Balane

Lorsqu'elles sont recouvertes d'eau à marée haute, les balanes s'ouvrent pour laisser sortir des appendices plumeux qui récoltent du plancton. À marée basse, elles restent bien fermées.

Moule

Les moules s'accrochent aux rochers par un faisceau de filaments faits d'une substance liquide qu'elles sécrètent. Lorsque le liquide durcit, le coquillage se trouve fermement attaché. La coquille de ce bivalve est bien fermée, mais s'ouvre partiellement pour filtrer des particules de nourriture dans l'eau de mer.

Patelle dorée

Toutes les patelles ne se fixent pas sur des rochers. Celle-ci préfère les algues ancrées aux rochers ou aux fonds marins proches du rivage. Elle se nourrit d'algues et de petites plantes poussant dessus.

Cet **escargot de mer** coloré s'accroche aux rochers du rivage. Il se nourrit de minuscules plantes qui poussent sur les rochers.

Vers et échinodermes

Il existe environ 11 500 espèces de vers, ou annélides. La plupart vivent dans la mer, mais on trouve quelques espèces sur terre (la plus connue étant le ver de terre) ou en eau douce (les sangsues, par exemple). Tous les annélides sont segmentés.
Les échinodermes vivent dans la mer. Ils sont divisés en quatre groupes principaux : les ophiures, les étoiles de mer, les concombres de mer (holothuries) et les oursins. Presque tous ont un corps divisé en cinq branches et tous se déplacent à l'aide de minuscules appendices mobiles, les ambulacres, munis chacun d'une ventouse.

Taupe de mer

Malgré son anatomie rondelette, la taupe de mer est un ver. Le dessus de son corps est recouvert d'une multitude de poils gris-brun qui lui donnent un aspect velu. Cet animal reste la plupart du temps dans la boue ou dans le sable des eaux peu profondes.

Taupe de mer

Taille : 18 cm
Distribution : côtes de l'Atlantique et de la Méditerranée
Nom scientifique : *Aphrodita aculeata*

Lis de mer

Lis de mer

Ce parent des étoiles de mer vit attaché aux rochers par une tige. Ses bras branchus sont couverts de petits pieds-ventouses. Lorsqu'il se nourrit, le lis de mer étale ses bras et piège le plancton avec ses ambulacres. La nourriture est alors acheminée vers la bouche (située au centre du corps) par des sillons tapissés de poils.

Taille : jusqu'à 60 cm
Distribution : Atlantique
Nom scientifique : *Ptilocrinus pinnatus*

Oursin diadème

Des épines aiguës protègent le corps arrondi de l'oursin contre ses ennemis. Sa bouche, située sous le corps, est composée de cinq dents disposées en cercle pour mâcher la nourriture. Les oursins se cachent le jour dans les récifs et sortent la nuit pour manger des algues.

Taille : corps 10 cm ; épines 10-40 cm
Distribution : Atlantique, mer des Caraïbes
Nom scientifique : *Diadema antillarum*

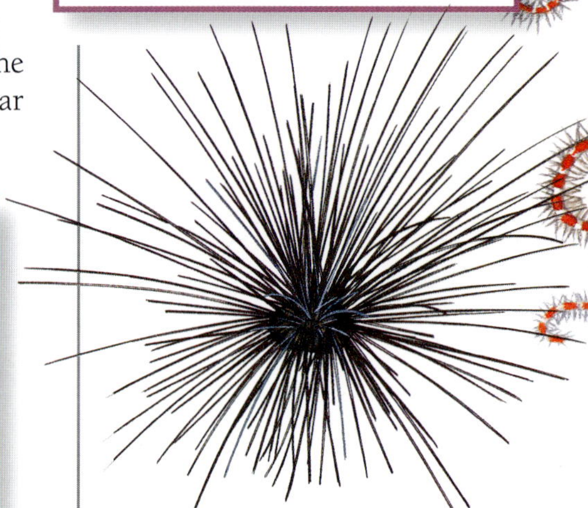

Oursin diadème

Ophiure

L'ophiure a un petit corps central en forme de disque et cinq bras épineux. La bouche de l'animal se trouve sous le disque. Ses longs bras lui permettent d'attraper de petits crustacés et d'autres invertébrés.

Ophiure

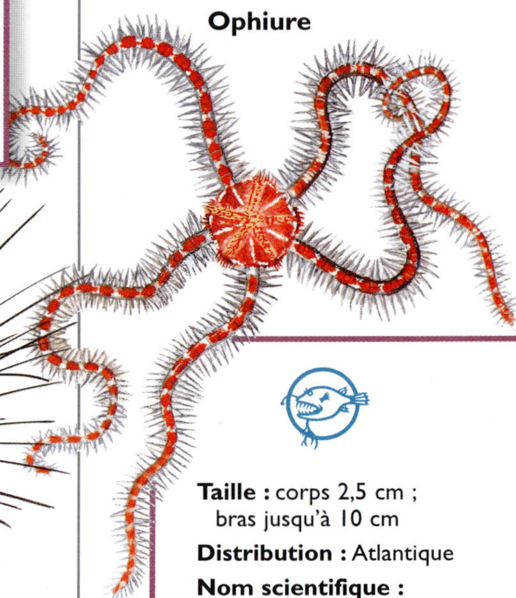

Taille : corps 2,5 cm ; bras jusqu'à 10 cm
Distribution : Atlantique
Nom scientifique : *Ophiothrix fragilis*

Sabelle

Le corps de ce ver spectaculaire est en général dissimulé dans un tube flexible relié à un récif ou au fond de la mer. Ce tube est fait de sable fin collé par une substance sécrétée par le ver. La sabelle capture sa nourriture avec sa couronne de branchies filamenteuses.

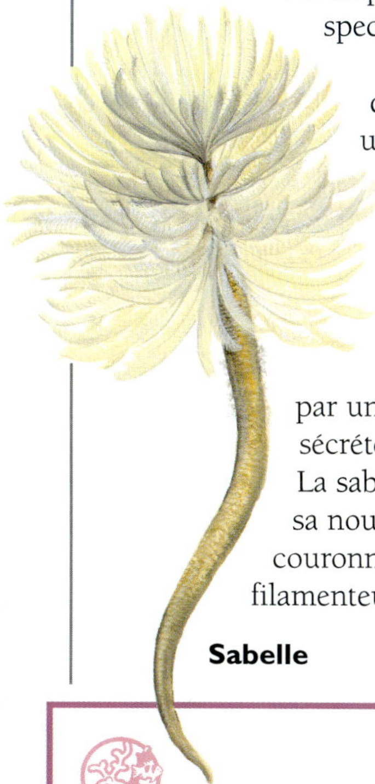

Sabelle

Taille : 12,5 cm
Distribution : Atlantique, mer des Caraïbes
Nom scientifique : *Sabellastarte magnifica*

Dollar des sables

Le dollar des sables est aplati comme un disque, et son corps est recouvert de courts piquants. Il a sous le corps une rangée de pieds minuscules avec lesquels il piège sa nourriture dans l'eau.

Dollar des sables

Taille : diamètre 7,5 cm
Distribution : côtes de l'Atlantique et du Pacifique nord
Nom scientifique : *Echinarachnius parma*

Taille : jusqu'à 25 cm
Distribution : Atlantique nord
Nom scientifique : *Holothuria forskali*

Concombre de mer

Concombre de mer

Les concombres de mer sont apparentés aux étoiles de mer, mais leur corps est allongé. À une extrémité se trouve l'anus, à l'autre la bouche, entourée de tentacules qui récoltent la nourriture. Des pieds parcourent tout le corps. S'il est dérangé, le concombre de mer envoie un jet de fils blancs collants par l'anus.

Néréis

Ce ver vit sur le rivage comme en pleine mer. Il a quatre paires de tentacules sur la tête et de nombreuses nageoires minuscules en forme de feuilles de chaque côté du corps. Il se nourrit surtout d'autres vers.

Taille : jusqu'à 45 cm
Distribution : côtes de l'Atlantique et du Pacifique
Nom scientifique : *Phyllodoce spp.*

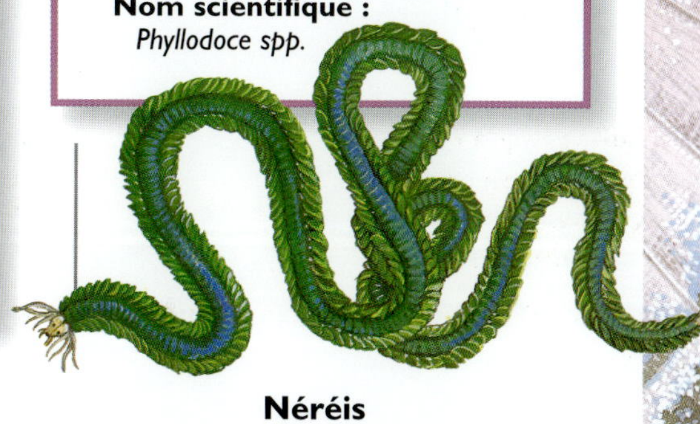

Néréis

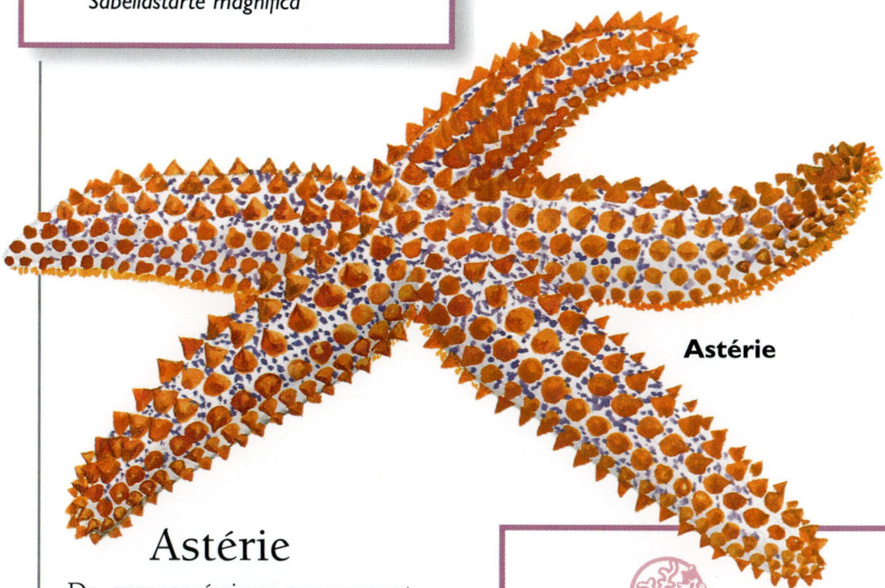

Astérie

Astérie

De grosses épines recouvrent le corps de cette étoile de mer. Deux rangées d'ambulacres courent le long de chaque bras. Ils se contractent et se détendent ensemble, ce qui permet à l'étoile de mer de se déplacer pour trouver des proies.

Taille : 12 cm
Distribution : ouest de l'Atlantique, mer des Caraïbes
Nom scientifique : *Echinaster sentus*

Les abris des animaux

Le nid de la **mésange rémiz**, tissé à partir de fibres végétales, est suspendu à l'extrémité d'une branche souple. Il est ainsi difficilement accessible aux prédateurs.

De nombreux animaux bâtissent des abris pour dormir et élever leurs petits en sécurité. Certains, comme les oiseaux, construisent leur habitat de toutes pièces, d'autres l'aménagent dans des excavations naturelles ou des endroits protégés. La plupart des oiseaux n'utilisent leur nid que pour pondre, couver et élever leurs petits. Lorsque les oisillons prennent leur envol, le nid est généralement abandonné. Certains mammifères, tels que les castors, passent le plus clair de leur temps dans l'habitat qu'ils se sont construit. Celui-ci peut comprendre des chambres à coucher, des « crèches » pour les petits et un garde-manger. Les abeilles, les fourmis et les termites sont connus pour la complexité de leur habitat.

À l'aide de branches et de boue, les **castors** construisent sur les cours d'eau des barrages où ils stockent leur nourriture et des loges qui leur servent d'abri.

Quand elle construit un abri pour ses petits, la **souris des moissons** ramasse quelques tiges de céréales et entrelace les feuilles de façon à former une sorte de plate-forme à 50 cm au-dessus du sol. Elle tisse ensuite une structure sphérique d'environ 10 cm de diamètre à l'aide de brins d'herbe ou de feuilles.

Ce gros monticule est l'œuvre de **termites**. Fabriqué à partir de terre mélangée aux excréments des insectes, il abrite une structure complexe. Des centaines de salles et de galeries servent de garde-manger, de couveuses ou de « crèches », tandis que des cheminées sont aménagées pour permettre l'aération de la termitière et son maintien à une température agréable.

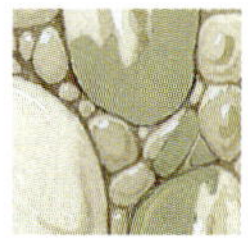
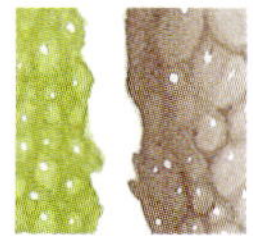

Index

Abréviations

cm = centimètre
m = mètre
km = kilomètre
km/h = kilomètre par heure
km^2 = kilomètre carré

Loriquet à tête bleue

Remerciements

Crédits des photographies

h = haut ; b = bas ; g = gauche ; d = droite

4 Anthony Bannister/Oxford Scientific Films ; 6–7 Norbert Rosing/Oxford Scientific Films ; 20 Haroldo Palo Jr./NHPA ; 31 Frank Schneidermeyer/Oxford Scientific Films ; 41 Rick Price/Oxford Scientific Films ; 49 Martyn Colbeck/Oxford Scientific Films ; 66h Alastair Shay/Oxford Scientific Films, 66b Eyal Bartov/Oxford Scientific Films, 66–67 Stan Osolinski/Oxford Scientific Films ; 87 Colin Monteath/Oxford Scientific Films ; 95 Lon E. Lauber/Oxford Scientific Films ; 101 Michael Fogden/Oxford Scientific Films ; 109 Hans Reinhard/Oxford Scientific Films ; 114g Jeff Lepore/Oxford Scientific Films, 114d Alastair Shay/Oxford Scientific Films ; 115 Jorge Sierra/Oxford Scientific Films ; 116–117 Zig Leszczynski/Oxford Scientific Films ; 123 David Cayless/Oxford Scientific Films ; 133 David Haring/Oxford Scientific Films ; 138–139 Zig Leszczynski/Oxford Scientific Films ; 151 John Netherton/Oxford Scientific Films ; 154 Alastair Shay/Oxford Scientific Films, 154–155 Michael Fogden/Oxford Scientific Films, 155 Marty Cordano/Oxford Scientific Films ; 156–157 David B. Fleetham/Oxford Scientific Films ; 163 Gary Bell/Planet Earth Pictures ; 181 Richard Herrmann/Oxford Scientific Films ; 198 Anthony Bannister/Oxford Scientific Films, 198–199 Andrew Plumptre/Oxford Scientific Films, 199h David B. Fleetham/Oxford Scientific Films, 199b Steve Turner/Oxford Scientific Films ; 200–201 P.K. Sharpe/Oxford Scientific Films ; 217 Stephen Dalton/NHPA ; 225 Bob Fredrick/Oxford Scientific Films ; 233 David Thompson/Oxford Scientific Films ; 241 Oxford Scientific Films ; 253 Paul Kay/Oxford Scientific Films ; 256 Roland Mayr/Oxford Scientific Films ; 257h Roger Hosking/NHPA, 257b Stan Osolinski/Oxford Scientific Films

Crédits des illustrations

Illustrateurs :

Mammifères : Graham Allen, John Francis, Elizabeth Gray, Bernard Robinson, Eric Robson, Simon Turvey, Dick Twinney, Michael Woods

Oiseaux : Keith Brewer, Hilary Burn, Malcolm Ellis, Steve Kirk, Colin Newman, Denys Ovenden, Peter D. Scott, Ken Wood, Michael Woods

Reptiles et amphibiens : John Francis, Elizabeth Gray, Steve Kirk, Alan Male, Colin Newman, Eric Robson, Peter D. Scott

Poissons : Robin Boutell, John Francis, Elizabeth Gray, Elizabeth Kay, Colin Newman, Guy Smith, Michael Woods

Insectes et autres invertébrés : Robin Boutell, Joanne Cowne, Sandra Doyle, Bridget James, Steve Kirk, Adrian Lascom, Alan Male, Colin Newman, Steve Roberts, Bernard Robinson, Roger Stewart, Colin Woolf

Symboles de l'habitat : Roy Flooks

Bandeaux illustrés : Michael Woods

Conception de couverture : Andy Smith